教育部　财政部职业院校教师素质提高计划成果系列丛书

教育部　财政部职业院校教师素质提高计划职教师资开发项目

《物流管理》专业职教师资培养资源开发（VTNE077）（负责人：白世贞）

通 关 管 理

主　编　白世贞

副主编　陈化飞　吴　绒

科学出版社

北　京

内 容 简 介

  本教材内容包括一般货物进出境通关运作、保税加工货物进出境通关运作、进出口商品归类、进出口货物税费核算、进出口货物报关单电子申报。本教材以一般货物、保税加工货物进出境通关运作过程为主线，融入通关管理基础理论和技能，引入无纸化通关、区域通关一体化、快速通关、跨境电商通关等理论与应用前沿，在体例上体现理实一体化。

  本教材适用于职教本科物流管理专业师资，也可作为应用型本科经管和业务培训用书。

图书在版编目（CIP）数据

通关管理/白世贞主编. —北京：科学出版社，2017.10

（教育部、财政部职业院校教师素质提高计划成果系列丛书）

ISBN 978-7-03-054986-0

Ⅰ. ①通… Ⅱ. ①白… Ⅲ. ①海关手续–中国–高等职业教育–教材 Ⅳ. ①F752.52

中国版本图书馆 CIP 数据核字（2017）第 255513 号

责任编辑：张　宁　王京苏 / 责任校对：彭珍珍
责任印制：吴兆东 / 封面设计：蓝正设计

科 学 出 版 社 出版
北京东黄城根北街 16 号
邮政编码：100717
http://www.sciencep.com

北京京华虎彩印刷有限公司 印刷
科学出版社发行　各地新华书店经销
*
2017 年 10 月第 一 版　开本：787×1092　1/16
2018 年 1 月第二次印刷　印张：23 1/2
字数：544 000

定价：69.00 元

（如有印装质量问题，我社负责调换）

教育部　财政部职业院校教师素质提高计划
职教师资培养资源开发项目专家指导委员会

主　任： 刘来泉

副主任： 王宪成　郭春鸣

成　员：（按姓氏笔画排列）

刁哲军　王乐夫　王继平　邓泽民　石伟平　卢双盈　刘正安

刘君义　米　靖　汤生玲　李仲阳　李栋学　李梦卿　吴全全

沈　希　张元利　张建荣　周泽扬　孟庆国　姜大源　夏金星

徐　朔　徐　流　郭杰忠　曹　晔　崔世钢　韩业兰

出 版 说 明

《国家中长期教育改革和发展规划纲要（2010—2020 年）》颁布实施以来，我国职业教育进入到加快构建现代职业教育体系、全面提高技能型人才培养质量的新阶段。加快发展现代职业教育，实现职业教育改革发展新跨越，对职业学校"双师型"教师队伍建设提出了更高的要求。为此，教育部明确提出，要以推动教师专业化为引领，以加强"双师型"教师队伍建设为重点，以创新制度和机制为动力，以完善培养培训体系为保障，以实施素质提高计划为抓手，统筹规划，突出重点，改革创新，狠抓落实，切实提升职业院校教师队伍整体素质和建设水平，加快建成一支师德高尚、素质优良、技艺精湛、结构合理、专兼结合的高素质专业化的"双师型"教师队伍，为建设具有中国特色、世界水平的现代职业教育体系提供强有力的师资保障。

目前，我国共有 60 余所高校正在开展职教师资培养，但由于教师培养标准的缺失和培养课程资源的匮乏，制约了"双师型"教师培养质量的提高。为完善教师培养标准和课程体系，教育部、财政部在"职业院校教师素质提高计划"框架内专门设置了职教师资培养资源开发项目，中央财政划拨 1.5 亿元，系统开发用于本科专业职教师资培养标准、培养方案、核心课程和特色教材等系列资源。其中，包括 88 个专业项目，12 个资格考试制度开发等公共项目。该项目由 42 家开设职业技术师范专业的高等学校牵头，组织近千家科研院所、职业学校、行业企业共同研发，一大批专家学者、优秀校长、一线教师、企业工程技术人员参与其中。

经过三年的努力，培养资源开发项目取得了丰硕成果。一是开发了中等职业学校88 个专业（类）职教师资本科培养资源项目，内容包括专业教师标准、专业教师培养标准、评价方案，以及一系列专业课程大纲、主干课程教材及数字化资源；二是取得了 6 项公共基础研究成果，内容包括职教师资培养模式、国际职教师资培养、教育理论课程、质量保障体系、教学资源中心建设和学习平台开发等；三是完成了 18 个专业大类职教师资资格标准及认证考试标准开发。上述成果，共计 800 多本正式出版物。总体来说，培养资源开发项目实现了高效益：形成了一大批资源，填补了相关标准和资源的空白；凝聚了一支研发队伍，强化了教师培养的"校—企—校"协同；引领了一批高校的教学改革，带动了"双师型"教师的专业化培养。职教师资培养资源开发项目是支撑专业化培养的一项系统化、基础性工程，是加强职教教师培养培训一体化建设的关键环节，也是对职教师资培养培训基地教师专业化培养实践、教师教育研究能力的系统检阅。

自 2013 年项目立项开题以来，各项目承担单位、项目负责人及全体开发人员做了大量深入细致的工作，结合职教教师培养实践，研发出很多填补空白、体现科学性和前瞻性的成果，有力推进了"双师型"教师专门化培养向更深层次发展。同时，专家指导委员会的各位专家以及项目管理办公室的各位同志，克服了许多困难，按照两部对项目开发工作的总体要求，为实施项目管理、研发、检查等投入了大量时间和心血，也为各个项目提供了专业的咨询和指导，有力地保障了项目实施和成果质量。在此，我们一并表示衷心的感谢。

教育部　财政部职业院校教师素质

提高计划成果系列丛书编写委员会

2016 年 3 月

前　言

本教材以一般货物进出境通关、保税加工货物进出境通关运作过程为研究主线，融入通关管理基础理论以及进出口商品归类、进出口货物税费核算、进出口货物报关单电子申报等通关技能，引入无纸化通关、区域通关一体化、快速通关、跨境贸易电商通关等理论前沿与应用前沿，并将其贯穿于进出境通关运作全过程。

本教材内容包括一般货物进出境通关运作、保税加工货物进出境通关运作、进出口商品归类、进出口货物税费核算、进出口货物报关单电子申报，在体例上体现理实一体化。

本教材具有三个特点：一是专业性，包含基础知识、理实学习以及理实应用结合的完整知识体系。二是应用性，所选用的资料为江苏飞力达国际物流股份有限公司提供的一手资料，所采用的软件既有上海远恒电子工程有限公司的教学软件，也有中国电子口岸客户端通关系统。以报关员的角色进行报关注册登记、报关单证填制、报关业务过程设计；以海关关员的角色进行审核批准，对进出口货物及人员的管理，与实际报关工作岗位业务高度一致，体现了应用前沿。此外，每个项目都设置课程实验、设计性实验或综合性实验，巩固学生所学理论与应用知识。三是师范性，本教材每个章均设有教学实践，包括教学目标、参考的知识要点、教学过程、教学方法、工具和手段、教学评价等，为物流师资本科生提供教学指导。

本教材编写人员具备多年报关报检课程教学经验与报关报检等外贸实际工作经验，把企业实际报关案例应用于报关课程。本教材由哈尔滨商业大学霍红教授任主编，陈化飞、吴绒任副主编，编写任务具体分工如下：导论由吴绒、上海海事大学附属职业技术学校王迪赟编写，第一章、第二章由陈化飞编写，第三章由张迎迎编写，第四章由黑龙江工商学院冯波编写，第五章由付玮琼编写，第六章由吴绒编写。此外，感谢江苏飞力达国际物流股份有限公司领导的支持，感谢该公司市场与品牌管理中心、运营中心关务部以及江苏飞力达常州分公司等部门对本书编写提供的莫大帮助。感谢上海远恒电子工程有限公司、上海海事大学附属职业技术学校提供的技术支持。

本教材是教育部、财政部招标项目"职教本科物流管理专业师资培训包开发项目（VTNE077）"的成果之一，既可作为职教本科物流管理专业师资学习和参考教材，也可作为应用型本科院校经管专业的教材，又可作为报关企业或货代企业报关员能力测试和企业报关业务培训用书。

目　　录

通关管理导论

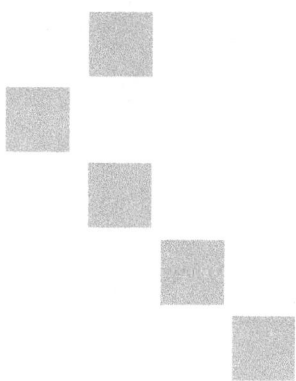

一、研究对象

本教材是以报关、报检业务在海关通关管理中的理论前沿与应用前沿为研究对象,借助报关、国际物流、国际货运代理、国际贸易等学科的相关理论与实践,对通关管理做深入全面的分析和研究,力求丰富报关、报检作业在海关通关过程中的理论研究,有助于理论指导实践,从而使进出口货物通关得到更快更好的发展。

二、研究内容

(一)研究目的和意义

1. 研究目的

本教材是以物流管理专业职教师资本科学生为培养对象,目的是培养既具备理论知识和实践业务能力,又掌握一定教学方法与教学手段的师资本科学生。进入本课程学习时,学生已经掌握了国际贸易业务操作技能,掌握进出口商品知识、国际贸易地理、海关法、物流信息技术等方面的知识。在教学内容的组织上,注重训练学生的综合技能,在教材的安排上,以案例驱动为导向,深入挖掘理论前沿,实训模拟应用前沿,提高学生的学习兴趣和自主学习的劲头,学习效率高。

2. 研究意义

(1)理论意义。本教材从理论前沿和应用前沿角度系统化研究通关基础知识、一般货物进出境通关、保税加工货物进出境通关、进出口商品归类、进出口税费核算、进出口报关单填制等内容,深化了通关管理的理论框架和知识体系,拓宽了通关管理的理论前沿。

(2)实践意义。报关从业人员素质的高低和报关质量的好坏,不仅关系着国家政策法令的有效执行,也关系着进出口货物通关的速度,关系着企业的经济效益。因此,对于物流管理职教师资本科学生来说,本教材起到强化报关综合知识、操作技能和教学指导的作用。通过对该课程的学习,物流管理职教师资本科学生能对前期所学知识融会贯通,综合运用,具体掌握填制报关单据技能、掌握报关业务操作流程,培养解决实际处理报关业务能力,并提供教学方法指导,为进入中职学校教学做好准备,为从事进出口货物报关业务打下坚实基础。

(二)研究思路与方法

(1)查阅文献,分析基础理论与现状。通过文献查阅,分析通关管理理论基础,明确相关概念与理论,对通关管理国内外文献进行述评;分析现有通关管理教材特点及编写思路;分析传统通关管理教材编写存在问题,提出传统通关管理教材编写改进的必要性。

（2）问卷调研、访谈，分析学生通关管理学习需求、电子报关实践需求。在教材编写前，编写人员深入报关业务现场、报关公司进行调研，了解我国关于进出口货物报关管理的新理论、新政策。海关对进出口货物监管的新规定、新做法。保证教材的"时效性"与"准确性"。

（3）对比、归纳，形成教材研究体系。通过国内外理论和实践比较研究，结合普通本科、高职实践教学优势和报关企业实践操作，站在职教应用型本科培养的高度，形成汲取国内外（地区）通关管理前沿的教材编写体系，全面、系统地反映了报关人员所应具备的专业知识和技能。

（三）研究体系

《通关管理》以一般货物进出境通关、保税加工货物进出境通关为研究主线，涉及前期准备、实际进出口报关、后期核销等阶段所包含的作业环节，并将大通关、电子报关、无纸通关等前沿贯穿于通关全过程，研究体系如图 1 所示。

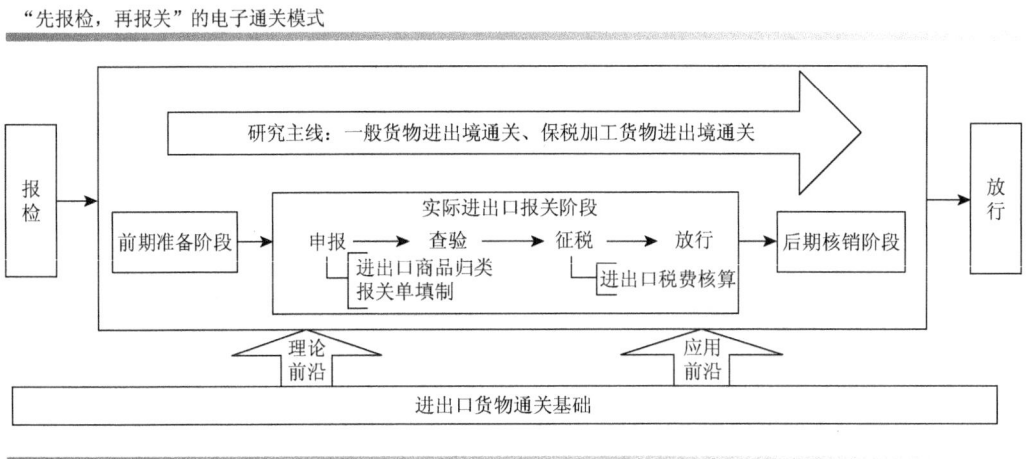

图 1　《通关管理》研究体系

三、学科、专业、知识体系

基于管理学、经济学、法学、计算机科学与技术、教育学学科的基本理论，以"能力本位、工作过程导向、企业参与、三性融合"为教学目标，围绕一般进出口货物、保税进出口货物一体化通关过程，运用"教学练合一"的教学法培养学生通关主体认知能力、快速商品归类能力、核算进出口税费能力、报关单填制与改错能力、电子报关能力、报关流程设计能力以及通关管理教学能力。从而使学生既能从事中职学校通关课程的教学，又能成为进出口企业报关工作的合格人才，学科、专业、知识体系如图 2 所示。

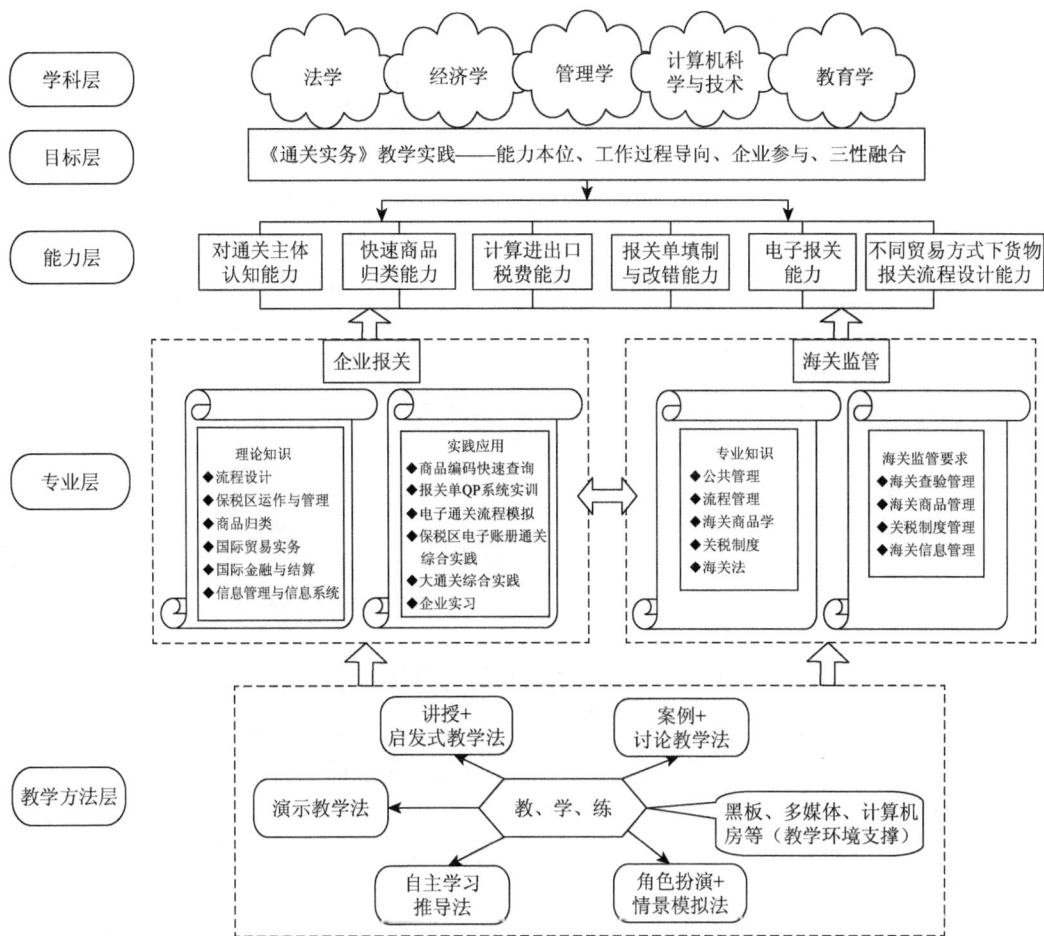

图 2　学科、专业、知识体系

（1）学科体系。《通关管理》是涉及管理学、应用经济、计算机科学、法学等学科理论，以探索海关与企业的相互关系，开展报关、报检业务改革为目的的一门交叉性学科。

（2）专业体系。《通关管理》是一门实践性很强的物流管理专业核心课程，以报关、报检业务在海关通关管理中的理论前沿与应用前沿为研究对象，借助报关、国际物流、国际货运代理、国际贸易等专业的相关理论与实践，对通关管理做深入全面的分析和研究。

（3）知识体系。进入本课程学习时，学生已经掌握了国际贸易业务操作技能，掌握进出口商品知识、国际贸易地理、海关法、物流信息技术等方面知识，本教材知识体系如图 3 所示。

四、相关概念

（一）大通关

大通关是提高口岸工作效率工程的简称。2001 年 10 月，国务院办公厅下发了《关于

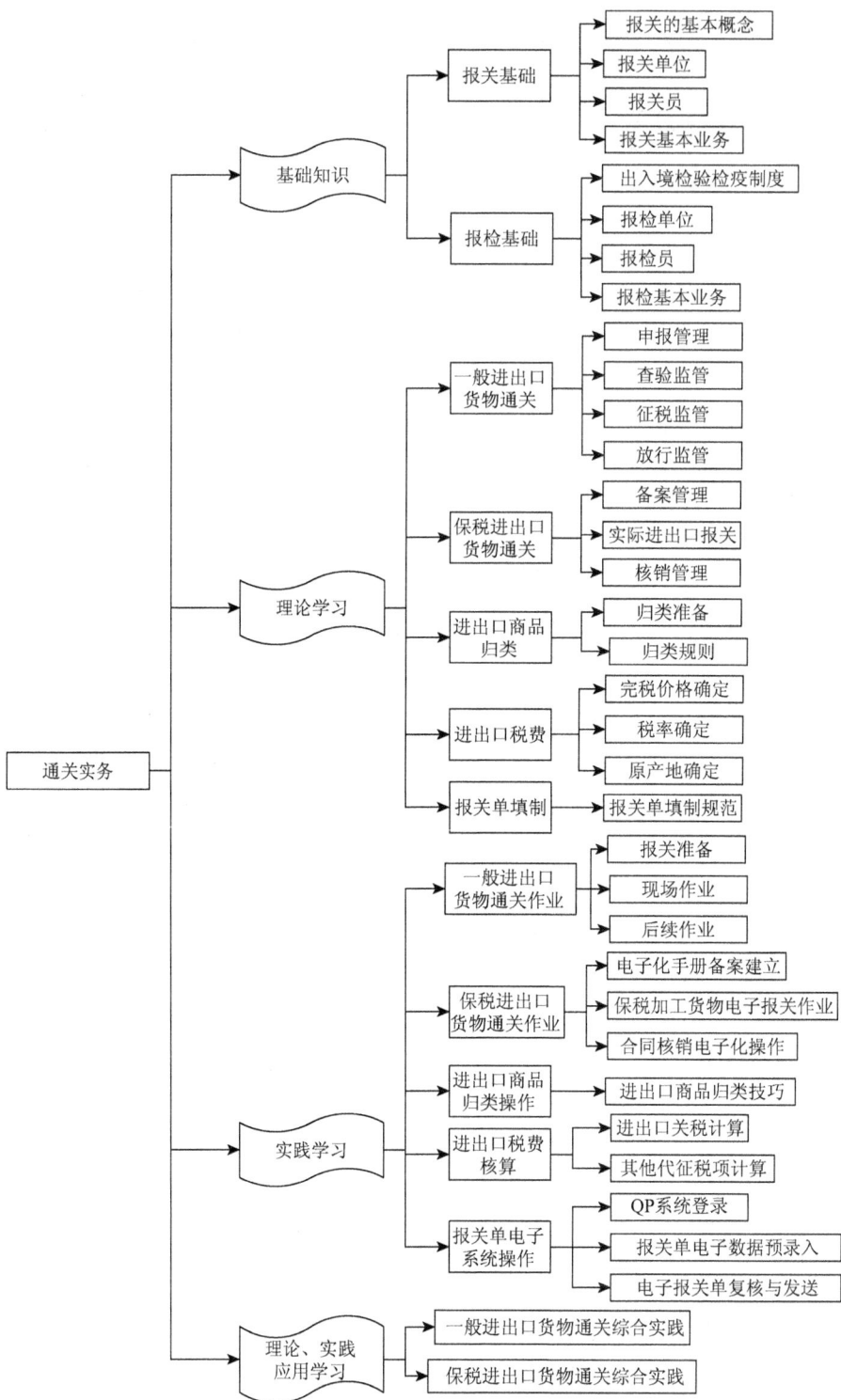

图 3　《通关管理》知识体系

进一步提高口岸工作效率的通知》，明确指示"实行'大通关'制度，提高通关效率"。所谓大通关，指的是口岸各部门、单位、企业等，采取有效的手段，使口岸物流、单证流、资金流、信息流高效、顺畅地运转，同时实现口岸管理部门有效监管和高效服务的结合。

它是涉及海关、外经贸主管部门、运输、仓储、海事、银行、保险等数个国家执法机关和商业机构的系统。实施大通关，最直接的目的就是提高效率，减少审批程序和办事环节，口岸各方建立快捷有效的协调机制，实现资源共享，通过实施科学、高效的监管，以达到口岸通关效率的大幅度提高，真正实现"快进快出"。

（二）电子报关

电子报关是一种新型、现代化的报关方式，是指进出口货物的收发货人或其代理人利用现代通信和网络技术，通过微机、网络或终端向海关传递规定格式的电子数据报关单，并根据海关计算机系统反馈的审核及处理结果，办理海关手续的报关方式。

在一般情况下，进出口货物的收发货人或其代理人先向海关计算机系统发送电子数据报关单；接收到海关计算机系统发送的"接受申报"电子报文后，凭以打印纸质报关单，附必需的其他单证，提交给海关。

在某些特殊情况下，经海关同意，进出口收发货人或其代理人可以单独使用纸质报关单向海关申报；在特定条件下，进出口货物收发货人或其代理人可以单独使用电子数据报关单向海关申报。

在现阶段法定报关方式是纸质报关单和电子数据报关单同时使用。但随着计算机技术和网络技术的发展，全面推行电子报关是报关方式的发展方向。

（三）无纸化通关

广义的通关作业无纸化，是指利用中国电子口岸及现代海关业务信息化管理系统功能，改变海关验凭进出口企业递交书面报关单及随附单证办理通关手续的做法，直接对企业联网申报的进出口货物报关电子数据进行无纸审核、验放处理的一种通关方式。

狭义的通关作业无纸化，即无纸通关，是以企业分类为核心，以风险分析为手段，在通关环节对报关单进行分类，对低风险报关单实施电子审核后，货物直接放行，企业事后交单或自存单证的通关模式。

通关作业无纸化是围绕简化通关手续，提高通关效率，降低企业成本，实现科学有效的海关监管目标，通过技术升级、完善法规、优化模式等手段，努力推动海关与进出口收发货人及其代理人，海关与相关管理部门之间的电子数据联网，改变以往进出口企业递交纸质报关单及随附单证报关的做法，对报关单随附单证实行电子采集、固定、传输、保存、调阅，从而实现企业网上申报和海关电子审核、无纸验放的通关全过程。

海关通关作业无纸化改革试点工作自2012年8月1日启动以来，各项工作有序推进，系统运行较为平稳，社会各界反响积极。为进一步提高通关效率，提升监管效能，扩大改革成效，海关总署在前期通关作业无纸化改革试点的基础上，在全国海关深化通关作业无纸化改革试点工作。

五、相关理论基础

（一）管理学学科理论

1. 公共管理理论

公共管理的主体一般为人民政府，客体则为社会公共事务，包括公共资源、公共项目和社会问题。公共管理定义为将新思路、新理念和新技术运用实践于公共领域上，简单地说，也就是政府于施政中，将科学管理理念、功能、组织、手段运用于公共事务，其目的就是实现公共利益。

新公共管理主要借鉴私人企业的管理方法，利用市场导向和激烈的竞争来改善绩效，这种管理模式的一些宝贵经验也值得口岸管理来学习，具体来说有以下几点。

（1）学习私人企业的管理方法。公共部门与私人企业行政结构虽然不一样，但他们在管理过程中很多是共通的，可以相互学习。相比较而言，私人企业更注重创新，关注市场导向，积极响应竞争，奉行顾客就是上帝、绩效测评等好理念，新公共管理都可以向其学习。

（2）产品和服务的市场化。主场用市场的力量来改革公共管理，就是让公共部门与私人企业展开竞争。这样可以精简政府机构，提高竞争力。在某些项目上还可以通过市场化缓解政府的财政压力，改革运营缺陷，增大工作效率。

（3）以顾客为取向。公共部门的职责就是满足顾客也就是公众的需求，所以政府应该以顾客为取向，提高服务质量，政府放下官僚机构的架子，化身为服务者，以满足公众利益为首要目标。

（4）实行绩效评估。模仿私人企业，做出一套绩效评估系统，对政府部门的表现做出客观、公正的评价。评价主要以经济、效率、效能为指标，建立奖惩制度，避免部分人在其位不谋其事。

（5）分离政府的政策职能与管理职能。把政府的管理部门和实际操作部门独立，让做事的安心做事。管理部门当中的监管机构，保障项目安全有序地进行，这样也可以减少开支，避免腐败。

口岸管理始终坚持客户为导向，运用新公共服务理论能补充新公共管理理论的一些不足。在口岸通关监管过程中，主体为由政府主导的监管部门，客体为通关事务。因此，公共管理的理论同样适用于口岸管理，并作为基础理论为口岸管理服务。

2. 协调管理理论

协调管理指各个监管单位相互配合，合作完成某项工作任务，各成员可以有共同的目标，也可以是间接参与者。他们一起对资源进行分配，相互激励，相互协调，相互配合，从而使任务得到最优化处理。各部门之间既有合作，又有明确分工。把管理活动中出现的问题及时协商处理，从而达到高效、高质量地完成目标任务。协调管理的内容是非常丰富的，包括人与人的协调，物与物的协调，还有人与物的协调。简单来说都是人与人的协调，因为物的协调都是由人控制的，各系统在目标实现的过程中相互协作、相互配合、相互适应、相互促进。

在口岸建设过程中，运用协调管理理论，科学地进行规划，这就要求各个部门相互协调，相互配合，统筹规划好各类口岸的建设和发展，合理有效地配置资源，增大口岸规模，提高运行质量，营造良好的通关环境。

3. 业务流程再造理论

哈默和钱辟在其著作《再造企业——工商管理革命宣言》中将业务流程再造定义为："对企业现有业务流程进行根本性思考，对其进行彻底改变并设计新的业务流程，以期在业绩上取得显著提高。"完整地理解这一定义必须抓住四个关键词：根本（fundamental）、彻底（radical）、戏剧性（dramatic）和流程（process）。

"根本"即在再造流程的过程中，企业相关人员必须要想清楚一些问题：我们再造的目的是什么？我们怎样才能让流程变得更好？把这些根本性问题提出来以后，企业就会调整相关的经营策略和方法。"彻底"就是要对当前的组织结构和组织形式进行彻底的改造，寻找更适合的模式。"戏剧性"是指流程进行再造不是要取得不显著的改善，而是要使企业在业绩上取得突飞猛进的进步，如大幅降低成本、提高产品质量、减少生产周期等。"流程"是指企业为完成某一目标或任务而进行的一系列逻辑相关活动的有序的集合。

企业在进行业务流程再造工作时应该注意以下几个工作重点。

首先，要着重研究分析企业现有的核心业务流程，分析其优势与弊端所在；其次，要对业务流程再造的目标进行标准量化，使企业在改造过程中有的放矢；最后，要综合运用各种手段和技术对企业流程进行彻底改造，只有按照这样的步骤，企业的业务流程再造工程才有可能取得成功。

同样地，口岸通关监管部门在进行业务流程再造工作时，也要分析现有的核心业务流程，搞清楚其弊端，针对这些问题，运用各种技术手段对业务流程再造，再造的过程中部门之间要相互协作，共同作业，优化并创立大通关业务电子流程。

（二）应用经济学科理论

1. 自由贸易理论

亚当·斯密最早提出了"绝对优势"和"社会分工"理论。他认为经济的发展主要是劳动分工起了作用，反过来，作用的大小又取决于市场的规模。因此，当一个重商主义国家对商品交换与市场扩大筑起壁垒时，它等于在限制国内福利和经济发展。亚当·斯密强调贸易应当自由，各国应当专门从事自己所擅长的工作，这样他们才会变得富裕强大。依据绝对优势进行国际分工的益处，是亚当·斯密的贸易理论基础。

在亚当·斯密的"绝对优势"理论上，大卫·李嘉图建立了比较优势定律，作为自由贸易的根本原理。大卫·李嘉图证明国际分工应建立在比较成本的基础上，各国会生产成本相对较低的产品进行贸易，且各国间的贸易量取决于产品的相对成本。李嘉图认为"在完全自由贸易的体制下，每个国家自然会把它的资本和劳动力应用到对大家都很有益的地方去。并且，通过利益和交往的共同纽带，把文明世界团结在一起。正是这个原理决定了由法国与葡萄牙造酒、美国与波兰种玉米、英国生产五金等商品。这种利益协调说，是自由派关于国际经济关系的基础。

20 世纪 80 年代，自由派理论加入了"边际效用理论"和"一般均衡理论"，用以解释贸易条件和其他贸易问题。H-O（Heckscher-Ohlin）模型对比较优势进行了新的解释，认为它取决于相对丰裕以及几种生产要素最有利的结合，如资本、劳动力、资源、管理和技术。强调国家的进口（出口）集中在最丰裕（匮乏）的生产要素商品。

并且继续坚持一个观点：反对贸易保护，支持自由贸易，提倡贸易便利。美国经济学家保罗·萨缪尔森认为："有关自由贸易，或比较自由的贸易的论证，实质上只有一种，但却非常有利的论证，即自由贸易促进了相互有利的劳动分工，极大地增强多有国家的潜在生产力，并且，使全球范围的生活水平可能得到提高。"

2. 关税同盟理论

关税同盟理论是美国经济学家维纳在其 1950 年出版的《关税同盟问题》一书中提出的。在区域经济一体化的发展进程中，以关税同盟理论为基础逐渐形成了共同市场、经济联盟和完全的经济一体化等形式。维纳的关税同盟理论以"贸易创造"（Trade Creation）和"贸易转移"（Trade Diversion）这两个概念为核心，阐述了区域经济一体化中各成员国以比较优势为基础进行专业化分工，并分析了贸易歧视在什么样的条件下是好的，在什么样的条件下是不好的。

贸易创造是指成员国之间相互取消关税和非关税壁垒所带来的贸易规模的扩大，从而提高成员国的福利；贸易转移是指建立关税同盟之后成员国之间的相互贸易代替了成员国与非成员国之间的贸易，从而造成贸易方向的转移。总的来说，关税同盟的建立一方面引起了成员国之间贸易创造的增加；另一方面引起了成员国与非成员国之间的贸易转向，其最终福利取决于两者权衡的结果。例如，对于某种商品，由于 A 国的生产成本比较高，所以会考虑从 B、C 两国进口，在同样征收关税的情况下，由于 C 国的生产成本低于 B 国，所以 A 国会大量地进口 C 国商品；当 A 国和 B 国组成关税同盟后，B 国的进口关税被取消，这样 B 国的商品在价格上就优于 C 国，A 国的进口策略也将改变，转而从 B 国进口。由于从 B 国进口商品的价格下降，进而增加了 A 国内的消费。从分析中可见，建立关税同盟后，A 国的贸易向 B 国转移，同时新增加的贸易（由于消费增加）又对 B 国产生了贸易创造。组成关税同盟以后，由于进口商品的价格下降，A 国消费者的福利得到改善，而其生产者的福利则下降。一般来说，对于关税同盟各国，如果贸易创造大于贸易转移，此时对各成员的影响是有利的；相反，贸易创造小于贸易转移，则对成员国的影响是不利的。

（三）计算机科学学科理论

1. 电子口岸理论

电子口岸是中国电子口岸执法系统的简称。该系统运用现代信息技术，借助国家电信公网，将各类进出口业务电子底账数据集中存放到公共数据中心，国家职能管理部门可以进行跨部门、跨行业的联网数据核查，企业可以在网上办理各种进出口业务。

中国电子口岸是国家进出口统一信息平台，是国务院有关部委将分别掌管的进出口业务信息流、资金流、货物流电子底账数据集中存放的口岸公共数据中心，为各行政管理部门提供跨部门、跨行业的行政执法数据联网核查，并为企业提供与行政管理部门及中介服务机构联网办理进出口业务的门户网站。目前，中国电子口岸已经与海关、国检、国税、外管等执法部门联网，提供了海关报关、加工贸易、外汇核销单、出口退税等业务功能。中国电子口岸目前主要开发全国统一的执法功能和网上备案、数据报送企业办事业务。现在各个地方都在建设各个地方的电子口岸。

2. 电子政府理论

电子政府（Electronic Government，E-government）是为适应信息、技术、知识经济发展需要，转变传统政府职能而建立的新型政府。"电子政府"是在知识经济和政府治理变革的大背景下，以现代信息技术和通信技术作为实现政府服务与管理目标的主要手段，兼有虚拟和现实的存在方式，并有相应的内部结构-功能整合系统、高素质的人力资源、有效的制度体系为支撑的新的政府模式。

电子政府应用现代电子信息技术和管理理论，对传统政务进行持续不断的革新与改善，以实现高效率的政府管理与服务，通过利用网络技术构建"虚拟政府"，运用信息技术对政府治理与服务进行创新，为公众提供快捷、方便、高质的公共服务；电子政府包含政府内部、政府部门间、政府与民众间的政务电子化，通过流程再造，运用信息及通信技术使政府在虚拟的空间里，打破行政机关的组织界限，以实现政府提供和获取信息的网络化及与社会公众的电子互动化。

3. 项目管理信息化理论

项目管理技术的发展与信息技术的发展是密不可分的。随着计算机性能的大幅提高，大量的项目管理软件涌现出来。各种项目管理软件都是在进度管理理论的基础上开发而成的，是项目进度管理理论应用于实践的必然发展方向。项目管理软件可以用于各种商业活动，它们提供便于操作的图形化界面，帮助用户制订进度计划、进行项目资源管理、进行项目成本预算、跟踪项目进度等。

信息技术在建设项目管理中的开发和应用的意义在于：

（1）有利于项目信息的检索和查询，有利于数据与文件版本的统一，并有利于建设项目的项目文档管理；

（2）有利于提高数据处理的准确性，并可提高数据处理的效率；

（3）可提高数据传输的抗干扰能力、使数据传输不受距离限制并可提高数据传输的保真度和保密性；

（4）有利于建设项目参与方之间的信息交流和协同工作。

（四）海关法相关理论

海关法有广义和狭义之分。广义的海关法指调整海关管理活动全部法律规范的总称。它既包括专门的海关法，也包括所有的海关行政法规、海关规章、海关规范性文件，还包括各种法律、行政法规中涉及海关管理的所有规定。狭义的海关法是指一部单一的海关法，如我国现行的《中华人民共和国海关法》。

中国现代史上第一部独立自主的海关法，是 1951 年 5 月 1 日起施行的《中华人民共和国暂行海关法》。1987 年 1 月 22 日通过，自 1987 年 7 月 1 日起施行的《中华人民共和国海关法》共 7 章。主要内容有：①海关的任务是依法监管进出境的运输工具、货物、行李物品、邮递物品和其他物品，征收关税和其他税、费，查缉走私、编制海关统计和办理其他海关业务。②进出国境货运的监管和转运货物的监管。规定货物进出国境的验放办法，货物承运人和保管人对海关应负的责任等。③进出口货物的报验、征税、保管和放行，规定货物的受、发货人及其代理人报关、纳税以及货物保管人的责任。④走私和违章案件及其处理。

2013 年 6 月 29 日第十二届全国人民代表大会常务委员会第三次会议表决通过了全国人民代表大会常务委员会关于修改《中华人民共和国海关法》等十二部法律的决定。

六、国外通关管理

（一）新加坡通关管理

新加坡是一个贸易便利化水平评估很高的城市化国家，由于自身不具备建立完整产业结构的条件，新加坡的对外贸易依存度极高，所以新加坡政府非常重视贸易便利化的建设。通过前面对贸易便利化水平的国际比较可知，新加坡是目前世界上贸易便利化水平最高的国家，其先进的海关管理经验值得中国和其他国家学习借鉴。

1. 建立专门的贸易通关网络

由于新加坡经济对外依存度很高，故政府非常重视贸易设施的建设，从 1989 年开始，新加坡投入大量资金开发了一个高效率的快速通关系统，该系统是以互联网为基础建立的电子交换系统并开发了专门的"贸易网"（Trade Net），由专门的运营团队负责网站的管理运营，其目的是简化进出口通关手续和单证要求。为了满足海关部门对贸易管理形式便利化和最大限度地缩减交易时间的要求，海关管理部门要求进出口企业将所有需要加以管理的交易信息包括核心数据在同一张单据上进行安排。

新加坡贸易网被设计成所有相关部门的一站式中央报关信息处理系统，重新定义了政府与企业间的合作关系，将非必要的和重复性的程序删掉，企业只需填写一份电子表格提交给海关不同的部门。一旦审核通过，相关许可以电子方式回馈给企业，企业根据自身需要有选择地下载打印所需附件。新加坡的一站式通关系统功能非常强大，可以实现从最初的报关到海关的风险管理，从自动扣税到发放通关文件，企业不仅可以通过贸易网提交各种资料和进出口申请，还可以随时查看申请处理的状态，若申请未通过则贸易商会立即修改再次申请，待申请批准后，系统会分配给企业一个许可号，许可信息传递给企业供货物通关使用。值得一提的是，贸易网的许可都有条码，在查验点查验条码真伪、通关信息，贸易网都有记录，方便以后的企业分类管理。可以看出，要使得这一庞大网络系统平稳有序地运行，海关必须保持与其他部门良好的信息沟通和默契配合。为保证企业熟练运用该网络，新加坡要求运营"贸易网"的互联网公司提供 24 小时电话咨询服务，为该系统使用人员解决有关问题以及要求每一位新用户在注册之后就如何进行在线报关问题接受半天到两天的集中训练。

2. 电子审单加强风险管理

面对不断增长的贸易量，新加坡采用了风险管理的方式来解决海关管理资源不足的难题。海关通过电子审单完成对电子报关数据的审核，即计算机自动完成了审单的工作。电子审单的基础是风险管理系统，它是一种特殊的网络系统，该系统会分给注册企业一个许可号，所有的许可都有条码，方便海关查验真伪、更新记录及通关放行。海关还可以通过分析商品的分类、来源、运输方式、进口商的历史资料等来决定是否进行开箱查验，有别于传统的随机检查。

电子审单一方面释放了大量的人力物力，加快了审单速度；另一方面更容易发现潜在的贸易风险，使得整个过程更加安全有效。其通关经验表明，采用电子方式完成贸易数据的交换和传输对贸易环境的改善至关重要。进出口与转口货物数据的标准化以及数据在各部门之间的共享有助于在提高海关通关效率的基础上加强对风险的控制和管理。此外，为了有效地保障各方的正当利益不受损害，新加坡政府赋予货物通关过程中有关货物的电子数据同等的法律效力，并规定所有的贸易数据将被保存一定的年限留作备查，这一举措有效地保证了监管效力，在打击非法行为的同时保障了贸易企业的合法利益不受侵害，增强了海关监管的守法、执法统一性。

（二）美国海关便利化经验

美国是公认的发达国家，在各个领域均处于世界领先水平，在实施贸易便利化方面也不例外。其在海关管理问题上更加注重贸易的安全，有很强的风险管理意识，在此基础上提高了贸易便利。美国海关推进贸易便利化的经验主要体现在以下几方面。

1. 构建商界伙伴关系与国际合作

美国海关为了使其贸易便利化措施得以顺利实施，努力构建海关与商界的友好合作关系，很好地体现世界海关组织《全球贸易安全与便利标准框架》所倡导的"海关与商界的合作"的要求。美国海关职能逐渐由监管、管理职能向服务、促进与合作职能转变。一方面从战略上积极争取商界的参与，与商界形成了"利益共同体"；另一方面在海关现代化业务流程重组计划中以客户需求为导向，不再只将企业视为管理的对象，力求一种和谐友好的政企关系，在此基础上加强对商界的积极引导，充分告知企业开展各种贸易所需遵守的法律法规，促进企业自主守法，企业与海关共担责任，对守法企业予以更多的贸易便利，使广大的贸易商有自觉守法的意识和积极性，降低违法成本，提高监管效率。

在与商界建立友好伙伴关系的同时，美国海关还积极开展国际合作，充分借助国际合作的有力平台推动本国的贸易便利。例如，美国海关非常注重利用世界海关组织这一国际平台来推行自己的贸易制度，"9·11"事件后，边境安全问题一直困扰着美国贸易便利化的改革，自此，美国尤其注重贸易安全，主张贸易安全优于贸易便利，所以在顺应国际贸易便利大趋势的同时，在世界海关组织的框架内积极开展能够保证国际贸易安全和便利的多边合作机会。2006 年，美国海关宣布正式采用最新"海关——商界反恐伙伴计划"（Customs-Trade Partnership Against Terrorism，C-TPAT）安全标准并公布 C-TPAT 制度的第三个目标就是通过与国际社会的合作协调，使 C-TPAT 的核心思想更趋国际化，并主张 C-TPAT 通过与供应链上所有国内外的供应商建立联系，确保进入美国的整条供应链的安全。

2. 无纸化化通关与自贸港区建设

从世界范围来看，美国海关的风险管理与信息技术一直处于世界领先水平，自 20 世纪 90 年代后开始应用电子数据交换无纸化通关技术，目前美国海关绝大部分的通关货物报关单是采用电子数据交换方式自动处理的，其中将近一半实现了无纸通关。美国海关有大量的自动化系统在运行，现行最主要的是自动化贸易环境管理作业系统。该系统是一种跟踪、控制并处理所有进入美国境内货物的系统，极大地提高了通关效率，并提供了多种信息收集手段，使得美国海关能够通过电子化技术，建立统一的口岸数据平台，实现口岸数据信息共享。

美国并没有自由贸易区，实际上美国对外贸易区是一个特定的贸易管制区域，进入该区域的企业可在区内从事装配、制造、加工储存、测试、包装等一系列活动，进入该区域的国外商品可暂时不受美国海关法律的约束，处于"境内关外"的地位，也不必交纳各种税费，从而降低外国企业的国际贸易成本和美国海关的监管成本。从功能上来说，美国对外贸易区与我国目前实行的保税区具有异曲同工之妙。美国通过对"对外贸易区"实行物流便利化与周报关制度、海关审计核查便利化制度、货物分类监管的便利化制度、全程计算机控制监管制度的贸易便利化机制来促进美国对外贸易，创造就业机会，提升美国产品的竞争力。

（三）日本海关便利化经验

1. 深化风险管理与 AEO 制度

近年来，日本海关不断创新海关监管措施，将风险管理的理念贯穿于通关、监管、稽查等不同环节，形成自上而下的统一有效监管。同时，海关各部门也通过海关信息数据库系统实现通关货物信息的数据交换，为日本海关的风险管理提供了有效的参考依据，既缩短了通关时间，又提高了贸易安全，促进了日本国际贸易的便利化的提高。

日本海关的"经认证的经营者"（Authorized Economic Operator，AEO）制度，海关部门根据企业的守法记录、与海关系统相连的电子系统、安全要求和财务偿付能力等标准进行认证，对通过海关守法信用度认证的进出口企业，日本海关给予不同程度的便利待遇，如允许 AEO 企业使用简易申报制度、集中缴税权、优先使用保税仓库等，这些优惠制度能够使信誉良好的贸易商在进出口货物时获得更高的通关效率，降低贸易成本。同时为其他非认证企业做出示范，鼓励贸易商诚信守法经营，形成良性循环。近几年，日本海关正致力开展 AEO 企业的国际认证，谋求全球贸易便利一体化。日本海关也在积极开展守法企业的国际互认制度安排，目前正在研究与欧盟、东盟、韩国、中国等国家和地区的海关开展试点合作的可行性。对我国海关来说，这是一个推进我国贸易便利化的良好契机。

2. 实施提前审单制度

为了应对日本日益增长的贸易规模以及私人部门对进一步加快货物流动的需求，日本在海关通关领域引进了提前审单制度。这种制度已经成为日本进行贸易便利化主要措施之一。日本海关以人工和信息技术（Information Technology，IT）两种方式进行提前审单作业，这一举措对贸易企业意义重大，既提高了海关通关时间的可预测性又加快了货物的流通。提前审单制度适用所有的进口商品，根据产品的不同特性，受益最大的是一些需要快速处理的货物，特别是那些因货物属性需要迅速通关的，如新鲜食品、交货条件严苛的商品、受特定性季节需求限制的商品，如圣诞节和新年礼品，需要更广泛核查的进口报单，如一次申报多种类货物的、交易货物需要长途海运的等。日本海关认为，提前审批制度的重要性在上述情况下显得尤为突出，最大可能地为贸易商提供通关便利。

七、国内通关管理改革

（一）无纸化通关

2013 年 4 月 23 日，上海出入境检验检疫局与上海海关共同宣布在上海口岸实施通关单无纸化试点。根据《上海海关和上海出入境检验检疫局关于实施通关单无纸化试点的公告》确定的试点范围，4 月 23 日起出口法检商品和部分试点企业的进口法检商品的通关手续得以简化，并纳入海关"无纸通关、事后交单"和"无纸通关、单证暂存"新模式的适用范围。

以往企业报关前须到检验检疫部门业务现场申领纸质通关单后才能向海关报关。实现通关单无纸化以后，申领纸质通关单这一环节节省了，法检商品的进出口通关作业环节简化，企业往返通关现场的次数减少，通关效率进一步提高，企业通关成本随之降低。

从 2013 年 4 月 23 日起办理出口货物通关的企业和部分进口货物的试点企业，如货物需法定检验检疫的，可先将通关单申报电子数据发送给检验检疫，审核无误后，检验检疫将通关单电子数据发送给海关。企业向海关电子申报后，海关电子通关系统将报关单和通关单电子数据进行自动比对，办理相关通关放行手续，并将验放指令通过网络回执告知企业和港务、机场，企业收到回执后即可办理出运和提货手续。从申报到放行全程无须递交纸面通关单。

（二）跨境贸易电子商务通关

2014 年 7 月 1 日，作为海关总署跨境贸易电子商务通关服务平台的首个试点单位，黄埔海关在东莞地区率先启动经平台运作的跨境贸易电子商务零售出口试点。该平台对接电商企业、支付企业和物流企业，实现海关与企业数据的互联互通。通过"清单核放、汇总申报"，实现了海关对跨境电子商务出口商品的有效监管。试点企业大龙网偕同燕文物流、钱宝支付、鼎盛易达货代等企业，与虎门港通关信息平台结合，在东莞以"一链式"合作完成总署监管平台上线"全国第一票"跨境电商货物通关。

（三）区域通关一体化

2014 年 9 月 22 日，长三角地区五个海关正式率先启动区域通关一体化。区内五关积极参与、加强沟通、分工明确、责任到人，"起步一公里"扎实迈出，区域通关一体化改革优势初现：通过建立 4 个平台（即统一的申报平台、专业审单平台、风险防控平台、通关作业平台），实现企业 3 个自主（自主选择申报地点、自主选择查验方式、自主选择通关模式），带来通关 4 个便利（降低了通关门槛、减少了通关环节、节约了通关成本、提高了通关效率）。就海关内部来说，整合了管理资源，使监管重点更加突出、风险防控更加到位、执法统一性明显提高。就企业来说，更多企业可以享受便利，减少了通关操作环节。例如，一体化模式下，监管场所和海关数据联网的口岸货物可在属地海关放行当天进港，企业无需再到口岸海关办理二次放行手续，通关成本也大幅降低。以合肥海关为例，截止到 2014 年 9 月 30 日，安徽省共有 506 家企业采用了一体化通关模式，申报一体化报关单 8400 余票，省内京东方、联宝电子、马钢、铜陵有色等进出口企业普遍反映，改革大大节约了通关时间，提高了通关效率。

第一章

通关管理基础

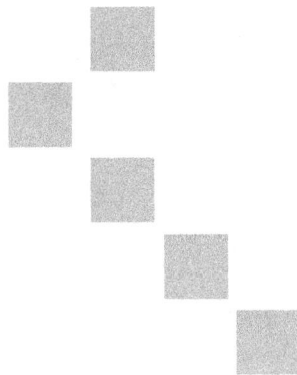

【学习目标】

知识目标	能力目标	素质目标
（1）掌握报关的含义、分类、意义。 （2）熟悉报关单位的分类、事务管理及海关对报关单位的管理手段。 （3）熟悉报关员的备案、职业素质要求、职业守则要求。 （4）理解报关业务体系及基本流程、基本内容、基本技能。 （5）掌握出入境检验检疫的概念、作用、工作内容、法律体系、管理机制与机构。 （6）熟悉《出入境检验检疫机构实施检验检疫的进出境商品目录》的规定。 （7）理解自理报检单位、代理报检单位检验检疫机构对其监管手段。了解报检员资格、注册、管理的监管手段。 （8）熟悉出入境货物报检业务分类及流程	（1）能对进出境报关的含义及在报关活动全过程中所处位置进行正确描述。 （2）能对进出境报关虚拟案例的报关过程及相对应的海关管理措施进行正确描述。 （3）掌握出入境检验检疫领域的工作规范，按照《法检目录》的要求有能力查找法检商品的基本信息。 （4）报检单位的规范事务管理能力。 （5）能够按照报检员的监管规范，在规定的报检时限、地点内，规范地从事出入境货物报检业务操作，并提交准确的报检单证	（1）提升对通关管理的法律性、政策性认知素质。 （2）掌握通关一体化协调技能

【本章实施体系】

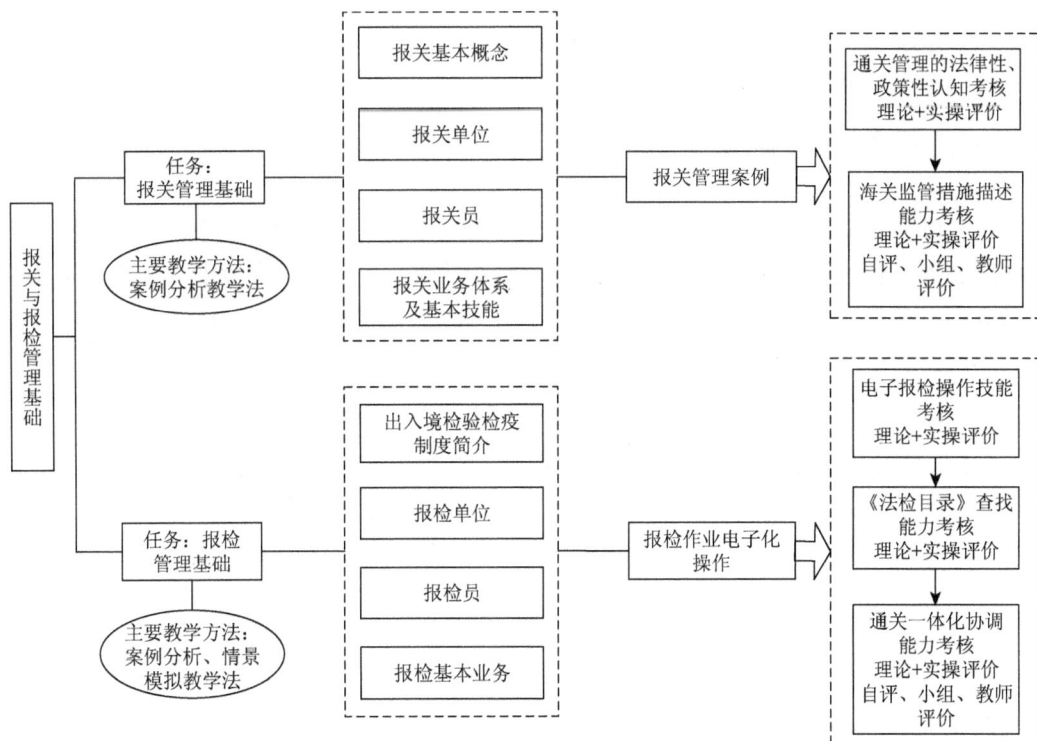

【案例导引】

　　2015 年 5 月 27 日，昆山检验检疫局、昆山海关两家单位携手启动了服务外贸"百千万"活动，实地走访了江苏飞力达国际物流股份有限公司等重点进出口企业，了解企业发展面临的新挑战，并开展现场办公。"百千万"活动是江苏检验检疫局、南京海关为贯彻落实国家新型开发开放战略和"迈上新台阶、建设新江苏"部署要求，进一步支持外贸发展、促进外贸便利、服务通关企业而携手推出的，具体内容是指"百企走访、千企座谈、万企征询"。当天，关检企三方针对江苏飞力达国际物流股份有限公司等企业在区域通关一体化实施过程中遇到的问题进行了深入探讨。关检双方表示，将进一步加强区域通关一体化合作，最大力度地简政放权、优化监管，最大限度地减少审批、简化程序，持续促进昆山贸易便利化，尽最大努力为企业提供优质服务。（以上信息来自昆山海关官网）

　　根据上述新闻报道，思考如下问题：

　　问题一：海关报关与出入境检验检疫报检的关系是什么？

　　问题二：什么是通关一体化？为什么要通关一体化？

第一节　报关管理基础

一、报关基本概念

　　（1）报关的含义。报关是指进出口货物收发货人、进出境运输工具负责人、进出境物品的所有人或者他们的代理人向海关办理货物、物品或运输工具进出境手续及相关海关事务的过程。

　　（2）报关的分类。报关分类如表 1-1-1 所示。

表 1-1-1　报关的分类

分类的依据	具体分类
依据报关的对象分类	运输工具报关
	货物报关
	物品报关
依据报关的目的分类	进境报关
	出境报关

续表

分类的依据	具体分类
依据报关的行为性质分类	自理报关
	代理报关
依据报关地分类	口岸报关
	属地报关
	"属地+口岸"报关
按照报关货物批次分类	逐票报关
	集中报关
依据报关方式不同	有纸报关
	无纸报关

二、报关单位

（一）报关单位的分类

1. 进出口货物收发货人

进出口货物收发货人指的是依法直接进口或者出口货物的中华人民共和国关境内的法人、其他组织或者个人。

1）一般进出口货物收发货人

一般而言,进出口货物收发货人指的是依法向国务院对外贸易主管部门或者其委托的机构办理备案登记的对外贸易经营者。

进出口货物收发货人经向海关注册登记后,只能为本单位进出口货物报关。

2）特殊收发货人

特殊收发货人是指对于一些未取得对外贸易经营者备案登记表但按照国家有关规定需要从事非贸易性进出口活动的单位。由于这些单位进出口的是非贸易性物品,且数量不大,所以可以向海关申请办理临时注册登记手续,获得临时报关权,报关范围仅限于本单位进出口非贸易性物品。

特殊收发货人包括:境外企业、新闻、经贸机构、文化团体等依法在中国境内设立的常驻代表机构;少量货样经出境的单位;国家机关、学校、科研院所等组织机构;临时接受捐赠、礼品、国际援助的单位;其他可以从事非贸易性进出口活动的单位。

2. 报关企业

报关企业是指按照规定经海关准予注册登记,接受进出口货物收发货人的委托,以进出口货物收发货人的名义或者以自己的名义,向海关办理代理报关业务,从事报关服务的境内企业法人。

我国的报关企业分为两种类型：①经营国际货物运输代理、国际运输工具代理等业务，兼营进出口货物的报关纳税等事宜的企业。②专门接受委托，代为办理进出口货物和经出境运输工具报关纳税等事宜的企业。

（二）海关对报关单位的管理

1. 报关单位注册登记管理

1）报关企业注册登记

报关企业注册登记属于行政许可范畴，未经许可不得报关。基于便民、高效原则，以及报关企业注册登记行政许可改为后置的做法，新修订《报关企业注册登记管理规定》将原报关企业注册登记的先许可、再注册登记简化为在申请行政许可的同时办理注册登记，两步并为一步。具体申请过程及要求如表 1-1-2 所示。

表 1-1-2　报关企业注册登记申请过程

申请过程	申请手续办理	
（1）申请条件	申请人应具备的行为能力	①具备境内企业法人资格条件； ②法定代表人无走私记录； ③无因走私违法行为被海关撤销注册登记许可记录； ④有符合从事报关服务所必需的固定经营场所和设施； ⑤海关监管所需要的其他条件
	申请应具备的法定形式要件	申请人向海关提交下列原件及复印件： ①"报关单位情况登记表"； ②企业法人营业执照副本复印件及组织机构代码证书副本复印件； ③报关服务营业场所所有权证明或者使用权证明； ④其他材料
（2）申请与处理		①申请人不具备报关企业注册登记许可申请资格的，不予受理； ②申请人材料不齐全或不符合法定形式，当场或在签收申请材料后 5 日内一次告知申请人需要补正的全部内容，逾期不告知的，自收到申请材料之日即为受理； ③申请材料仅存在文字性或技术性等可以当场更正错误的，允许申请人当场更正，并且有申请人对更正内容予以签章确认； ④申请材料齐全、符合法定形式，或者申请人按照海关的要求提交全部补正申请材料的，应当受理报关企业注册登记许可申请，并作出受理决定
（3）审查		所在地海关于受理注册登记许可申请之日起 20 日内审查完毕。 直属海关未授权隶属海关办理注册登记许可的，应当自收到所在地海关报送的审查意见之日起 20 日内作出决定
（4）决定		①申请符合法定条件的，海关依法作出准予注册登记许可的书面决定，送达申请人，核发"中华人民共和国海关报关单位注册登记证书"； ②申请不符合法定条件的，海关依法作出不准予注册登记许可的书面决定，并告知申请人； ③报关企业注册登记许可期限为 2 年，可办理注册登记许可延续手续； ④报关企业在取得注册登记许可的直属海关关区外从事报关服务的，应当依法设立分支机构，并向分支机构所在地海关备案。报关企业在取得注册登记许可的直属海关关区内从事报关服务的，可以设立分支机构，并且向分支机构所在地海关备案

2）进出口货物收发货人注册登记

（1）进出口货物收发货人办理注册登记地点。进出口货物收发货人应当按照规定到所在地海关办理报关单位注册登记手续。在海关办理注册登记后可以在中华人民共和国境内各口岸或者海关监管业务集中的地点办理本企业的报关业务。

（2）进出口货物收发货人办理注册登记提交的文件材料。申请人按照规定向海关提交下列材料的复印件，同时交验原件："报关单位情况登记表"；营业执照副本复印件及组织机构代码证书副本复印件；对外贸易经营者备案登记表复印件或者外商投资企业（台港澳侨投资企业）批准证书复印件；其他与注册登记有关的文件资料。

（3）审查及决定。注册地海关依法对申请注册登记材料进行核对。经核对申请材料齐全、符合法定形式的，应当核发报关单位注册登记证书。除另有规定外，进出口货物收发货人报关单位注册登记证书长期有效。

3）临时注册登记

临时注册登记单位在向海关申报前，应当向所在地海关办理备案手续。应当持本单位出具的委派证明或者授权证明及非贸易性活动证明材料，海关出具临时注册登记证明，不予核发注册登记证书（有效期最长为1年，有效期届满后应当重新办理临时注册登记手续）。

2. 报关单位的权利、义务

（1）报关单位有权向海关查询其办理的报关业务情况。

（2）报关单位应当妥善保管海关核发的注册登记证书等相关证明文件。发生遗失的，报关单位应当及时书面向海关报关并说明情况。遗失的注册登记证书等相关证明文件在补办期间仍然处于有效期间的，报关单位可以办理报关业务。

（3）报关单位向海关提交的纸质进出口货物报关单应当加盖本单位的报关专用章。报关企业及其分支机构的报关专用章仅限在其取得注册登记许可或者备案的直属海关关区内使用，进出口货物收发货人的报关专用章可以在全关境内使用。

（4）报关单位在办理注册登记业务时，应当对所提交的申请材料及所填报信息内容的真实性负责并且承担法律责任。

（5）海关依法对报关单位从事报关活动及其经营场所进行监督和实地检查，依法查阅或者要求报关单位报送有关材料。报关单位应当积极配合，如实提供有关情况和材料。

（6）海关对报关单位办理海关业务中出现的报关差错予以记录，并且公布记录情况的查询方式。报关单位对报关差错记录有异议的，可以自报关差错记录之日起15日内向记录海关以书面方式申请复核，海关自收到书面申请之日起15日内进行复核，对记录错误的予以更正。

3. 报关单位的分类管理制度

《中华人民共和国海关企业分类管理办法》对企业实行分类管理且对适用对象作出了较为严格的界定，即"在海关注册登记的进出口货物收发货人和报关企业"，设置了AA、A、B、C、D五个管理类别。海关按照守法便利原则，对适用不同管理类别的企业，制定相应的差别管理措施，其中AA类和A类企业适用相应的通关便利措施，B类企业适用常规管理措施，C 类和 D 类企业适用严密监管措施。

1）报关企业管理类别的设定

报关企业管理类别的设定见表 1-1-3。

表 1-1-3　报关企业管理类别的设定

报关企业的管理类别	设定条件
AA 类	已适用 A 类管理 1 年以上
	上一年度代理申报的进出口报关单及进出境备案清单总量在 2 万票（中西部 5000 票）以上
	上一年度进出口报关差错率 3% 以下
	经海关验证稽查，符合海关管理、企业经营管理和贸易安全的要求
	每年报送"企业经营管理状况报告"和会计事务所出具的上一年度审计报告；每半年报送"报关代理业务情况表"
A 类	已适用 B 类管理 1 年以上
	企业以及所属执业报关员连续 1 年无走私罪、走私行为、违反海关监管规定的行为
	连续 1 年代理报关的货物未因侵犯知识产权而被海关没收；或者虽被没收但对该货物的知识产权状况履行了合理审查义务
	连续 1 年无拖欠应纳税款、应缴罚没款项情事
	上一年度代理申报的进出口报关单及进出境备案清单等总量在 3000 票以上
	上一年度代理申报的进出口报关差错率在 5% 以下
	依法建立账簿和营业记录，真实、正确、完整地记录受委托办理报关业务的所有活动
	每年报送"企业经营管理状况评估报告"
	按照规定办理注册登记许可延续及"中华人民共和国海关报关企业报关注册登记证书"的换证手续和相关变更手续
	连续 1 年在商务、人民银行、工商、税务、质检、外汇、监察等行政管理部门和机构无不良记录
C 类	有走私行为的
	1 年内有 3 次以上违反海关监管规定的行为，或者 1 年内因违反海关监管规定被处罚款累计总额人民币 50 万元以上的
	1 年内代理报关的货物因侵犯知识产权而被海关没收达 2 次且未尽合理审查义务的
	上一年度代理申报的进出口报关差错率在 10% 以上的
	拖欠应纳税款、应缴罚没款项人民币 50 万元以下的
	代理报关的货物涉嫌走私、违反海关监管规定拒不接受或者拒不协助海关进行调查的
	被海关暂停从事报关业务的
D 类	有走私罪的
	1 年内有 2 次以上走私行为的
	1 年内代理报关的货物因侵犯知识产权而被海关没收达 3 次以上且未尽合理审查义务的
	拖欠应纳税款、应缴罚没款项人民币 50 万元以上的
B 类	报关企业未发生 C 类管理和 D 类管理所列情形，并符合下列条件之一的，适用 B 类管理 （1）首次注册登记的； （2）首次注册登记后，管理类别未发生调整的； （3）AA 类企业不符合原管理类别适用条件，并且不符合 A 类管理类别适用条件的； （4）A 类企业不符合原管理类别适用条件的

2）进出口货物收发货人管理类别的设定

进出口货物收发货人管理类别的设定见表 1-1-4。

表 1-1-4 进出口货物收发货人管理类别的设定

进出口货物收发货人的管理类别	设定条件
AA 类	已适用 A 类管理 1 年以上
	上一年度进出口报关差错率 3% 以下
	经海关验证稽查，符合海关管理、企业经营管理和贸易安全的要求
	每年报送"企业经营管理状况报告"和会计事务所出具的上一年度审计报告；每半年报送"报关代理业务情况表"
A 类	已适用 B 类管理 1 年以上
	连续 1 年无走私罪、走私行为、违反海关监管规定的行为
	连续 1 年未因进出口侵犯知识产权货物而被海关行政处罚
	连续 1 年无拖欠应纳税款、应缴罚没款项情事
	上一年度进出口总值 50 万美元以上
	上一年度进出口报关差错率 5% 以下
	会计制度完善，业务记录真实、完善
	主动配合海关管理，及时办理各项海关手续，向海关提供的单据、证件真实、齐全、有效
	每年报送"企业经营管理状况评估报告"
	按照规定办理"中华人民共和国海关进出口货物收发货人报关注册登记证书"的换证手续和相关变更手续
	连续 1 年在商务、人民银行、工商、税务、质检、外汇、监察等行政管理部门和机构无不良记录
C 类	有走私行为的
	1 年内有 3 次以上违反海关监管规定的行为，且违规次数超过上一年度报关单及进出境备案清单总票数 1‰的，或者 1 年内因违反海关监管规定被处罚款累计总额人民币 100 万元以上的
	1 年内有 2 次因进出口侵犯知识产权而被海关行政处罚的
	拖欠应纳税款、应缴罚没款项人民币 50 万元以下的
D 类	有走私罪的
	1 年内有 2 次以上走私行为的
	1 年内代理报关的货物因侵犯知识产权而被海关没收达 3 次以上且未尽合理审查义务的
	拖欠应纳税款、应缴罚没款项人民币 50 万元以上的
B 类	报关企业未发生 C 类管理和 D 类管理所列情形，并符合下列条件之一的，适用 B 类管理： （1）首次注册登记的； （2）首次注册登记后，管理类别未发生调整的； （3）AA 类企业不符合原管理类别适用条件，并且不符合 A 类管理类别适用条件的； （4）A 类企业不符合原管理类别适用条件的

3）报关单位分类管理措施的实施

（1）报关企业代理进出口货物收发货人开展报关业务，海关按照报关企业和进出口货物收发货人各自适用的管理类别分别实施相应的管理措施。

因企业的管理类别不同导致与应当实施的管理措施相抵触的，海关按照下列方式实施：

①报关企业或者进出口货物收发货人为 C 类或者 D 类的，按照较低的管理类别实施相应的管理措施；

②报关企业和进出口货物收发人均为 B 类及以上管理类别的，按照报关企业的管理类别实施相应的管理措施。

（2）加工贸易经营企业与承接委托加工的生产企业管理类别不一致的，海关对该加工贸易业务按照较低的管理类别实施相应的管理措施。

三、报关员

（一）报关员的备案

报关单位所属人员从事报关业务到海关备案，海关收取"报关单位情况登记表"（所属报关人员），并验核拟备案报关人员有效身份证件原件后，核发"报关人员备案证明"（图 1-1-1）。

```
                         报关人员备案证明

      （报关单位名称）：
      你单位（海关注册编码：_____）所属报关人员_____（（身份证件类型）号码：_____）已完成海
关备案，备案编号：_____，备案日期：_____。

                                                            海关
                                                       （注册登记印章）
                                                         年  月  日
```

图 1-1-1　报关人员备案证明

修订后的《报关单位注册登记管理规定》对报关员备案的规定如下。

（1）明确报关员由其所属报关单位为其办理海关相关手续，报关员与所属报关单位的劳动合同关系的真实性和有效性由报关单位负责，在"报关员情况登记表"中注明并加盖公章确认。

（2）报关单位只需凭备案表和报关员身份证即可办理报关员备案，简化报关员备案的条件和材料。

（3）取消报关员证，改为核发报关员卡。

（4）报关员在办理报关业务时的违法行为，报关单位要承担相应的法律责任并受到处罚，增加了报关单位对报关员的法律责任。

（二）报关业务能力与技能型人才

1. 核心能力

所谓企业核心能力，是指企业的独特技术能力、组织协调能力、对外影响能力和环境应变能力。一个企业的核心能力的高低，最终取决于企业内多数员工的核心能力的高低。开发和培育员工的核心能力的意义也就在于此。

2. 业务技能

（1）特定技能。特定技能是指《报关员国家职业标准（试行）》中规定的仅适用于报关员职业活动的技能，是报关员完成其报关工作所必备的专业技能。主要包括报关单填制、进出口商品归类、进口货物原产地确定、应税货物完税价格核算及报关异常情况处理等技能。

（2）通用技能。通用技能是指与报关员职业相近的职业群体中体现出来的普遍适用的共性的技能，是报关员完成其报关工作所需要或补充的业务技能。主要包括交流表达能力、数字运算能力、信息处理能力、外语应用能力、学习能力等。

（三）报关员职业守则

《报关员国家职业标准（执行）》将报关员职业守概况为：遵纪守法、廉洁自律、爱岗敬业、诚信服务、团结协作。

四、报关业务体系及基本技能

（一）报关业务体系

报关业务一般包括前期阶段、进出境阶段和后续阶段等若干个工作阶段，如图 1-1-2 所示。

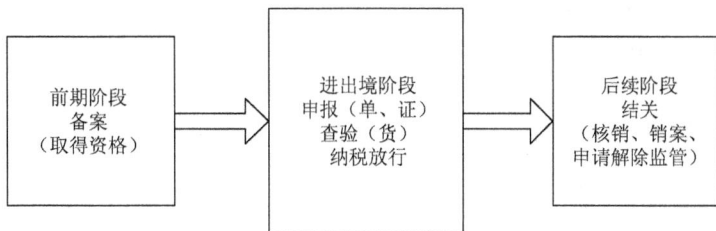

图 1-1-2　报关业务工作阶段

1. 前期阶段

货物在进出关境之前，向海关办理备案手续的过程。

（1）一般进出口货物，不需要办理。

（2）保税进出口货物，备案、申请登记手册。

（3）特定减免税货物，特定减免税申请和申领免税证明。

（4）暂准进出境货物，展览品备案申请。

（5）其他进出境货物，出料加工货物的备案。

2. 进出境阶段

在进出境阶段中，进出口货物收、发货人或其代理人应按照步骤完成进出口申报：进出口申报-配合查验-缴纳税费-提取或装运货物这四个环节。从海关的角度来说，所对应的程序就是审单（决定是否受理申报）-查验-征税-放行这四个阶段。

3. 后继阶段

按照规定的要求，向海关办理进出口货物核销、销案、申请解除监管的手续的过程。

（1）一般进出口货物，不需要办理。

（2）保税进出口货物，保税货物核销申请。

（3）特定减免税货物，解除海关监管申请。

（4）暂准进出境货物，暂准进出境货物销案申请。

（5）其他进出境货物，办理销案手续。

根据《报关员国家职业标准（试行）》，报关的业务体系由报关单证准备与管理、报关作业实施与管理、报关核算、进出口商品归类与原产地确定、报关事务管理、海关行政救济事务管理及培训指导等7个业务单元或业务功能模块构成。这7个业务单元既相对独立，又相互联系，并具有一定稳定性和有序性。

（二）报关业务流程

报关业务流程是指围绕报关的目标和任务所展开的一系列工作工作内容，并按照一定次序和步骤从起点到终点的运行过程。

进出口货物报关作业总流程如图1-1-3所示。

（三）报关业务基本技能

1. 商品归类技能

进出口商品归类技能是指在《商品名称及编码协调制度的国际公约》商品分类目录体系下，以《中华人民共和国进出口税则》为基础，按照《进出口税则商品及品目注释》《中华人民共和国进出口税则本国子目注释》及海关总署发布的关于商品归类的行政裁定、商品归类决定的要求，对商品的材料组成、性质、用途等因素分析、比对，并运用相关规则、经验和方法以确定进出口货物商品编码的活动中所形成的熟练的职业能力。

说明	报关作业流程	海关管理作业流程
前期阶段	备案、报批准备 → 电子数据预录入 ↓ 提交备案报批申请 ↓ 获准备案报批	接受电子数据预录入 ↓ 审核备案报批申请 ↓ 批准备案报批
进出境阶段	现场报关准备 → 报关单电子数据申报 ↓ 提交纸质报关单证 ↓ 配合海关查验 ↓ 缴纳进出口税费 ↓ 提取或装运货物 ↓ 获取报关证明	审核电子数据报关单 ↓ 接单核验 ↓ 查验货物 ↓ 征收进出口税费 ↓ 复核放行货物 ↓ 签发报关证明
后续阶段	配合海关核查监督 ↓ 按去向申请办理报关手续 ↓ 报核准备 → 报核申请 ↓ 获准结关	核查监督后续管理货物 ↓ 按去向办理相关报关手续 ↓ 审核报核申请 ↓ 批准结关

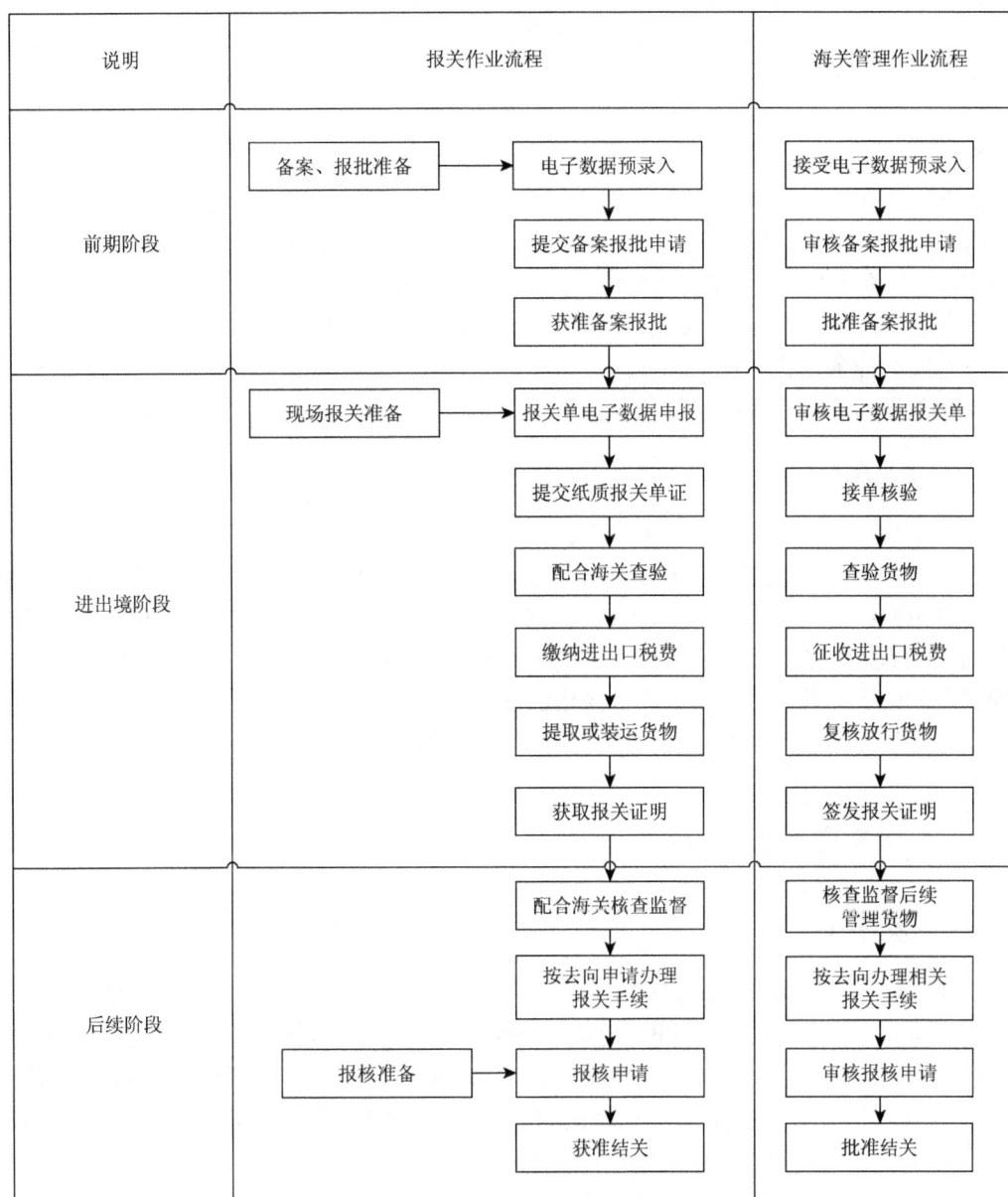

图 1-1-3 进出口货物报关作业总流程

商品归类是报关从业人员区别于其他行业独有的专业技能。商品归类技能包括 3 个等级发展阶段，即初步入门阶段、机械熟练阶段、智能娴熟阶段。应注重学习方法，熟练运用规则，系统学习，训练提高，收集信息，善于总结。

2. 原产地确定技能

进口货物原产地确定技能是指按照《中华人民共和国进出口货物原产地条例》《中华人民共和国海关进出口货物优惠原产地管理规定》的规定与要求，运用相关知识、经验和方法，以确定进口货物原产地的活动中所形成的熟练的和自动化了的独立进行实际业务操作的能力。

应注重学习方法，系统掌握知识，收集原产地信息，强化训练，善于总结。

3. 估价技能

估价技能是指在《中华人民共和国海关法》《中华人民共和国进出口关税条例》《中华人民共和国海关审定进出口货物完税价格办法》的法律体系下，规范使用原则性估价方法、相同货物成交价格估价方法、类似货物成交价格估价方法、倒扣价格估价方法、计算价格估价方法和合理方法，以确定某一进口或出口货物完税价格的过程中所形成的熟练的和自动化了的独立进行实际业务操作的能力。

应注重学习方法，系统掌握知识，收集估价信息，强化训练，善于总结。

4. 报关单填制技能

报关单填制技能是指按照《中华人民共和国海关法》《中华人民共和国进出口货物申报管理规定》《中华人民共和国海关进出口货物报关单填制规范》《中华人民共和国海关统计商品目录》《中华人民共和国海关进出口商品规范申报目录》等有关规定和要求，运用相关知识、经验和方法填报报关单栏目和进行预录入作业，向海关申报过程中所形成的熟练的和自动化了的独立进行实际业务操作的能力。

应注重学习方法，系统掌握知识，收集填制信息，强化训练，善于总结。

五、报关管理业务应用

（一）案例 1

经批准某地举行国际商品博览会，展品及与展出活动有关的其他物品，在进境地海关办理转关手续后，由主办单位向展出地海关申报进口，展出期间，部分展品被境内单位购买。展出结束后，上述展览品，除复运出境及已被留购得以外，因修建、布置展台等进口的一次性廉价物品被展览品所有人放弃，部分展品被展览品所有人赠送给境内与其有经贸往来的单位。

1. 下列哪些物品可按照展览品申报进境：

A. 参展商免费提供并在展出中免费散发的与展出活动有关的宣传印刷品、说明书、价目表等

B. 为配合展出，将在展览会上出售的小卖品

C. 为展出的机器或器具进行操作示范，并在示范过程中被消耗的物品

D. 展览会期间招待适用的含酒精饮料

2. 对于该批进境展览品所办理的海关手续，以下表述正确的是：

A. 可使用 ATA 单证册作为报关单据

B. 在展览品进口前，向海关提出暂时进境申请

C. 向海关提供担保

D. 小卖品应与其他展览品分单填报

3. 关于展览品和展览用品的进境许可证件管理，下列表述正确的是：

A. 因不属于实际进口，免予提交进口许可证件

B. 属于国家实行许可证件管理的，应当向海关交验相关证件，办理进口手续

C. 展览品，除另有规定外，免予提交进口许可证件，展览用品，属于国家实行许可证件管理的，应当向海关交验相关证件

D. 海关派员进驻展览场所执行监管的，进境展览品免予提交进口许可证件，否则应当向海关交验相关证件

4. 下列展览用品中在海关核定的合理范围内的，免征进口关税和进口环节税的是：

A. 在展览活动中的小件样片，包括原装进口的或者在展览期间用进口的散装原料制成的食品或者饮料的样品

B. 为展出的机器或者器件进行操作示范被消耗或者损坏的物料

C. 布置、装饰临时展台消耗的低值货物

D. 展览用品中的酒精饮料、烟草制品及燃料

5. 在展览期间和展览结束后，展览品的各种处置，应符合下列海关规定：

A. 在展览期间，部分展品被境内单位购买的，由主办单位或其代理人向海关办理进口申报、纳税手续

B. 展览品所有人已申明放弃的一次性廉价物品，由海关变卖后将款项上缴国库，有境内单位接受的，应当向海关办理进口申报纳税手续

C. 展览品被其所有人赠送的，受赠人应当向海关办理进口手续，海关根据进口礼品或经贸往来的赠送品的规定办理

D. 展览品的各种处置如符合海关规定的，还需由主办单位向海关办理核销结关手续

答案：

1. AC　2. BC　3. C　4. ABC　5. ABCD

（二）案例2

江苏飞力达国际物流股份有限公司报关员小郭在刚刚从事报关工作时经历的一件事情。那天下午4：30分小郭接到一批需急速运到韩国去的货物，而海关5点就要下班。请问在这种情况下你会怎么做？

分析：立即向海关说明情况，请求海关加班接受申报查验放行等，或向海关提供担保，请求先行放行，翌日再申报。

（三）案例3

江苏飞力达国际物流股份有限公司报关员小杨遇到了这样一件事情：有位客户从侧面了解到小杨手中有竞争对手的一些资料，于是私下向小杨打听并承诺以重金酬谢。请问假设你是小杨，你会怎样处理这件事情？

分析：此举有违反《中华人民共和国海关报关员执业管理办法》第三十二条（七）款

规定之嫌疑，应恪守职业道德。

（四）案例 4

青岛某船务公司报关员小安在从事报关业务中遇到这样一件事情。一家公司从韩国进口了一种人造纤维纱线，报关时，海关要求验货，开箱后发现不是人造纤维纱线，而是一种关税比人造纤维纱线高出很多的氨纶丝。海关认为是小安所在公司与外商串通想逃税。经进一步调查发现是韩国商人有意隐瞒，以逃避巨额关税。请问在这个案例中小安作为报关员有没有责任？

分析：该报关员及经营（申报）单位均应承担责任，因为他们未对所申报货物进行充分了解，应向海关申请申报前查货及提样。

（五）案例 5

2009 年 3 月 20 日，顺发公司获得进出口经营权，注册成为一家外贸公司。3 月 22 日即对外签订了一份出口合同。为了提高办事效率，第二天公司派公司职员李华去海关办理货物出口报关手续，结果遭海关拒绝。

请问，海关的拒绝是否有理？为什么？

分析：拒绝有理，因为外贸公司还没有报关资格和海关备案，公司职员也没有报关员资格证，也没有进行报关员注册，没有报关的资格也就不能进行海关申报，只能委托其他具有报关资格的报关企业进行海关申报。

第二节　报检管理基础

一、出入境检验检疫制度简介

（一）出入境检验检疫的概念

出入境检验检疫，简称检验检疫，是由"进出口商品检验"、"进出境动植物检疫"和"过境卫生检疫"组合演变出的新名词。因此，检验检疫实际上包含了进出口商品检验、动物及动物产品检疫、植物及植物产品检疫和卫生检疫四个专业的范畴，其实质性内容就是"检验"和"检疫"。

出入境检验检疫的概念：出入境检验检疫是指检验检疫机构依照法律、行政法规和国际惯例等的要求，对出入境货物、交通运输工具、人员等进行检验检疫、认证及签发官方检验检疫证明等监督管理工作。

（二）出入境检验检疫的作用

1. 国家主权体现

出入境检验检疫机构作为执法机构，按照国家法律规定，对出入境货物、运输工具、人员等法定检验检疫对象进行检验、检疫、鉴定、认证及监督管理。

不符合我国强制性要求的入境货物，一律不得销售、使用；对涉及安全卫生及检疫产品的国外生产企业的安全卫生和检疫条件进行注册登记；对不符合安全卫生条件的商品、物品、包装和运输工具，有权禁止进口，或视情况在进行消毒、灭菌、杀虫或其他排除安全隐患的措施等无害化处理，重验合格后方准进口；对于应经检验检疫机构实施注册登记的向中国输出有关产品的外国生产加工企业，必须取得注册登记证后方准向中国出口其产品；有权对进入中国的外国检验机构进行核准。

2. 国家管理职能体现

出入境检验检疫机构作为执法机构，依照法律授权，按照中国、进口国或国际性技术法规规定，对出入境人员、货物、运输工具实施检验检疫。

对涉及安全、卫生和环保要求的出口产品生产加工企业实施生产许可、出口商品质量许可、卫生注册登记（备案）和分类管理；必要时帮助企业取得进口国主管机关的注册登记；经检验检疫发现质量与安全卫生条件不合格的出口商品，有权阻止出境；不符合安全条件的危险品包装容器，不准装运危险货物；不符合卫生条件或冷冻要求的船舱和集装箱，不准装载易腐易变的粮油食品或冷冻品；对属于需注册登记的生产企业，未经许可不得生产加工有关出口产品；对涉及人类健康和安全，动植物生命与健康，以及环境保护和公共安全的入境产品实行强制性认证制度。对成套设备和废旧物品进行装船前检验。

3. 对外贸易顺利进行和持续发展的保障

（1）对出口商品的检验检疫监管使我国的出口商品以质取胜，立足国际市场。世界各主权国家为保护国民身体健康、保障国民经济发展与消费者权益，相继制定了食品、药品、化妆品和医疗器械的卫生法规，机电与电子设备、交通运输工具和涉及安全的消费品的安全法规，动植物及其产品的检疫法规，检疫传染病的卫生检疫法规。我国出入境检验检疫机构依法履行检验检疫职能，能有效地提高我国出口企业的管理水平和产品质量，不断地开拓国际市场。

（2）对进出口商品的检验检疫监管是建立国家技术保护屏障的重要手段。中国检验检疫机构加强对进口产品的检验检疫和对相关的国外生产企业的注册登记与监督管理，通过合理的技术规范与措施保护国内产业和国民经济的健康发展，保护消费者、生产者的合法权益，建立起维护国家利益的可靠屏障。

（3）对进出口商品的检验检疫监管为对外贸易各方提供了公正权威凭证。在国际贸易中，贸易、运输、保险各方往往要求由官方或权威的非当事人对进出口商品的质量、重量、包装、装运技术条件等提供检验合格证明，为出口商品交货、结算、计费、计税和进口商品质量、残损索赔等提供有效凭证。中国出入境检验检疫机构对进出口商品实施检验并出具的各种检验检疫鉴定证明，就是为对外贸易有关各方履行贸易、运输、保险契约和处理索赔争议提供了具有公正权威的凭证。

（4）保护农、林、渔业生产安全，促进农畜产品的对外贸易和保护人体健康。保护农、林、牧、渔业生产安全，使其免受国际上重大疫情灾害影响，是中国出入境检验检疫机构担负的重要使命。对动植物及其产品和其他检疫物品，以及装载动植物及其产品和其他检疫物品的容器、包装物和来自动植物疫区的运输工具（含集装箱）实施强制性检疫，对防止动物传染病、寄生虫和植物危险性病、虫、杂草及其他有害生物等检疫对象和危险疫情的传入传出，保护国家农、林、牧、渔业生产安全和人民身体健康，履行我国与外国签订的检疫协议的义务，突破进口国在动植物检疫中设置的贸易技术壁垒，促进我国农畜产品对外贸易具有重要作用。

（5）出入境检验检疫实施国境卫生检疫是保护我国人民健康的重要屏障。中国边境线长，对外开放的海、陆、空口岸有 100 多个，是开放口岸最多的国家之一。近年来，各种检疫传染病和监测传染病仍在一些国家地区发生与流行，甚至出现了一批新的传染病，特别是随着国际贸易、旅游和交通运输的发展，以及出入境人员迅速增加，鼠疫、霍乱、黄热病、艾滋病等一些烈性传染病及其传播媒介随时都有传入的危险，给我国人民的身体健康造成严重的威胁。因此，对出入境人员、交通工具、运输设备以及可能传播传染病的行李、货物、邮包等物品实施强制性检疫，对防止检疫传染病的传入或传出，保护人民身体健康具有重要的作用。

综上所述，出入境检验检疫对维护国家和人民权益、维护国民经济发展、突破国际贸易技术壁垒都有非常重要的作用。随着改革开放的不断深入和对外贸易的不断发展，特别是中国加入世界贸易组织，出入中国国境的人员、货物和交通运输工具等将不断增加，中国出入境检验检疫作为"国门卫士"必将发挥越来越重要的作用。

（三）出入境检验检疫的目的和任务

出入境检验检疫工作的主要目的和任务如表 1-2-1 所示。

表 1-2-1　出入境检验检疫工作的主要目的和任务

对象	出入境检验检疫工作	
	任务	目的
进出口商品	检验 鉴定 监督管理	加强进出口商品的检验工作，规范进出口商品的检验行为； 维护社会公共利益和进出口贸易有关各方的合法权益； 促进对外贸易的顺利发展
出入境动植物及其产品、运输工具、包装材料	检疫 监督管理	防止病菌、虫害等传入或传出； 保护我国农、林、牧、渔业的生产、人类健康及国际生态环境
出入境人员、交通工具、运输设备、可能传播传染病的行李、货物、邮包等物品	国境卫生检疫 口岸卫生监督	防止传染病的传播； 保护人类健康
出入境检验检疫机构	按照 SPS[①]、TBT[②] 建制	采取有效措施保护我国人民的健康和安全及我国动植物生命与健康； 打破国外技术性贸易壁垒

注：①实施卫生与植物卫生措施协定（agreement on the applications of sanitary and phytosanitary measures，SPS）
②技术性贸易壁垒协定（agreement on technical barriers to trade，TBT）

（四）出入境检验检疫工作内容

简单归纳为"检验""检疫""鉴定""强制性质量认证""联络"，具体工作内容如图 1-2-1 所示。

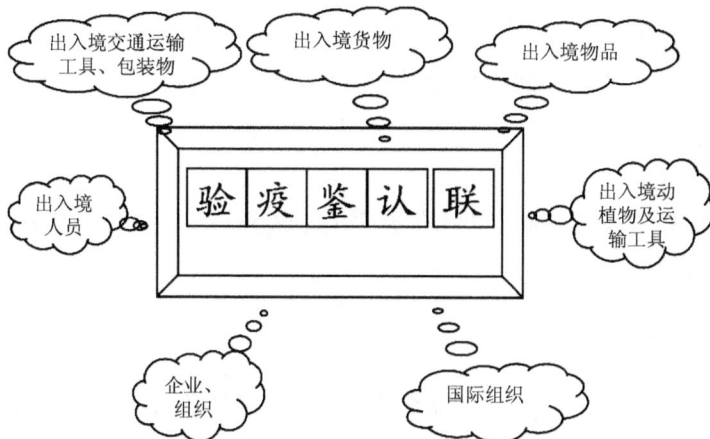

图 1-2-1　出入境检验检疫工作内容

（五）出入境检验检疫的管理体制与组织机构

1. 检验检疫的管理体制

1980 年 2 月，国务院根据改革开放形势的需要作出了《国务院关于改革检验检疫管理体制的决定》。该决定指出："全国检验检疫建制归中央统一管理，成立中华人民共和国检验检疫局作为国务院直属机构，统一管理全国检验检疫机构和人员编制、财务及其业务。"从此检验检疫恢复了统一的垂直领导体制。

2. 检验检疫的组织机构

我国出入境检验检疫的组织机构如图 1-2-2 所示。

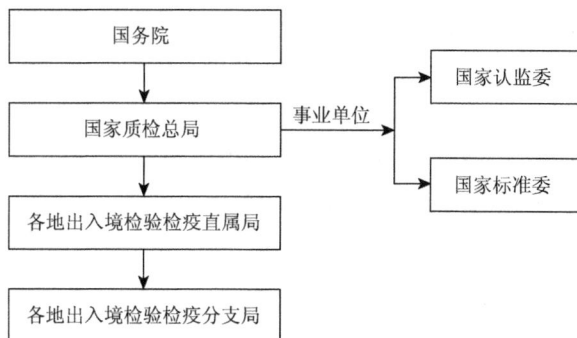

图 1-2-2　我国出入境检验检疫的组织机构

（六）《出入境检验检疫机构实施检验检疫的进出境商品目录》

《出入境检验检疫机构实施检验检疫的进出境商品目录》（简称《法检目录》）是出入境检验检疫机构的执法基础，列入《法检目录》内的进出境货物、物品，海关凭检验检疫机构签发的通关单放行。

《法检目录》的基本结构：由"商品编码"、"商品名称及备注"、"计量单位"、"海关监管条件（类别）"和"检验检疫类别"五项组成。

1. 商品编码

在原八位 H. S. 编码的基础上以末位补零的方式补足 10 位码，所有 H. S. 编码第九位前的小数点，一律取消。

2. 商品名称及备注

结合《海关进出口税则》的"货品名称"与"子目注释"，与《商品名称及编码协调制度》对应。

3. 计量单位

《H. S. 编码》第一标准计量单位。

4. 海关监管条件（类别）

有 A、B、D 三种类别。

A：须实施进境检验检疫。

B：须实施出境检验检疫。

D：表示海关与检验检疫联合监管。

5. 检验检疫类别

包括：M、N、P、Q、R、S、L、V、W。

M：进口商品检验；N：出口商品检验。

P：进境动植物、动植物产品检疫；Q：出境动植物、动植物产品检疫。

R：进口食品卫生监督检验；S：出口食品卫生监督检验。

L：民用商品入境验证；V：表示进境卫生检疫；W：表示出境卫生检疫。

国家法律、法规和总局规章规定应当实施出入境检验检疫的进出境商品中，部分与《商品名称及编码协调制度》不能对应，如成套设备、食品添加剂等，出入境检验检疫机构仍依法对其实施出入境检验检疫。

二、报检单位管理

报检是检验主体向检验检疫部门申请办理商品检验、动植物检疫和卫生检疫等的行为，报检主体（报检人）包括报检单位和报检员。报检也是依法向检验检疫机构申报检验检疫、办理相关手续、启动检验检疫流程的行为。

（一）报检单位含义

报检单位是发生报检行为的主体，是依法在检验检疫机构注册登记，取得报检资格或经检验检疫机构批准取得报检权的境内法人或者组织。

（二）报检单位类型

报检单位按其登记的性质，可分为自理报检单位和代理报检单位两种类型。

1. 自理报检单位

自理报检单位是根据我国法律法规规定自行办理检验检疫报检/申报手续的进出境收发货人。

特点：只办理本单位的检验检疫事项；在首次报检时须办理备案登记手续，取得报检单位代码。

2. 代理报检单位

代理报检单位是经检验检疫机构注册登记后，接受进出境收发货人的委托，为委托人办理报检的从事代理报检业务的境内企业。

特点：接受进出境收发货人的委托，为委托人办理报检；经检验检疫机构注册登记。

（三）自理报检单位

1. 自理报检单位的范围

自理报检单位主要包括以下几种。

一般进出口企业：有进出口经营权的国内企业；进口货物的收货人或其代理人；出口货物的生产企业。

出口运输包装生产企业：出口货物运输包装及出口危险货物运输包装生产企业。

境外企业和组织：中外合资、中外合作、外商独资企业；国外（境外）企业、商社常驻中国代表机构。

进出境动植物及包装物、运输工具：进出境动物隔离饲养和植物繁殖生产单位；进出境动植物产品的生产、加工、存储、运输单位；对进出境动植物、动植物产品、装载容器、包装物、交通运输工具等进行药剂熏蒸和消毒服务的单位。

科研单位：有进出境交换业务的科研单位。

其他：其他涉及出入境检验检疫业务并需要办理备案的单位。

2. 自理报检单位备案登记

凡属自理报检单位范围的，在首次报检时须办理备案登记手续，取得报检单位代码。

1）申请地点

国家质检总局：负责全国自理报检单位的统一管理工作。

各地直属检验检疫局：负责所辖地区自理报检单位备案登记等工作的组织实施。

各地检验检疫机构：负责辖区内自理报检单位的备案登记、信息更改、根据实际情况对自理报检单位的备案信息定期进行核实、日常监督管理等具体管理工作。

因此，自理报检单位的备案登记的申请、日常监督管理管理工作实施的是属地管理原则，即报检单位备案登记的申请人应当向其工商注册所在地检验检疫机构提出申请。

2）备案登记程序

2004 年 11 月 1 日起，自理报检单位的备案登记需在"中国电子检验检疫业务网"（http://www.ecip.cn）上提出申请（包括已备案登记单位信息更改申请申请）。

网上申请（"中国电子检验检疫业务网"）

↓

打印"自理报检单位备案登记申请表"

↓

在工商注册所在地的检验检疫机构现场书面确认

↓许可

颁发"自理报检单位备案登记证书"

自理报检单位备案登记网上申请界面如图 1-2-3 所示。

3）备案需提交的单证

自理报检单位备案登记的申请人应向其工商注册所在地检验检疫机构提出申请并要提供以下申请材料：自理报检单位备案登记申请表；加盖企业公章的《企业法人营业执照》复印件，同时交验原件；加盖企业公章的组织机构代码（相当于人的身份证号）证复印件，同时交验原件；有进出口经营权的企业须提供有关证明材料（政府批文）；申请人需提供的其他资料；检验检疫机构要求的相关材料。

4）自理报检单位备案登记证书

有效期为 5 年，期满后，自理报检单位应当到原备案的检验检疫机构办理延期换证手续。自理报检单位备案登记证书如图 1-2-4 所示。

3. 备案登记的监督管理

（1）接受监管。自理报检单位必须遵守有关法律法规，并接受检验检疫机构的监督管理。

（2）终止备案登记。自理报检单位需要终止备案登记的，应以书面形式向原备案登记的检验检疫机构办理注销手续，经审核后予以注销。

图 1-2-3　自理报检单位备案登记网上申请界面

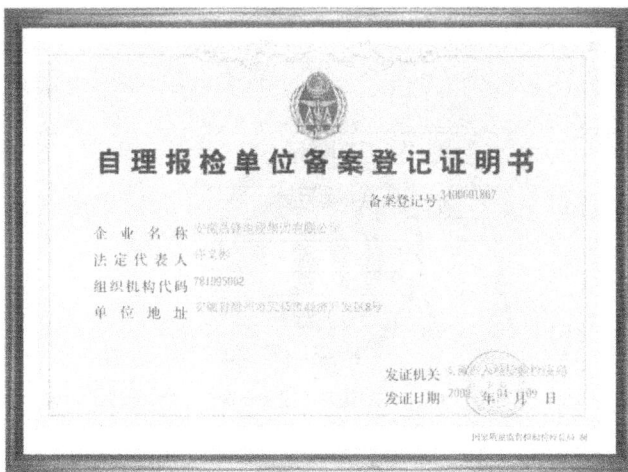

图 1-2-4　自理报检单位备案登记证书

（3）撤销备案。自理报关单位提供虚假信息或材料并取得备案登记的，检验检疫机构撤销其备案登记。

（4）异地报检。已经在工商注册所在地检验检疫机构备案登记的自理报检单位及其已注册的报检员，前往注册地以外的检验检疫机构报检时，自理报检单位无需在异地办理备案登记和报检员注册手续。

（四）代理报检单位

1. 代理报检单位注册登记

国家质检总局对代理报检单位实行注册登记制度。

取得《代理报检单位注册登记证书》方可在许可的报检区域内从事指定范围的代理报检业务。未取得代理报检企业注册登记的，不得从事代理报检业务。

1）申请企业的条件

取得工商行政管理部门颁发的《企业法人营业执照》；注册资金在人民币 100 万元以上；有固定经营场所及办理代理报检业务所需的设施；有健全的企业内部管理制度；有不少于 5 名取得《报检员资格证书》的拟任报检员。

注意：分公司以自己名义申请代理报检企业注册登记的，应当取得《营业执照》（和上面的《企业法人营业执照》不一样），具备前款第③、④、⑤项要求的条件，且总公司注册资金人民币 100 万元以上。

2）代理报检单位注册登记程序

代理报检单位注册登记程序如图 1-2-5 所示。

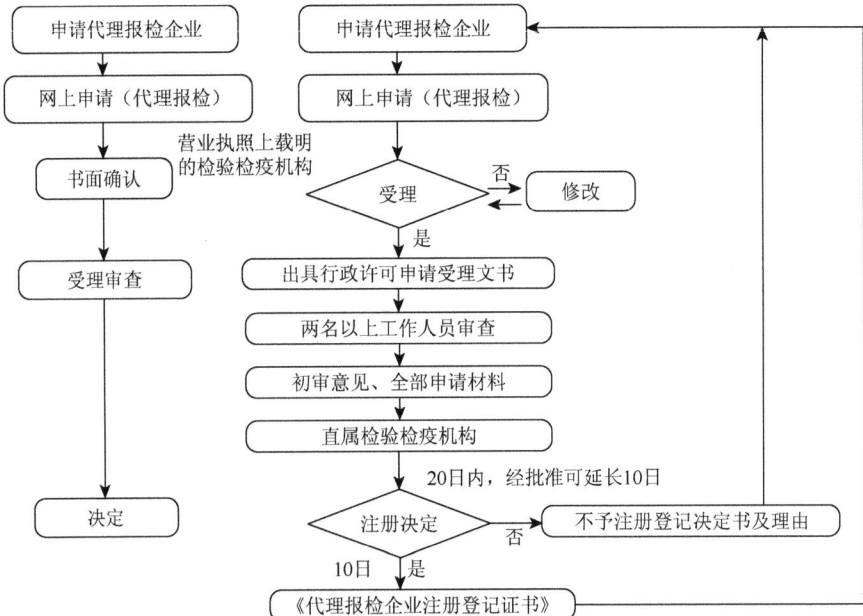

图 1-2-5　代理报检单位注册登记程序

代理报检单位的注册登记工作由国家质检总局统一管理。

各直属检验检疫局负责：所辖地区代理报检单位注册登记的决定工作。

直属检验检疫局及其分支机构（检验检疫机构）按照职责分工，负责所辖区域代理报检单位注册登记申请的受理、审查和对代理报检单位的监督管理工作。

代理报检单位注册登记申请人应提交材料与申请企业条件对应关系如表1-2-2所示。

表1-2-2　代理报检单位注册登记申请人提交材料与申请企业条件对应关系

申请企业条件	需提供的书面资料
①取得工商行政管理部门颁发的《企业法人营业执照》	①代理报检企业注册登记申请书
②注册资金在人民币100万元以上	②《企业法人营业执照》复印件，分公司以自己名义申请的，需同时提交《营业执照》复印件、总公司授权书
	③《组织机构代码证》复印件
③有固定经营场所及办理代理报检业务所需的设施	④营业场所所有权证明或者租赁证明复印件
④有健全的企业内部管理制度	⑤企业章程复印件
⑤有不少于5名取得《报检员资格证书》的拟任报检员	⑥拟任报检员的《报检员资格证书》复印件
	⑦代理报检企业与拟任报检员签订的劳动合同
	⑧申请人的印章印模

受理机构收到注册登记申请后，根据下列情况分别做出处理。

（1）申请材料不齐全或者不符合法定形式的，应当当场或者在5日内一次告知申请人需要补正的全部内容，逾期不告知的自收到申请材料之日起即为受理。

（2）申请材料仅存在可以当场更正的错误的，应当允许申请人当场更正。

（3）申请材料齐全、符合法定形式，或者申请人按照要求提交全部补正申请材料的，应当予以受理。

准予注册登记的：直属检验检疫局应当自做出书面决定之日起10日内向申请人颁发《代理报检企业注册登记证书》（以下简称《注册登记证书》）。

不予注册登记的：出具不予注册登记决定书，说明理由，并告知申请人享有依法申请行政复议或者提起行政诉讼的权利。

《代理报检企业注册登记证书》：有效期为4年。取得《注册登记证书》的代理报检单位，完成下列行为后，方可在规定的报检服务区域内从事代理报检业务：为拟任报检员向检验检疫机构办理报检员注册；刻制代理报检专用章并向检验检疫机构备案。

2. 代理报检单位监督管理

各直属检验检疫局负责对所辖地区代理报检单位的监督管理工作，各地检验检疫机构负责对辖区内代理报检单位的日常监督管理工作。

1）代理报检单位的例行审核

（1）例行审核时间。检验检疫机构每 2 年对代理报检单位实行一次例行审核制度。代理报检单位应当在审核年度的 3 月 1 日至 3 月 31 日向所在地检验检疫机构申请例行审核，提交上 2 年度的《例行审核报告书》。

《例行审核报告书》主要内容包括：代理报检企业基本信息、遵守检验检疫法律法规规定情况、报检员信息及变更情况、代理报检业务情况及分析、报检差错及原因分析、自我评估等。

检验检疫机构应当在当年的 5 月 31 日前完成代理报检企业的例行审核。

（2）例行审查的申请。电子申请→提交书面文件。

（3）检验检疫局审查。审查内容包括：注册资金、报检员人数、经营场所及办理检验检疫代理业务所需的条件，代理报检业务及报检差错情况，遵守代理报检单位管理规定情况，遵守检验检疫法律法规情况，有关委托人的反映等。

审查形式：现场核查、实地检查、座谈会、发放调查表等多种形式。

2）代理报检单位信用等级分类管理

检验检疫机构根据国家质检总局有关诚信管理制度的规定，对代理报检单位实施分类管理，具体工作由各直属检验检疫局组织实施。

（1）依据。信用等级评定是以代理报检单位在日常代理报检业务中遵守法律法规、履行代理报检职责的情况为依据。

（2）形式。实行评分制，根据评分结果及附加条件确定 A、B、C、D 四个等级。

A 级、B 级的代理报检单位，可给予不同程度的便利通关措施和宽松的管理措施，对 C 级、D 级的代理报检单位采取加严监管、列入"黑名单"等强化管理措施。

三、出入境报检程序

（一）入境货物报检程序

1. 检验检疫业务程序

入境货物的检验检疫工作程序是：报检后先放行通关，再进行检验检疫。入境检验检疫业务程序如图 1-2-6 所示。

对来自疫区的、可能传播传染病、动植物疫情的入境货物交通工具或运输包装实施必要的检疫、消毒、卫生除害处理后，签发《入境货物通关单》（入境废物、活动物等除外）供报检人办理海关的通关手续。

特殊情况如下。

（1）对于入境的废物和活动物等特殊货物，按规定要先进行部分或全部项目的检验检疫，合格以后才签发《入境货物通关单》。

（2）最终目的地不在进境检验检疫管辖区内的货物，可以在货物通关后，调往目的检验检疫机构进行检验检疫。

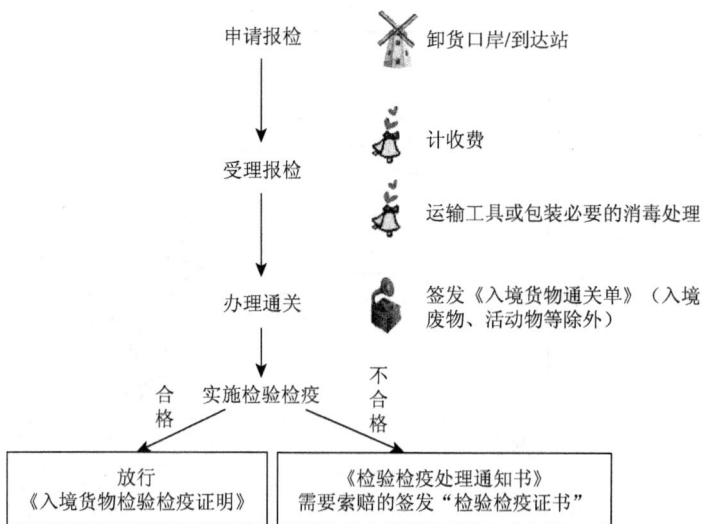

图 1-2-6 入境检验检疫业务程序

2. 报检分类

1）报关地=报检地：入境一般报检

报检程序如图 1-2-7 所示。

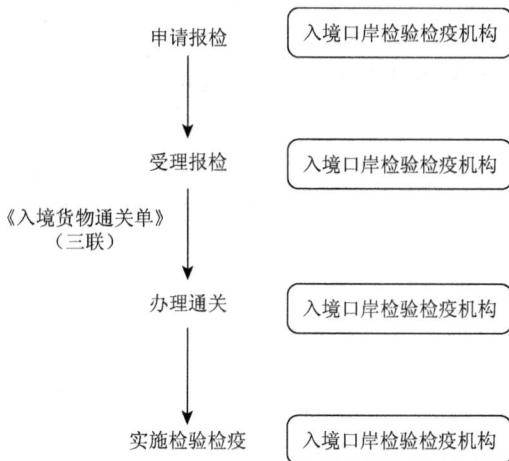

图 1-2-7 报关地和报检地一致入境报检程序

2）报关地≠报检地

报检程序如图 1-2-8 所示。

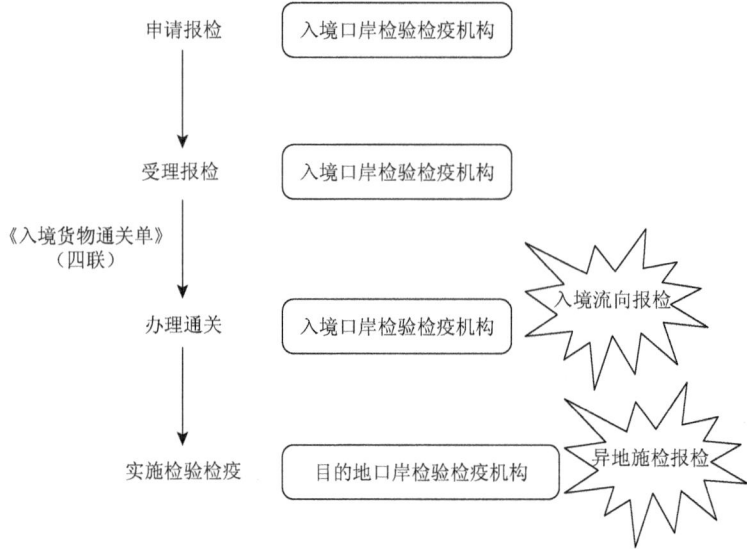

图 1-2-8　报关地和报检地一致入境报检程序

（1）入境流向报检（也称口岸清关转异地进行检验检疫的报检）。在进境地报关，在目的地报检，相对于进境地的检验机构来说，没有转关，都是在进境地报关。

法定入境检验检疫货物的收货人或其代理人持有关证单在卸货口岸向口岸检验检疫机构报检，获取《入境货物通关单》（一式四联，由报关地检验机构签发）并通关后由进境口岸检验检疫机构进行必要的检疫处理，货物调往目的地后再由目的地检验检疫机构进行检验检疫监管。

（2）异地施检报检。在进境地报关，在目的地报检，相对于目的地的检验检疫机构来说，没有转关，都是在进境地报关。

异地施检报检是指已在口岸完成进境流向报检，货物到达目的地后，该批进境货物的货主或其代理在规定的时间内（海关放行后 20 日内），向目的地检验检疫机构申请进行检验检疫的报检。

因"进境流向报检"只在口岸对装运货物的运输工具和外包装进行了必要的检疫处理，并未对整批货物进行检验检疫。

只有当实施检验检疫的机构对货物实施了具体的检验、检疫后，货主才能获得相应的准许进口货物销售使用的合法凭证，也就是《入境货物检验检疫证明》，这样也就完成了进境货物的检验检疫工作，货物可以自由买卖。

在异地施检报检时应提供口岸检验检疫机构签发的《入境货物调离通知单》。

3. 入境报检时限（表 1-2-3）

表 1-2-3　入境报检时限

入境货物	报检时间
微生物、人体组织、生物制品、血液及其制品或种畜、禽及其精液、胚胎、受精卵	入境前 30 天报检
其他动物的	入境前 15 天报检
输入植物、种子、种苗及其他繁殖材料	入境前 7 天报检
需对外索赔出证的	在索赔有效期前不少于 20 天内向到货口岸或货物到达地的检验检疫机构报检

4. 入境报检地点（表 1-2-4）

表 1-2-4　入境报检地点

入境货物	报检地点
审批、许可证等有关政府批文中已规定检验检疫地点的	规定的地点
大宗散装商品、易腐烂变质商品、废旧物品	卸货口岸检验检疫机构
卸货时发现包装破损、数量短缺的商品	
结合安装调试进行检验的成套设备、机电仪产品	在收货人所在地检验检疫机构
在口岸开件后难以恢复包装的商品	
输入动植物、动植物产品和其他检疫物的	口岸检验检疫机构
入境后需办理转关手续的检疫物，除活动物、来自动植物疫情流行国家或地区的检疫物	入境口岸报检和指运地检验检疫机构报检，并实施检疫
其他	入境前或入境时向报关地检验检疫机构

5. 报检时应提供的单据

（1）入境报检时，应填写《入境货物报检单》，并提供外贸合同、发票、提（运）单装箱单等有关单证。

（2）按照检验检疫的要求，提供其他相关特殊证单。

①凡实施安全质量许可、卫生注册或其他需审批审核的货物，应提供有关证明。

②申请品质检验的，还应提供国外品质证书或质量保证书、产品使用说明书及有关标准和技术资料；凭样成交的，须加附成交样品；以品级或公量计价结算的，应同时申请重量鉴定。

③入境废物，还应提供国家环保部门签发的《进口废物批准证书》和经认可的检验检疫机构签发的装运前检验合格证书等。

④申请残损鉴定的，还应提供理货残损单、铁路商务记录、空运事故记录或海事报告等证明货损情况的有关单位。

⑤申请数/重量鉴定的，还应提供数/重量明细单、磅码单、理货清单等。

⑥货物经收、用货部门验收或其他单位检测的，应随附验收报告或检测结果以及数/重量明细单等。

⑦入境动植物及其产品，还必须提供产地证、输出国家或地区官方的检疫证书；需办理入境检疫审批的，还应提供入境动植物检疫许可证。

⑧过境动植物及其产品，应提供货运单和输出国家或地区官方出具的检疫证书；运输动物过境的，还应提交国家质检总局签发的动植物过境许可证。

⑨入境旅客、交通员工携带伴侣动物的，应提供入境动物检疫证书及预防接种证明。

⑩因科研等特殊需要，输入禁止入境物的，须提供国家质检总局签发的特许审批证明。

⑪入境特殊物品的，应提供有关的批件或规定文件。

⑫开展检验检疫工作要求提供的其他特殊证单。

（二）出境货物报检程序

1. 出境货物报检工作程序

报检→检验检疫→报关。

2. 报检分类

分为：出境一般报检；出境换证报检；出境预检报检。

1）出境一般报检：相对于产地检验机构

产地和报关地一致出境报检程序如图1-2-9所示。

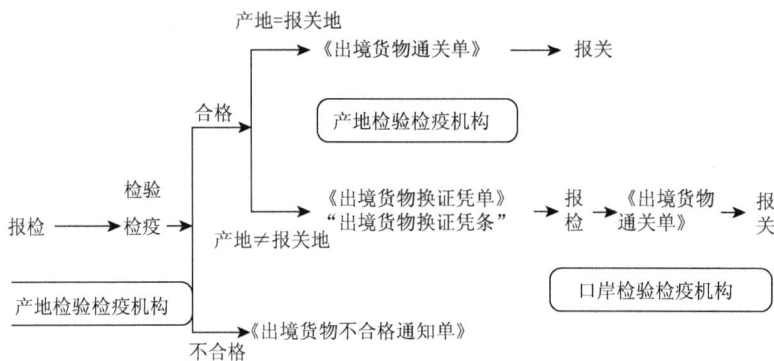

图1-2-9　产地和报关地一致出境报检程序

（1）"出境货物换证凭条"：产地检验检疫机构将报检电子信息发送至口岸检验检疫机构并出具"出境货物换证凭条"。

（2）如果货物符合出口直通放行条件的，产地检验检疫机构直接签发《出境货物通关单》，货主凭此直接向报关地海关办理通关手续，货主无须再凭产地检验检疫机构签发的《出境货物换证凭单》或"换证凭条"到报关地检验检疫机构换发《出境货物通关单》。

2）出境换证报检（产地和报关地不一致）：相对报关地检验机构

产地和报关地不一致出境报检程序如图 1-2-10 所示。

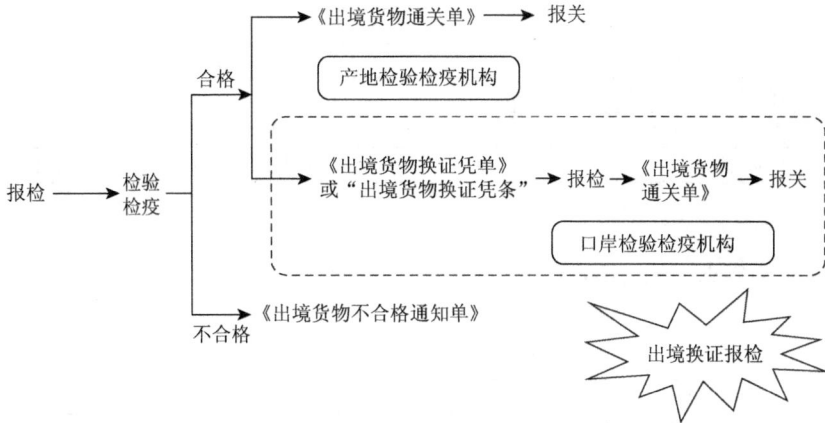

图 1-2-10 产地和报关地不一致出境报检程序

出境换证报检是指经产地检验检疫机构检验检疫合格的法定检验检疫出境货物的货主或其代理人，持产地检验检疫机构签发《出境货物换证凭单》或"换证凭条"向报关地检验检疫机构申请换发《出境货物通关单》的报检。

对于出境换证报检的货物，报关地检验检疫机构按照质检总局规定的抽查比例进行查验。

3）出境预检报检

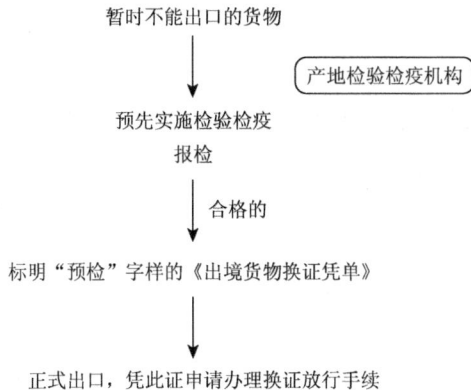

申请报检的货物是经常出口的、非易腐烂变质、非易燃易爆的商品。

易腐商品：包括冻肉禽类、鲜蛋及蛋制品类、乳制品类、水产品类、肠衣类、鲜果类、蔬菜类等，其主要查验软化、冻坏、色泽、气味、变质、腐烂、虫蛀、污染以及货温、车温或舱温等。

品质不稳定的商品：包括皮鞋、罐头、干电池等。皮鞋主要查验是否发霉和原材料、缝制方面有无缺点等；罐头主要查验有无膨听、锈听、变形、破损等；干电池主要查验电压等。

3. 出境报检时限（表 1-2-5）

表 1-2-5　出境报检时限

货物	报检时间
一般出境货物	出口报关或装运前 7 天
个别检验检疫周期较长的货物	应留有相应的检验检疫时间
需隔离检疫的出境动物	出境前 60 天预报，隔离前 7 天报检
出境观赏动物	出境前 30 天到出境口岸检验检疫机构报检

4. 出境报检地点（表 1-2-6）

表 1-2-6　出境报检地点

货物	报检地点
法定检验检疫货物	产地
活动物	口岸
法律法规允许在市场采购的货物	采购地
异地报关的货物 （除实施出口直通放行制度的货物）	报关地检验检疫机构办理换证报检

5. 提供的单据

（1）主要单据。填写《出境货物报检单》；并提供外贸合同、信用证、发票装箱单等有关单证。

（2）其他特殊证单。

①凡实施质量许可、卫生注册或需经审批的货物，应提供有关证明。

②生产者或经营者检验结果单和数/重量明细单或磅码单。

③凭样成交的，应提供经买卖双方确认的样品。

④出境危险货物，必须提供《出境货物运输包装性能检验结果单》正本和《出境危险货物运输包装使用鉴定结果单》（正本）。

⑤有运输包装、与食品直接接触的食品包装，还应提供检验检疫机构签发的《出境货物运输包装性能检验结果单》。

⑥出境特殊物品的，根据法律法规规定应提供有关的审批文件。

⑦预检报检的，应提供生产企业与出口企业签订的贸易合同，预检报检货物放行时，应提供检验检疫机构签发的表明"预检"字样的《出境货物换证凭单》（正本）。

⑧一般报检出境货物在报关地检验检疫机构办理换证报检时，应提供产地检验检疫机构签发的标明"一般报检"的《出境货物换证凭单》或"换证凭条"。

⑨开展检验检疫工作要求提供的其他特殊证单。

四、报检作业电子化操作

情景案例：上海天成机械有限公司从德国进口保险丝管（商品号：69039000），7.2 千支，价值 21312.00 英镑，用途：加工返销；进口口岸：吴淞；合同号：PC10040155；进口日期：2008/10/22；运输方式：江海运输；运输工具名称：YM ATHENS/0024E；提运单号：HJSCBREE00；收货单位：3205240663，苏州赛琅泰克高技术陶瓷有限公司；货主地区：苏州工业园区；监管方式：进料对口；起运国地：德国不来梅；征免性质：进料加工；包装种类：32 纸箱；毛重 3726kg；净重 3555kg；集装箱数：1×40 尺（1 尺=1/3 米）；随附单据：合同、发票、装箱单、提/运单、无木质包装证明等；需要证单：入境货物通关单；委托上海松欣报关有限公司（3100701626）报检，联系人：高挺，电话 53065525。

运用报检实训系统教学软件操作如下。

（1）在填制报检单之前，做好申请准备，了解申报企业的情况与要求（包括随附单据和需要证单）。然后认真填写业务向导编辑一栏，如图 1-2-11 所示。

（2）根据进出口企业的具体情况填制报关单中的基本信息，如图 1-2-12 所示。

（3）将报检基本信息填完后，继续填写货物信息和箱信息，如图 1-2-13、图 1-2-14 所示。

（4）申报准备填制完毕后进行电子报检，如图 1-2-15 所示。

（5）报检员电子报检后，进行现场确认工作，质检部门检验货物后进行合格与不合格的处理。

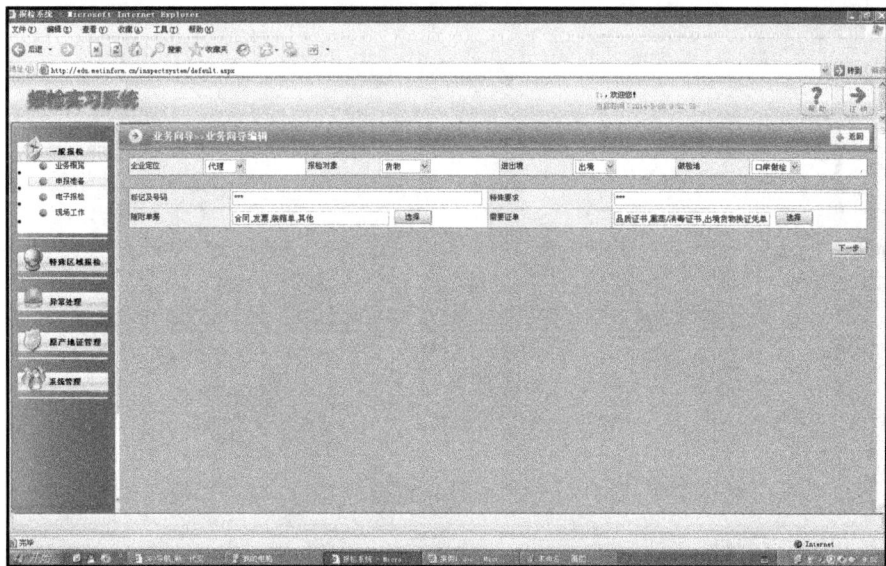

图 1-2-11　报检业务向导设定

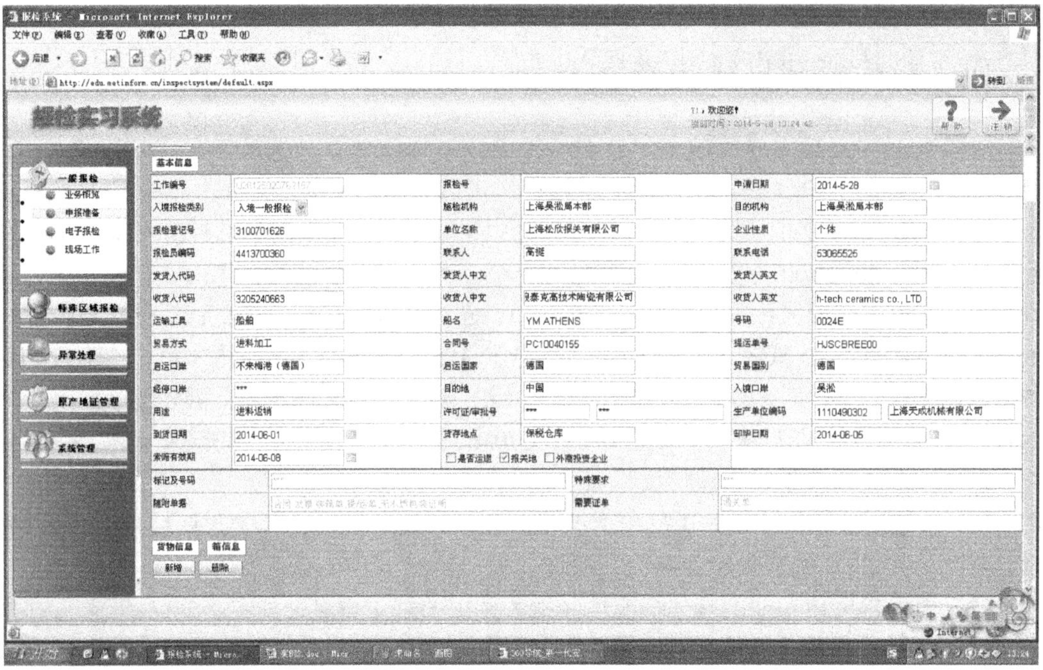

图 1-2-12　报检申报基本信息填制

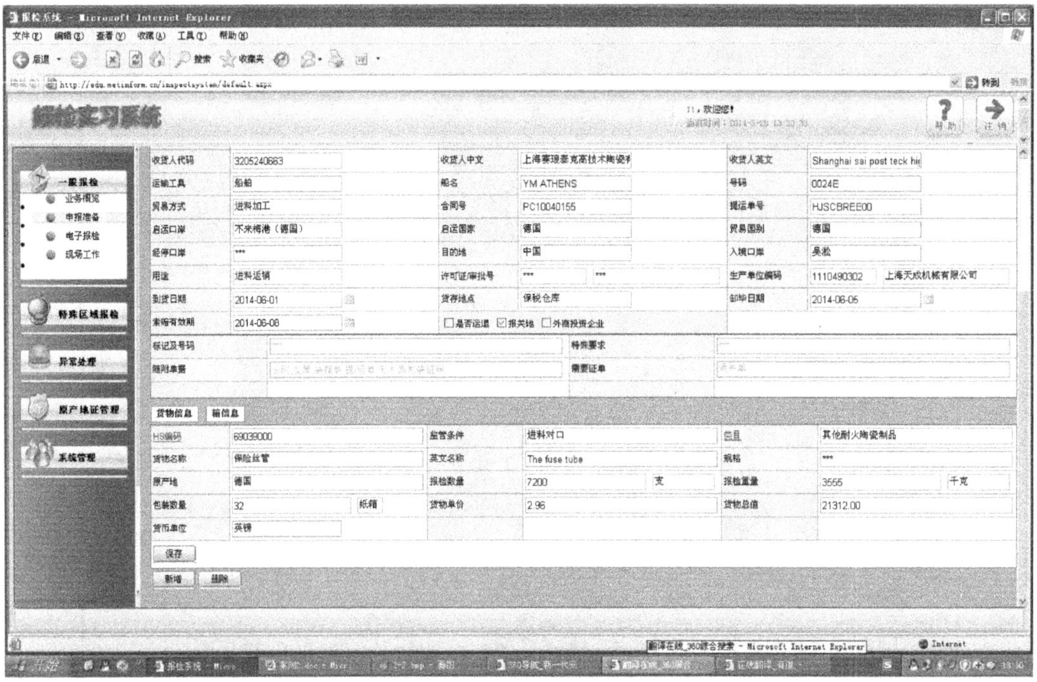

图 1-2-13　报检申报货物信息填制

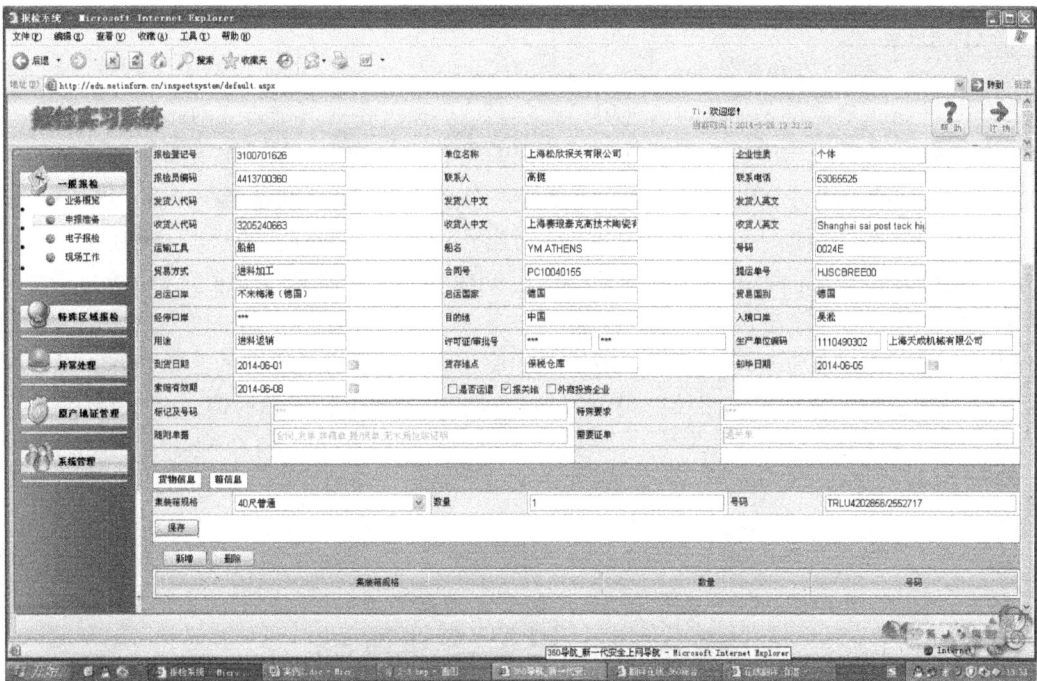

图 1-2-14　报检申报箱信息设置

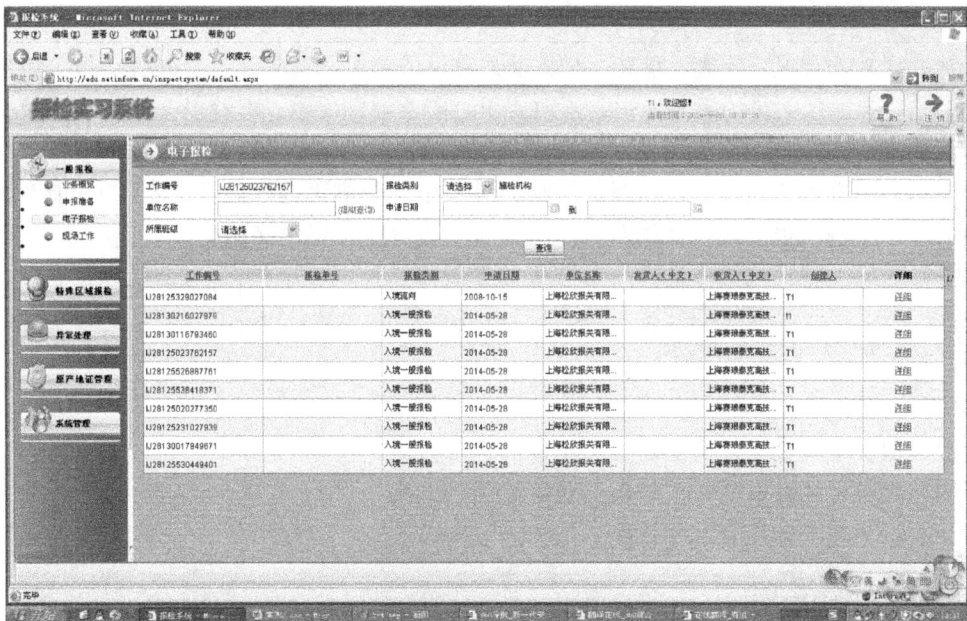

图 1-2-15　电子报检

【本章小结】

本章在报关概念的基础上，从进出口收发货人、报关企业两个方面对报关单位进行分类，介绍海关对报关单位的管理事项；介绍报关员备案的规定，剖析报关员所需要的报关业务能力、技能型人才标准；基于报关业务体系及基本流程，从准备报关单证、现场报关、报批与报核方面介绍报关业务基本内容。通过出入境检验检疫概念的描述，阐述了出入境检验检疫的重要作用；明确了出入境检验检疫的任务、工作内容；描述了《法检目录》的基本结构；重点阐述了自理报检单位在备案登记、日常监管方面规定及代理报检单位注册登记、日常管理的监管手段；明确了报检员的资格、注册、日常管理的监管措施；重点描述了出入境货物报检分类、报检流程、报检地点、报检单证、报检时限的相关规定。

➢ 教学设计

第一节   报关管理基础

（一）教学目标

掌握报关的含义、分类、意义；熟悉报关单位的分类、事务管理及海关对报关单位的管理手段；熟悉报关员的备案、职业素质要求、职业守则要求；理解报关业务体系及基本流程、基本内容、基本技能。

能对进出境报关的含义及在报关活动全过程中所处位置进行正确描述能力；能对进出境报关虚拟案例的报关过程及相对应的海关管理措施进行正确描述能力。

提升对通关管理的法律性、政策性认知素质。

（二）参考的知识要点

（1）报关的含义、分类。
（2）报关单位分类，海关对报关单位的管理方法。
（3）报关员的备案，报关员报关业务能力的要求。
（4）报关业务体系及基本技能。

（三）教学过程

（1）提供企业典型案例、资料和思考任务，引领学生讨论，讲授本节对应的知识要点。
（2）结合企业实际资料，带领学生讨论报关单位、报关员海关监管措施。
（3）结合企业实际案例，引导学生理解报关业务体系。

（四）教学方法、工具和手段

（1）运用板书、幻灯片采用讲授法讲授报关理论知识点。

（2）运用幻灯片联系报关企业实际案例资料帮助理解报关单位分类、海关对报关单位的管理方法、报关员管理等业务。

（3）运用板书、幻灯片采用讲授法讲授报关业务理论知识点。

（4）运用幻灯片联系报关企业实际报关案例资料帮助理解报关业务。

（5）小组讨论法完成报关管理案例。

第二节 报检管理基础

（一）教学目标

掌握出入境检验检疫的概念、作用、工作内容、法律体系、管理机制与机构；熟悉《出入境检验检疫机构实施检验检疫的进出境商品目录》的规定；理解自理报检单位、代理报检单位检验检疫机构对其监管手段。

了解报检员资格、注册、管理的监管手段；熟悉出入境货物报检业务分类及流程。

掌握出入境检验检疫领域的工作规范，按照《法检目录》的要求有能力查找法检商品的基本信息；报检单位的规范事务管理能力；能够按照报检员的监管规范，在规定的报检时限、地点内，规范地从事出入境货物报检业务操作，并提交准确的报检单证。

掌握通关一体化协调技能。

（二）参考的知识要点

（1）出入境检验检疫概念、作用、目的与任务、工作内容、管理体制与机构。

（2）《出入境检验检疫机构实施检验检疫的进出境商品目录》的结构和使用方法。

（3）自理报检单位备案登记、监督管理。

（4）代理报检单位注册登记、监督管理。

（5）报检员资格、注册、管理。

（6）出入境报检业务程序、报检时限和地点、报检单证。

（三）教学过程

（1）提供企业典型案例、资料和思考任务，引领学生讨论，讲授本节对应的知识要点。

（2）结合企业实际资料，带领学生讨论报检单位、报检员海关监管措施。

（3）结合电子化作业实施过程，引导学生理解报检业务过程。

（四）教学方法、工具和手段

（1）运用板书、幻灯片采用讲授法讲授出入境检验检疫基本理论知识点，运用幻灯片联系实际出入境检验检疫法律条文、实际案例资料帮助掌握我国出入境检验检疫基本制度。

（2）运用板书、幻灯片采用讲授法讲授"法检目录"的基本结构、使用方法，运用小组讨论法结合企业实际案例练习掌握"法检目录"的使用。

（3）运用板书、幻灯片采用讲授法讲授报检单位、报检员基本理论知识点，运用幻灯片联系报检单位、报检员实际企业案例资料分析帮助掌握报检员管理。

（4）运用板书、幻灯片采用讲授法讲授出入境报检业务理论知识点，运用幻灯片联系报检企业、报检员实际报检案例资料帮助理解报检业务程序。

（5）采用报检教学软件完成电子报检业务作业。

教学设计方案如下所示。

第一章通关管理基础				总学时：3 理论学时：2 实践学时：1	
教学任务	教学目标	参考的知识要点	教学过程	课时分配建议	教学方法、工具和手段
第一节 报关管理基础	知识目标1、2、3、4；能力目标1、2；素质目标2	第一节对应的理论基础：一至五	（1）提供企业典型案例、资料和思考任务，引领学生讨论，讲授本节对应的知识要点；（2）结合企业实际资料，带领学生讨论报关单位、报关员海关监管措施；（3）结合企业实际案例，引导学生理解报关业务体系	理论 1学时	（1）讲授法、案例教学法、小组讨论法；（2）案例资料、板书、幻灯片
第二节 报检管理基础	知识目标5、6、7、8；能力目标3、4、5；素质目标1	第二节对应的理论基础：一至五	（1）提供企业典型案例、资料和思考任务，引领学生讨论，讲授本节对应的知识要点；（2）结合企业实际资料，带领学生讨论报检单位、报检员海关监管措施；（3）结合电子化作业实施过程，引导学生理解报检业务过程	理论 1学时 实践 1学时	（1）讲授法、案例教学法；（2）案例资料、板书、幻灯片、报检教学软件

➤教学评价

第一章　通关管理基础									
评价类别	评价项目	评价依据	评价标准			评价方式			权重
						学生自评	同学互评	教师评价	
			80～100分	60～79分	60分以下	0.1	0.1	0.8	
过程评价	学习能力	0.1	学习态度端正，能够按要求参加与学习有关的活动	能参与学习活动，但学习主动性、热情一般	学习态度不端正，无心向学，经常迟到、旷课				0.1
		0.1	（1）能克服学习中的困难，能按时独立完成学习任务。（2）能发现学习中的问题，并适当调整学习计划和方法	基本上能完成学习任务，但不善于改进学习方法	（1）学习自觉性差，方法不当；（2）经常完不成学习任务或经常抄袭作业				0.1

续表

第一章　通关管理基础

评价类别	评价项目	评价依据	评价标准			评价方式			权重
						学生自评	同学互评	教师评价	
			80~100分	60~79分	60分以下	0.1	0.1	0.8	
过程评价	专业能力	0.02 0.05 0.03 0.05	熟悉报关单位的事务管理能力及报关员的职业素质要求、能力	较熟悉报关单位的事务管理能力及报关员的职业素质要求、能力	不熟悉报关单位的事务管理能力及报关员的职业素质要求、能力				0.1
			理解报关业务体系及基本流程	较能理解报关业务体系及基本流程	不能较好地理解报关业务体系及基本流程				0.15
			熟悉我国出入境检验疫的基本制度	较熟悉我国出入境检验检疫的基本制度	不熟悉我国出入境检验检疫的基本制度				0.05
			熟悉出入境货物报检业务分类及流程	较熟悉出入境货物报检业务分类及流程	不熟悉出入境货物报检业务分类及流程				0.1
		0.1 0.1	针对进出境报关虚拟案例,拥有报关过程及相对应的海关管理措施正确描述能力	针对进出境报关虚拟案例,拥有报关过程及相对应的海关管理措施较正确描述能力	针对进出境报关虚拟案例,拥有报关过程及相对应的海关管理措施不准确描述				0.15
			在规定的报检时限、地点内,能规范地从事出入境货物报检业务操作,并提交准确的报检单证	在规定的报检时限、地点内,能较规范地从事出入境货物报检业务操作,并提交准确的报检单证	在规定的报检时限、地点内,从事出入境货物报检业务操作并提交报检单证不准确				0.05
	拓展能力	0.05	拥有通关管理的法律性、政策性认知素质	较好拥有通关管理的法律性、政策性认知素质	通关管理的法律性、政策性认知素质不高				0.1
		0.05	掌握通关一体化协调技能	较好掌握通关一体化协调技能	通关一体化协调技能不够				0.1
结果评价	理论考核								0.2
	实操考核								0.2

➤ 同步测试

一、单项选择题

1. 西安某具有对外贸易经营权的进出口企业,常年在西安、上海、深圳口岸进出口货物,该企业应(　　)。

A. 在西安向海关申请办理报关注册登记手续

B. 在上海向海关申请办理报关注册登记手续

C. 在深圳向海关申请办理报关注册登记手续

D. 在西安向海关申请办理报关注册登记手续,并分别在上海、深圳向海关办理分支结构注册登记手续

2. 取得报关单位资格的法定要求是(　　)。

A. 对外贸易经营者

B. 境内法人或者其他组织

C. 经过海关注册登记

D. 有一定数量的报关员

3. 下列企业单位中不属于报关单位的是（   ）。

A. 经海关批准在海关临时注册登记的某大学

B. 接受某大学委托快递函件到国外的、经海关注册登记的快递公司

C. 捐款给某大学、并在海关注册登记的某外商投资企业

D. 临时进口钢琴用于音乐教学的某大学

4. 报关企业是指已完成下列哪项手续，取得进出口报关权的境内法人（   ）。

A. 工商注册登记

B. 税务登记

C. 企业主管部门核准

D. 海关注册注册登记

5. 根据海关规定，报关企业登记注册许可，应由下述哪个部门核准（   ）。

A. 海关总署

B. 直属海关

C. 隶属海关

D. 海关总署授权的直属海关或隶属海关

6. 检验检疫机构对《商检法》规定必须经商检机构检验的进出口商品以外的进出口商品，根据国家规定实施（   ）。

A. 抽查检验

B. 批批检验

C. 申请检验

D. 委托检验

7. 法定检验检疫的入境货物到货后，收货人应向卸货口岸或到达站的检验检疫机构办理报检手续。未报经检验检疫的（   ）。

A. 可以销售、使用

B. 可以使用，不能销售

C. 不准销售、使用

D. 不能使用，只能销售

8. 大宗散装货物、易腐易变货物必须在（   ）检验检疫机构报检，申请检验。

A. 卸货口岸检验检疫机构

B. 目的地检验检疫机构

C. 卸货口岸检验检疫机构或目的地检验检疫机构

D. 收货人所在地检验检疫机构

9. 报检一批进口燕麦，H.S.编码为10040090，报检员查阅《商品目录》，检验检疫类别为 P.R/Q，则可判断该商品为（   ）。

A. 进口商品检验，进口食品卫生监督检验，出境植检

B. 进境植检，出境商检，出口食品卫生监督检验

C. 进口商品检验，进口植检，出境植检

D. 进境植检，进口食品卫生监督检验，出境植检

10. 报检单位应在（ ）检验检疫机构办理备案登记手续。

A. 报检地

B. 报关地

C. 工商注册地

D. 进出境地区

二、多项选择题

1. 进出口收发货人进出口货物，可以（ ）。

A. 经海关注册登记后自理报关

B. 委托报关公司代理报关

C. 委托已经海关注册登记的货代公司代理报关

D. 委托已经海关注册登记的其他进出口货物收发货人代理报关

2. 货物报关的进口阶段是指进口货物收货人或其代理人根据海关对进境货物的监管要求，在货物进境时，向海关办理相关手续的过程，包括（ ）环节。

A. 进口申报

B. 配合查验

C. 缴纳税费

D. 提取货物

3. 下列关于报关企业和收发货人报关范围的表述，正确的是（ ）。

A. 两者均可在关境内各海关报关

B. 两者均可在注册地所属直属海关辖区内各海关报关

C. 报关企业可以在关境内各关区报关；收发货人只能在注册地海关辖区内各海关报关

D. 报关企业只能在注册地海关报关；收发货人可以在关境内各海关报关

4. 下列关于报关企业和收发货人报关行为规则表述正确的是（ ）。

A. 收发货人在注册登记后，可以在关境内各海关代理其他单位报关

B. 收发货人依法取得注册登记许可后，可以在直属海关关区各口岸办理报关业务

C. 报关企业如在注册许可区域外从事报关服务，按规定向注册海关备案设立分支机构即可

D. 报关企业如需在注册登记许可区域内从事报关服务，应在各口岸设立分支机构，并在开展业务前，按规定向直属海关备案

5. 入境货物报检单上的货物总值应与（ ）上所列的一致。

A. 报关单

B. 合同

C. 发票

D. 装箱单

6. 自理报检单位（　　）更改的，要重新颁发《自理报检单位备案登记证明书》。

A. 单位名称

B. 报检员

C. 地址

D. 法人代表

7. 报检人对检验检疫机构的检验结果有异议需复验的，可以向（　　）申请。

A. 原检验检疫机构

B. 当地法院

C. 上级检验检疫机构

D. 当地仲裁委员会

三、判断题

1. 报关员于某所在报关公司因更换法定代表人，由公司向海关办理了报关企业注册登记许可的变更和注册登记变更手续，于某个人不需要向海关办理注册变更。（　　）

2. 报关单位必须在取得对外贸易经营权并依法在海关注册登记后，才能办理报关手续。（　　）

3. 在海关办理了注册登记的外贸公司和外贸工厂都是报关单位，都只可以为自己的进出口货物报关。（　　）

四、分析题

青岛一帆饮料厂从韩国金顺进出口有限公司进口砂糖（商品编码 1701991090，检验检疫类别 M.R/S），货物预计于 2013 年 7 月 28 日到达青岛口岸。说明此批进口货物的报检过程。

➤ **实践项目**

【设计性实验】

进口报检程序综合实训

一、实验目的

通过模拟进口电子报检过程，了解进口报检及检验检疫规则，能够结合具体企业案例掌握进口报检流程及作业规范，熟悉进口报检单的填制规范。

二、实验要求

（1）组织形式：个人独立完成。

（2）活动方式：模拟操作。

（3）要求在机房并通过配套软件完成实训。

（4）任课教师通过实践积累，或通过网络、图书馆等途径取得案例资料。

三、情景描述

上海天成机械有限公司从德国进口保险丝管（商品号：69039000），7.2 千支，价值 21312.00 英镑，用途：加工返销；进口口岸：吴淞；合同号：PC10040155；进口日期：2008/10/22；运输方式：江海运输；运输工具名称：YM ATHENS/0024E；提运单号：HJSCBREE00；收货单位：3205240663，苏州赛琅泰克高技术陶瓷有限公司；货主地区：苏州工业园区；监管方式：进料对口；起运国地：德国不来梅；征免性质：进料加工；包装种类：32 纸箱；毛重 3726kg；净重 3555kg；集装箱数：1×40 尺；随附单据：合同、发票、装箱单、提/运单、无木质包装证明等；需要证单：入境货物通关单；委托江苏飞力达国际物流股份有限公司报检，联系人：高挺，电话 53065525。

四、实验步骤

（1）登录报检教学软件。

（2）报检申报准备。根据案例了解申报企业的情况与要求（包括随附单据和需要证单），填写业务向导，根据进口报检单填制规范填制报检单的基本信息、货物信息、箱信息。

（3）电子报检。认真审核电子报检单，审核无误，单击"发送"按钮，将报检单发送给检验检疫机构，等待检验检疫机构审核，单击"回执"按钮，取得回执，获得报检单号，打印电子报检单。

（4）提交报检纸质单证。向检验检疫机构提交加盖印章的纸质报检单及其他报检单证，检验检疫机构审核，审核无误，签发"入境货物通关单"。

（5）收发货人或其代理人凭"入境货物通关单"到海关进口报关。

（6）检验检疫现场工作。检验检疫机构对受理的已报检货物进行现场检验检疫，检验检疫后，在报检系统下录入检验检疫结果，发送给报检员，报检员查看检验检疫结果，按结果处理进口货物，领取检验检疫相关单证。

五、实验报告

针对所学到的理论知识和获得的专业技能进行全面的总结，对获得的经验与教训进行深刻反思。报告中流程操作环节安排合理，报检单填制要规范。同时要求各小组在一定时间内在全体同学面前演示整个操作流程。

【设计性实验】
出口报检程序综合实训

一、实验目的

通过模拟出口电子报检过程，了解出口报检及检验检疫规则，能够结合具体企业案例掌握出口报检流程及作业规范，熟悉出口报检单的填制规范。

二、实验要求

（1）组织形式：个人独立完成。
（2）活动方式：模拟操作。
（3）要求在机房并通过配套软件完成实训。
（4）任课教师通过实践积累，或通过网络、图书馆等途径取得案例资料。

三、情景描述

申报人：江苏飞力达国际物流股份有限公司
出口一批货物如下。
货物名称：实木家具
1×40 尺普货箱海运出口业务，由 SHANGHAI 至 NORFOLK，运费到付
国外收货人为

  HONG KONG BRANCH，7/F，CITIC

  TOWER，1 TIM MEI AVENUE，CENTRAL，HONG KONG

联系人：张先生
VOL：54.04
重量：5 吨
装箱信息如下。

  CONTAINER NO：TRLU4202856

  SEAL NO：2552717

检验检疫单内容如下。

报检号：学号；报检类别：熏蒸；实检机构：上海检验检疫局；合同号：MG001/04；经营单位：任意；企业性质：个体；运输方式：江海运输；运输工具名称 P&O NEDLLOYD

CARACAS/V.PX155E；提运单号：SHANGAL745（6位学号）；发货单位：任意；货主地区：上海浦东新区；申报单位：浦江宏盛工艺有限公司；启动口岸：SHANGHAI；运抵国地：任意；指运港：任意；成交方式：FOB；运费/率：无；保费/率：无；杂费/率：无；包装种类：纸箱；件数：160；毛重（kg）3520；净重（kg）：3360；麦码及备注：无；集装箱数：1。

货品信息（品名：实木家具，申报数量：763，数量单位：个，币制：美元，总价：48093，单价：63，国别：任意）。

四、实验步骤

（1）登录报检教学软件。

（2）报检申报准备。根据案例了解申报企业的情况与要求（包括随附单据和需要证单），填写业务向导，根据出境货物报检单填制规范填制报检单的基本信息、货物信息、箱信息。

（3）电子报检。认真审核电子报检单，审核无误，单击"发送"按钮，将报检单发送给检验检疫机构，等待检验检疫机构审核，单击"回执"按钮，取得回执，获得报检单号，打印电子报检单。

（4）提交报检纸质单证。向检验检疫机构提交加盖印章的纸质报检单及其他报检单证，检验检疫机构审核，审核无误进行检验检疫现场工作。

（5）检验检疫现场工作。检验检疫机构对受理的已报检货物进行现场检验检疫，检验检疫后，在报检系统下录入检验检疫结果及处理，发送给报检员，报检员查看检验检疫结果，按结果处理出口货物，领取"出境货物通关单"等相关检验检疫证单。

（6）收发货人或其代理人凭"出境货物通关单"到海关进行出口报关。

五、实验报告

针对所学到的理论知识和获得的专业技能进行全面的总结，对获得的经验和教训进行深刻反思。报告中流程操作环节安排合理，报检单填制要规范。同时要求各小组在一定时间内在全体同学面前演示整个操作流程。

【基础性实验】

报检异常情况处理

一、实验目的

掌握报检过程中报检的更改与撤销、重报、复验的前提条件，熟悉更改与撤销、重报、复验的电子化申请过程。

二、实验要求

（1）组织形式：个人独立完成。
（2）活动方式：模拟操作。
（3）要求在机房并通过配套软件完成实训。
（4）任课教师通过实践积累，或通过网络、图书馆等途径取得案例资料。

三、情景描述

（一）案例简介

上海申信进出口有限公司（3101915027）于 2010 年 2 月 6 日出口 50000 片离合器用摩擦片到日本大阪，出口口岸同报检地为上海口岸，施检机构为上海局本地。运输工具名称：JJ NAGOYA/0503E，提单号是 JJNBT989752，该公司自行生产，贸易方式：一般贸易，共计 6 纸箱，毛重 1708kg，净重 1408kg，集装箱为 1×40 尺，箱号为 COSU8709123，随附单据包括合同、发票、装箱单；需要证单：出境货物通关单，该公司系自理报检。联系人：学生自己姓名（报检员编号为自己学号），电话：57463580。商品抽检合格。

（二）单证资料

Contract
NO. DXC2004-008B
DATE：2009/12/23
The Sellers：SHANGHAI SHENXIN CO.，LTD.
The Buyers：BOJIA（JAPAN）LTD.
The Buyer and Seller Have agree to conclude the following transactions according to the terms and conditions stipulated below：

1. Description	2. Specification	3. Quantity	4. Unit Price	5. Amount
摩擦片 87089390	X-803	50000PCS @6CTNS	FOB SHANGHAI JPY 76.832	JPY3841600.00

TOTAL VALUE：JPY THREE MILLION EIGHT HUNDRED AND FOURTY-ONE THOUSAND AND SIX HUNDREDS ONLY

With 5% more or less both in amount and quantity allowed at the seller's option
Packing：IN CARTON
Times of shipment：6TH FEB 2010
Loading Port and Destination：SHANGHAI PORT，P.R. CHINA TO OSAKA，JAPAN.

Insurance：To be effected by the buyer for 110%of full invoice value against All Risks

Terms of Payment：T/T

Shipping mark：N/M

Others：

四、实验步骤

（1）更改与撤销。拟更改或撤销的报检业务需要从已有工作编号的业务中取得，且该票业务电子报检通过，并取得报检单号，并且尚未进行现场工作。按照上述要求选中某票需要更改或撤销的业务，单击"更改"按钮，进入更改申请界面，更改申请单分上下两部分，上半部分主要由申请人填写，下半部分主要由检验检疫机关填写，学生填写更改申请单上半部分各个栏位后，单击"提交"按钮，提交完成后返回，此时在该票业务的"是否改单"栏位下出现了"Y"的字样，该票业务已经进行更改操作。

（2）重报。重报是针对一些已经通过电子报检，并经过现场检验检疫环节，但是需要更改"输往国家"的业务。对于满足上述条件需重报的业务，单击"重报"按钮，通过相关查询条件，选中某票需重报的业务，单击"重报"按钮，系统进入之前申报页面，除了"到货口岸"和"输往国家"两栏位是黑色字体能修改，其余栏位都为灰色不能修改，修改后，单击"发送"按钮，获取回执后，系统自动获取编号，重报完成。

（3）复验。复验是指出境报检，且在现场检验检疫不合格，货主提出需要重新检验的情况。单击"复验"按钮，通过相关查询条件，选中某票业务，单击"复验"按钮，进入复验申请界面，填写复验申请表，在填制的过程中注意区分申请人填制的项目和受理人填制的项目区分，填制完成后，单击"提交"按钮即可。单击"一般报检"的"现场工作"，选中该笔业务，发现该票业务的"复验"上方有"蓝色"警示灯显示，意味着该票业务系复验业务。

五、实验报告

针对所学到的理论知识和获得的专业技能进行全面的总结，对获得的经验和教训进行深刻反思。报告中流程操作环节安排合理，各类申请单证填制要规范。同时要求各小组在一定时间内在全体同学面前演示整个操作流程。

第二章

一般货物进出境通关运作

【学习目标】

知识目标	能力目标	素质目标
（1）熟悉进出境报关随附单证的业务工作内容及单证的合法性、有效性。 （2）熟悉进出境报关的基本规则。 （3）掌握报关现场作业中进出境货物正确适用通关制度和作业规范及方法。 （4）熟悉进出境报关后续工作的业务工作内容及实施顺序	（1）有能力在相关案例中，参与虚拟的报关准备作业实施，完成案例的分析判断与实际处理。 （2）有能力参与虚拟的报关单电子数据预录入、发送及申报结果查询和现场交单的单证整理、递交、结果查询等作业实施。 （3）有能力参与虚拟的配合查验准备、实施及确认作业实施。 （4）有能力参与虚拟的银行柜台或电子支付纳税作业实施。 （5）有能力参与虚拟的查询放行信息、提装货物及事后交单的作业实施。 （6）有能力参与虚拟的获得报关单证明联、货物进口证明书的作业实施。 （7）有能力参与虚拟的货物放行后的报关修改或撤销的作业实施	（1）掌握一般货物进出境通关相关单证处理业务技能。 （2）掌握一般货物进出境通关现场作业规范性判断技能及电子化作业实施技能。 （3）掌握一般货物进出境通关后续作业规范性判断技能及电子化作业实施技能

【本章实施体系】

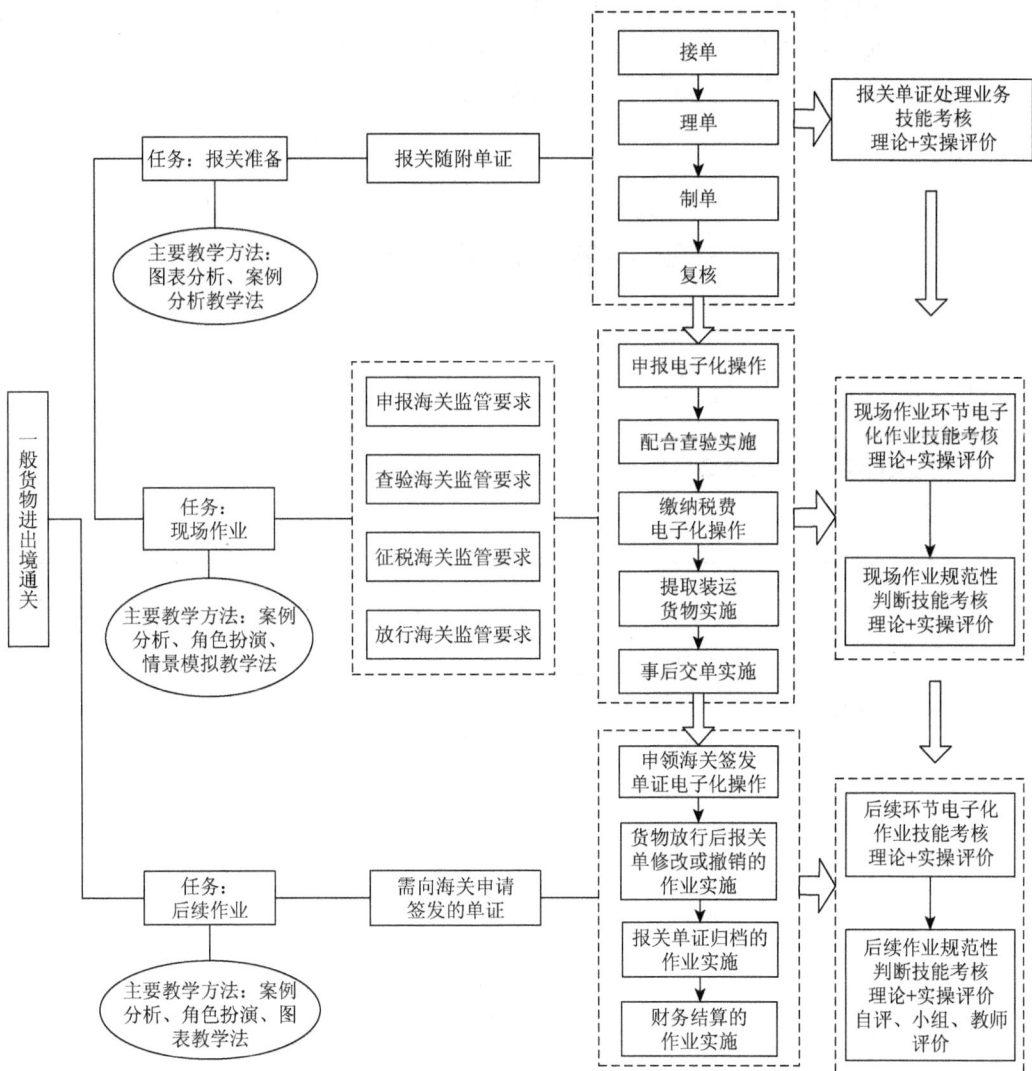

【案例引导】

常州×××光能有限公司（320494××××）进口一批多晶硅片，委托江苏飞力达国际物流股份有限公司（210398××××）代理报关。装载该批货物的船舶于 2015 年 1 月 13 日申报进境，1 月 15 日由江苏飞力达国际物流股份有限公司（210398××××）向外港海关申报进口。

常州×××光能有限公司为飞力达提供的单证包括工作联系单、多晶硅片申报要素、采购合同、商业发票、装箱单、海运提单、海运进口货物到货通知。

根据已有资料，江苏飞力达国际物流股份有限公司的报关员应完成如下进口通关事宜。

问题一：此批多晶硅片的报关需要历经哪些环节？此批多晶硅片代理报关中，报关准备阶段需要准备哪些单证，具体如何操作？

问题二：此批多晶硅片代理报关中，在现场作业阶段需要代理报关单位江苏飞力达国际物流股份有限公司做哪些具体报关工作，如何实现电子化报关？

问题三：此批多晶硅片代理报关中，后续作业阶段需要做哪些具体工作？

第一节　前期准备

一、报关随附单证简介

常见报关随附单证见表 2-1-1。

表 2-1-1　常见报关随附单证

进出口商业单证	必备单证： 海关规定申报时必须向海关提交的与申报货物相关的进出口商业单证	商业发票： 出口方向进口方开立的，对所装货物作出全面、详细的说明并凭以向进口方收款的货款价目总清单
		包装单据： 记载货物包装情况的清单，一般由卖方出具并提供给买方，作为商业发票商品细节的补充
		运输单据： 在国际贸易运输过程中产生的有关单据
	预备单证： 在特殊情况下应海关要求向海关提交的其他与申报货物相关的进出口商业单证	合同
		货款结算单据： 如信用证、付款证明等
		保险单据： 如保险单、保费发票等
		运输单据： 如运费发票等
		其他单据： 如原厂商发票、贸易商发票等

续表

进出境贸易管理单证	进出口许可证件： 国家授权主管部门依法对限制进出口的货物和技术、自由进出口的技术和自由进出口中部分实行自动许可管理的货物签发的贸易管理证件	
	检验检疫证件： 由国家检验检疫机构对列入《法检目录》中属于进出境管理的商品和其他法律、行政法规、规章规定实施法定检验检疫的商品签发的贸易管理证件	
	其他贸易管理证件： 如原产地证明、关税配额证明等	
海关单证	保税加工货物备案凭证： 包括"加工贸易手册"（包括分册、续册、电子化手册）、"通关电子账册"（包括分册）、"加工贸易不作价设备手册"等	
	特定减免税货物免税凭证： 主要指"中华人民共和国海关进出口货物征免性质税证明"	
	暂时进出境货物核准凭证： 主要包括"货物暂时进/出境申请批准决定书"、经海关签注的 ATA① 单证册等	
	特殊报关作业审批凭证： 主要包括"进口货物直接退运表""责令直接退运通知书""加工贸易货物内销征税联系单"等	
	其他海关单证： 主要包括海关事务担保凭证、关联报关单、预归类决定书等	
其他单证	报关委托书/委托报关协议	
	无代价抵偿货物、大宗散装货物溢短装的第三方认证证明	

结合任务驱动中代理报关案例，江苏飞力达国际物流股份有限公司报关准备工作主要包括接单、理单、制单、复核等若干作业环节，报关准备工作翔实、完备，是避免报关差错的重要前提。

二、接单准备

接受进出口货物向海关申报的任务，俗称接单。

（一）检查报关随附单证是否齐全

在代理报关中，申报货物单证资料一般由报关委托人随报关委托协议一起提供给报关人员，由于委托人对国家贸易管理规定和海关监管要求不够了解，可能提供的单证资料不完备，需要报关人员能够与委托人进行沟通，尽可能做到全面、完整地获取报关随附单证。

在自理报关中，基本商业单证由公司内部部门提供，贸易管理单证、海关单证的申领等由报关人员负责，报关人员对申报货物的基本情况和海关监管要求相对比较熟悉，但仍需对报关随附单证是否齐全进行检查。

（二）获取与申报货物相关的其他信息

（1）申报货物本身的信息。报关企业或进出口货物收发货人对于申报货物无法确定商

---

① ATA 由法文 Admission Temporaire 和英文 Temporary Admission 的首字母缩合而成，也被称为"货物通关护照"

品编码的，要获得有关产品说明的材料。对于可能涉及知识产权海关保护的进出口货物要获得知识产权授权使用书等材料。可通过向海关申请申报前看货取样进一步了解货物信息。

（2）与申报货物相关的舱单信息。在向海关申报前，应尽可能地向船公司或货运代理公司核实舱单信息。如发现提、运单资料与舱单信息不一致的，在申报前作出相应处理。舱单信息可以通过在海关设置的计算机终端和全国海关通关网或海关网上服务大厅等网站进行查询。

（3）报关委托人相关信息。在代理报关中，还需要了解报关委托人的基本情况，这些信息可以向委托人直接索取，也可从以往委托业务资料中收集。

（三）接单处理

（1）在代理报关中，接收委托方提供的单证资料时，须签署接收人姓名和接收时间，并作好登记处理，并将资料录入公司报关业务系统中。

（2）签收单证时，记录内容应与实际收取单证一致。

（3）做好报关企业内部签收工作，并记录各环节流转的时间节点。

（四）换单

有些单证需要报关人员在接受申报任务后按要求到有关部门办理，如提货单、出境货物通关单等，称为"换单"。

1. 提货单的换取

在海洋运输时，提货单的换取程序如图 2-1-1 所示。

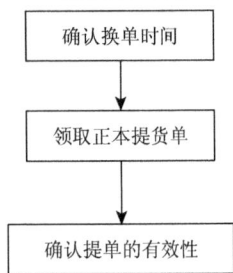

图 2-1-1　提货单的换取程序

在其他运输方式下，由于运输单据不具有物权凭证性质，一般可凭运单直接向海关报关，不需要换单。

报关企业代理收货人换单时，一般应要求收货人出具授权委托书。

2. 出口货物通关单的换取

（1）产地和报关地一致的货物。可在产地检验检疫机构办理报检手续后，直接获取出境货物通关单，凭以办理出口报关手续。

（2）对产地和报关地不一致的货物。出口货物通关单的换取程序如图 2-1-2 所示。

三、理单作业

理单环节的主要工作任务是对报关随附单证的有效性、一致性进行审核，为填制报关单和现场报关做好准备。理单工作的基本要求是通过对报关随附单证的审核，保证其"齐

备齐产地检验检疫机构签发的换证凭条（复印有效），货物运抵港口信息（在场证明），在检验检疫机构电子转单口岸换证系统里调出产地检验检疫机构发送的电子信息，进行数据的补充录入

↓

向口岸检验检疫机构提交换证凭条及相关随附单证

↓

配合检验检疫人员实施复核和检验检疫

↓

缴纳证书费

↓

口岸检验检疫机构签发出境货物通关单

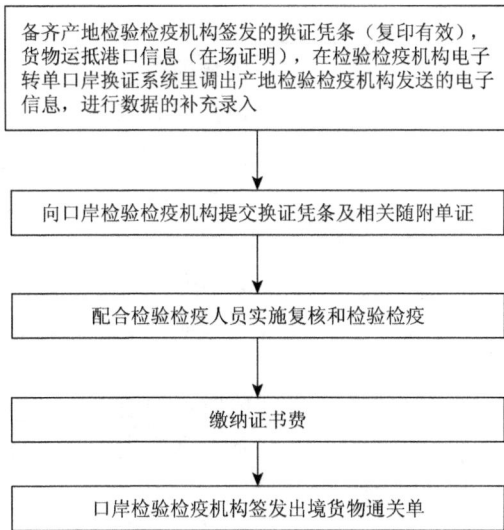

图 2-1-2　出口货物通关单的换取程序（对产地和报关地不一致的货物）

全、有效和一致"。

（1）报关随附单证的完备性审核。报关所要求的提交单证是否齐全；商业单证是否体现报关时所必备的相关信息。

（2）报关随附单证的有效性审核。重点是证明、证书。

（3）各报关随附单证间内容一致性的审核。货物金额、币制是否一致；货物数量是否一致；货物名称是否一致；单证的抬头是否一致。

在完成上述报关随附单证审核主要步骤的过程中,利用报关岗位合理审查记录单进行操作是行之有效的办法。江苏飞力达国际物流股份有限公司报关岗位合理审查记录单（进口）如下。

江苏飞力达国际物流股份有限公司报关岗位合理审查记录单（海运进口）急□

客户名称：　　　　　　　　　　　到港时间：

报关单类型：手册通关无纸化，上传　　□一般贸易现场递单交税□

一、整理岗位　　　　审核人：　　　　　审核日期：

1. 货柜情况：□整柜_____　□拼柜_____　拼□联单_____联

2. 报关所需资料审核：

换单单证是否齐全：□齐全　□不齐全，需补充单证：_____

报检单证是否齐全：□齐全　□不齐全，需补充单证：_____

报关单证是否齐全：□齐全　□不齐全，需补充单证：_____

经营单位有效期限：□有效　□超期

3. 信息确认：

A. 换单信息确认：正本提单□　电放□　换单费用确认_____

B. 报检信息确认：

经营单位国检备案号_____

是否法检_____　　　　　　　　包装种类_____

是否有木质包装_____　　　是否有 IPPC 标识_____

涉及调离的是否已提供流向地址、国检局、联系人、电话_____

是否涉及 3C_____　　　　产品符合性声明_____

C. 报关信息确认：

是否双抬头_____　　　　贸易方式_____

商品编码审核_____　　　　监管证件_____

商品申报要素_____

原产国_____　　　　　　　境内目的地_____

是否有原产地证_____　　　　是否享受优惠贸易协定税率_____

是否需要转船证明_____

成交方式_____　　　　　　　运费、保费发票_____

是否有保险单及信用证_____　是否有付汇证明_____

设备新旧状态_____　图片、说明书_____　申报价格提醒（运用海关估价方法）

税款缴纳方式 □客户网上支付 □公司代缴 □柜台支付

其他确认信息内容_____

二、制单岗位　　　　　　　操作人：　　　　　操作时间：

□需补充确认的信息：

□已根据原始单据及整理岗位确认的信息进行了录入，逻辑审核通过，上传数据。

三、复核岗位　　　　　　　操作人：　　　　　操作时间：

□需补充确认的信息_____

□复核表内容与原始单证不符，需改单_____

□已与原始单证数据核对无误，并进行了逻辑复核，可发送报关单数据。

四、相关工作操作执行人：

报关进程、差错、异常跟踪记录：_____

给放行条时查询是否解锁。

商检场外查验和卫生处理提醒。

审核进口报关时需注意税率的适用。

四、制单作业

在进出境报关业务，制单主要是指填制报关单草单，具体要求见第六章。

制单的注意事项如下。

（1）熟记报关单各栏目的各种代码[监管方式代码表、征免性质代码表、征减免方式代码表、运输方式代码表、关区代码表、国内地区代码表、监管证件代码表、结汇方式代码表、用途代码表、货币代码表、计量单位代码表、成交方式代码表、国别（地区）代码表等]，有助于提高制单速度。

（2）对特殊贸易方式的报关单，应复印纸质报关单留存或制作成电子文档留存，在填制特殊贸易方式的报关单时查看留存的报关单，以提高制单的准确性。

（3）输入法设置常用词组，以提高工作效率。

五、复核工作

复核内容包括：

（1）根据原始资料（合同、发票、装箱单、进口许可证、出口许可证、入境货物通关单、出境货物通关单、提运单等）对报关单草单或报关单复核表各栏目填报内容进行核对，原始资料没有的内容，要与接单岗位、理单岗位、制单岗位进一步确认；

（2）数量、金额、币制的正确性；

（3）经营单位性质、贸易方式、备案号与征免性质的逻辑关系；

（4）成交方式、运费、保费间的逻辑关系；

（5）报关单表头与表体相关项目的逻辑关系；

（6）经营单位的加工贸易手册是否超期、超量；

（7）审核报关单申报内容的逻辑性及准确性，例如，审核商品品名、重量与对应的数量是否符合逻辑，商品数量、重量、价值是否符合逻辑等；

（8）审核报关单上申报的品牌是否有侵权嫌疑；

（9）审核报关单的舱单数据与装运单据数据是否相符；

（10）审核报关单申报的商品是否规范申报完整；

（11）审核确定商品归类是否准确等。

第二节　中期作业

一、海关通关现场作业概述

（一）海关通关作业模式

海关通关作业新模式如表 2-2-1 所示。

表 2-2-1　海关通关作业新模式

海关通关模式	模式描述	适用企业
"属地申报、口岸验放"模式	符合海关规定条件的守法水平较高的企业,在其货物进出口时,可以自主选择向属地海关申报,并在口岸海关办理货物验放手续	AA 类及 A 类企业、B 类生产型出口企业且一年内无违法记录
"属地申报、属地放行"模式	符合海关规定条件的高资信企业,在其货物进出口时,可以自主选择向属地海关申报,并在属地海关办理货物放行手续	经营单位的管理类别为 A 类,且申报单位的海关管理类别为 B 类(含 B 类)以上企业的进出口货物
通关作业无纸化	海关以企业分类管理和风险分析为基础,按照风险等级对进出口货物实施分类,运用信息化技术改变海关验核进出口企业递交纸质报关单及随附单证办理通关手续的做法	所有类型企业

(二)现场作业

1. 进出口申报

1)定义

申报是指进出口货物收发货人、受委托的报关企业,依照《中华人民共和国海关法》及有关法律、行政法规的要求,在规定的期限、地点,采用电子数据报关单和纸质报关单形式,向海关报告实际进出口货物的情况,并接受海关审核的行为。

2)申报地点

进口货物应当由收货人或其代理人在货物的进境地海关申报;出口货物应当由发货人或其代理人在货物的出境地海关申报。

经收发货人申请并得到海关同意,进口货物的收货人或其代理人可以在设有海关的货物指运地申报,出口货物的发货人或其代理人可以在设有海关的货物启运地申报。

以保税货物、特定减免税货物和暂准进境货物申报进境的货物,因故改变其使用目的而改变货物性质转变为一般进口时,进口货物的收货人或其代理人应当在货物所在地的主管海关申报。

3)申报期限

进口货物:自装载货物的运输工具申报进境之日起 14 日内(申报进境之日的第二天起算)。

出口货物:货物运抵海关监管区后、装货的 24 小时以前。

经电缆、管道或其他特殊方式进出境的货物:定期申报。

进口货物的申报期限如图 2-2-1 所示。

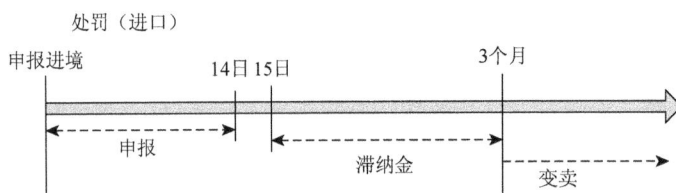

图 2-2-1　进口货物的申报期限

4）申报日期

不论以电子数据报关单方式申报或以纸质报关单方式申报,海关接受申报数据的日期即为接受申报的日期。

（1）电子数据报关单方式申报的。申报日期为海关计算机系统接受申报数据时记录的日期。电子数据报关单被退回的,视为海关不接受申报。

（2）提供纸质报关单申报的情况下。海关关员在报关单上作登记处理的日期为"海关接受申报"的日期。

（3）在先采用电子数据报关单申报,后提交纸质报关单申报的情况下。海关接受申报的时间以海关接受电子数据报关单申报的日期为准。电子数据报关单的申报日期如表 2-2-2 所示。

表 2-2-2　电子数据报关单的申报日期

	检查方式	申报日期
电子数据报关单	计算机	海关接受重新申报的日期
	人工	海关原接受申报的日期

5）滞报金

进口货物收货人未按规定期限向海关申报产生滞报的,由海关按规定征收滞报金。进口货物滞报金按日计征。起始日和截止日均计入滞报期间。滞报金的征收日期计算方式如表 2-2-3 所示。

表 2-2-3　滞报金的征收日期计算方式

	起始日	截止日
一般情况下	运输工具申报进境之日起第 15 日	海关接受申报之日
申报电子数据,未准时提交纸制报关单	撤销原电子报关单,重新申报,运输工具申报进境之日起第 15 日	海关重新接受申报之日
经海关审核同意撤销原已接受的电子数据报关单	撤销原电子数据报关单之日起第 15 日	海关重新接受申报之日
进境超 3 个月未申报,货物提取变卖,收货人申请发还余款的	运输工具申报进境之日起第 15 日	该 3 个月期限的最后一日

计算公式为

滞报金金额=进口货物完税价格×0.05%×滞报天数

注意:

（1）以人民币"元"为计征单位。

（2）不足人民币 1 元的部分免征。

（3）起征点为人民币 50 元。

（4）因不可抗力等特殊情况产生的滞报可向海关申请减免滞报金。

6）申报步骤

（1）准备申报单证。

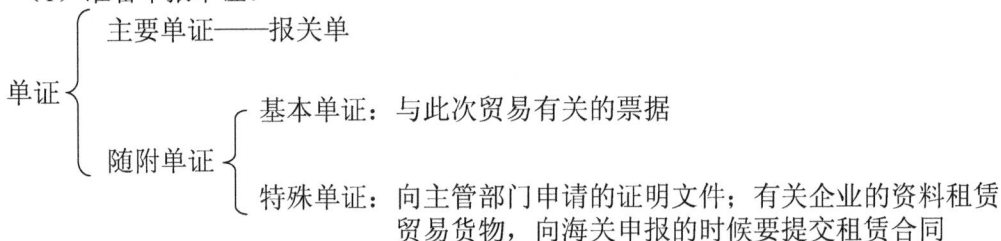

单证
- 主要单证——报关单
- 随附单证
  - 基本单证：与此次贸易有关的票据
  - 特殊单证：向主管部门申请的证明文件；有关企业的资料租赁贸易货物，向海关申报的时候要提交租赁合同

准备申报单证的原则：基本单证、特殊单证必须齐全、有效、合法；报关单填制必须真实、准确、完整；单证相符。

（2）申报前看货取样。申报前看货取样的申报程序如图 2-2-2 所示。

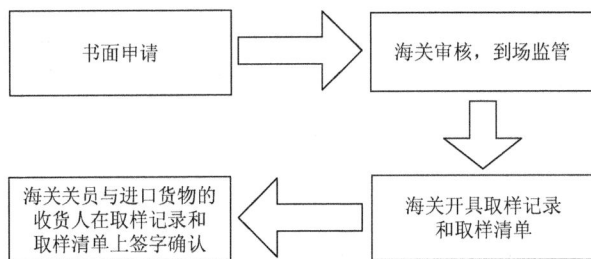

图 2-2-2　申报前看货取样的申报程序

注意：提取货样的货物涉及动植物及其产品以及其他须依法提供检疫证明的，应当按照国家的有关法律规定，在取得主管部门签发的书面批准证明后提取。

7）申报方式

（1）电子数据申报。进出口货物收发货人或其代理人可以选择 4 种电子申报方式：终端申报方式、委托电子数据交换方式、自行电子数据交换方式、网上申报方式。将报关单内容录入海关电子计算机系统，生成电子数据报关单。

"不接受"：收到海关发送的"不接受申报"报文→修改报关单，重新申报。

"接受"：接收到海关发送的"接受申报"报文和"现场交单"或"放行交单"通知。

（2）提交纸质报关单及随附单证。海关审结电子数据报关单后，进出口货物收发货人或其代理人应当在接到海关"现场交单"或"放行交单"通知之日起的 10 日内，持打印的纸质报关单及规定的随附单证并签名盖章，到货物所在地海关提交书面单证，办理相关海关手续。

8）补充申报

（1）定义。进出口货物的收发货人、受委托的报关企业依照海关有关行政法规和规章的要求，在"中华人民共和国海关进（出）口货物报关单"之外采用补充申报单的形式，向海关进一步申报为确定货物完税价格、商品归类、原产地等所需信息的行为。

（2）需补充申报的情形。

①海关对申报货物的价格、商品编码等内容审核，为确定完整性和准确性；海关对申报货物的原产地进行审核，为确定货物原产地准确性，要求收发货人提交原产地证书。

②海关对已放行货物的价格、商品编码和原产地等内容进行进一步核实时。

（3）补充申报程序。补充申报程序如图 2-2-3 所示。

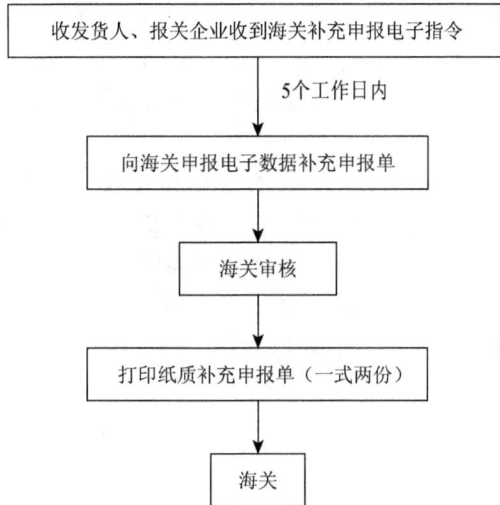

图 2-2-3 补充申报程序

（4）补充申报说明。

①补充申报的申报单包括："海关进出口货物价格补充申报单""海关进出口货物商品归类补充申报单""海关进出口货物原产地补充申报单"，以及其他补充申报单证。

②补充申报内容不得与报关单填报的内容相抵触。

③适用通关作业无纸化通关方式申报的补充申报单无须递交纸质补充申报单。

④电子数据补充申报单的修改、撤销等比照报关单的有关管理规定办理。

⑤未按要求补充申报的，海关可根据已掌握的信息，按照有关规定确定货物的完税价格、商品编码和原产地。

9）修改申报内容或撤销申报

海关接受进出口货物申报后，电子数据和纸质的进出口货物报关单不得不修改或撤销。确有正当理由，经海关批准，可以修改或撤销，主要有以下两种情况。

（1）第一种情况：进出口货物收发货人要求修改或撤销。

①报关人员操作或书写失误造成申报差错，但未发现有走私违规或者其他违法嫌疑的。

②出口货物放行后，由于装配、装运等原因造成原申报货物全部或部分退关。

③进出口货物在装载、运输、存储过程中因溢短装、不可抗力的灭失、短损等原因造

成原申报数据与实际货物不符的。

④根据国际惯例先行采用暂时价格成交、实际结算时按商检品质认定或国际市场实际价格付款方式需要修改原申报单据的。

⑤计算机、网络系统等方面的原因导致电子数据申报错误的。

⑥其他特殊情况经海关核准同意的。

注意：海关已经决定布控、查验的进出口货物，以及涉及有关案件的进出口货物的报关单在"办结"前不得修改或撤销。

修改或撤销须提交的单据："进出口货物报关单修改/撤销申请表"；可以证明货物实际情况的合同、发票、装箱单；外汇管理、国税、检验检疫、银行等有关部门出具的单证；应税货物的"海关专用缴款书"、用于办理收付汇和出口退税的进出口货物报关单证明联等海关出具的相关单证。

（2）第二种情况：海关发现进出口货物报关单需要进行修改或者撤销的。

海关通知进出口货物收发货人或其代理人。收发货人或其代理人应当提交"进出口货物报关单修改/撤销确认书"（海关不能直接修改或撤销）。

注意：因修改或者撤销进出口货物报关单导致需要变更、补办进出口许可证件的，进出口货物收发货人或其代理人应当向海关提交相应的进出口许可证件。

2. 配合查验

1）海关查验

（1）含义。海关查验是指海关为确定进出境货物收发货人向海关申报的内容是否与进出口货物的真实情况相符，或者为确定商品的归类、价格、原产地等，依法对进出口货物进行实际核查的执法行为。

目的：核实走私、违规行为；为海关的征税、统计、后续管理提供可靠的资料。

（2）查验地点。查验地点可以是海关监管区，在特殊情况下，经申请，海关派员到海关监管区外。

（3）查验时间。

①海关正常工作时间。

②进出口业务繁忙的口岸，经申请，正常工作时间以外。

③"紧急验放"的货物，经申请，优先安排查验时间。

（4）查验方法。

```
                                              ┌ 外形检查
                              ┌ 人工查验 ┤
       ┌ 彻底查验            │           └ 开箱检查
实施方法┤           操作方法 ┤
       └ 抽查                └ 设备检查
```

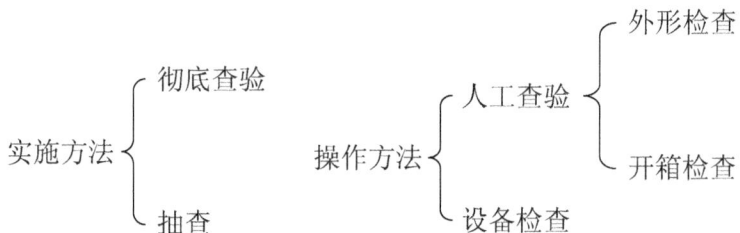

（5）复验。海关可以对已查验的货物进行复验。以下情况之一，海关可以复验：经初

次查验未能查明货物的真实属性，须进一步确认的；货物涉嫌走私违规；收发货人对海关查验结论有异议，提出复验要求并经海关同意的；其他海关认为必要的情形。已经参加过查验的查验人员不得参加同一票货物的复验。

（6）径行开验。径行开验是指海关在收发货人或其代理人不在场的情况下，对进出口货物开拆包装查验，并由其在海关的查验记录上签字。

以下情形之一，海关可以径行开验：进出口货物有违法嫌疑的；海关通知查验，收发货人或其代理人届时未到场的。

2）货物损坏赔偿——直接经济损失

因进出口货物所具有的特殊属性，容易因开启、搬运不当等原因导致货物损毁，需要海关查验人员在查验过程中予以特别注意的，进出口货物收发货人或其代理人应在海关实施查验前申明。

以下情况不属于海关赔偿范围。

（1）进出口货物的收发货人或其代理人搬移、开拆、重封包装或保管不善造成的损失。

（2）易腐、易失效货物在海关正常工作程序所需时间内（含扣留或代管期间）所发生的变质或失效。

（3）海关正常查验时产生的不可避免的磨损。

（4）在海关查验之前已发生的损坏和海关查验之后发生的损坏。

（5）由于不可抗拒的原因造成货物的损坏、损失。

在检查过程中，或者证明海关在经行开验过程中，因为海关人员的责任造成备查货物损坏的，进出口货物的收发货人或其代理人可以要求赔偿。

$$\text{赔偿金额的确定：直接经济损失}\begin{cases}\text{被损坏货物及其部件的受损程度}\\\\\text{修理费}\end{cases}$$

进出口货物的收发货人或其代理人在海关查验时对货物是否受损坏未提出异议，事后发现货物有损坏的，海关不负赔偿的责任。

3. 征税

进出口货物收发货人或其代理人将报关单及随附单证提交给货物进出境地指定海关，海关对报关单进行审核，对需要查验的货物先由海关查验，然后核对计算机计算的税费，开具税款缴款书和收费票据，由进出口收发货人或其代理人在规定的时间内，到指定银行或电子支付办理税费交付手续。

4. 放行

放行是口岸海关监管现场作业的最后环节。口岸海关在接受进出口货物的申报后，经审核报关单据、查验实际货物，并依法办理进出口税费计征手续并缴纳税款后，在有关单据上签盖放行章。

进口货物签收海关加盖"海关放行章"戳记的进口提货凭证（提单、运单、提货单等），在指定地点提取货物。出口货物签收海关加盖"海关放行章"戳记的出口装货凭证（运单、装货单、场站收据等），在指定地点装运货物。

同时申请签发的单证包括：申请签发报关单证明联（进口付汇证明、出口收汇证明、出口退税证明）和其他证明手续（出口收汇核销单、进口货物证明书）。

（三）现场作业常见的海关单证

1. 海关查验通知单

海关查验通知单是海关在接受报关单位的申报后，依法为确定进出境货物与报关单内容相符，对货物进行实际检查向进出口收发货人或其代理人签发的书面通知。

海关查验通知单的构成如表 2-2-4 所示。

表 2-2-4　海关查验通知单的构成

海关查验通知单	第一联	报关单位留存用
	第二联	海关内部流转、留档用

2. 海关税款缴款书

海关税款缴款书的构成如表 2-2-5 所示。

表 2-2-5　海关税款缴款书的构成

海关税款缴款书	第一联（收据）	银行收款签章后交缴款单位或纳税义务人
	第二联（付款凭证）	缴款单位开户银行作为付出凭证
	第三联（收款凭证）	收款国库作为收入凭证
	第四联（回执）	国库盖章后退回海关财务部门
	第五联（报查）	国库收款后，关税专用缴款书退回海关，海关代征税专用缴款书送当地税务机关
	第六联（存根）	有填发单位存查

海关税款缴款书样式如图 2-2-4 所示。

3. 海关放行凭证

（1）有纸通关业务。加盖"海关放行章"的提货单和装货单作为进出口货物海关放行的凭证，同时海关将进出口放行通知发送到港口、码头等单位。

海关专用缴款书

收入系统			填发日期： 年 月 日					号码 No:	
收款单位	收入机关				缴款单位	名 称			
	科 目		预算级次			账 号			
	收款国库					开户银行			
税 号	货 物 名 称		数量	单位	完税价格（¥）	税率（%）		税款金额（¥）	
金额人民币（大写）							合计（¥）		
申请单位编号			报关单编号			填 制 单 位			
合同（批文）号			运输工具（号）						
缴款期限	年 月 日前		提/装货单号					收款国库（银行）	
备注					制单人_____ 复核人_____				

从填发缴款书之日起限15日缴纳（期末遇法定节假日顺延），逾期按日征收税款总额万分之五的滞纳金

图 2-2-4 海关税款缴款书样式

（2）通关作业无纸化。进出口货物电子数据放行后，进出口收发货人或其代理人打印"进（出）口查验/放行通知书"，用于办理提货、装货手续。

二、现场申报

（一）报关单电子数据申报

现在的报关主要以电子申报为主，电子数据申报的作业流程如图 2-2-5 所示。

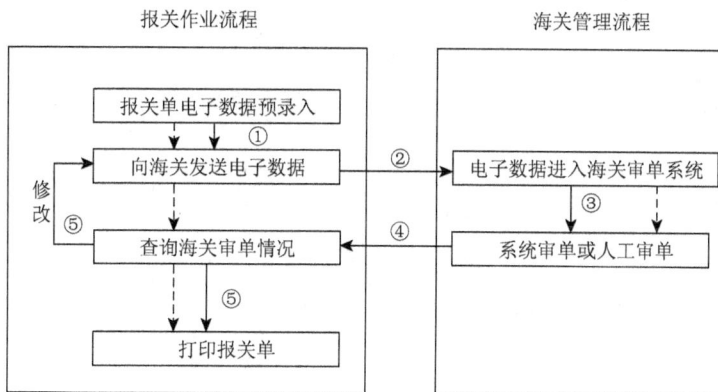

图 2-2-5 电子数据申报的作业流程图

（二）现场交单

现场交单作业流程如图 2-2-6 所示。

报关作业流程　　　　　　　　　　海关管理作业流程

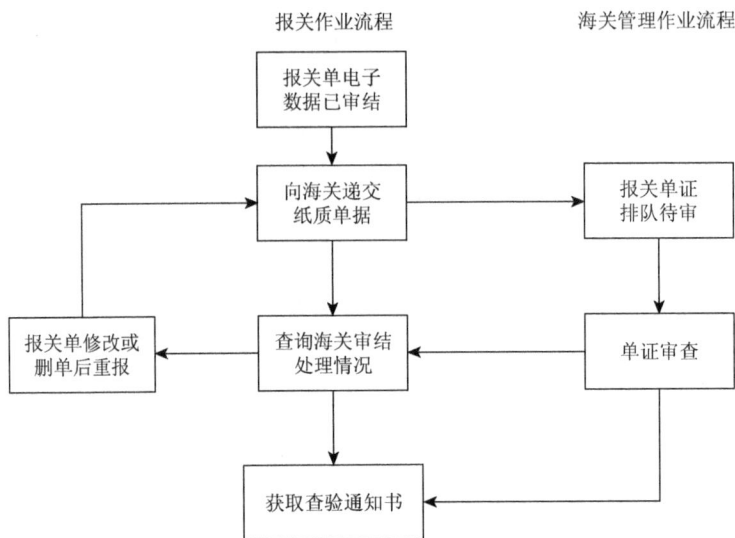

图 2-2-6　现场交单作业流程

（三）放行前删、改单

在进出口货物放行前可以申请删、改单的主要情形如表 2-2-6 所示。

表 2-2-6　进（出）口货物报关单修改和撤销的情形及相关规定

进（出）口货物报关单修改与撤销情形		所需的表单及材料	要求
客户原因	进出口货物在装载、运输、存储过程中发生溢短装，或者由于不可抗力造成灭失、短损等，导致原申报数据与实际货物不符的	"进（出）口货物报关单修改/撤销表"，以及商检机构或相关部门出具的证明材料	当事人向海关提交材料符合本条规定，且齐全、有效的，海关应当及时进行修改或撤销
	根据贸易惯例先行采用暂时价格成交，实际结算时按商品检质认定或国际市场价格付款方式需要修改申报内容	"进（出）口货物报关单修改/撤销表"，以及全面反映贸易实际状况的发票、合同、提单、装箱单等单证，并如实提供与货物买卖有关的支付凭证和证明申报价格真实准确的其他商业单证、书面材料和电子数据	
	已申报进口货物办理直接退运手续，需要修改或撤销原进口货物报关单的	"进（出）口货物报关单修改/撤销表"、"进口货物直接退运表"或"责令进口货物直接退运通知书"	
	计算机、网络系统等技术原因导致电子数据申报错误的	"进（出）口货物报关单修改/撤销表"，以及计算机、网络系统运行管理方出具的说明材料	
主观原因	报关人员操作或书写失误造成申报内容需要修改或撤销的	"进（出）口货物报关单修改/撤销表"，以及可以证明进出口货物实际情况的合同、发票、装箱单、提运单或载货清单等单证、证明文书；详细情况说明；其他证明材料	海关未发现报关人员存在逃避海关监管行为的，可以修改或撤销报关单；不予以修改或撤销的，海关应当及时通知当事人，并说明理由
海关要求	海关将电子数据报关单退回，并详细说明修改的原因和要求	报关人员应当按照海关要求进行修改后重新提交，不得对报关单其他内容进行变更	
	海关向报关人员制发"进（出）口货物报关单修改/撤销确认书"，通知报关人员要求修改或撤销的内容	报关人员应当在 5 日内对进（出）口货物报关单修改或撤销的内容进行确认，确认后海关完成对报关单的修改或撤销	

作业手续如下。

（1）当事人应填写"进（出）口货物报关单修改/撤销表"（样式见图 2-2-7）及其他相关材料向海关提出申请。

编号：海关[　　　年]　　　号

报关单编号		报关单类型	□进口 □出口	
经营单位名称		具体事项	□修改 □撤销	
报关单位名称				

修改/撤销内容

报关单数据项		项号	原填报内容	应填报内容
重点 项目	商品编号			
	商品名称及规格型号			
	币制			
	单价			
	总价			
	原产国（地区）/最终目的国（地区）			
	贸易方式（监管方式）			
	成交方式			
其他 项目				

修改或者撤销原因：
□ 出口货物放行后，由于装运、配载等原因造成原申报货物部分或全部退关、变更运输工具的；
□ 进出口货物在装载、运输、存储过程中因溢短装、不可抗力的灭失、短损等原因造成原申报数据与实际货物不符的；
□ 由于办理退补税、海关事务担保等其他海关手续需要修改或者撤销的；
□ 根据贸易惯例先行采用暂时价格成交、实际结算时按商检品质认定或者国际市场实际价格付款方式需要修改申报内容的；
□ 已申报进口货物办理直接退运手续时，需要修改或者撤销原进口货物报关单的；
□ 计算机、网络系统等方面的原因导致电子数据申报错误的；
□ 报关人员操作或者书写失误造成所申报的报关单内容有误的。
其他需要说明的情况：

兹声明以上理由和内容无误，随附证明资料真实有效，如有虚假，愿承担法律责任。

单位印章
　年　　月　　日

海关意见

海关印章
年　　月　　日

图 2-2-7　进（出）口货物报关单修改/撤销表

（2）海关发现要求报关人修改或撤销报关单的作业。海关向经营单位或相关报关企业出具"进（出）口货物报关单修改/撤销确认书"（样式见图 2-2-8），通知要求修改或者撤销的内容；报关人应在 5 日内对进（出）口货物报关单修改或者撤销的内容进行确认，确认后由海关完成对报关单的修改或撤销。

编号：海关[年]   号

报关单编号		申报日期	
经营单位名称		报关单位名称	
修改或撤销原因			
原填报内容			
修改内容			

经营单位或报关单位确认：
    同意_____海关对上述报关单内容进行修改/撤销。
    报关人员卡号：
    报关人员签名：

经营单位或报关单位印章
年　　月　　日

图 2-2-8　进（出）口货物报关单修改/撤销确认书

三、查验作业

报关单位配合海关查验的作业流程如图 2-2-9 所示。

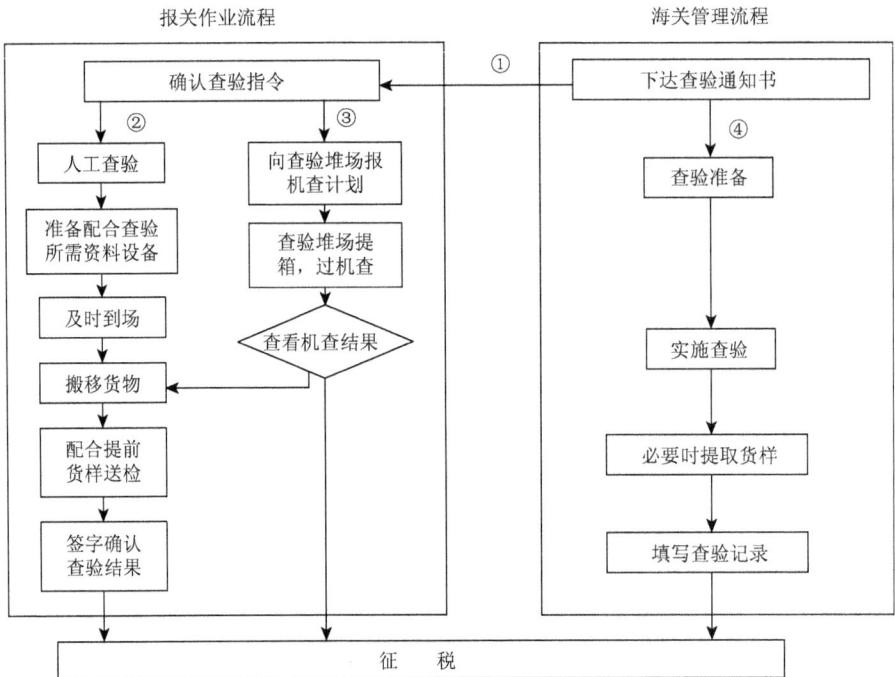

图 2-2-9　报关单位配合海关查验的作业流程图

四、缴纳税费

电子支付缴纳税费作业流程如图 2-2-10 所示。

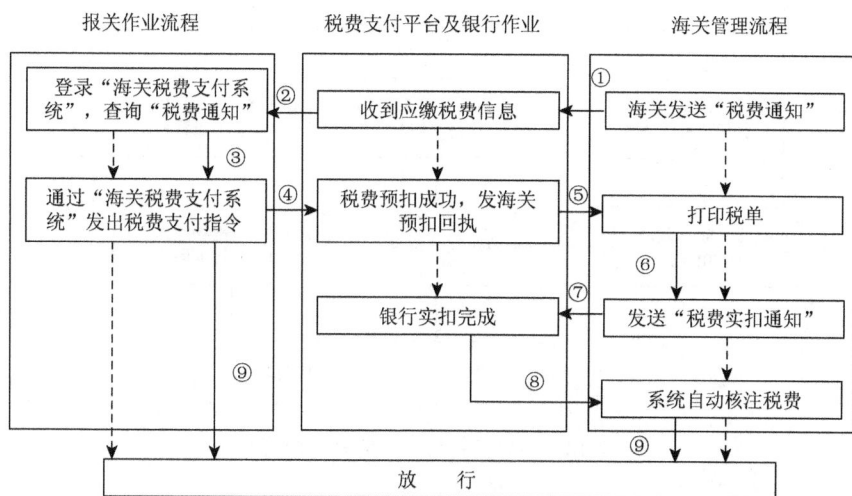

图 2-2-10 电子支付缴纳税费作业流程图

五、进出口货物提取、装运

进口货物提取作业流程如图 2-2-11 所示。

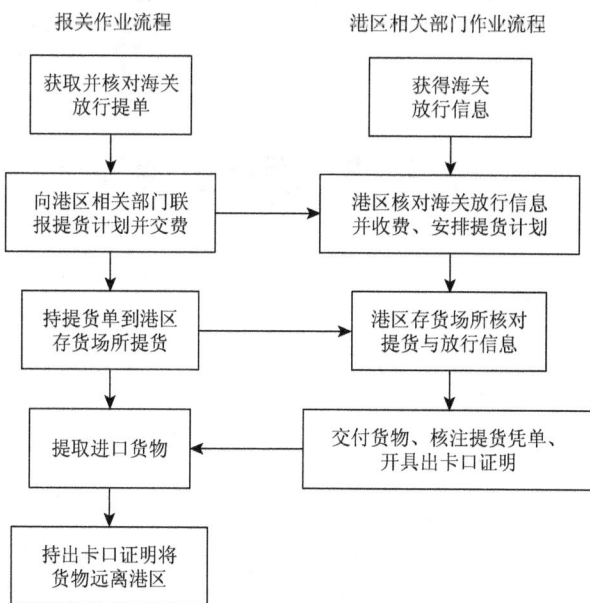

图 2-2-11 进口货物提取作业流程图

出口货物运抵、装货作业流程如图 2-2-12 所示。

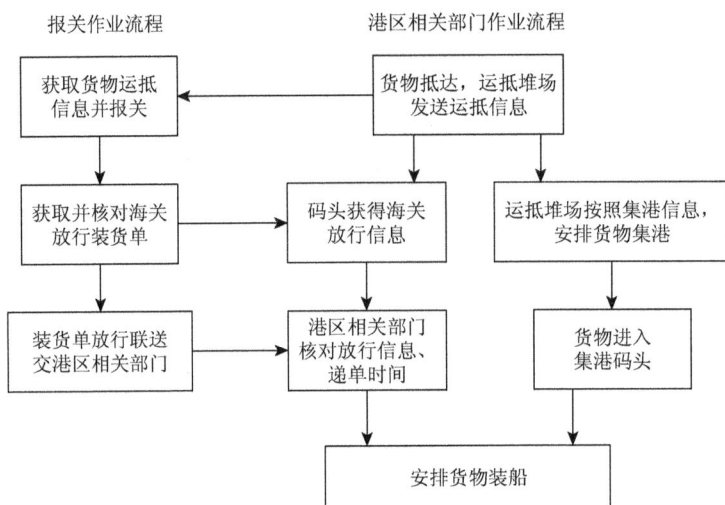

图 2-2-12　出口货物运抵、装货作业流程图

六、单据交接

"事后交单"，即经海关审核准予适用"事后交单"通关方式的企业采取"无纸报关"方式录入报关单向海关申报，经海关审核满足计算机自动放行条件的，货物放行后在规定期限内向海关递交纸质报关单证或传输随附单据的电子数据。

第三节　后期结关

一、需向海关申请签发的单证

（一）报关单证明联

报关单证明联是进出口货物收发货人向海关、税务、外汇管理等部门办理加工贸易手册核销、出口退税、进出口货物收付汇手续的重要凭证，在办理结关手续后，进出口货物收发货人或其代理人向海关申请签发以下报关单证明联：出口货物报关单出口退税证明联、出口货物报关单收汇证明联、进口货物报关单付汇证明联、进（出）口货物报关单加工贸易核销联。海关签发的报关单证明联上盖有"海关验讫章"，付汇报关单证明联上还要同时盖有"付汇专用章"。

（二）货物进口证明书

货物进口证明书是指为满足进出口公司及企事业单位的不同需要，海关对已实际监管进口的货物事后开具的证明文书。需签发货物进口证明书的货物主要是进口车辆，并实行"一车一证"制。

二、申领报关单证明联

（一）工作流程

1. 查询报关单通关状况

（1）登录海关总署网站 http：//www. eustoms. gov. en。
（2）单击"办事服务"中的"信息查询"按钮。
（3）单击"通关状态查询"按钮。
（4）输入报关单号，单击"查询"按钮。
（5）显示"已结关"，说明已经可以申领报关证明联。

2. 填制申请表

填制进（出）口货物报关单证明联签发申请表；申请进（出）口货物报关单核销联时，填制其他报关单证明联签发申请表，申请表应加盖申请企业报关专用章，由经办人签字。

3. 签收证明联

向海关提交申请表及相关纸质报关单，由现场海关签发相关证明联。报关人员签收时要注意检查是否已加盖"海关验讫章"，同时还需加盖报关专用章。

（二）异常情况的处理

1. 出口货物报关单证明联办理异常情况的处理

（1）舱单数据异常、无核销标志、大船舱单数据错误等原因的处理方法是：与代理公司及驳船代理公司确定具体原因，由其处理相关数据信息，接对方反馈后查询相关网站确定已结关后，办理申领手续。
（2）因加工贸易手册超量造成无法结关的情况，通知客户做手册数量变更，变更后再与代理公司及驳船代理公司联系，由其处理相关数据信息，接对方反馈后查询相关网站确定已结关后，办理申领手续。

2. 进口货物报关单证明联办理异常情况的处理

进口货物已放行提货，但查询海关相关网站，显示"未放行"，而非"已结关"。造成这种情况的主要原因一般是报关单在放行时因网络故障。企业可书面向海关申请重新放行，海关重新放行后即可结关，企业此时可办理证明联申领手续。

三、申领货物进口证明书

需签发"货物进口证明书"的货物主要是进口车辆。

（一）基本手续

货主或其代理人在办结车辆进口验放手续后，须到海关有关部门办理"货物进口证明书"的签发手续。

（1）货主或其代理人在货物放行后向现场海关提出申请，由现场海关制发"货物进口证明书"联系单关封。

（2）货主或其代理人将上述关封递交海关有关部门，办理货物进口证明书的签发手续。

（3）海关有关部门经审核后向货主颁发"货物进口证明书"。

（二）货物进口证明书的换发

货主或其代理人发现"货物进口证明书"数据与进口车辆实际情况不符的，应向原签发地海关办理有关"货物进口证明书"的换发手续。

四、货物放行后报关单修改或撤销的作业实施

（一）货物放行后报关单修改或撤销的情形

货物放行后报关单修改或撤销的情形主要包括：

（1）出口货物放行后，由装运、配载等原因造成原申报货物部分或者全部退关、变更运输工具的；

（2）由办理退补税、海关事务担保等其他海关手续而需要修改或者撤销报关单数据的；

（3）根据贸易惯例先行采用暂时价格成交、实际结算时按商检品质认定或者国际市场实际价格付款方式需要修改申报内容的；

（4）海关统计核查发现涉及品名、商品编码、数量、价格、原产国（地区）、境内货源地等影响海关统计数据方面的问题，需要修改申报内容的。

其中，前3种情形应由当事人向海关提出报关单修改或撤销的申请，最后一种情形由海关向报关人提出修改或撤销报关单的要求。

（二）报关单修改或撤销的作业实施

1. 当事人申请修改或撤销报关单的作业

当事人应填写"进（出）口货物报关单修改/撤销表"向海关提出申请，同时还需要根据不同的情况提交相应的资料。

2. 海关发现要求报关人修改或撤销报关单的作业实施

海关首先向经营单位或相关报关企业出具"进（出）口货物报关单修该/撤销确认书"，通知要求修改或者撤销的内容；报关企业协同经营单位在 5 日内对进（出）口货物报关单修改或者撤销的内容进行确认，确认后由海关完成对报关单的修改或撤销。

五、报关单证归档的作业实施

需归档的报关单证主要包括：报关单、进出口单证、合同、与进出口业务直接有关的其他资料等。

所有留存的单证应真实、详细；应按照海关单证管理的规定要求和统一原则进行分类、汇总、存储，形成档案；报关单证、进出口单证、合同及与进出口业务直接有关的其他资料。

代理报关公司接受客户的委托办理进出口业务报关前，收到进出口货物报关所需的报关单证后，应将报关单证扫描或复印，按照客户的业务种类进行分类，并将扫描件或复印件留档。自理企业可根据情况保存好相应的报关文件。

进出口货物放行后，代理报关公司与客户交接报关单证，将已放行的报关单证明联扫描或复印作为公司留档。

六、财务结算的作业实施

委托代理报关服务应根据双方签订的报关服务合同/协议的条款内容结算相应的费用，其中包括：代垫费用、服务费用、补充合同/协议及报关服务过程中产生的其他经委托方确认的变更费用、代缴费用等。

委托企业与报关企业以双方签订的报关服务合同/协议作为最终结算依据，结算相应的费用。合同/协议中需明确结算的范围、结算的价格及结算的期限。

【本章小结】

本章围绕一般货物进出境前期准备、进出境报关、后期结关的工作过程，阐述了一般货物出入境通关作业的基本操作环节，包括：报关准备中的接单、埋单、制单、复核；现场作业中的申报、配合查验、缴纳税费、提取装运货物、事后交单；后续作业中的申领报关单证明联、申领货物进口证明书、货物放行后报关单修改或撤销的作业实施、报关单证归档的作业实施、财务结算的作业实施。通过本项目学习，使学习者能熟悉一般进出口货物通关的实施过程，掌握一般进出口货物电子通关的综合实践能力。

➤ 教学设计

第一节　报关准备

（一）教学目标

熟悉进出境报关随附单证的业务工作内容及单证的合法性、有效性。

有能力在相关案例中，参与虚拟的报关准备作业实施，完成案例的分析判断与实际处理。

掌握一般货物进出境通关相关单证处理业务技能。

（二）参考的知识要点

（1）常见报关随附单证种类。

（2）接单的处理。

（3）埋单的处理。

（4）制单的处理。

（5）复核的注意事项。

（三）教学过程

（1）通过图表分析帮助学生理解常见报关随附单证的种类。

（2）提供企业典型案例、资料和思考任务，引领学生讨论，讲授本任务对应的知识要点。

（3）结合企业实际资料，带领学生讨论接单、埋单、制单、复核流程及注意事项。

（四）教学方法、工具和手段

（1）运用板书采用讲授法讲授报关随附单证种类，在板书讲授的同时，运用幻灯片展示真实报关随附单证。

（2）将报关准备基本流程图表化，运用板书、幻灯片采用讲授法讲授报关准备的业务操作基本流程。

（3）结合真实报关企业案例，运用电子报关实训软件练习报关准备电子化操作，通过仿真情景模拟掌握电子报关技能。

（4）采用角色扮演法模拟报关准备中报关主体的配合及工作过程。

第二节 现场作业

（一）教学目标

熟悉进出境报关的基本规则。掌握报关现场作业中进出境货物正确适用通关制度和作业规范及方法。

有能力参与虚拟的报关单电子数据预录入、发送及申报结果查询和现场交单的单证整理、递交、结果查询等作业实施。有能力参与虚拟的配合查验准备、实施及确认作业实施。有能力参与虚拟的银行柜台或电子支付纳税作业实施。有能力参与虚拟的查询放行信息、提装货物及事后交单的作业实施。

掌握一般货物进出境通关现场作业规范性判断技能及电子化作业实施技能。

（二）参考的知识要点

（1）海关通关现场作业申报、查验、征税、放行的基本通关规则。

（2）申报电子操作流程。

（3）配合查验电子操作流程。

（4）缴纳税费电子操作流程。

（5）提取装运货物电子操作流程。

（6）事后电子操作流程。

（三）教学过程

（1）利用多媒体讲授海关通关现场作业申报、查验、征税、放行的基本通关规则。

（2）利用引导案例带领学生讨论申报、配合查验、缴纳税费、提取装运货物、事后交单的电子操作流程。

（3）提交各组角色扮演、仿真情景模拟通关环节电子操作实施报告，教师进行点评，总结并归纳重点问题。

（四）教学方法、工具和手段

（1）运用板书采用讲授法讲授现场作业通关规则，在板书讲授的同时，运用幻灯片展示报关企业案例。

（2）将现场作业基本流程图表化，运用板书、幻灯片采用讲授法讲授现场作业的业务操作基本流程。

（3）结合真实报关企业案例，运用电子报关实训软件练习现场作业电子化操作，通过仿真情景模拟掌握电子报关技能。

（4）采用角色扮演法模拟现场作业中报关主体的配合及工作过程。

第三节　后续作业

（一）教学目标

熟悉进出境报关后续工作的业务工作内容及实施顺序。

有能力参与虚拟的获得报关单证明联、货物进口证明书的作业实施。有能力参与虚拟的货物放行后的报关修改或撤销的作业实施。

掌握一般货物进出境通关后续作业规范性判断技能及电子化作业实施技能。

（二）参考的知识要点

（1）通关后续作业需向海关申请签发的单证。

（2）申领报关单证明联、货物进口证明书的电子化操作。

（3）货物放行后报关单修改或撤销、报关单归档、财务结算的作业实施。

（三）教学过程

（1）利用多媒体、图表分析讲授通关后续作业需向海关申请签发的单证。

（2）利用引导案例带领学生讨论报关单证明联、货物进口证明书的电子申领流程。

（3）提交各组角色扮演报关单证明联、货物进口证明书电子申领实施报告，教师进行点评，总结并归纳重点问题。

（4）根据引导案例和学生实施货物放行后报关单修改或撤销、报关单归档、财务结算的作业实施。

（四）教学方法、工具和手段

（1）运用板书采用讲授法后续作业需签发的报关单证，在板书讲授的同时，运用幻灯片展示真实海关单证。

（2）将后续作业基本流程图表化，运用板书、幻灯片采用讲授法讲授后续作业的业务操作基本流程。

（3）结合真实报关企业案例，运用电子报关实训软件练习后续作业电子化操作，通过仿真情景模拟掌握电子报关技能。

（4）采用角色扮演法模拟后续作业中报关主体的配合及工作过程。

教学设计方案如下所示：

第二章 一般货物进出境通关运作				总学时：5 理论学时：5 实践学时：2	
教学任务	教学目标	参考的知识要点	教学过程	课时分配建议	教学方法、工具和手段
第一节 报关准备	知识目标1；能力目标1；素质目标1	第一节对应的理论基础：一至五	（1）通过图表分析帮助学生理解常见报关随附单证的种类； （2）提供企业典型案例、资料和思考任务，引领学生讨论，讲授本任务对应的知识要点； （3）结合企业实际资料，带领学生讨论接单、埋单、制单、复核流程及注意事项	理论2学时	（1）讲授法、案例教学法、图表分析法； （2）案例资料、板书、幻灯片
第二节 现场作业	知识目标2、3；能力目标2、3、4、5；素质目标2	第二节对应的一至六	（1）利用多媒体讲授海关通关现场作业申报、查验、征税、放行的基本通关规则； （2）利用引导案例带领学生讨论申报、配合查验、缴纳税费、提取装运货物、事后交单的电子操作流程； （3）提交各组角色扮演、仿真情景模拟通关环节电子操作实施报告，教师进行点评，总结并归纳重点问题	理论2学时	（1）讲授法、引导案例法、角色扮演、仿真情景模拟法； （2）通关教学软件、计算机
第三节 后续作业	知识目标4；能力目标6、7；素质目标3	第三节对应的一至六	（1）利用多媒体、图表分析讲授通关后续作业需向海关申请签发的单证； （2）利用引导案例带领学生讨论报关单证明联、货物进口证明书的电子申领流程； （3）提交各组角色扮演报关单证明联、货物进口证明书电子申领实施报告，教师进行点评，总结并归纳重点问题； （4）根据引导案例和学生实施货物放行后报关单修改或撤销、报关单归档、财务结算的作业实施	理论1学时 实践2学时	（1）讲授法、图表分析法、案例教学法、演示教学法、角色扮演法； （2）案例资料、板书、幻灯片、通关教学软件、计算机

➢教学评价

第二章 一般货物进出境通关运作								
评价类别	评价项目	评价依据	评价标准			评价方式		权重
						学生自评	同学互评	教师评价	
			80～100分	60～79分	60分以下	0.1	0.1	0.8	
过程评价	学习能力	学习态度与兴趣	学习态度端正，能够按要求参加与学习有关的活动	能参与学习活动，但学习主动性、热情一般	学习态度不端正，无心向学，经常迟到、旷课				0.1
		学习习惯与方法	（1）能克服学习中的困难；能按时独立完成学习任务； （2）能发现学习中的问题，并适当调整学习计划和方法	基本上能完成学习任务，但不善于改进学习方法	（1）学习自觉性差，方法不当； （2）经常完不成学习任务或经常抄袭作业				0.1

续表

第二章　一般货物进出境通关运作

评价类别	评价项目	评价依据	评价标准			评价方式			权重
			80~100分	60~79分	60分以下	学生自评 0.1	同学互评 0.1	教师评价 0.8	
过程评价	专业能力	基本理论掌握能力	熟悉进出境报关的基本规则	较好熟悉进出境报关的基本规则	不熟悉进出境报关的基本规则				0.02
			能掌握报关现场作业中进出境货物正确适用通关制度和作业规范及方法	能较好掌握报关现场作业中进出境货物正确适用通关制度和作业规范及方法	不能掌握基本报关现场作业中进出境货物正确适用通关制度和作业规范及方法				0.05
			熟悉进出境报关后续工作的业务工作内容	能较好熟悉进出境报关后续工作的业务工作内容	不能掌握基本进出境报关后续工作的业务工作内容				0.03
		实践能力	有能力在相关案例中，参与虚拟的报关准备作业实施、完成案例的分析判断与电子化操作	有能力在相关案例中，较好地参与虚拟的报关准备作业实施、完成案例的分析判断与电子化操作	在相关案例中，不能掌握虚拟的报关准备作业实施、完成案例的分析判断与电子化操作				0.05
			有能力在相关案例中，参与虚拟的现场作业实施、完成案例的分析判断与电子化操作	有能力在相关案例中，较好地参与虚拟的现场作业实施、完成案例的分析判断与电子化操作	在相关案例中，不能掌握虚拟的现场作业实施、完成案例的分析判断与电子化操作				0.1
			有能力在相关案例中，参与虚拟的后续作业实施、完成案例的分析判断与电子化操作	有能力在相关案例中，较好地参与虚拟的后续作业实施、完成案例的分析判断与电子化操作	在相关案例中，不能掌握虚拟的后续作业实施、完成案例的分析判断与电子化操作				0.05
	拓展能力	报关单证处理技能	掌握	较好掌握	不具备				0.02
		现场作业规范性判断技能	掌握	较好掌握	不具备				0.05
		后续作业	掌握	较好掌握	不具备				0.03
结果评价	理论考核								0.2
	实操考核								0.2

➤ 同步测试

一、单项选择题

1. 下列关于申报地点的表述，错误的是（　　　）。

A. 进口货物应当在进境地海关申报

B. 出口货物应当在出境地海关申报

C. 经海关同意，进口货物可以在指运地海关申报，出口货物可以在起运地海关申报

D. 特定减免税货物改变性质转为一般进口时，应当在货物原进境地海关申报

2. 运载进出口货物的运输工具 5 月 9 日申报进境，收货人 5 月 15 日向海关传送报关单电子数据，海关当天受理申报并发出现场交单通知，收货人于 5 月 27 日提交纸质报关

单时，发现海关已于 5 月 26 日撤销电子数据报关单，遂于 5 月 30 日重新向海关申报，海关当天受理申报并发出现场交单通知，收货人 5 月 31 日提交纸质单，如以上日期均不涉及法定节假日，滞报天数应为（　　　）。

A. 0 天

B. 6 天

C. 7 天

D. 8 天

3. 进口货物收货人超过规定期限向海关申报的，滞报金的征收，以运输工具申报进境的期限（　　　）。起始日和截止日均计入滞报期间。

A. 第 14 日为起始日，收货人申报之日为截止日

B. 第 15 日为起始日，收货人申报之日为截止日

C. 第 14 日为起始日，海关接受申报之日为截止日

D. 第 15 日为起始日，海关接受申报之日为截止日

4. 在以下进出口货物中，不属于一般进出口货物的是（　　　）。

A. 不批准保税的寄售供销贸易货物

B. 救灾捐赠物资

C. 外国驻华商业机构进出口陈列用的样品

D. 随展览品进境的小卖品

5. 经海关法律规定，以下不列入报关范围内的有（　　　）。

A. 进境运输工具

B. 出境货物

C. 进境物品

D. 出境旅客

二、多项选择题

1. 货物报关的进口阶段是指进口货物收货人或其代理人根据海关对进境货物的监管要求，在货物进境时，向海关办理相关手续的过程，包括（　　　）环节。

A. 进口申报

B. 配合查验

C. 缴纳税费

D. 提取货物

2. 以下关于修改申报内容或者撤销申报的表述，正确的有（　　　）。

A. 对于海关已经决定布控，查看的货物，报关单在办结前不得修改

B. 对于海关已经决定布控，查看的货物，报关单在办结前不得撤销

C. 对于涉案的货物，报关单在办结前不得修改

D. 对于涉案的货物，报关单在办结前不得撤销

三、分析题

1. 青岛某进出口公司货运经理小郭在刚刚从事报关工作时经历这样一件事情：某日16：30 小郭接到一批需急速运到韩国去的货物，而海关 17 点就要下班。请问在这种情况下小郭应该怎么办？

2. 青岛某船务公司报关员小安在从事报关业务中遇到这种情况：一家公司从韩国进口了一种人造纤维纱线，报关时，海关要求验货，开箱后发现不是人造纤维纱线，而是一种关税比人造纤维纱线高出很多的氨纶丝。海关认为是小安所在公司与外商串通想逃税。经进一步调查发现是韩国商人有意隐瞒，以逃避巨额关税。请问在这个案例中小安作为报关员有没有责任？

➤ 实践项目

【综合性实验】

一般货物进出口通关过程综合实训

一、实验目的

（1）了解电子口岸。
（2）掌握一般进口货物的海关监管特点。
（3）熟悉一般进口货物的报关程序。

二、实验要求

（1）组织形式：个人独立完成。
（2）活动方式：模拟操作。
（3）要求在机房并通过配套软件完成实训。
（4）任课教师通过实践积累，或通过网络、图书馆等途径取得案例资料。

三、情景描述

1）进口情景描述

天津原林贸易公司（该公司为中外合资企业）经营代码为（1290938456）委托天津服饰贸易有限公司（TIANJIN CLOTHING TRADE CO., LTD.）经营单位代码为（1290917302）从韩国具日企业进口女士纯棉连衣裙和男士纯棉羊毛衫一批，装载该批货物的船舶于 2014 年 6 月 28 日抵达天津塘沽，翌日，天津服饰贸易公司委托天津威海航运公司（1290990348）向天津新港海关申报（关区代码为 0205）。纯棉连衣裙的法定计量单位为条/kg，男士纯棉羊毛衫的法定计量单位为件/kg。保险费为$500。该笔业务需垫付保证金，担保截止日期为进境日期之日起 14 天内。进口调单日期为 2014 年 7 月 1 日，支票收回日期为 2014 年 7 月 8 日。该票货物于 7 月 10 日结关放行后，天津服饰贸易有限公司要威海航运公司送货，于是后者拟定了送货计划，计划送货日期为 7 月 13 日，送货地点为天津塘沽海德路 28 号。时间地点确认了以后，威海航运公司又和天津顺达运输公司联系，要求后者负责此票货物的运输。（顺达车队联系电话 87209812，车队联系人为王明，最终收货人电话联系电话为 86309812。）该票业务顺利结束后，天津威海航运公司向天津服饰贸易有限公司收取报关费￥200，打单费￥100，预录费￥50，调单费￥100，送货费￥600，另外天津威海航运公司需要向顺达运输公司支付送货费￥480。

配套单证如下。

（1）合同。

CONTRACT

No.：JUR090618

DATE：FEB.28，2013

SIGN IN KOREA

The Sellers：**TIANJIN CLOTHING TRADE CO.，LTD.**

28 HAIDE ROAD TANGGU TIANJIN，CHINA

The Buyers：**JURE ENTERPRISE CORP.**

KOYANG CITY KYONGGIDO，KOREA

1.The Buyer and Seller Have agree to conclude the following transactions according to the terms and Conditions stipulated below：

货物名称及规格 Commodity & Specifications	数量 Quantity	单价 Unit Price	总额 Total Value
DRESSES OF COTTON	50 DOZENS 600 PCS	@$120.00	$ 6，000.00
BOYS'SHIRTS OF COTTON	30 DOZENS 360 PCS	@$180.00	$ 5，400.00
TOTAL：50 CARTON/960 PCS/80 DOZENS			**USD 11，400.00**

SAY：U.S.DOLLARS ELEVEN THOUSAND FOUR HUNDRED ONLY

With 5%more or less both in amount and quantity allowed at the seller's option

2. Country of Origin：R.OF KOREA

3. Price Term：CFR TANGGU，CHINA

4. Shipping Marks：at Seller's option.

5. Port of Shipment：INCHON PORT，KOREA

6. Port of Destination：TIANJIN PORT，CHINA

7. Time of Shipment：Before JULY 20，2014

8. Insurance：To be effected by the buyer for 110%of full invoice value against All Risks

9. Terms of Payment：T/T

This contract is made out in two original copies，one copy to be held by each party.

Buyer：

TIANJIN CLOTHING TRADE CO.，LTD.

PRESIDENT

Seller：

JURE ENTERPRISE CORP.

PRESIDENT

（2）发票。

JURE ENTERPRISE CORP.

KOYANG CITY KYONGGIDO KOREA

COMMERCIAL INVOICE

SHIPPER JURE ENTERPRISE CORP. KOYANG CITY KYONGGIDO，KOREA		INVOICE No.： KH090618	DATE JUN.18，2014
		L/C No.　　　　DATE.	
		B/L No.：KSAA982345	
FOR ACCOUNT & RISK OF MESSES TIANJIN CLOTHING TRADE CO.，LTD. 28 HAIDE ROAD TANGGU TIANJIN CHINA		Terms of Payment： T/T	
		TERM：CFR TIANJIN	
		SAILING ON OR ABOUT：JUN.28，2014	
From： INCHON KOREA	Per： CHUNFENG/0123	To： TIANJIN CHINA	

Mark&Nos.	DESCRIPTION	Quantity	UNIT.P	AMOUNT
N/M 2*40' CONTAINERS	DRESSES OF COTTON HS CODE 62045210	50 DOZENS 600 PCS	@$120.00	$ 6，000.00
CONTAINER No.： ABLU381348-1 ABLU381372-2 TAREWGT4800kg MADE IN KOREA	BOYS'SHIRTS OF COTTON HS CODE 62052100	30 DOZENS 360 PCS	@$180.00	$ 5，400.00
TOTAL 50 CARTON/960 PCS/80 DOZENS				$ 11，400.00

JURE ENTERPRISE CORP.

（3）装箱单。

JURE ENTERPRISE CORP.

KOYANG CITY KYONGGIDO KOREA

PACKING/WEIGHT LIST

SHIPPER JURE ENTERPRISE CORP. KOYANG CITY KYONGGIDO，KOREA	INVOICE No.： KH090618	DATE JUN.18，2014	
	L/C No.　　　　DATE.		
	B/L No.：KSAA982345		
FOR ACCOUNT & RISK OF MESSES TIANJIN CLOTHING TRADE CO.，LTD. 28 HAIDE ROAD TANGGU TIANJIN CHINA	Terms of Payment： T/T		
	TERM：CFR TIANJIN		
	SAILING ON OR ABOUT：JUN.28，2014		

From： INCHON KOREA	Per： CHUNFENG/0123	To： TIANJIN CHINA		
Mark&Nos.	DESCRIPTION	Quantity	N.W	G.W
N/M	DRESSES OF COTTON HS CODE 62045210	50 DOZENS 600 PCS	200 KGS	210KGS
2*40' CONTAINERS	BOYS'SHIRTS OF COTTON HS CODE 62052100	30 DOZENS 360 PCS	300 KGS	310KGS
CONTAINER No.： ABLU381348-1 ABLU381372-2				
TAREWGT4800kg				
MADE IN KOREA				
TOTAL 50 CARTON/960 PCS/80 DOZENS			500KGS	520KGS

JURE ENTERPRISE CORP.

2）出口情景描述

广州丝纶毛巾有限公司（GUANGZHOU SILUN TOWEL CO.，LTD.）（经营单位代码44019185669）和利特毛巾公司（LITA TOWEL CO.，LTD U.S.A）通过反复的交易磋商，最终双方以单价$0.28/条谈判成功，（合同于 2014 年 6 月 13 日在广州签订）合同规定于2014 年 7 月 21 日前装船完毕。广州丝纶毛巾有限公司向利特毛巾公司出口毛巾 141840条。合同确认后，广州丝纶毛巾有限公司便立即投入到紧张的备货中来，该公司委托广州当地的介风棉纺织加工厂进行毛巾加工生产，于 2014 年 7 月 12 日生产完毕。随即广州丝纶毛巾有限公司委托广州天马报关行向广州出入境货物检验检疫局进行报检申请，客户委托编号为 09060013，三检类型为厂检单，通过以后，再委托其于 2014 年 7 月 19 日持"出境货物通关单"（B：440300201018760）向广州南沙货港海关（5167）申报。经营单位与发货单位一致。商品编码为 6302，9100，法定计量单位：千克。出口收汇核销单号：23E765945。该票业务结束后，天马报关行向广州丝纶毛巾有限公司收取报关费￥150，打单费￥100，预录费￥50，查验费￥150，商检费￥200，另外天马报关行需要向广州明风货运有限公司支付商检费￥150，快递费用￥20。报关完成后，天马报关行为货主顺利办理退税手续。

配套单证如下。

（1）发票。

广州丝纶毛巾有限公司

GUANGZHOU SILUN TOWEL CO.，LTD

8/F.87 TOFU ROAD，XINFENG，

GUANGZHOU CHINA

COMMERCIAL　　INVOICE

Issuer GUANGZHOU SILUN TOWEL CO.，LTD	Invoice No.: SI-090613
	Date: JUL 17，2014
To LITA TOWEL CO.，LTD（U.S.A）	Terms of Payment: T/T
	Shipped per:　　　　　Voy.No: S/S HUAB　　　　　838EC

From: GUANGZHOU CHINA	Via: HONG KONG	To: LOS ANGELES USA		
Mark&Nos.	Article and Specification	Quantity	Unit Price（USD）	Amount（USD）
	KITCHEN TOWEL 16*20"	141，840PCS	0.28/PC	CIF LA 39，715.20
08SHXY-007B C/NO.：1-600 MADE IN CHINA				

SAY TOTAL US DOLLAR THIRTYNINE THOUSAND SEVEN HUNDRED
AND FIFTEEN AND TWENTY CENTS ONLY

广州丝纶毛巾有限公司

GUANGZHOU SILUN TOWEL CO.，LTD

（2）货运委托单。

Shipper 托运人 GUANGZHOU SILUN TOWEL CO., LTD	广州明风货运有限公司		
Consignee 收货人 LITA TOWEL CO., LTD			
Notify Party 通知人 THE SAME AS CONSIGNEE			

Place of receipt 收货地点	Port of loading 起运港 SHANGHAI		Pre-carriage ZIM	Number of original BS/L 3
Ocean vessel/Voyage 船名/航次 S/S HUAB/838E	Port of discharge 卸货港 LOS ANGELES USA		Place of Delivery 目的地 LOS ANGELES USA	Freight payable at SHANGHAI

Mark&Nos.	Article and Specification	Quantity	Unit Price（USD）	Amount（USD）
   08SHXY-007B C/NO.：1-600 MADE IN CHINA	KITCHEN TOWEL 16*20"	141，840PCS	0.28/PC	CIF LA 39，715.20

Equipment Required：__X 20'　　2__X 40GP　　__X 40HQ　__X 40HQ　LCL 散货___CBM

Container No.ZIMU183468-1
　　　　　ZIMU183469-2

（3）装箱单。

PACKING LIST

Issuer GUANGZHOU SILUN TOWEL CO., LTD	Invoice No.: SI-090613	
	Date: JUL 17, 2014	
	B/L No.: EB 48076	
To LITA TOWEL CO., LTD	Terms of Payment: T/T	
	Shipped per: S/S HUAB	Voy.No: 838EC

From: GUANGZHOU CHINA	Via: HONG KONG	To: LOS ANGELES USA

续表

Mark&Nos.	Article and Specification	Quantity	G.W/N.W	Measurement
08SHXY-007B C/NO.: 1-600 MADE IN CHINA	KITCHEN TOWEL 16*20"	141，840PCS	10000kgs/ 8000kgs	1023CBM

SAY TOTAL US DOLLAR THIRTYNINE THOUSAND SEVEN HUNDRED
AND FIFTEEN AND TWENTY CENTS ONLY

四、实验步骤

（1）要求学生根据给定的背景，模拟练习一般进口货物的报关程序：电子申报、纸质申报、配合查验、税费计征、提货。

（2）要求学生根据给定的背景，模拟练习一般出口货物的报关程序：电子申报、纸质申报、配合查验、税费计征、装运货物。

五、实验报告

针对所学到的理论知识和获得的专业技能进行全面的总结，对获得的经验和教训进行深刻反思。报告中流程操作环节安排合理，报关单草单填写规范、正确，电子报关核对单填写正确。同时要求各小组在一定时间内在全体同学面前演示整个操作流程。

【生产实习】

实习时间	实习单位	实习内容	实习总结
第六学期一至四周	具备进出口报关业务的国际物流公司、报关公司、国际货运代理公司等	（1）一般货物进口通关业务； （2）一般货物出口通关业务	完成实习报告一份

第三章

保税加工货物进出
境通关运作

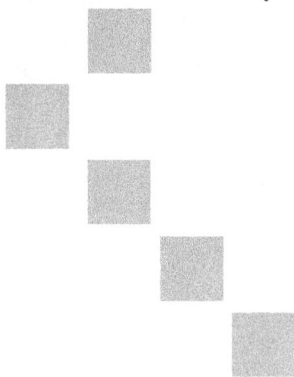

【学习目标】

知识目标	能力目标	素质目标
（1）掌握保税加工货物的含义、范围、监管要求。 （2）掌握保税加工货物进出境通关作业的基本要求。 （3）掌握加工贸易银行保证金台账制度的各项规定。 （4）掌握电子化手册下的保税加工货物的备案、报关和核销程序。 （5）掌握电子账册下的保税加工货物的备案、报关和核销程序	（1）有能力根据保税加工货物进出境通关作业的基本要求对进保税加工货物进行各种前期准备信息的收集及备案。 （2）有能力按照保税加工货物虚拟案例的要求，对保税加工货物进行报关操作。 （3）有能力按照保税加工货物虚拟案例的要求，对保税加工货物进行核销操作。 （4）有能力按照保税加工货物虚拟案例的要求，对保税加工货物进行电子账册下的备案、报关和核销操作	（1）掌握电子化手册备案建立的业务技能。 （2）掌握电子化手册报关的业务技能。 （3）掌握电子化手册核销的业务技能。 （4）掌握电子账册备案、报关和核销的业务技能

【本章实施体系】

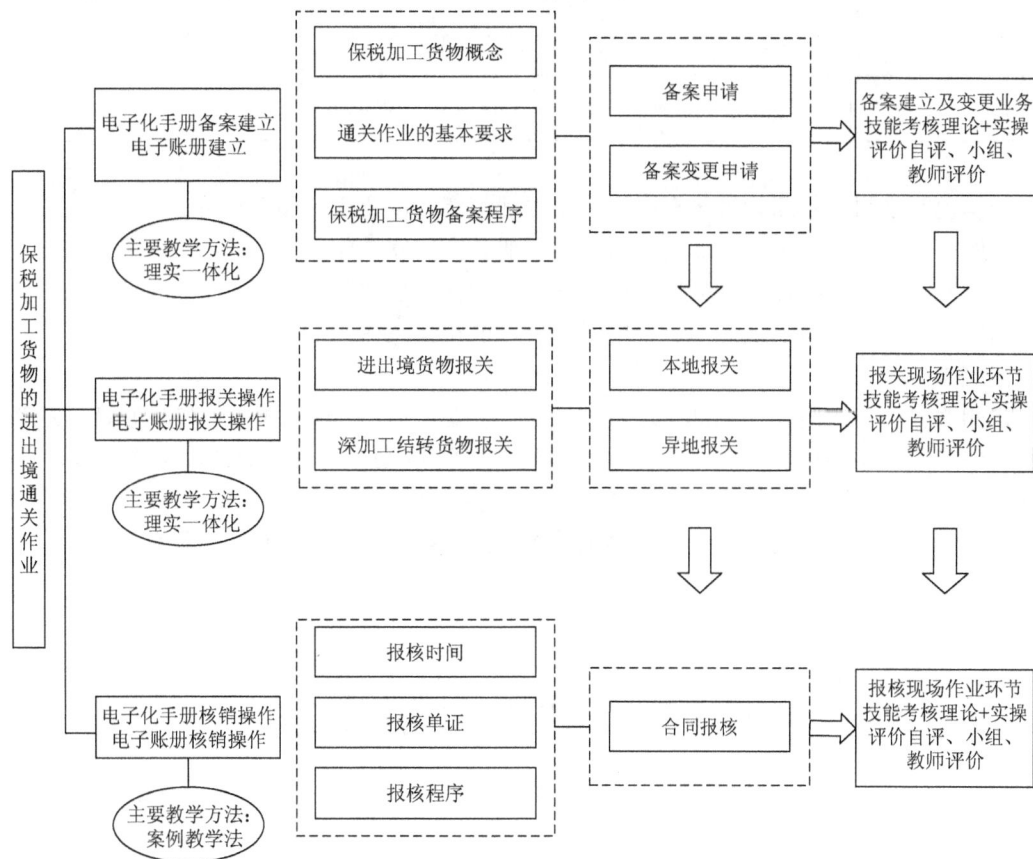

【案例引导】

案例 1

常州×××有限公司（320494××××）进行来料加工贸易，进口原料为铜杆，出口产品为 1～3mm 电工圆铜线。公司拟进口的成品表、料件表和损耗标准如下所示。

成品表：

名称	单位	商品编号	规格（Φ）	数量/kg
1～3mm 电工圆铜线 A	kg	74081900	1～3mm	1000
1～3mm 电工圆铜线 B	kg	74081900	1～3mm	1000

料件表：

名称	单位	商品编号	规格（Φ）
铜杆	kg	74071000	8mm

损耗标准：

成品				原料				净耗/kg	工艺损耗率/%
名称	单位	商品编号	规格（Φ）	名称	单位	商品编号	规格（Φ）		
1～3mm 电工圆铜线	kg	74081900	1～3mm	铜杆	kg	74071000	8mm	0.01	1

根据已有资料，常州×××有限公司根据现有资料，要进行如下任务。

问题一：对公司拟加工产品进行电子化手册备案建立操作。

问题二：对公司拟加工产品进行电子化手册的报关操作。

问题三：对公司拟加工产品进行电子化手册的核销操作。

案例 2

常州××光能有限公司（320494××××）进口加工一批笔记本电脑和服务器，装载该批货物的船舶于 2015 年 1 月 13 日申报进境，1 月 15 日由江苏飞力达国际物流股份有限公司（210398XXXX）向外港海关申报进口，根据案例进行如下任务。

问题四：在电子账册下对企业需要报关的产品进行备案、报关和核销操作。

第一节　　电子化手册备案建立

一、保税加工货物

（一）保税加工货物的概念和特点

保税制度是一种国际通行的海关制度，是指经海关批准的境内企业所进口的货物，在海关监管下在境内指定的场所储存、加工、装配，并暂缓缴纳各种进口税费的一种海关监管业务制度，这种制度的具体规定和操作是各国海关根据自己国情状况设计的。上述货物称作保税货物。保税货物最终是否要缴税，依货物最终去向而定，原则上如果货物或货物的制成品复运出口，则无需缴税。"保税"称呼的由来，是海关对货物"保留征税权"的意思。

《中华人民共和国海关法》以法律形式确定了我国保税加工货物的概念是指经海关批准未办理纳税手续进境，在境内储存、加工、装配后复运出境的货物。

保税加工货物应当具有三大基本特性，即经海关批准、属于海关监管货物、应复运出境。

1. 经海关批准

保税货物进境未办理纳税手续，但是不能不办理报关手续。保税货物进境前，必须先得到我国海关的批准，届时货物到达口岸，才能享受保税进口待遇。有的货物其本身已具备保税条件，但假如未经得海关批准，也不能成为保税货物。例如，一家有违规走私前科的企业进口供加工返销出口的手表使用的手表零件，表面上看这是进料加工的料件，可以保税。但是海关鉴于企业以往的表现，可以不同意保税，而采取"先征后退"的方法，进口时对手表零件全额征收进口税费保证金，到手表成品出口时，凭实际出口手表所含的进口零件数量再退还已征收的保证金。

这是为什么呢？因为批准货物保税进口，就意味着该货物可以不办理纳税手续进境，如果审批不当，就可能会给不法分子以可乘之机（如货物最终留在了境内，却逃避缴纳了进口税费）。

2. 属于海关监管货物

保税货物从进境之日起至复运出境（或补交税款转为正式进口），始终在我国海关的监管之下，它在境内的运输、储存、加工、装配、修理都必须接受海关监管，主要是为了防止发生货物的替换、违法内销等违法违规事件。未经海关许可，即使是货物的产权所有者也不得擅自对保税货物作出调换、改装、抵押、转让等处置。而法院判决、裁定或其他行政执法部门决定处理保税货物时，应责令当事人办结海关手续。海关对于保税货物监管的执行，很多情况下还会延伸到对于和保税货物有密切关系的企业进行监管，如一部分报关活动相关人。

3. 应复运出境

多数保税货物的最终流向应当是复运出境，因此，经海关批准保税进境后的货物，一旦决定不复运出境，就改变了保税货物的特性，不再是保税货物，而应当按照留在境内的实际性质办理相应的进口手续，如加工贸易进口的剩余料件和副产品经批准内销、保税仓库货物出库进入国内市场等。

（二）保税加工的形式

1. 来料加工

来料加工是外商提供全部或部分原材料、辅料、零部件、元器件、配套件和包装物料（简称料、件），必要时还提供机器设备，由我方加工单位按外商要求进行生产加工装配，成品交外商销售，我方收取工费，外商提供的设备作价后，由我方用工缴费偿还。

2. 进料加工

进料加工是国内有外贸经营权的单位用外汇购买进口部分或全部原料、材料、辅料、元器件、配套件和包装物料加工成品或半成品后再返销出口国外市场的业务。

以上两种加工贸易形式的比较如表 3-1-1 所示。

表 3-1-1　加工贸易形式的比较

	原料	货物的所有权	成品的去向
来料加工	由境外厂商提供，不需要通过外汇购买	在加工过程中均未发生所有权的转移，原料运进和成品运出属于同一笔交易，原料供应者即是成品接受者	返给境外厂商（原料提供者） 在来料加工中，我方不承担销售风险，不负盈亏，只收取工缴费
进料加工	由我方自己花外汇从国外购买原料	原料进口和成品出口是两笔不同的交易，均发生了所有权的转移，原料供应者和成品购买者之间也没有必然的联系	返给境外厂商（原料提供者） 在进料加工中，我方承担销售风险，自负盈亏，赚取销售利润

（三）保税加工货物的监管模式

1. 物理围网监管

物理围网监管是指在境内或边境线上的某一个地方内，让企业专门从事保税加工，海关进行封闭管理。经国家批准，在境内或边境线上划出一块地方，让企业在围网内专门从事保税加工业务，由海关进行 24 小时封闭式监管。包括出口加工区和珠海跨境工业园区，采用电子账册（H+11 位数，E+11 位数）管理。此外，还有保税区、保税港区（主要为保税物流，兼有保税加工的功能），以及保税物流园区（区内不设加工企业）。

2. 非物理围网监管

非物理围网监管是指针对于某一加工贸易合同或企业的海关监管形式。

1）采用纸制手册管理

传统监管方式，以合同为单元管理（手册号为进料加工：C+11 位数；来料加工：B+11 位数；深加工结转专业手册：G+11 位数；进口报关分册：F+11 位数等）。

纸制手册是一种传统的监管模式，加工贸易企业需在进行加工贸易前向海关申领手册，凭借海关所发手册进出境货物，并详细记录每次进口料件和出口成品的实际情况，最终办理手册核销手续。报关员在实际申报时，正确填写手册相关栏目并随报关单和其他单证交给现场海关官员审核，海关在手册相应栏目签章核注。

目前国内很多企业已不再使用纸质手册管理。海关在推广和普及电子化手册的计算机联网监管。

2）采用计算机联网监管

计算机联网管理采用的备案形式有两种。

计算机联网管理 { 大型企业：企业电子账册 不实施台账制 ; 中小企业：合同电子手册 实施台账制 }

（1）电子化手册：针对中小企业，以合同为单位，海关只给电子化手册号，不发放纸质手册。

（2）电子账册：针对大型企业，以整个企业为单元。分为IT账册——仅对企业的经营范围进行备案的电子账册，日常报关不使用；E账册——便捷通关电子账册号〔E+11〕位数，不发放纸质手册，整个手册情况同海关电子联网。当海关给电子手册企业日常进出境货物申报时，海关直接在电子底账上操作。

（3）银行保证金台账制度：加工贸易进口料件银行保证金台账制度是指经营加工贸易的单位或企业凭海关核准的手续，按合同备案金向指定银行申请设立加工贸易进口料件保证金台账，加工成品在规定的加工期限内全部出口，经海关核销合同后，再由银行核销保证金台账。

（四）加工贸易合同审批

加工贸易企业应先到其所在地商务主管部门办理合同审批，获取《加工贸易业务批准证书》，以及《加工贸易企业经营状况和生产能力证明》，然后才能到海关申请合同（手册）备案，审批所需材料如图3-1-1所示。

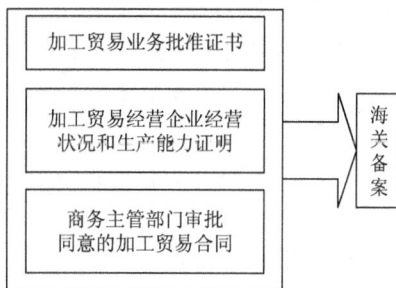

图3-1-1　由商务主管部门审批加工贸易合同所需材料

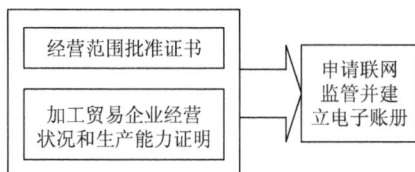

图3-1-2　由商务主管部门审批加工贸易经营范围所需材料

（五）加工贸易经营范围审批

凡是属于海关计算机电子联网监管的企业，需先到商务主管部门办理经营范围审批。获取《经营范围批准证书》，以及《加工贸易企业经营状况和生产能力证明》后，再向海关申请联网监管，建立电子化手册或电子账册。由商务主管部门审批加工贸易经营范围，审批所需材料如图3-1-2所示。

（六）进口料件备案保税

加工贸易料件需向海关备案核准后（及申办加工手册后）才能保税进口，其备案原则如下。

合法经营：属于限制类的，需获得商务主管或其他政府部门的批准，备案时提交合法进出口许可凭证。

复运出境：所有进口料件都必须生产为成品，附件在成品上后复运出境。

可以监管：保税料件在进出口、加工、装配等环节，都可置于海关的监管之下。

1. 进口暂缓纳税

加工贸易企业进口的料件实际用于生产成品出口的，免交进口关税和进口环节税（增值税与消费税，加工贸易企业生产的成品经海关批准不再复运出口，而在国内销售的，其内销成品所使用的料件由于在进口环节时暂缓交税。所以需要交税、交证、交缓税利息（生产过程中产生的边角料和物理围网特殊监管区域的保税货物不交缓税利息）。

2. 海关监管延伸

（1）监管地点的延伸。该货物储存、加工、装配的地方，都是海关监管该保税货物的场所。对保税进口料件，海关一直要监管到加工、装配后复运出境或者办结正式实际进口手续为止。

（2）监管时间的延伸。料件保税的期限如下所示。

使用纸质手册和电子化手册的企业：1+1（料件保税加工通常为 1 年期限，最长可延期 1 年）。

使用电子账册的企业：从企业的电子账册记录第一批料件进口之日起到该电子账册被撤销为止。

海关特殊监管区保税加工期限：海关特殊监管区保税加工期限为从进区起→到出区办结海关手续为止。

海关对保税加工货物的监管期限如表 3-1-2 所示。

表 3-1-2　海关对保税加工货物的监管期限

种类	期限		准予保税的期限	申请销核的期限
非物理围网的监管模式	电子手册管理		原则上不超过一年，可延长的最长期限原则上也是 1 年	手册到期之日起或最后一批成品运出后 30 日内报核
	电子账册管理		从企业电子账册记录第一批料件进口之日起，到该电子账册被撤销止	以 180 天为一个报核周期，满 180 天后的 30 天内报核
物理围网的监管模式	电子账册管理	出口加工区	从料件进区，到成品出区办结海关手续止	每 180 天向海关申办一次进出境、进出区的实际情况
		珠海园区		每年向海关办理报核手续

（七）加工贸易银行保证金台账制度

由于加工贸易保税料件在进口时暂缓缴税，对于企业进口保税料件后是否用于加工、装配生产成品复出口，还是擅自挪作他用无法完全实行监控。因此，海关对于不同地区、不同类型的企业，要求其实行海关事务担保，即执行加工贸易保证金台账制度。

目前我国大约 90%的各类制造型企业都采取进料或来料加工方式。对于企业需求而言，能否独立地申办本企业的加工手册，是衡量一个报关员是否合格的标志。掌握加工贸易保证金台账制度更是其必要前提。

以下介绍一下银行保证金台账制度。

（1）加工贸易银行保证金台账制度。

①地区划分。东部地区：辽宁，北京，天津，河北，山东，江苏，上海，浙江，福建，广东一共 10 个省（自治区、直辖市）。中西部地区：除上述东部 10 个省（自治区、直辖市）以外的我国其他地区。

②可开展加工贸易的商品。加工贸易商品分禁止类、限制类、允许类。每年由商务部、海关总署会同国家其他相关部门发布加工贸易禁止类和限制类商品目录。在实际工作中，请查阅商务部或海关总署官方网站发布的最新目录。

③企业分类管理。海关对加工贸易企业按照企业的 AA、A、B、C、D 分类管理，实行不同的加工贸易保证金台账制度；或者根据企业的所属类别，不予加工贸易许可。此类企业所有进出境货物按照一般贸易进出口货物方式管理。

（2）银行保证金台账的"不转"、"空转"和"实转"。"不转"：不需要开设保证金台账。"空转"：在海关指定的银行开设保证金台账，不需向银行交纳保证金。"实转"：指定的银行开设保证金台账；将一定额度的保证金交存于账户；办理核销手续后，银行退还的保证金及按活期存款利率计付的利息。"半实转"：设台账，减半支付保证金。

（3）管理方式。银行保证金台账的管理方式见表 3-1-3。

表 3-1-3　银行保证金台账的管理方式

台账分类管理内容	禁止类商品		限制类商品		允许类商品	
	东部	中西部	东部	中西部	东部	中西部
AA 类企业	不准		空转		不转	
A 类企业					空转	
B 类企业			半实转	空转		
C 类企业			实转			
D 类企业	不准					
特殊监管区域企业	不准		不转			

（八）手册（合同）核销结关

加工手册到期后海关将确认手册本期进出口数量是否平衡？成品是否全部由进口料件生产？是否全部复运出口？有无在国内销售？生产过程中所产生的边角料、余料、副品或残次品等，均需要事先向海关办结相关手续后再申请手册的核销。若实行保证金台账管理的还需要核销台账，有交保证金的还需要办理退保。

手册核销期限如下。

（1）纸质手册和电子化手册：从手册有效期到期之日起或最后一批成品出口后 30 天内申请核销。

（2）电子账册：通常以 180 天为一个报核周期。新企业以海关批准电子账册建立之日起计算，满 180 天后的 30 天内申请核销，以此类推，从报核之日起算，每满 184 天后的 30 天内申请报核。

（3）出口加工区内企业电子账册，每 6 个月核销一次。

（4）珠海园区内加工企业电子账册每 1 年核销一次（开展业务之日起）。

二、电子化手册备案建立

（一）纸质手册电子化系统

纸质手册电子化系统是海关适应当前加工贸易新形势、新发展的需要，从简化手续、方便企业的角度出发，运用现代信息技术和先进的管理理念，以加工贸易手册为管理对象，在加工贸易手册备案、通关、核销等环节采用"电子手册+自动核算"的模式取代现有的纸质手册，并逐步通过与相关部委的联网取消纸质单证作业，最终实现"电子申报、网上备案、无纸通关、无纸报核"的新监管模式。

纸质手册电子化系统的核心内容是以电子数据取代目前的纸质《登记手册》，以企业电子口岸 IC 卡或企业电子口岸 IKEY 卡作为系统操作的身份认证。由纸质手册电子化系统开设的手册统称为"电子化手册"。加工贸易备案、进出口数据申报、数据报核大部分通过网络办理，在企业本地即可完成。通过对加工贸易料件及成品进行预归类，建立企业备案资料库，企业在进行通关手册备案时可直接调用备案资料库数据。

纸质手册电子化系统与传统纸质手册管理无身份认证，安全性差；多口岸报关手册周装不便，企业办理分册、手册续本等手续频繁；逐本合同进行审核；人工审批，8 小时工作；人工核对核算，耗时费力，容易出错；进出口数据分散，管理方式单一，手段滞后相比通过企业操作员 IC 卡进行身份认证，安全性强；企业无需办理分册、手册续本等手续，降低手册遗失、盗抢等风险备案资料库管理，一次预归类审核企业可实现 24 小时申报，计算机 24 小时电子审核自动核对核算，准确快速地通过中国电子口岸统一平台，提供相关数据查询及导出功能，方便企业管理。

（二）电子化手册

电子账册管理与电子手册管理是海关用电子围网对保税加工货物实施监管的两种模式。电子账册管理是以企业整体加工贸易业务为单元实施对保税加工货物的监管，电子手册管理则仍然以企业的单个加工贸易合同为单元实施对保税加工货物的监管，但不再使用纸质手册。电子账册管理的模式施行多年，已经形成完整的监管制度。

（三）电子手册管理下的保税加工货物及其报关程序

1. 联网监管的申请和审批

具备相应条件（具体参见 http：//www.customs.gov.cn）的加工贸易企业可以向所在地直属海关申请加工贸易联网监管，申请时应当向海关提供的单证包括：加工贸易企业联网监管申请表，企业进出口经营权批准文件；企业上一年度经审计的会计报表；工商营业执照复印件；经营范围清单，含进口料件和出口制成品的品名及 4 位数的 HS 编码[①]；其他海关认为需要的单证。符合条件、单证具备的企业与海关签订"联网监管责任担保书"后即成为保税加工联网监管企业。

2. 加工贸易业务的申请和审批

企业在向海关申请联网监管前应当先向企业所在地商务主管部门办理前置审批手续，由商务主管部门，总审定联网企业的加工贸易资格、业务范围和加工生产能力，并签发"联网监管企业加工贸易业务批准证"。应提交的单证包括：工商营业执照复印件；海关对企业实施联网监管的验收合格证书；企业进出口经营权批准文件；加工企业注册地县级以上商务主管部门出具的"加工企业状况和生产能力证明"正本；联网企业上年度加工贸易出口情况证明材料；经营范围清单，含进口料件和出口制成品的品名及 4 位数的 HS 编码；其他审批机关认为需要出具的证明文件或材料。

3. 建立商品归并关系和电子手册

联网企业凭"联网监管企业加工贸易业务批准证"向所在地主管海关申请建立电子账册。海关以商务主管部门批准的加工贸易经营范围、年生产能力等为依据，建立电子手册，取代纸质加工贸易登记手册。

电子化手册商品归并关系的建立是针对联网企业的所有料号级保税加工货物，是一项基础性预备工作。归并关系一经海关审核，即产生企业以后所有向海关申报的 HS 编码级的基础数据，不需要每本电子化手册都进行申报审核。

商品归并是企业关务业务协同一体化运作的基础，电子化手册商品归并原则如下。

（1）料件归并原则。

①10 位 HS 编码相同的。

[①] 海关编码（HS 编码），全称为《商品名称及编码协调制度的国际公约》（International Convention for Harmonized Commodity Description and Coding System）

②申报计量单位相同的。

③商品名称相同，或虽然商品名称不同，但商品属性或用途相近，可替代使用的。例如，食品加工行业中，代糖就可以替代蔗糖使用，因此可以进行归并。

④商品名称、申报计量单位、HS 编码相同，并且能够满足口岸海关查验和海关核销要求，价格相近。

对有以下情况之一的，一般不作归并。

①不符合以上归并条件的。

②主料（在此介绍一下什么是主料。按照"二八原则"，企业 20%的料件占企业年进口总值的 80%，这 20%的主要料件就称为主料）。

③有特殊关税要求的商品。

④属许可证件管理的商品。

⑤加工贸易限制类商品。

⑥因管理需要，海关或企业认为需单列的商品。

（2）成品归并原则。成品原则上不作归并，除非两个成品的料件组合与单耗都是一致的，才考虑归并。

海关对同时符合下列条件的成品，原则上可予以归并。

①10 位 HS 编码相同的。

②申报计量单位相同的。

③成品名称相同的。

④对应料件单耗相同的。

对有以下情况之一的，一般不作归并。

①主管海关从单耗、贸易管制、征免税、规格型号、单价、税率等方面考虑认为需重点监管的商品。

②企业因管理需要，单独管理的。

海关审核通过企业提交的预归类、预归并关系后，企业将申报地海关、企业内部编号、经营单位、加工单位、主管海关、管理对象等企业基本信息，以及保税进口料件和出口成品的序号、货号、中文品名、计量单位、法定单位等企业料号级物料数据传送到电子口岸数据中心，海关对数据进行审核，审核通过后，系统自动向企业发送回执。企业接收回执后，再将包括归并关系列表、归并后物料信息、归并前物料信息列表等数据在内的料件归并关系和成品归并关系发送至电子口岸，海关予以审核通过，建立电子底账。

（四）合同备案的含义

加工贸易合同备案是指加工贸易企业持合法的加工贸易合同到主管海关备案，申请保税并领取"加工贸易登记手册"或其他准予备案凭证的行为。海关受理合同备案，是指海关根据国家规定在接受加工贸易合同备案后，批准合同约定的进口料件保税，并把合同内容转化为登记手册内容或作必要的登记，然后核发登记手册或其他准予备案凭证的海关行政许可事项。对符合规定的加工贸易合同，海关应当在规定的期限内予以备案，并核发"加工贸易登记手册"或其他准予备案的凭证。对不予备案的合同，海关应当告知经营企业。

电子化手册的备案分为按合同常规备案和分段式备案两种。

（1）按合同常规备案。按合同常规备案除不申领纸质手册以外其他要求同纸质手册管理基本一样。详见纸质手册管理有关内容。

（2）分段式备案。分段式备案指将电子化手册的相关内容分为合同备案和通关备案两部分分别备案，通关备案的数据建立在合同备案数据的基础上。

（五）合同备案的企业

国家规定开展加工贸易业务应当由经营企业到加工企业的所在地主管海关办理加工贸易合同备案手续。经营企业和加工企业有可能是同一个企业，也可能不是同一个企业。经营企业，是指负责对外签订加工贸易进出口合同的各类进出口企业和外商投资企业，以及经批准获得来料加工经营许可的对外加工装配服务公司。加工企业，是指接受经营企业委托，负责对进口料件进行加工或者装配，且具有法人资格的生产企业，以及由经营企业设立的虽不具有法人资格，但实行相对独立核算并已经办理工商营业证（执照）的工厂。加工贸易合同项下海关准予备案的料件，全额保税；加工贸易合同项下海关不予备案的料件，以及试车材料、未列名消耗性物料等，不予保税，进口时按照一般进口办理。

（六）合同备案的内容

1. 备案单证

包括加工贸易合同或合同副本；商务主管部门签发的加工贸易业务批准证和加工贸易企业经营状况与生产能力证明；交验主管部门的许可证件；加工合同备案申请表及企业加工合同备案呈报表；为确定单耗和损耗率所需的有关资料；其他备案所需要的单证。

2. 备案商品

（1）加工贸易禁止类商品不予备案。

（2）进出口消耗臭氧层物质、易制毒化学品、监控化学品，在备案时需要提供进口许可证或两用物项进口许可证。

（3）进出口音像制品、印刷品、地图产品及附有地图的产品，进口工业再生废料等，备案时需要提供其他许可证件。

3. 保税额度

海关准予备案的料件，全额保税；不予备案的料件及试车材料、未列名消耗性物料等，不予保税。

4. 台账制度

按加工贸易银行保证金台账分类管理的原则。

在实际操作中，合同备案环节的备案内容有三部分，即表头数据、料件表和成品表。表头数据包括企业及企业合同的基本信息，如经营单位、加工单位、手册类型、主管海关、商务主管部门、贸易方式、征免性质、加工贸易业务批准证编号、进口合同、备案进口总额、进口币制、备案出口总额、出口币制、加工种类、有效日期、管理对象等内容。

料件表包括料件序号、商品编号、商品名称、申报计量单位、法定计量单位、申报数量、申报单价、总价、币制等内容。

成品表包括成品序号、商品编号、商品名称、申报计量单位、法定计量单位、申报数量、申报单价、总价、币值等内容。电子化手册备案时，海关审核要求与对纸质手册的审核要求完全一致：审核企业的备案申请内容与商务主管部门出具的"加工贸易业务批准证"是否相符，备案申请数量是否超出了商务主管部门确定的加工生产能力，企业的相关申请是否符合法律、行政法规的规定。电子化手册审核通过后，系统自动生成手册编号。

（七）合同备案的凭证

1. 电子化手册编号

不开设台账的合同，电子化手册编号可以直接领取。

设了台账的合同，凭"银行保证金台账登记通知单"到合同备案主管海关领取电子化手册编号。

加工贸易登记手册分册是指海关在企业多口岸报关周转困难或异地深加工结转需要的情况下，由企业申请并经主管海关核准，在加工贸易登记手册即总册的基础上，将总册的部分内容重新登记备案，载有该部分内容、有独立编号的另一本登记手册。进出口报关时加工贸易登记手册分册可以与原手册分开使用，但必须同时报核。

2. 其他准予备案的凭证

国家规定的 78 种列名服装辅料金额不超过 5000 美元的合同，除 C 类企业外，可以不申领登记手册，直接凭出口合同备案，凭海关在备案合同上的签章和编号进入报关阶段。

（八）合同备案的变更

企业办理合同备案变更手续应当通过电子口岸向主管海关发送合同备案变更数据，并提供企业的变更申请与商务主管部门出具的"加工贸易业务批准证变更证明"，以及相关单证材料。如果通关备案已通过，则合同备案变更通过后，系统将对通关备案的数据自动进行变更。

合同变更应在合同有效期内报商务原审批部门批准，并具备以下条件。

（1）当贸易性质、商品品种，合同变更的金额≤1 万美元，合同延长不超过 3 个月的，企业可直接到海关和银行办理变更手续，不经商务主管部门审批。

（2）原 1 万美元及以下备案合同，变更后进口金额超 1 万美元的，AA、A、B 类管理企业，需重新开设台账，东部地区企业，如果涉及限制类商品的，加收相应的保证金。

（3）因企业管理类别调整，合同从"空转"转为"实转"的，应对原备案合同交付台账保证金，经海关批准，可只对原合同未履行出口部分收取台账保证金。

（4）管理类别调整为 D 类企业的，已备案合同：经海关批准，允许交付全额台账保证金后继续执行，但合同不得再变更和延期。

（5）对允许类商品转为限制类商品的已备案的合同：不再交付台账保证金。

（6）对原限制类或允许类商品转为禁止类的已备案合同：按国家即时发布的规定办理。

（九）加工贸易单耗申报

1. 加工贸易单耗概念

加工贸易单耗是指加工企业在正常生产条件下加工生产单位出口成品所耗用的进口料件的数量，单耗包括净耗和工艺损耗。

2. 加工贸易单耗分类

净耗：物化在单位成品中的料件的数量。

工艺损耗：在正常生产中必须耗用而不物化在成品中的料件数量，包括有形损耗和无形损耗。

计算公式为

$$单耗＝"净耗"/(1-工艺损耗率)$$

3. 加工贸易单耗的申报

加工贸易单耗申报是指加工贸易企业进行备案时，在和货物出口、深加工结转、内销及报核前要填写《中华人民共和国海关加工贸易单耗申报单》，见表 3-1-4。如实申报单耗。申报内容应当包括加工贸易项下料件和成品的商品名称、商品编号、计量单位、规格型号与品质；加工贸易项下成品的单耗；加工贸易同一料件有保税和非保税料件的，应当申报非保税料件的比例。

（十）异地加工贸易备案申请

1. 概念

异地加工贸易是指一个直属海关关区内加工贸易经营企业，将进口料件委托另一直属海关关区内加工生产企业加工成品回收后，再组织出口的加工贸易。

2. 合同备案步骤

开展异地加工贸易应在企业所在地设立台账，由加工贸易经营企业向加工企业所在地主管海关办理合同备案手续。海关对开展异地加工贸易的经营企业和加工企业进行分类管理，如果两者的管理类别不相同，按其中较低类别管理。

表 3-1-4　中华人民共和国海关加工贸易单耗申报单

企业名称			企业编码			手册（电子底账）编号		
申报环节			□备案□成品出口前□深加工结转前□内销前□报核前					
成品	项号		版本号		商品编码			
	商品名称		计量单位		规格型号			

	项号	商品编码	商品名称	计量单位	规格型号	单耗/净耗	损耗率	非保税料件比例
料件								

注：若"单耗/净耗"栏申报内容为净耗，则需申报相应损耗率数据；若"单耗/净耗"栏申报内容为单耗，则不必重复申报损耗率数据，损耗率栏应为空

[共_____页第_____页]

经办人（签字）：　　　　　　　申报日期：　　　　　　　联系电话：

企业印章：

异地加工贸易合同备案的步骤如图 3-1-3 所示。

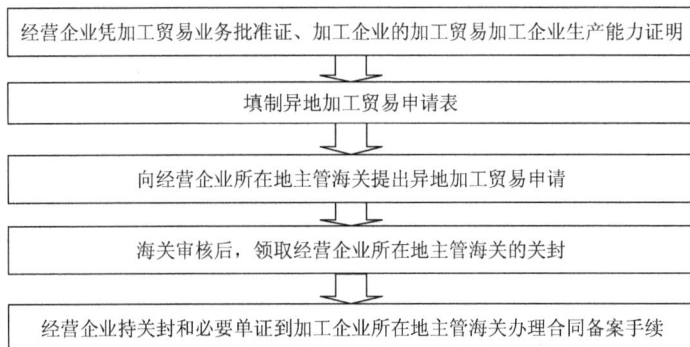

图 3-1-3　异地加工贸易合同备案的步骤

3. 需要材料

异地加工合同备案需要加工贸易业务批准证、承揽企业生产能力证明以及异地加工贸易申请表和经营企业所在地海关的关封，如表 3-1-5～表 3-1-7 所示。

表 3-1-5　加工贸易业务批准证（样表）

1、经营企业名称：		4、加工企业名称：		
2、经营企业地址、联系人、电话：		5、加工企业地址、联系人、电话：		
3、经营企业类型： 　　经营企业编码：		6、加工企业类型： 　　加工企业编码：		
7、加工贸易类型：		8、来料加工项目协议号：		
进料加工	9、进口合同号：	来料加工	12、合同外商：	
	10、出口合同号：		13、合同号：	
	11、客供辅料合同号：		14、加工费（美元）：	
15、进口主要料件（详细目录见清单）：		18、出口主要制成品（详细目录见清单）：		
16、进口料件总值（美元）：		19、出口制成品总值（美元）：		
17、进口口岸：		20、出口口岸：		
21、出口制成品返销截止日期：		22、加工地主管海关：		
23、加工企业生产能力审查单位：		24、经营企业银行基本帐户账号：		
25、国产料件总值（美元）：		26、深加工结转金额	转入（美元）	
			转出（美元）	
27、选项说明： （　）1、本合同项下产品不涉及地图内容，不属于音像制品、印刷品。 （　）2、本合同项下产品涉及地图内容，已取得国家测绘局批准文件。 （　）3、本合同项下产品属音像制品、印刷品，已取得省级出版行政机关批准文件。		29、备注：	30、经办人： 　　审核： 　　签发： 　　日期： （此栏由审批机关使用）	
28、申请人申明：本企业的生产经营和所加工产品符合国家法律、法规的规定。				

表 3-1-6　加工贸易经营状况及生产能力证明

企业名称：			
进出口企业代码：	海关注册编码：		法人代表：
外汇登记号：	联系电话：		联系传真：
税务登记号：	邮政编码：		工商注册日期：　　年　　月　　日
基本账号及开户银行：			
经营企业地址：			
加工企业地址：			
企业类型（选中划"√"）：□1、国有企业　　□2、外商投资企业　　□3、其他企业			

续表

海关分类评定级别（选中划"√"）：□A 类　　□B 类　　□C 类　　□D 类（以填表时为准）

（外商投资企业填写）（万$）	注册资本：	累计实际投资总额（截至填表时）：	实际投资来源地：（按投资额度或控股顺序填写前五位国别/地区及累计金额） 1、 2、	外商本年度拟投资额： 外商下年度拟投资额：
（非外商投资企业填写）（万¥）	注册资本：	资产总额（截至填表时）：	净资产额（截至填表时）：	本年度拟投资额： 下年度拟投资额：
研发机构数量： □改进型 自主型　□核心　□外围			是□　否□　世界 500 强公司投资（选择"√"） （根据美国《财富》杂志年评结果，主要考察投资主体）	
研发机构投资总额（万美元）：				

产品技术水平：□A 世界先进水平　　　□B 国内先进水平　　　□C 行业先进水平

累计获得专利情况：　　1、国外（　　　个）2、国内（　　　个）

企业员工总数：	文化程度：1、本科以上（　）2、高中、大专（　）3、初中及以下（　） （在括号内填入人数）

经营范围：（按营业执照）

	营业额（万¥）：	利润总额（万¥）：	
上年度	营业额（万¥）：	利润总额（万¥）：	
	纳税总额（万¥）：	企业所得税（万¥）：	
	工资总额（万¥）：	个人所得税总计（万¥）：	
	加工贸易进出口额（万$）：	出口额（万$）：	进口额（万$）：
	进料加工进出口额（万$）：	出口额（万$）：	进口额（万$）：
	来料加工进出口额（万$）：	出口额（万$）：	进口额（万$）：
	加工贸易合同份数：	进料加工合同份数：	来料加工合同份数：
	进出口结售汇差额（万$）：	出口结汇额（万$）：	进口售汇额（万$）：
	进料加工结售汇差额（万$）：	进料加工结汇（万$）：	进料加工售汇（万$）：
	加工贸易转内销额（万$）：	内销补税额：（万$含利息）	来料加工（万$工缴费）
	内销主要原因：□1、国外市场方面　□2、国外企业方面　□3、国外法规调整　□4、客户 （可多项选择）□5、国内市场方面　□6、国内企业方面　□7、国内法规调整　□8、产品质量		
	深加工结转总额（万$）：	转出额（万$）：	转进额（万$）：
	本企业采购国产料件额（万¥）：（不含深加工结转料件和出口后复进口的国产料件）		
	国内上游配套企业家数：	国内下游用户企业家数：	
	直接出口订单来源：A 跨国公司统一采购　　B 进口料件供应商　　C 自有客户　　D 其他客户		

上年度加工贸易主要进口商品（按以下分类序号选择"√"，每类可多项选择）
大类：□1、初级产品　　□2、工业制成品
中类：□A 机电　□B 高新技术　　□C 纺织品　　□D 工业品　　□E 农产品　　□F 化工产品
小类：□a 电子信息　□b 机械设备　□c 纺织服装　□d 鞋类　□e 旅行品、箱包　□f 玩具
　　　□g 家具　　□h 塑料制品　□I 金属制品　□j 其他　□f 化工产品

上年度加工贸易主要出口商品（按以下分类序号选择"√"，每类可多项选择）
大类：□1、初级产品　　□2、工业制成品
中类：□A 机电　□B 高新技术　　□C 纺织品　　□D 工业品　　□E 农产品　　□F 化工产品
小类：□a 电子信息　□b 机械设备　□c 纺织服装　□d 鞋类　□e 旅行品、箱包　□f 玩具
　　　□g 家具　　□h 塑料制品　□I 金属制品　□j 其他　□f 化工产品

续表

生产能力	厂房面积：（平方米）	仓库面积：（平方米）	生产性员工人数：
	生产加工范围：		
	生产规模：（主要产出成品数量及单位）		
	累计生产设备投资额（万$）：（截至填表时）		
	加工设备数量（台、套）：		
	上年度生产设备投资额（万$）：		
	累计加工贸易进口不作价设备额（万$）：（截至填表时）		
企业承诺：以上情况真实无讹并承担法律责任	法人代表签字：		企业盖章 年　　　月　　　日
商务部门审核意见：	审核人：		审核部门签章 年　　　月　　　日

备注：

表3-1-7　中华人民共和国海关异地加工贸易申请表（样表）

海关编号_____

中华人民共和国海关异地加工贸易申请表

_____海关：

我-----------------（公司、厂）需将加工贸易合同（合同号：----------）委托----------------（公司、厂）进行加工，委托合同号：---------。我们保证遵守《海关法》及有关规定，如有违反，我们愿承担相应的法律责任。

主要进口料件名称	数量	价值	出口成品名称	数量	价值

经营单位：

地址：　　　　　　　电话：

企业法定代表人（签名）：

　　　　　　　年　　　月　　　日（盖章）

企业管理类别：

经营单位主管海关意见

　　　　　　　年　　　月　　　日（盖章）

（十一）加工贸易外发加工申请

1. 概念

加工贸易外发加工，是指加工贸易企业因自身生产工序限制，经海关批准并办理有关手续，委托承揽企业对加工贸易货物的某道工序进行加工，在规定的期限内将加工后的产品运回本企业并最终复出口的行为。

外发加工的成品、剩余料件及生产过程中产生的边角料、残次品、副产品等加工贸易货物，经经营企业所在地海关批准，可以不运回本企业。

2. 备案申请

（1）申请前准备。企业在外发加工进行备案申请前应当仔细核对外发加工货物是否属于保税货物？是否在外发加工货物的范围内；要对承揽企业的资质和生成能力进行了解与核实；要了解在加工贸易手册有效期内能否完成货物加工；确定需要外发加工的工序并准备相应的担保。

（2）备案时需要提供的证明。向海关提交下列单证：经营企业签章的加工贸易货物外发加工申请表、加工合同或者协议、承揽企业营业执照复印件、经营企业签章的承揽企业生产能力状况证明、企业基本情况报告、加工贸易货物外发加工申请审批表、加工贸易外发加工货物外发清单、加工贸易外发加工货物运回清单。其中"加工贸易外发加工货物外发清单"与"加工贸易外发加工货物运回清单"要一致。

参考样表如 3-1-8～表 3-1-11 所示。

表 3-1-8　加工贸易保税货物外发加工申请表

关[20　　]年第　　号

_____海关

我公司（厂）因_____，申请将_____手册项下的_____等保税货物外发至_____公司（厂）进行加工，加工完毕的货物将全部按规定运回我公司（厂）。外发加工的期限从_____至_____。

以上申报真实无讹。

（企业印章）
年　月　日

业务联系人：
联系电话：　　　　　　传真：

海关审核意见：

（海关印章）
年　月　日

备注：

企业签领：

表 3-1-9　加工贸易货物外发加工申请审批表

关[20　　]年第　　号

_____海关

_____公司（工厂）因_____

_____，申请将_____手册项下的_____

_____等加工贸易货物外发至_____

公司（工厂）进行加工，整个外发加工过程将严格遵守海关相关规定。外发加工的期限从_____至_____。

以上申报真实无讹，本公司（工厂）愿意为之承担法律责任。

（经营企业印章）　　　　（承揽企业印章）
　年　月　日　　　　　　年　月　日

业务联系人：
联系电话：
传真：

项目	运回货物
海关批注：	

（海关印章）
年　月　日

备注：

企业签领：

注：本表格一式三份，一份海关留存，一份经营企业留存，一份承揽企业留存

表 3-1-10　加工贸易外发加工货物外发清单

序号 项目	外发货物						
	货物名称	规格型号	数量	重量	价值		单耗
					单价	总值	
1							
2							
3							
4							
5							
6							
7							
8							

表 3-1-11　加工贸易外发加工货物运回清单

（企业印章）

项目\序号	货物名称	规格型号	数量	重量	价值		备注
					单价	总值	
1							
2							
3							
4							
5							
6							
7							
8							

（3）其他特殊情况。当外发加工业务跨关区的；全部工序外发加工的；外发加工后的货物不运回，直接出口的；申请外发加工的货物未涉案，但经营企业或承揽企业涉嫌走私、违规，已被海关立案调查、侦查且未审结的。在外发加工时需要提供保证金或保函才可申请外发加工，大概申请外发加工前已向海关提供不低于应缴税款的保证金或保函的，无需再提供。外发加工货物保证金或保函金额以外发加工货物所使用的保税料件应缴税款金额为基础确定。

（十二）加工贸易串料申请

加工贸易串料是指经营企业因加工出口产品急需，申请用相同的料件串换进口保税料件使用。串料必须符合以下条件。

（1）加工贸易货物应该专料专用。

（2）保税料件和保税料件之间以及保税料件与进口非保税料件之间串换的，必须符合同品种、同规格、同数量的条件。

（3）保税料件和国产料件之间串换的，必须除符合同品种、同规格、同数量的条件外，国产料件还应关税为零，且两种料件不涉及进出口许可证件管理的条件。

加工贸易串料的必须向海关提出书面申请，需填写加工贸易料件串换申请审批表，如表 3-1-12 所示。经海关批准，用国产料件串换下来的保税料件，由经营企业自行处置。

表 3-1-12　加工贸易料件串换申请审批表

经营单位：　　　　　　　　　　　　　　　　　　　　　联系电话：

手册编号		串料类别	保税料件、非保税进口料件、国产料件			
申请串换料件情况						
需串换料件备案项号	料件名称	商品编码	规格型号	串换数量	单位	备注

续表

需申换料件备案项号	料件名称	商品编码	规格型号	申换数量	单位	备注

"备注栏"根据申换类别不同分别填写：1."保税料件串换"填对应手册号和料件项号；2."非保税料件串换"填原进口报关单号；3."国产料件串换"填关税率、进口许可证情况。

申请串换料件的原因：

随附单证：1. 非保税进口货物报关单复印件；
　　　　　2. 加工贸易进口料件核算情况表；
　　　　　3. 其他材料：

　　我公司声明以上申请材料内容真实无讹，申换料件确因加工出口产品急需，保证遵循同品种、同规格、同数量、不牟利的原则并承担法律责任。

　　　　　　　　申请单位：（签章）　　　　　　　　申请日期：

初审意见：

复核意见：

备注：

（十三）加工贸易抵押申请

　　经营企业加工贸易中的货物可以进行抵押；申请开展外发加工业务的经营企业若有外发加工业务跨关区、外发加工后货物不运回直接出口等情况，需向海关提供相应的保证金或银行保函。

　　若加工贸易申请抵押影响加工贸易货物生产正常开展的；抵押加工贸易货物或其使用的保税料件涉及进出口许可证件管理；抵押加工贸易货物属来料加工货物的；以合同为单元进行管理，抵押期限超过手册有效期限的；以企业为单元进行管理，抵押期限超过 1 年的；经营企业或加工企业涉嫌走私、违规，已被海关立案调查、侦查，案件未审结的；经营企业或加工企业因管理混乱被海关要求整改，在整改期内的；海关认为不予批准的其他情形，不予办理抵押手续。

　　在经营企业办理加工贸易抵押申请时需提供正式书面申请、银行抵押贷款书面意向材料、海关认为必要的其他单证。经审核符合条件的：经营企业缴纳保证金或保函后，将抵押合同、贷款合同复印件留存主管海关备案。保证金或保函按抵押加工贸易货物对应成品所使用全部保税料件应缴税款金额计算。

　　根据常州×××有限公司的企业基本信息、成品表、料件表以及损耗标准完成进出境加工货物电子化手册的备案申请。

三、备案资料库备案申请

　　在系统界面上方的功能菜单栏上，单击备案资料库菜单，再选择备案资料库备案项，即进入"备案资料库"界面。

　　操作员首先录入"申报地海关"，敲空格键即可调出相应代码，选中代码即显示相关内容。企业物料备案界面分为基本信息、料件表和成品表三部分。基本信息部分录入企业的基本信息；料件表部分录入企业备案的料件信息；成品表部分录入企业备案的成品信息。

　　操作员需依次录入基本信息、料件表和成品表部分。企业信息部分各项中当鼠标光标停留在各项时，界面底部有系统提示。"加工贸易企业"由系统自动从 IC 卡或 IKEY 中调出。"主管海关"可直接输入代码调出，也可敲空格键调出相应代码，选中代码即可显示相关内容。其他底色为灰色的项目为不可填。

　　基本信息表各项录入完毕后，将光标置于"备注"字段位置按回车键，光标即自行跳转至料件表。

　　料件表部分中："料件序号""处理标志"由系统自动生成。"附加编号""中文品名""法定单位"在输入"商品编号"后由系统自动调出，除"法定单位"字段外，其他字段均可修改。也可先输入"商品名称"，调出相应的"商品编号""附加编号""法定单位"。

　　一项料件录入完成后，将光标置于"备注"栏处按回车键，该条料件信息将自动暂存并显示在下方的料件信息列表框中。用户若想删除已录入的料件项，可在列表框中选中此项料件，并右击在弹出的快捷菜单中选择"删除一条记录"，即可删除该项料件。

　　输入完料件表部分所有项目后，用 Ctrl+PgDn 键或直接单击成品表，均可进入成品表部分。

　　成品表部分中："成品序号""处理标志"由系统自动生成。"附加编号""中文品名""法定单位"在输入"商品编号"后由系统自动调出，除"法定单位"字段外，其他字段均可修改。也可先输入"商品名称"，调出相应的"商品编号""附加编码""法定单位"。

　　一项成品录入完成后，将光标置于"备注"栏处按回车键，该条成品信息将自动暂存并显示在下方的成品信息列表框中。用户若想删除已录入的成品项，可在列表框中选中此项成品，并右击在弹出的快捷菜单中选择"删除一条记录"，即可删除该项成品。

　　企业物料备案各部分填写完毕后，单击暂存按钮，可将数据进行保存。用户若想对暂存后尚未申报的数据进行修改，在没有退出原界面时，可直接修改，修改后再单击暂存按钮即可保存修改后内容。若已退出原界面，则需用修改按钮来实现。

物料备案的所有项目填写完毕并保存后，单击申报按钮，即实现备案资料库的申报。申报后，备案资料库申请全流程完成。备案申请录入及申报完成后，用户可通过备案资料库查询界面查询到该备案资料库的备案状态、明细数据和回执内容。

四、备案资料库变更申请

若企业需修改海关审批通过后的备案资料库数据，则须进行物料变更申请。

在系统界面上方的功能菜单栏上，单击物料/归并关系备案菜单，再选择企业物料备案查询项，即进入"企业物料备案查询"界面。

查询到需变更数据后，在查询结果列表框中选中该票数据，然后单击变更按钮，即可调出原备案数据进行修改。

进入变更界面后，系统会将原备案内容调出，企业可做相应的修改。变更录入操作同备案录入操作。变更界面中，录入框为灰色的数据不允许修改。

修改完成后，单击暂存按钮，修改即保存成功。单击申报按钮，即实现变更数据的申报。

同备案申请一样，用户若想对暂存后未申报的数据进行修改，在没有退出原界面时，可直接修改，修改后再单击暂存即可。若已退出原来的界面，则需用修改按钮来实现。

五、通关手册备案申请

在系统界面上方的功能菜单栏上，单击通关手册备案菜单，再选择通关手册备案项，即进入"通关手册备案"界面。

操作员首先录入"申报地海关"，敲空格键即可调出相应代码，选中代码即显示相关内容。

通关备案界面分为基本信息、料件表、成品表、单损耗表四个部分。基本信息部分录入企业及企业加工贸易手册的基本信息；料件表部分录入企业通关料件的备案信息；成品表部分录入企业通关成品的备案信息；单损耗表录入归并后成品和料件的对应损耗关系。

操作员需依次录入表头、表体部分。

基本信息部分："经营单位"和"加工单位"由系统自动从 IC 卡或 IKEY 中调出。"手册类型""主管海关""收货地区""贸易方式""征免性质""起抵地""成交方式""进口币制""出口币制""加工种类""保税方式""进出口岸""管理对象"可直接输入代码调出，也可敲空格键调出相应代码，选中代码即可显示相关内容。其他底色为灰色的项目不可填。

输入完表头"企业内部编号"后，可随时单击暂存按钮，都可将未保存数据进行保存。基本信息表各项录入完毕后，单击暂存按钮，然后在"通关手册备案界面"按钮栏上单击备案资料按钮，如果企业只有一个备案资料库，则该资料库中的所有料件与成品将自动添加至料件和成品表下方的备案资料表中；如果企业有多个备案资料库，则会弹出已审批通过的备案资料库列表，单击选择后，该资料库中的所有料件与成品将自动添加至料件和成品表下方的备案资料表中。

将光标置于"备注"字段位置按回车键，光标自行跳转至料件表。

手册中的料件和成品必须从备案资料库中调入后，再补录其他部分。

料件表部分中："料件序号""处理标志"由系统自动生成。"附加编号""商品名称""申报计量单位""法定计量单位"在输入"商品编号"后由系统自动调出，用户可以对其进行修改。也可先输入"商品名称"，调出相应的"附加编码""商品编号""申报计量单位""法定计量单位"。

一项料件录入完成后，将光标置于"备注"栏处按回车键，该条料件信息将自动暂存并显示在下方的料件信息列表框中。用户若想删除已录入的料件项，可在列表框中选中此项料件，右击在弹出的快捷菜单中选择"删除一条记录"，即可删除该项料件。

输入完料件部分的所有项目后，用 Ctrl+PgDn 键或直接单击成品表，均可进入成品表部分。

成品表部分中："成品序号""处理标志"由系统自动生成。"附加编号""商品名称""申报计量单位""法定计量单位"在输入"商品编号"后由系统自动调出，用户可以对其进行修改。也可先输入"商品名称"，调出相应的"附加编号""商品编号""申报计量单位""法定计量单位"。

一项成品录入完成后，将光标置于"备注"栏处按回车键，该项成品信息将自动暂存并显示在下方的成品信息列表框中。用户若想删除已录入的成品项，可在列表框中选中此项成品，右击在弹出的快捷菜单中选择"删除一条记录"，即可删除该项成品。

输入完成品部分的所有项目后，用 Ctrl+PgDn 键或直接单击单损耗表，均可进入单损耗表部分。

单损耗表部分中："处理标志"由系统自动生成。"成品名称""成品规格""成品计量单位"在输入"成品序号"后由系统自动调出；"料件名称""料件规格""料件计量单位"在输入"料件序号"后由系统自动调出。

用户在录入单损耗时，也可使用复制功能复制已录入某项成品的单损耗数据。用户可在录入成品货号后，在界面中部的"复制成品货号等于＿＿＿的单损耗信息"框中输入想复制的成品货号，单击确认按钮，系统将自动复制该项成品的单损耗数据并将其显示在单损耗信息列表框中，用户可在录入框中对其进行修改，修改完毕后，按回车键至备注栏后，修改数据即保存成功。

一项单损耗数据录入完成后，按回车键至备注栏，该项成品信息会自动暂存并显示在下方列表框中。用户若想删除已录入的单损耗，可在列表框中选中此项，右击在弹出的快捷菜单中选择"删除一条记录"，即可删除该项单损耗数据。

通关手册备案各部分填写完毕后，单击暂存按钮，可将数据进行保存。

用户若想对暂存后尚未申报的通关备案数据进行修改，在没有退出原界面时，可直接修改，修改后再单击暂存按钮即可。若已退出原界面，则需用修改按钮来实现。

通关备案的所有项目填写完毕并保存后，单击申报按钮，即实现企业物料备案的申报。申报后，通关备案申请全流程完成。

备案申请录入及申报完成后，用户可通过通关备案查询界面查询到该备案的备案状态、明细数据和回执内容。

六、通关手册变更申请

若企业需修改海关审批通过后的通关手册备案数据，则须进行通关手册备案变更申请。变更申请时，需首先查询出需变更的通关手册备案数据。在系统界面上方的功能菜单栏上，单击通关手册备案菜单，再选择通关手册备案查询项，或在通关备案界面上单击变更按钮，均可进入"通关手册备案查询"界面。

查询到需变更数据后，在查询结果列表框中选中该票数据，然后单击变更按钮，即可调出原备案数据进行修改。

进入变更界面后，系统会将原备案内容调出，企业可做相应的修改。变更录入操作同备案录入操作。变更界面中，录入框为灰色的数据不允许修改。"限制类标志"内容在手册审批通过后，系统将不允许用户进行修改操作。但针对由商务部门批准在 2007 年 8 月 1 日前审批（含所有已备案手册），系统将自动反填为"调整前旧手册"，用户可根据实际情况对该字段内容进行修改操作，如果用户确认该字段内容后并进行了申报操作，则系统将不允许对该字段进行修改操作。

用户如需修改某项审批通过的料件或成品数据，可在料件表/成品表的信息列表框中选中该项料件/成品，然后在录入框中对该项料件/成品数据进行修改。用户如需删除某项审批通过的料件或成品数据或恢复修改/删除操作，可在料件表/成品表的信息列表框中选中该项料件/成品，右击在弹出的快捷菜单中进行相应的操作。

通关手册备案修改完成后，单击暂存按钮，修改即保存成功。单击申报按钮，即实现变更数据的申报。数据申报后，未收到海关"审批通过"或"退单"回执前，数据不能再修改。

同备案申请一样，用户若想对暂存后未生成报文的数据进行修改，在没有退出原界面时，可直接修改，修改后再单击暂存按钮即可。若已退出原来的界面，则需用修改按钮来实现。

变更申请录入及申报完成后，用户可通过通关手册备案查询菜单查询到该通关变更的明细数据、申报状态和回执内容。

第二节　电子化手册下保税加工货物的实际进出境

一、进出境货物报关

保税货物进出境报关是在有电子底账基础上的报关，因此报关数据必须与备案数据完全一致。

（一）关于进口许可证管理进口料件，除个别商品外，进口时免交许可证件

（1）进口料件，除个别商品外，进口时免交许可证件。出口成品，规定应交验许可证件的，必须交验许可证件。

（2）出口成品，规定应交验许可证件的，必须交验许可证件。

（二）关于进出口税收征管准予保税加工贸易进口料件，进口时暂缓纳税

（1）准予保税加工贸易进口料件，进口时暂缓纳税。生产成品出口时，全部使用进口料件生产不征收关税。

（2）生产成品出口时，全部使用进口料件生产，不征收关税。如果部分使用进口料件生产，部分使用国产料件加工的产品，则按海关核定的比例征收关税。

（3）出口关税=出口货物完税价格×出口关税税率×国产料件价值比例。

进出境货物报关程序如图 3-2-1 所示。

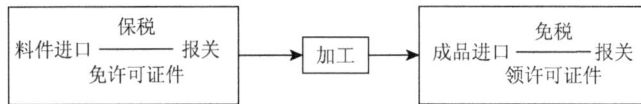

图 3-2-1　进出境货物报关程序

进出境货物的报关程序同一般进出口货物的报关程序相比，特殊的地方在于以下几方面。

（1）申请人。加工贸易经营单位或其代理人。

（2）所持凭证。电子化手册编号、其他准予合同备案的凭证。

（3）注意事项。

①报关数据=电子底账（电子化手册备案时在海关生成）。

②进出口许可证件管理的规定。

a. 进口料件，除"易制毒"化学品、监控化学品、消耗臭氧层物质、原油、成品油等个别商品外，免交进口许可证。

b. 免交进口许可证的不包括涉及公共道德、公共卫生、公共安全所实施进出口管制的货物。

③进出口税收的规定。准予保税的加工贸易料件进口，暂缓纳税。

应征出口关税的规定如表 3-2-1 所示。

表 3-2-1　应征出口关税的规定

	出口税
全部使用进口料件加工的产（成）品出口	不征收
部分使用进口料件加工的产（成）品	比例征收出口关税
加工贸易出口未锻铝	一般贸易出口货物从价计征出口关税

二、深加工结转货物报关

保税加工货物深加工结转是指加工贸易企业将使用保税进口料件加工的产品转至另一加工贸易企业进一步加工后复出口的经营活动，多应用于进料加工，又称为"转厂"，结转程序分为计划备案、收发货登记、结转报关这三个环节。

（1）计划备案。在货物还没有在企业间流动之前，转出、转入企业进行商洽并取得一致的结转信息并进行海关备案。

（2）收发货登记。转出企业将半成品转给转入企业，并对保税货物实际结转情况进行如实登记。

（3）结转报关。对转出企业而言，深加工结转视同出口，应办理出口报关手续；对转入企业而言，深加工结转视同进口，应办理进口报关手续。顺序是转入企业先在转入地海关办理报关手续，并将报关情况及时通知转出企业，然后转出企业在转出地海关办理出口报关手续，将来转出企业报核的时候，凭该出口报关单以及其他报关单、单证、手册等报核。

三、其他保税加工货物报关

其他保税加工货物主要是指履行加工贸易合同过程中产生的剩余料件、边角料、残次品、副产品和受灾保税货物。

剩余料件指生产过程中剩余的可以用来继续加工成品的料件。

边角料指加工过程中，在海关核准的单耗内产生的无法再用于该合同项下的数量合理的废料、碎料、下脚料等。

残次品指加工过程中产生的有严重缺陷或者不能达到出口要求的产品（成品、半成品）。

副产品指加工出口合同规定的制成品时同时产生的且出口合同未规定应当复出口的一个或一个以上的其他产品。

受灾保税货物指加工过程中因不可抗力原因或海关认可的正当理由造成的损毁、灭失或短少，使得产品无法复出口的保税进口料件或加工产品进口料件或加工产品。

这些保税加工货物要求在登记手册有效期内处理完毕。处理方式有内销、结转、退运、放弃、销毁。

（一）内销（补征税）报关

如申请内销的剩余料件，如果金额占该加工贸易合同项下实际进口料件总额 3% 及以下且总值在人民币 1 万元以下（含 1 万元），免予审批，免交许可证，缴纳进口税和缓税利息。

（1）征税的数量。

①剩余料件和边角料内销：直接按申报数量计征进口税。

②制成品和残次品：根据单耗关系折算出料件耗用数量计征税款。

③副产品：按报验状态计征进口税。

（2）征税的完税价格。

①进料加工：（进口料件、制成品、残次品）内销时根据料件的原进口成交价格为基础确定完税价格。

②来料加工：（进口料件、制成品、残次品）内销时以接受内销申报的同时或大约同时进口的与料件相同或者类似的货物的进口成交价格为基础确定完税价格。

③加工企业内销加工过程中产生的副产品或者边角料以内销价格作为完税价格。

（3）征税的税率。适用海关接受申报办理纳税手续之日实施的税率。

（4）征税的缓税利息。征税的缓税利息除边角料外，均应缴纳缓税利息。

（二）结转报关剩余料件

结转报关剩余料件可以结转到另一个加工贸易合同生产出口，但必须在同一经营单位结转报关、同一加工厂、同样的进口料件和同一加工贸易方式的情况下结转。

（三）退运报关

退运报关将剩余料件、边角料、残次品、副产品等退运出境的，持登记手册等向口岸海关报关，办理出口手续。

（四）放弃报关

放弃报关经批准并开具放弃加工贸易货物交接单，凭单将货物运到海关指定仓库，放弃报关并办理货物报关手续。有三种情形不能够放弃报关：国家禁止或限制进口的废物；对环境造成污染的；其他情形。未被批准放弃报关的，需做退运、征税内销或销毁处理。销毁：对于不能办理结转或不能放弃的货物，企业按规定销毁，必要时海关可以派员。

（五）销毁和监督销毁

企业收取海关出具的销毁证明材料，准备报核。对于履行加工贸易合同中产生的上述剩余料件、边角料、残次品、副产品、受灾保税货物，企业必须在手册有限期内处理完毕。处理的方式有内销（补征税）、结转、退运、放弃、销毁等。除销毁处理外，其他处理方式都必须填制报关单报关。报关后再进入核销程序。

外发加工的成品、剩余料件以及生产过程中产生的边角料、残次品、副产品等加工贸易货物，经经营企业所在地主管海关批准，可以不运回本企业。

电子化手册管理下的联网企业以内销、结转、退运、放弃、销毁等方式处理保税进口料件、成品、副产品、残次品、边角料和受灾货物的报关手续，后续缴纳税款时，同样要缴纳缓税利息（边角料除外）。缓税利息计息的起始日期为内销件或者制成品所对应的加工贸易合同项下电子化手册记录的首批料件进口之日，截止日为海关签发税款缴款书之日。

四、本地报关流程

在纸质手册电子化系统中，企业通关手册备案海关审批通过后，需要进行通关业务时，可在此系统中填写报关单，向海关申报。

企业通关时，可直接填写并申报报关单。报关申报流程同于现有"报关单"流程。

用户在系统界面上方的功能菜单上，单击报关单，则进入"报关单"菜单。再根据进出口业务类型，选择进口报关单或出口报关单，则进入"报关单"界面。

用户在备案号项中填写海关审批通过的通关备案中的电子手册编号，系统将自动调出相关信息。用户录入完剩余各项后（报关单的填写规范请参见《报关单操作手册》），单击申报按钮，即完成报关单的申报。

五、异地报关流程

异地报关时，本地企业将报关单录入完整后，需在系统界面上方的按钮栏中单击上载按钮，将报关单进行上载。然后，由被授权的异地报关企业在系统界面上方的功能菜单栏中单击单据下载菜单，并选择报关单下载项，即进入报关单下载界面。

在"报关单下载"界面中，根据所上载的报关单信息输入"报关单统一编号"、"报关单预录入号"和"账册编号"项，然后单击查询按钮，系统将所查询到报关单显示在查询结果列表框中。选中需下载的报关单，并单击下载按钮，系统将进行报关单的下载，然后单击查看明细按钮即可进入该票报关单的录入界面。

异地代理报关企业对报关单数据修改、补充后再单击系统功能按钮栏中的申报按钮，即可实现报关单的申报。

如果报关单被退单，且涉及修改表体商品信息，那么需由本地企业修改清单，并重新上载报关单，异地下载后重新申报。

第三节　　电子化手册下保税加工货物的后期核销

加工贸易合同报核是指加工贸易企业在加工贸易合同履行完毕或终止合同并按规定对未出口的货物进行处理后，按照规定的期限和规定的程序，向加工贸易主管海关申请核销、结案的行为。

一、报核时间

经营企业应当在规定的期限内将进口料件加工复出口，并自加工贸易手册项下最后一批成品出口之日起或者加工贸易手册到期之日起 30 日内向海关报核。经营企业对外签订的合同因故提前终止的，应当自合同终止之日起 30 日内向海关报核。

二、报核所需单证

（1）企业合同核销申请表。
（2）进出口货物报关单。
（3）核销核算表。
（4）其他海关需要的资料。

三、报核的步骤

报核一般要经过预报核、海关同意报核以及正式报核等步骤，如图 3-3-1 所示。

预报核是指企业在向海关正式申请核销前，在电子手册本次核销周期到期之日起 30 日内，将期内申报的所有电子手册报关数据，按海关要求，以电子报文形式申请报核。海关通过计算机将企业的预报核报关单内容与电子手册数据进行比对，比对结果完全相同，计算机反馈"同意报核"的，便可进入正式报核。

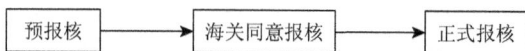

图 3-3-1 报核的一般步骤

正式报核是指企业预报核通过海关审核后，以预报核海关核准的报关数据为基础，准确并详细填报本期保税进口料件的应当留存数量、实际留存数量等内容，以电子报文形式向海关正式申请报核。经海关认定企业实际库存多于应存数，有合理理由的，可计入电子手册下期核销，其他原因造成的，依法处理。

企业必须在规定的期限内完成报核手续，确有正当理由不能按期报核的，经主管海关批准可以延期，但延长期限不得超过 60 天。联网企业不再使用电子手册的，应向海关申请核销，海关对电子手册核销完毕，予以注销。

报核步骤如下。

（1）收集整理相应单据。合同履约后，及时收集、整理、核对手册和进出口货物报关单。

（2）填写核销核算表。根据有关账册记录、仓库记录、生产工艺资料等查此合同加工生产的实际单耗，并据以填写核销核算表（产品的实际单耗如与合同备案单耗不一致，应在最后一批成品出口前进行单耗的变更）。

海关根据以下公式试算核算表上的平衡：

进口料件数量=出口成品耗料+节余料件数+边角料数+（剩余成品数+残次品数）×单耗/（1−损耗率）

（3）预报核。填写核销预录入申请单，企业通过电子口岸数据中心向主管海关传送报核表头、报关单、进口料件、出口成品、单损耗等五方面的报核数据，办理报核预录入手续。

（4）正式报核。携带有关报核需要的单证，到主管海关报核，并填写报核签收回联单。有关报核单证包括企业合同核销申请表（预录入）、加工贸易登记手册、原进出口报关单、核销核算表和其他海关需要的资料。

（5）海关受理报核和核销。海关对报核的电子化手册进行数据核算，核对企业报核的料件、成品进出口数据与海关底账数据是否相同，核实企业申报的成品单损耗与实际耗用量是否相符，企业内销征税情况与实际内销情况是否一致。经过核销情况正常的：如果经营企业未开设台账的，海关应当签发"核销结案通知书"。经营企业开设台账的，海关应当签发"银行保证金台账核销联系单"，到银行销台账，并领取"银行保证金台账核销通知单"，凭以向海关领取核销结案通知书。

登记手册或报关单遗失、加工贸易货物被依法没收等特殊情况的报核按照海关相关规定办理。海关对企业的报核应当依法进行审核，因不符合规定而不予受理的应当书面告知理由，并要求企业重新报核；符合规定的，应当受理。

四、合同报核的电子化操作流程

企业加工贸易合同项下的货物报关完成后，应回到纸质手册电子化子系统，在数据报核界面下进行合同报核的申请。

用户在报关申报子系统的界面上方单击功能选择菜单，选择返回主选单项，系统将返回至主选单界面；再在主选单界面中单击纸质手册电子化，即进入"纸质手册电子化"子系统。

在纸质手册电子化系统界面上方功能菜单上，单击"数据报核"按钮，选择数据报核选项，即可进入"数据报核"界面。

数据报核界面包括表头、报关单、进口料件、出口成品、单损耗五个部分。

操作员需依次录入表头和表体各部分。表头录入企业报核的基本信息。报关单部分录入企业该手册中需报核的报关单基本信息。料件表与成品表部分录入企业该手册下需报核的料件和成品的消耗、剩余情况等信息。单损耗录入企业报核时需修改的单损耗数据（带有修改标志的数据），不需修改的单损耗数据无须录入。

表头各项中："企业内部编号"和"经营单位"在输入"电子手册编号"后由系统自动调出。"报核类型"默认为"电子手册正式报核"，也可敲空格键进行选择。"进口报关单份数""出口报关单份数""报核料件项数""报核成品项数"在填写完报关单、料件表、成品表后由系统自动返填。"录入日期"由系统自动填写，"申报日期"在申报时由系统自动生成。

输入完表头部分所有项目后，用 Ctrl+PgDn 键或直接单击报关单均可切换到报关单界面。

报关单部分中："申报地海关""进出口标志""核扣方式"敲空格键即可调出相应代码，选中代码即可显示相关内容。"进出口标志"也可在输入"报关单号"后由系统自动调出。用户可手工录入需报核的报关单信息，也可单击按钮栏上的导入按钮，系统可自动提取出该手册需报核的报关单数据，并填写进报关单表体中。用户也可从报关单表体中鼠标右击列表中的报关单，选择"删除一条记录"将此份报关单数据删除。

输入完报关单部分所有项目后，用 Ctrl+PgDn 键或直接单击料件表均可进入料件表界面。

料件表中，输入"料件序号"后，即可调出"商品编码""附加编号""商品名称""计量单位"项目。

输入完进口料件部分所有项目后，用 Ctrl+PgDn 键或直接单击成品表均可进入成品表界面。

成品表中，输入"成品序号"后，即可调出"商品编码""附加编号""商品名称""计量单位"项目。

成品表填写完成后，单击暂存按钮，可将未保存数据进行保存。

  企业数据报核时，如需对在通关手册备案中申报的单损耗数据进行修改，则可进入单损耗界面，对需修改的单损耗数据修改并申报。否则，数据报核的录入已完成。单击按钮栏中的申报按钮即可实现数据报核的申报。

  如果需要修改单损耗关系，在成品表填写完成后，用 Ctrl+PgDn 键或直接单击单损耗，即进入单损耗界面。

  单损耗界面中，输入"成品序号"，即可调出"成品名称"；输入"料件序号"，即可调出该项成品和料件之间的单损耗关系。"处理标志"项默认为"修改"，且不可更改。

  单损耗填写完成后，单击暂存按钮，可将未保存数据保存。

  用户若想对暂存后未申报的数据进行修改，在没有退出原界面时，可直接修改，修改后再单击暂存按钮即可。若已退出原来的界面，则需用修改按钮来实现。

  数据报核所有项目录入完毕后单击申报按钮，即实现数据报核的申报。数据报核全流程完成。

  数据报核录入及申报完成后，用户可通过数据报核查询界面查询到该报核的申报状态、明细数据和回执内容。

  手册结案后，用户可单击数据报核查询界面中的结案通知书查看结案通知书的内容。

第四节　电子账册下保税加工货物的备案、报关和核销

一、电子账册简介

  海关为企业建立电子底账，联网企业只设立一个电子账册。根据联网企业的生产情况和海关的监管需要确定核销周期，按周期海关对企业的电子账册进行核销。

（一）电子账册的建立

电子账册的建立要经过 3 个步骤，如图 3-4-1 所示。

1. 保税加工联网企业的申请和审批

  企业申请应具备的条件为：在中国关境内具有独立法人资格，并具备加工贸易经营资格，在海关注册，以制造加工为主的生产型企业；守法经营，资信可靠，内部管理规范，对采购、生产、库存、销售等实行全程计算机管理；能按照

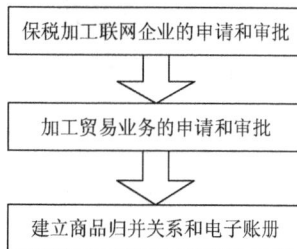

保税加工联网企业的申请和审批
↓
加工贸易业务的申请和审批
↓
建立商品归并关系和电子账册

图 3-4-1　电子账册的
建立步骤

海关监管要求提供真实、准确、完整并具有被查核功能的数据。即申请企业应该是具有资格、诚信的全程计算机管理的出口生产型企业。

审批过程如图 3-4-2 所示。

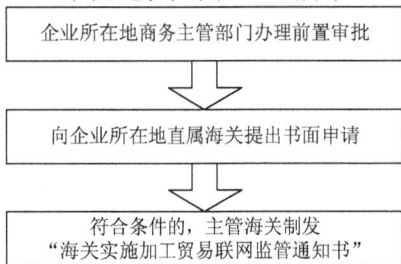

企业所在地商务主管部门办理前置审批

↓

向企业所在地直属海关提出书面申请

↓

符合条件的，主管海关制发
"海关实施加工贸易联网监管通知书"

图 3-4-2　审批过程

向海关提供的单证：加工贸易企业联网监管申请表；企业进出口经营权批准文件；企业上一年度经审计的会计报表；工商营业执照复印件；经营范围清单（含进口料件和出口制成品的品名及 4 位数的 HS 编码）；其他海关认为需要的单证。

2. 加工贸易业务的申请和审批

主管部门为商务主管部。总审定联网企业的加工贸易资格、业务范围和加工生产能力。审批证明文件是"联网监管企业加工贸易业务批准证"。

3. 建立商品归并关系和电子账册

（1）建立商品归并关系。建立商品归并关系（目的：便于计算机管理商品）是指海关与联网企业根据监管的需要按照中文品名、HS 编码、价格、贸易管制等条件，将联网企业内部管理的"料号级"商品与电子账册备案的"项号级"商品归并或拆分，建立一对多或多对一的对应关系。

"料号级"商品：企业自己商品的编号；"项号级"：海关的商品 HS 编码。例如，企业的生产料件表示电子元件料号是 01，那么在海关电子元件的项号是 05。

（2）建立电子账册。电子账册包括加工贸易"经营范围电子账册"和"便捷通关电子账册"。

"经营范围电子账册"用于检查控制"便捷通关电子账册"进出口商品的范围，不能直接报关，电子账册编码为 12 位，第一、二位为标记代码"IT"，因此，"经营范围电子账册"也称"IT 账册"。

"便捷通关电子账册"用于加工贸易货物的备案、通关和核销。"便捷通关电子账册"第一位为标记代码"E"，因此，"便捷通关电子账册"也称"E"账册。

（二）报关程序

电子账册管理下的保税加工货物报关程序如图 3-4-3 所示。

1. 备案

（1）"经营范围电子账册"备案（向海关办理）。备案内容为：经营单位名称及代码；加工单位名称及代码；批准证件编号；加工生产能力；加工贸易进口料件和成品范围（商品编码前 4 位）。

备案相关程序如图 3-4-4 所示。

备案 ⟹ 进出口报关 ⟹ 报核和核销

图 3-4-3　电子账册管理下的保税
加工货物报关程序

图 3-4-4　备案相关程序

（2）"便捷通关电子账册"备案（向海关办理）。备案内容：企业基本情况表；料件（相关料件进口前备案）；成品、单耗关系（最迟在相关成品出口前备案）。

海关可设定电子账册最大周转金额和对部分高风险或需要重点监管的料件设定最大周转数量。

（3）备案变更。

①经营范围电子账册变更如图 3-4-5 所示。

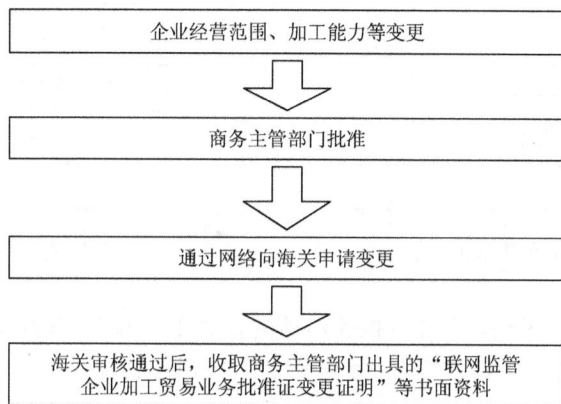

图 3-4-5　经营范围电子账册变更

②便捷通关电子账册变更，只要未超出经营范围和加工能力，可通过网络直接向海关申请变更。

2. 进出口报关

电子账册模式下联网监管企业的保税加工货物报关和电子化手册模式一样,适用进出口报关阶段程序的,也有进出境货物报关、深加工结转货物报关和其他保税加工货物报关。

（1）进出境报关程序如图 3-4-6 所示。

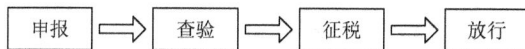

图 3-4-6　电子账册模式下联网监管企业的保税加工货物进出境报关程序

许可证管理和税收征管的规定同电子化手册管理下的保税加工货物进出境报关;申报环节特殊;使用便捷通关电子账册办理报关,采用计算机原始数据形成报关清单,经中国电子口岸自动归并后生成报关单,向海关申报。

①报关清单生成的步骤如图 3-4-7 所示。

按照加工贸易合同填报监管方式;报关清单的总金额≤便捷通关电子账册最大周转金额的剩余值;其余项目填制参考报关单的填制规范。

②报关单的生成步骤如图 3-4-8 所示。

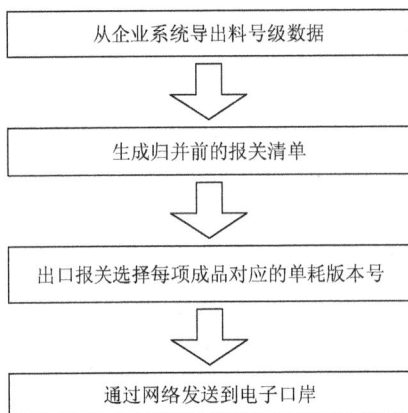

图 3-4-7 报关清单生成的步骤

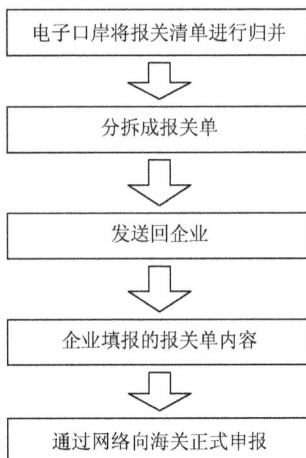

图 3-4-8 报关单的生成步骤

③报关单的修改、撤销。不涉及报关清单的报关单→直接修改;涉及报关清单的报关单→先修改报关清单,再重新进行归并;经海关审核通过的报关单→不得修改,撤销重报,报关清单一并撤销。

④填制报关单要求。申报数据与备案数据一致;按实际进出口"货号"(料件号和成品号)填报报关单;按加工贸易货物实际性质填报监管方式;进口报关单的总金额不得超过电子账册最大周转金额的剩余值。

(2)深加工结转报关。同电子手册管理下的保税加工货物深加工结转报关。

(3)其他保税加工货物报关。同电子手册管理下的其他保税加工货物报关。

联网监管企业可按月度集中办理内销征税手续,并应在内销当月办理内销征税手续;按月度办理内销征税手续的企业,在每个核销周期结束前,必须办结本期所有的内销征税手续;缓税利息计息日:电子账册上期核销之日(未核销过的为"便捷通关电子账册"记录首次进口料件之日)的次日→海关开具税款缴纳证之日。

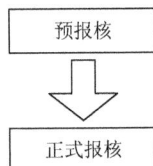

图 3-4-9 企业
报核过程

3. 报核和核销(滚动核销)

180 天为一个报核周期。首次报核期限,从电子账册建立之日起 180 天后的 30 天内;以后从上次报核之日起 180 天后的 30 天内,经主管海关批准可以延期,延长期不得超过 60 天。

(1)企业报核。企业报核过程如图 3-4-9 所示。

①预报核。企业在向海关正式申请核销前，在电子账册本次核销周期到期之日起 30 天内，将本核销期内申报的所有的电子账册进出口报关数据按海关要求的内容，包括报关单号、进出口岸、扣减方式、进出标志等以电子报文形式向海关申请报核。

②正式报核。企业预报核通过海关审核后，以预报核海关核准的报关数据为基准、详细填报本期保税进口料件的应当留存数量、实际留存数量等内容，以电文形式向海关正式申请报核。

（2）海关核销。海关核销的基本要求：进口保税料件（含深加工结转进口）＝出口成品折料（含深加工结转出口）＋内销料件＋内销成品折料＋剩余料件＋损耗－退运成品折料。

除书面数据外，还会采取盘库的方式：系统自动将本期结余数转为下期期初数；企业实际库存量大于电子底账核算结果的，海关按照实际库存量调整电子底账的当期结余数量；企业实际库存量小于电子底账核算结果的，能提供正当理由的：短缺部分按内销处理。不能提供正当理由的，海关将移交缉私部门处理。

二、电子账册的电子化操作

现以江苏飞力达国际物流股份有限公司为某保税区企业报关为例进行说明。

（1）电子账册备案申请如图 3-4-10 所示。

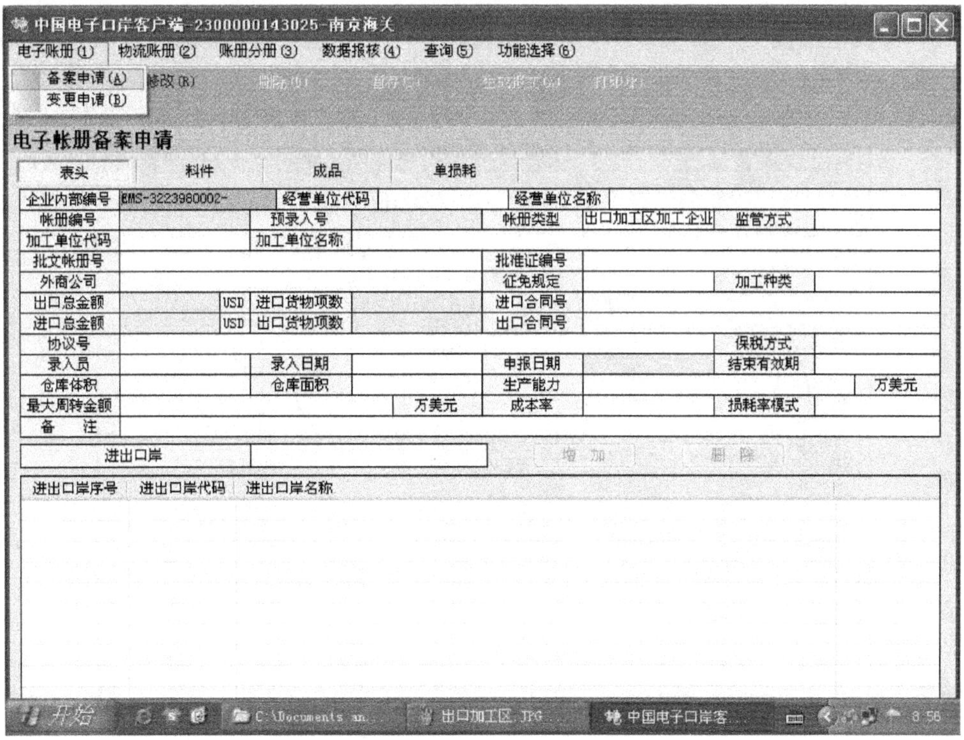

图 3-4-10　电子账册备案申请

（2）备案需输入的内容及料件设备需输入内容，如图 3-4-11 所示。

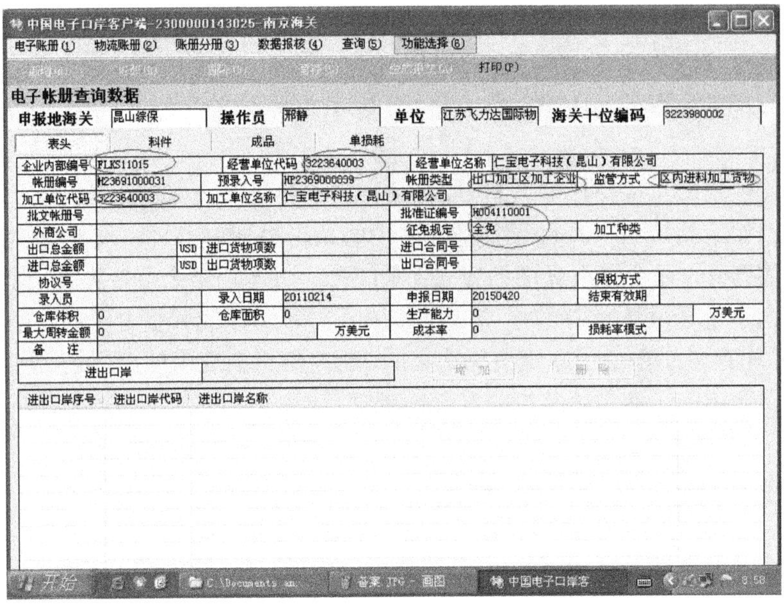

图 3-4-11　备案需输入的内容及料件设备需输入内容

（3）备案生成报文入库后，自动生成预录入号，前台工作人员根据预录入号给出账册编号，如图 3-4-12 所示。

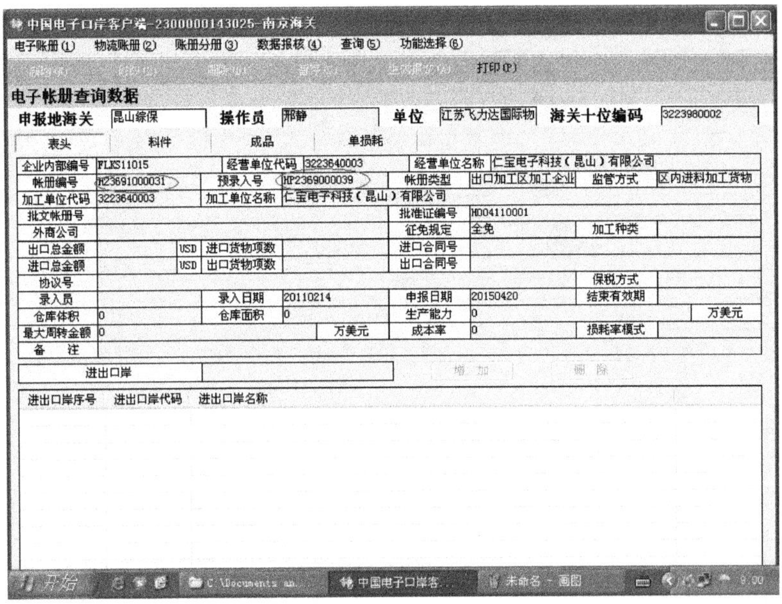

图 3-4-12　备案生成报文入库后，自动生成预录入号

（4）变更只需输账册编号，其他内容自动带出，保存后即可输入变更的内容（新增项号，修改编码），如图 3-4-13 所示。

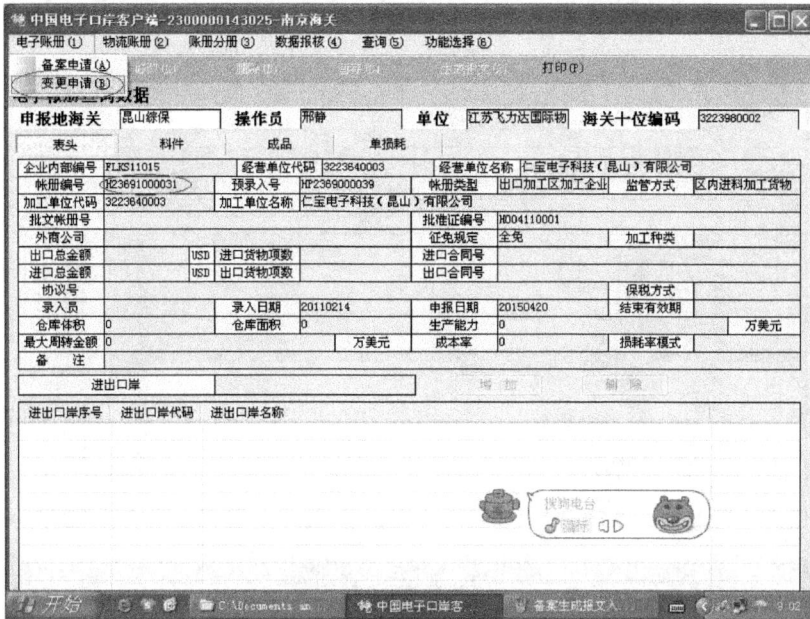

图 3-4-13　变更账号

（5）料件或设备输入内容，如图 3-4-14 所示。

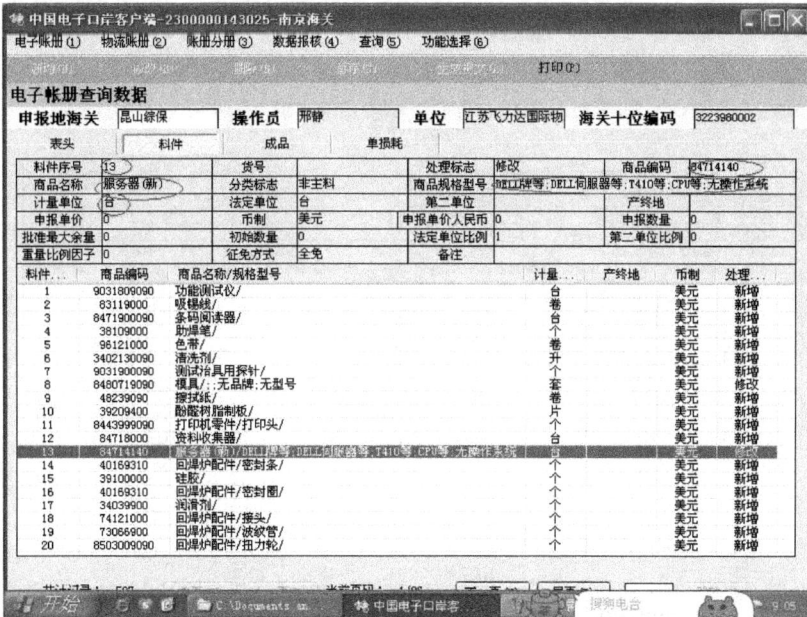

图 3-4-14　料件或设备输入内容

（6）成品需输入内容，如图 3-4-15 所示。

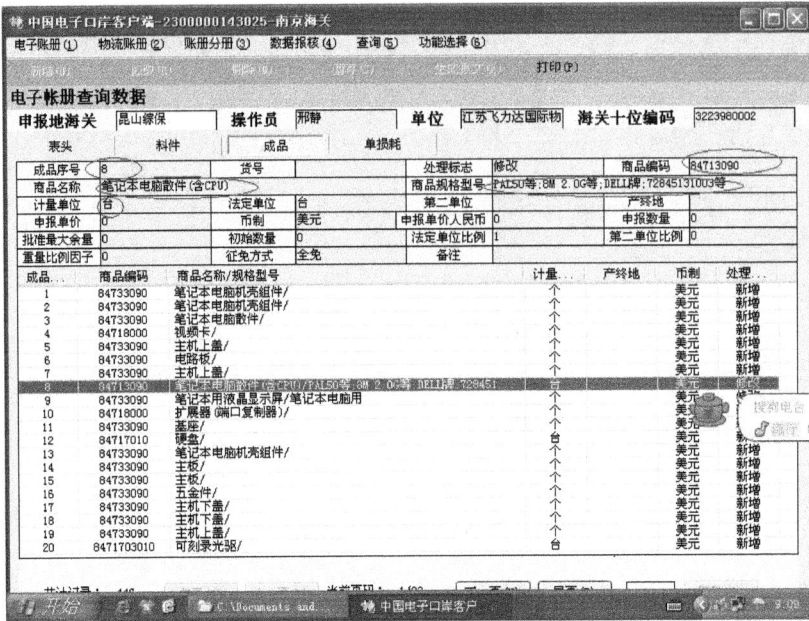

图 3-4-15　成品需输入内容

（7）成品新增时一定要输入单损耗，如图 3-4-16 所示。

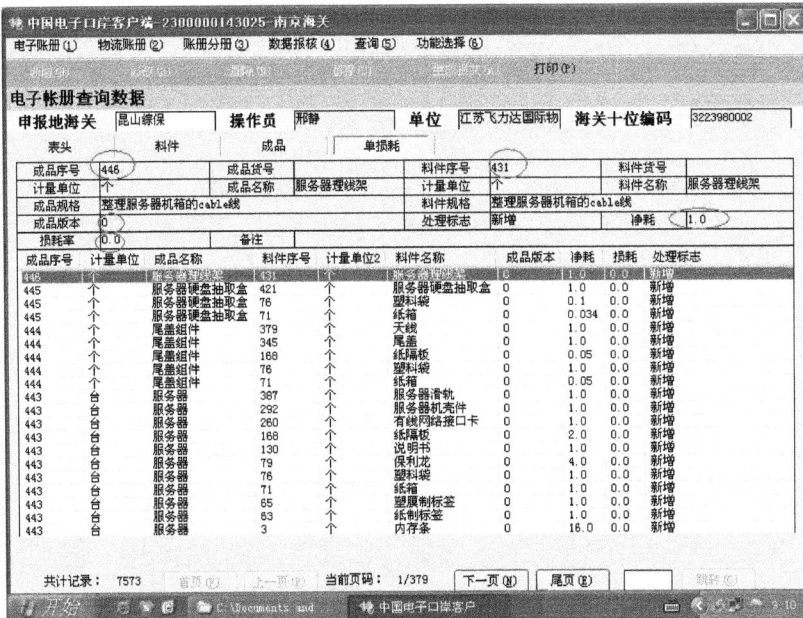

图 3-4-16　成品新增时一定要输入单损耗

（8）输入检查完成，生成报文即可，如图3-4-17所示。

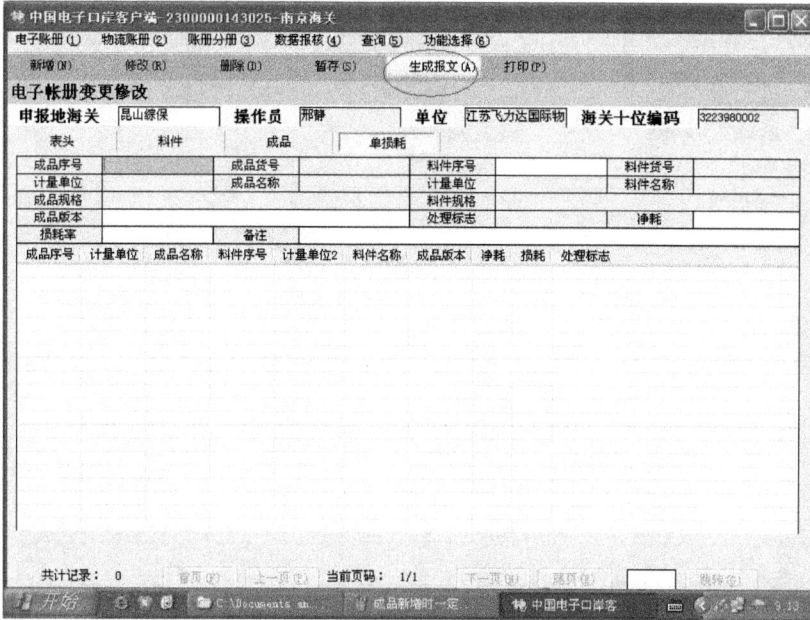

图 3-4-17　生成报文

（9）输入后没有发送之前重新变更账册需按"修改"按钮再重新输入账册编号，如图 3-4-18 所示。

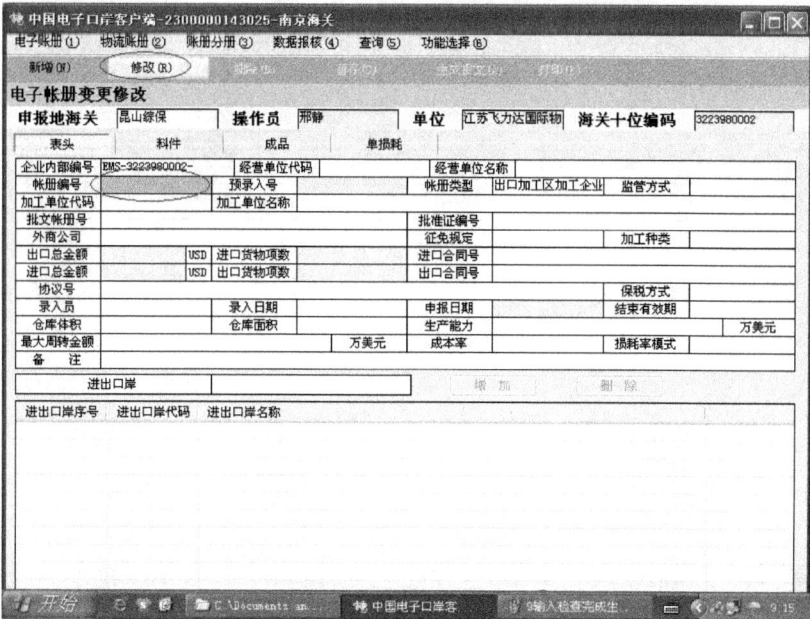

图 3-4-18　重新输入账册编号

（10）输入后可在此界面查询，如图 3-4-19 所示。

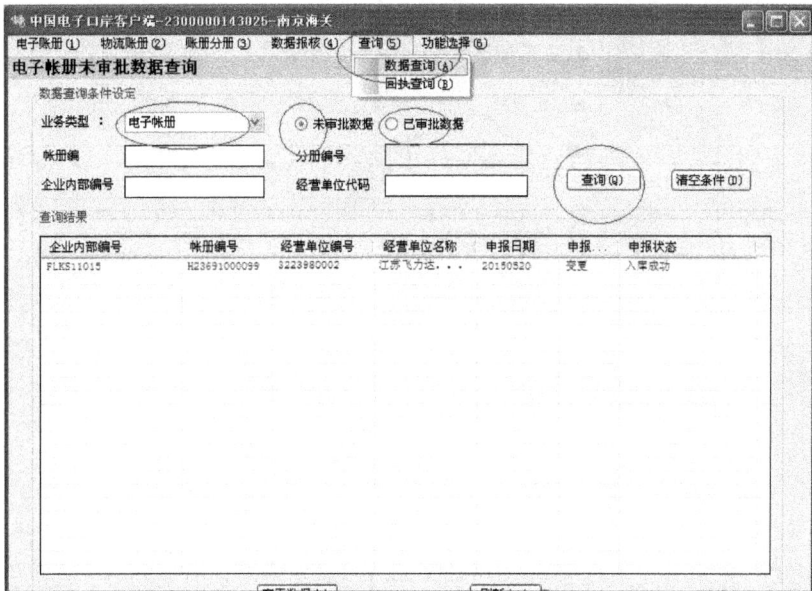

图 3-4-19　输入后的查询界面

（11）预报核表头输入内容，如图 3-4-20 所示。

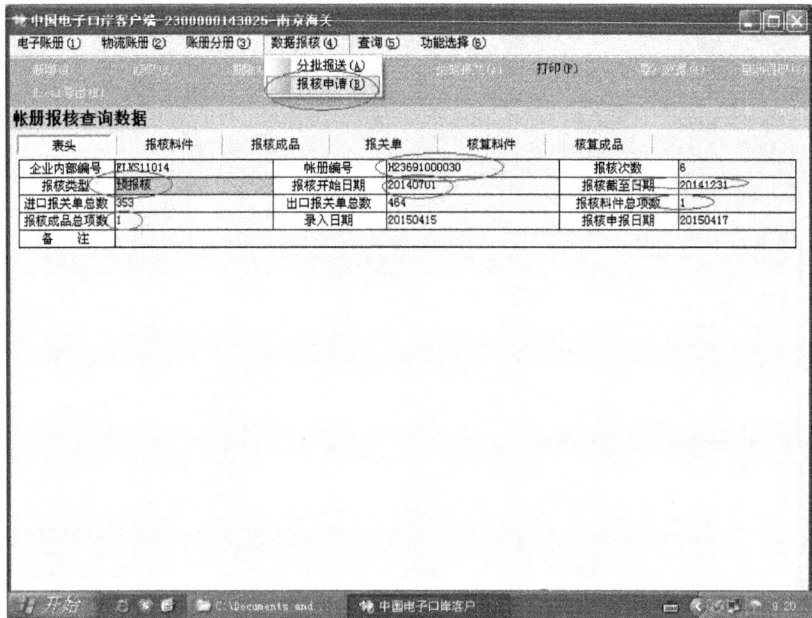

图 3-4-20　预报核表头输入内容

（12）预报核报关单输入，如图 3-4-21 所示。

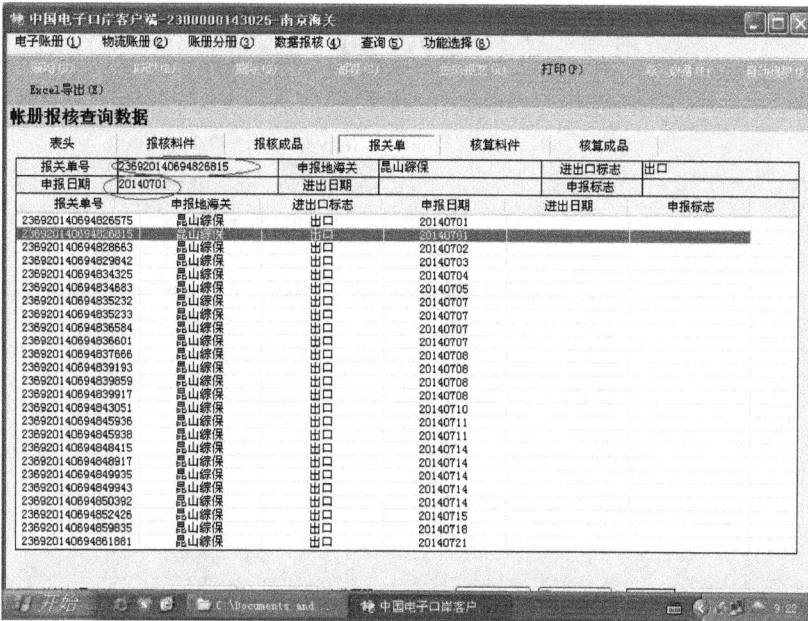

图 3-4-21　预报核报关单输入

（13）正式报核表头输入内容，如图 3-4-22 所示。

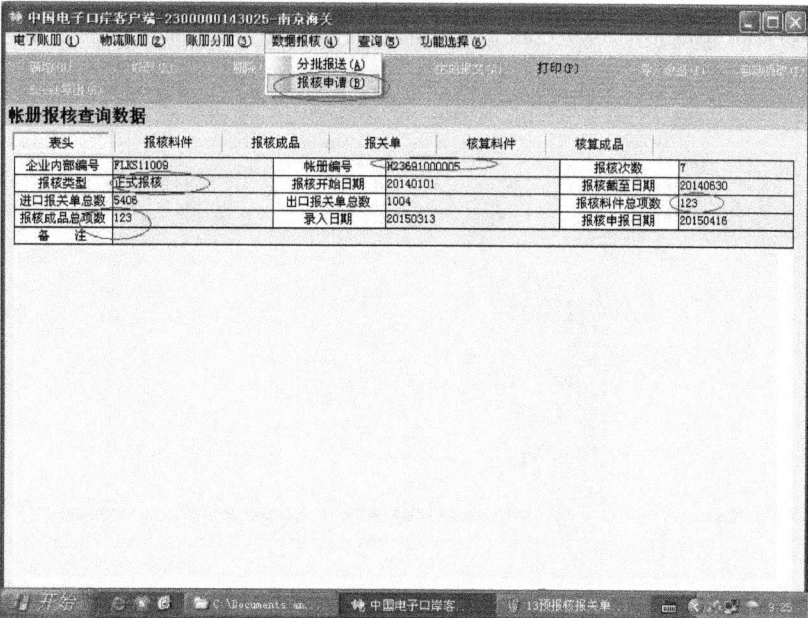

图 3-4-22　正式报核表头输入内容

（14）正式报核料件输入内容，如图 3-4-23 所示。

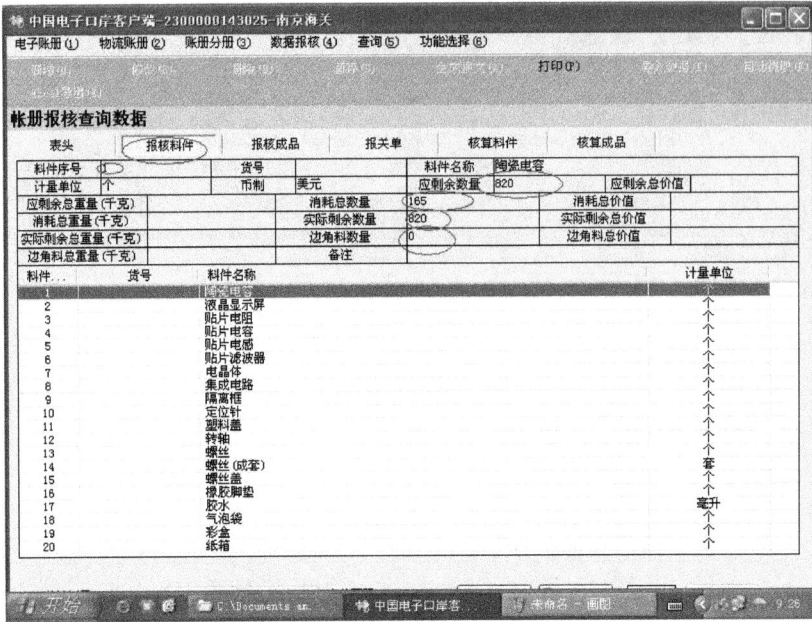

图 3-4-23　正式报核料件输入内容

（15）正式报核成品输入内容，如图 3-4-24 所示。

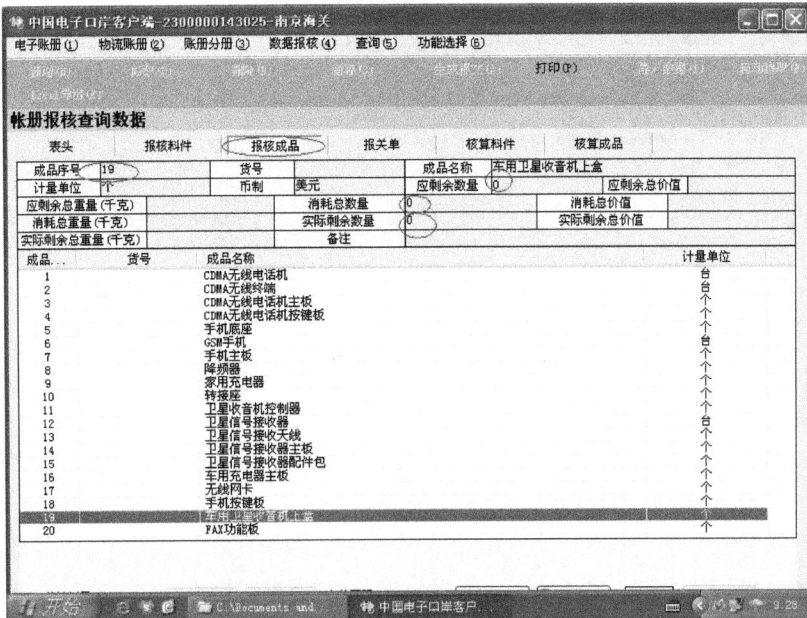

图 3-4-24　正式报核成品输入内容

（16）正式核算料件输入内容，如图 3-4-25 所示。

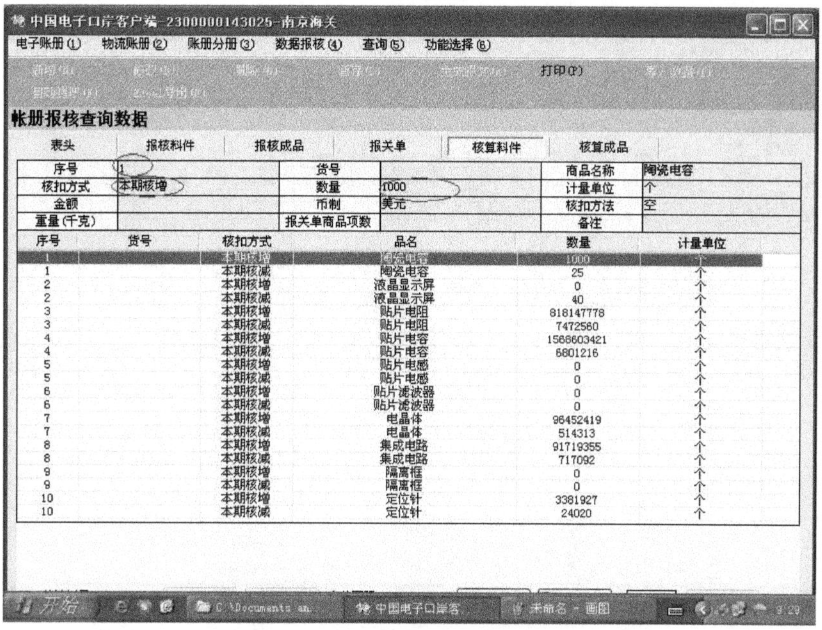

图 3-4-25　正式核算料件输入内容

（17）正式核算成品输入内容，如图 3-4-26 所示。

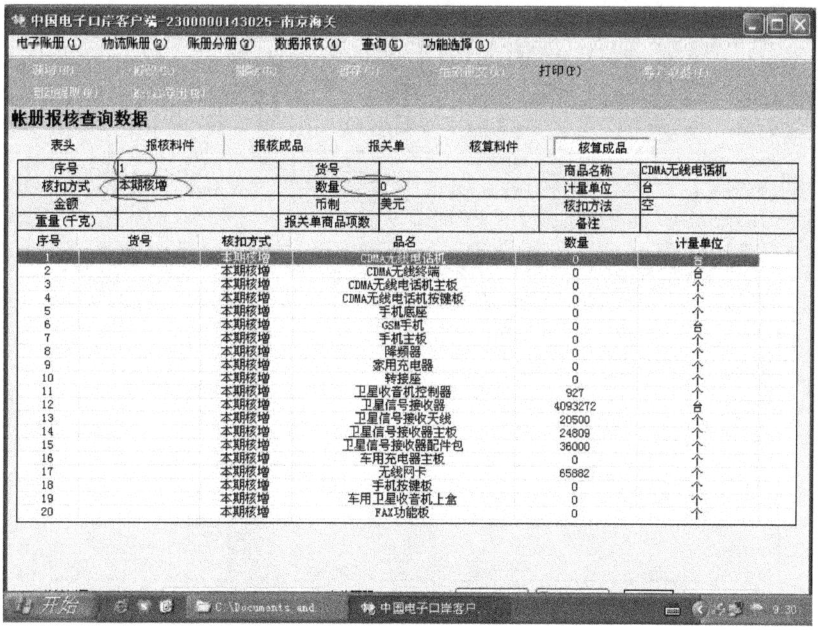

图 3-4-26　正式核算成品输入内容

（18）预报核数据太多时分批报送表头输入内容，如图 3-4-27 所示。

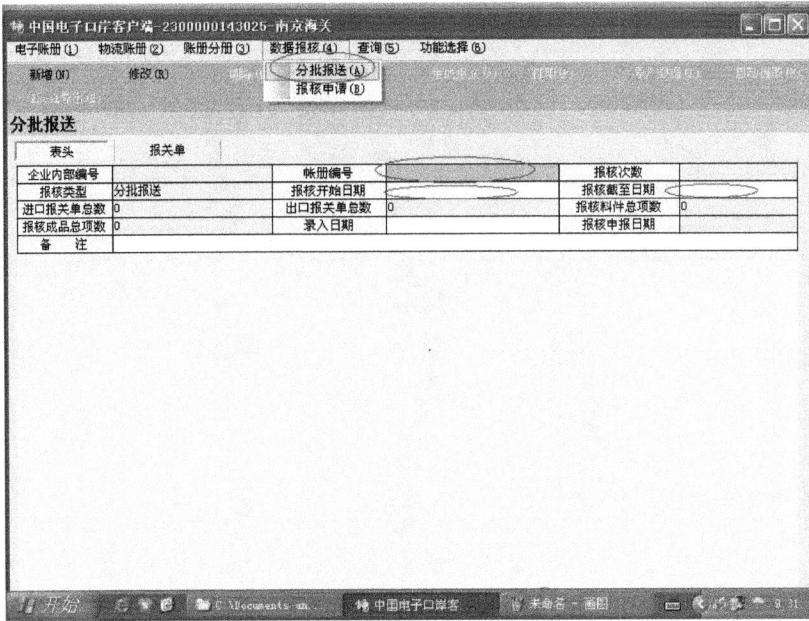

图 3-4-27　预报核数据太多时分批报送表头输入内容

（19）报核状态查询，如图 3-4-28 所示。

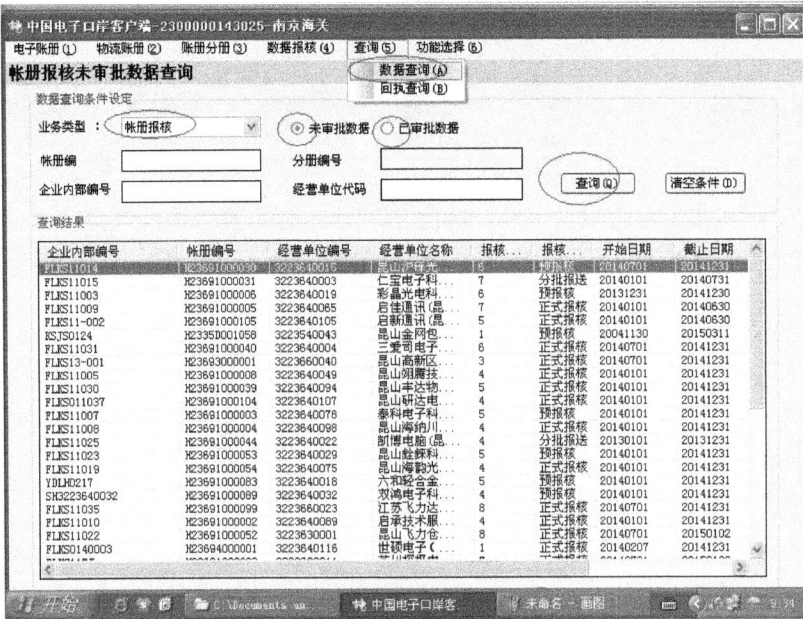

图 3-4-28　报核状态查询

【本章小结】

本章首先介绍了相关理论知识，主要包括：保税货物的内容、特征及分类；保税加工货物的形式和特点；保税加工货物的监管模式；保税加工货物的报关管理制度与报关程序；纸质手册电子化系统的概念；电子化手册建立的相关要求和建立程序；电子账册建立的相关要求和建立程序；商品的归并关系、编码规则；合同备案的含义；需要备案的企业；需要备案的内容；备案后获得的凭证；备案的变更条件和程序；出境货物报关基本概念、特点和程序；深加工结转货物报关的基本概念、特点和程序；其他保税货物报关；保税加工货物企业报核时需要的凭证与材料、企业报核的时间和报核的步骤。随后阐述了合同备案的具体操作流程；报关的操作流程；企业合同报核的操作流程。最后介绍了异地加工备案申请、加工贸易单耗申报、加工贸易外发加工申请、加工贸易串料申请和加工贸易抵押申请等集中特殊情况。

➢教学设计

第一节　电子化手册备案建立

（一）教学目标

掌握保税加工货物的含义、范围、监管要求；掌握保税加工货物进出境通关作业的基本要求及掌握加工贸易银行保证金台账制度的各项规定。

有能力按照保税加工货物进出境通关作业的基本要求对进出境货物进行各种前期准备信息的收集及备案；有能力参与常见进出境加工货物电子化手册的备案建立。

掌握电子化手册备案建立的业务技能。

（二）参考的知识要点

（1）电子手册管理下的保税加工货物及其报关程序。

（2）台账制度。

（3）加工贸易单耗。

（4）异地加工贸易备案申请。

（5）加工贸易外发加工申请。

（三）教学过程

（1）讲解电子口岸通关系统（简称 QP（quick pass）系统）使用说明。

（2）提供企业典型案例、资料和思考任务，引领学生讨论，讲授本任务对应的知识要点。

（3）带领学生讨论进出境加工货物电子化手册备案建立的操作程序及注意事项，结合企业实际资料，开展进出境加工货物电子化手册备案建立的作业。

（4）讨论学生对知识要点的掌握和操作程序的熟练度，教师对学生进行考核与评价，对相关知识点进行归纳与总结。

（四）教学方法、工具和手段

（1）运用板书采用讲授法、案例教学法讲解本任务的知识要点。

（2）在板书讲授的同时，运用演示教学法、实验法完成进出境加工货物电子化手册下保税加工货物的备案建立。

第二节　电子化手册下保税加工货物的实际进出境

（一）教学目标

掌握电子化手册的保税加工货物报关；深加工结转货物报关；其他保税加工货物报关等知识。

有能力按照保税加工货物虚拟案例的要求，对进出境货物进行报关操作。

掌握电子化手册报关的业务技能。

（二）参考的知识要点

（1）进出境货物报关程序。

（2）深加工结转货物报关。

（3）其他保税加工货物报关。

（三）教学过程

（1）提供企业典型案例、资料和思考任务，引领学生讨论，讲授本任务对应的知识要点。

（2）带领学生讨论进出境加工货物电子化手册报关过程的操作程序及注意事项，结合企业实际资料，开展进出境加工货物电子化手册报关程序的作业。

（3）教师评价学生对知识要点的掌握和操作程序的熟练度，对相关知识点进行归纳与总结。

（四）教学方法、工具和手段

（1）将现场作业基本流程图表化，运用板书、幻灯片采用讲授法讲授电子化手册下保税加工货物通关的操作流程。

（2）结合真实报关企业案例，运用电子报关实训软件练习现场作业电子化操作。

第三节　电子化手册下保税加工货物的后期核销

（一）教学目标

掌握电子化手册的保税加工货物核销程序知识要点。

有能力按照保税加工货物虚拟案例的要求，对进出境货物进行核销操作。

掌握电子化手册核销的业务技能。

（二）参考的知识要点

（1）报核所需单证。

（2）报核的步骤。

（三）教学过程

（1）讲授本任务对应的知识要点。

（2）提供企业典型案例、资料，演示教授合同报核的操作流程。

（3）学生通过实验练习合同报核的操作流程，根据学生实验情况对学生进行评价。

（四）教学方法、工具和手段

（1）将现场作业基本流程图表化，运用板书、幻灯片采用讲授法讲授电子化手册下保税加工货物报核的操作流程。

（2）结合真实报关企业案例，运用电子报关实训软件练习现场作业电子化操作。

第四节　电子账册下保税加工货物的备案、报关和核销

（一）教学目标

掌握电子账册的保税加工货物备案、报关和核销程序的知识要点。

有能力按照保税加工货物虚拟案例的要求，对进保税加工货物进行备案、报关和核销操作。

掌握电子账册下备案、报关和核销的业务技能。

（二）参考的知识要点

（1）电子账册的建立。

（2）电子账册的报关程序。

（3）电子账册的报核和核销（滚动核销）。

（三）教学过程

（1）讲授本任务对应的知识要点。

（2）提供企业典型案例、资料，演示教授电子账册下备案、报关和核销的操作流程。

（3）学生通过实验练习电子账册下备案、报关和核销的操作流程，根据学生实验情况对学生进行评价。

（四）教学方法、工具和手段

（1）将现场作业基本流程图表化，运用板书、幻灯片采用讲授法讲授电子账册的概念、电子账册的建立、电子账册下保税加工货物报关和核销的操作流程。

（2）结合真实报关企业案例，运用电子报关实训软件练习现场作业电子化操作。

教学设计方案如下所示。

第三章　保税加工货物进出境通关运作				总学时：11 理论学时：9 实践学时：2	
教学任务	教学目标	参考的知识要点	教学过程	课时分配建议	教学方法、工具和手段
第一节 电子化手册备案建立	知识目标1、2、3、4；能力目标1；素质目标1	（1）电子手册管理下的保税加工货物及其报关程序； （2）台账制度； （3）加工贸易单耗； （4）异地加工贸易备案申请； （5）加工贸易外发加工申请	（1）讲授本任务对应的知识要点； （2）开展进出境加工货物电子化手册备案建立的实验； （3）对学生表现进行评价，对相关知识点归纳与总结	理论3学时	（1）讲授法、案例教学法、演示教学法、实验法； （2）案例资料、板书、幻灯片、电子口岸通关系统、计算机

续表

第三章　保税加工货物进出境通关运作				总学时：11 理论学时：9 实践学时：2	
教学任务	教学任务	参考的知识要点	教学过程	课时分配建议	教学方法、工具和手段
第二节 加工货物的实际进出境	知识目标4；能力目标2；素质目标2	（1）进出境货物报关程序；（2）深加工结转货物报关；（3）其他保税加工货物报关	（1）提供企业典型案例讲授本任务对应的知识要点；（2）带领学生讨论进出境加工货物电子化手册报关过程的操作程序；（3）教师评价学生对知识要点的掌握和操作程序的熟练度，对相关知识点进行归纳与总结	理论3学时	（1）讲授法、演示教学法、实验法；（2）案例资料、板书、幻灯片、电子口岸通关系统、计算机
第三节 加工货物的后期核销	知识目标4；能力目标3；素质目标3	（1）报核所需单证；（2）报核的步骤	（1）讲授本任务对应的知识要点；（2）提供企业典型案例、资料，演示教授合同报核的操作流程；（3）学生通过实验练习合同报核的操作流程，根据学生实验情况对学生进行评价	理论1学时 实践1学时	（1）讲授法、演示教学法、实验法；（2）案例资料、板书、幻灯片、电子口岸通关系统、计算机
第四节 电子账册下保税加工货物的备案、报关和核销	知识目标5；能力目标4；素质目标4	（1）电子账册的建立；（2）电子账册的报关程序；（3）电子账册的报核和核销（滚动核销）	（1）讲授本任务对应的知识要点；（2）提供企业典型案例、资料，演示教授合同报核的操作流程；（3）学生通过实验练习合同报核的操作流程，根据学生实验情况对学生进行评价	理论2学时 实践1学时	（1）讲授法、演示教学法、实验法；（2）案例资料、板书、幻灯片、电子口岸通关系统、计算机

➤教学评价

第三章　保税加工货物进出境通关作业								
评价类别	评价项目	评价依据	评价标准			评价方式		权重
						学生自评	同学互评	教师评价	
			80～100分	60～79分	60分以下	0.1	0.1	0.8	
过程评价	学习能力	学习态度与兴趣	学习态度端正，能够按要求参加与学习有关的活动	能参与学习活动，但学习主动性、热情一般	学习态度不端正，无心向学，经常迟到、旷课				0.1
		学习习惯与方法	（1）能克服学习中的困难；能按时独立完成学习任务；（2）能发现学习中的问题，并适当调整学习计划和方法	基本上能完成学习任务，但不善于改进学习方法	（1）学习自觉性差，方法不当；（2）经常完不成学习任务或经常抄袭作业				0.1

第三章　保税加工货物进出境通关作业

评价类别	评价项目	评价依据	评价标准			评价方式			权重
						学生自评	同学互评	教师评价	
			80～100分	60～79分	60分以下	0.1	0.1	0.8	
过程评价	专业能力	基本理论掌握能力	熟悉电子手册管理下的保税加工货物及其报关程序；台账制度；加工贸易单耗；异地加工贸易备案申请；加工贸易外发加工申请	较熟悉电子手册管理下的保税加工货物及其报关程序；台账制度；加工贸易单耗	不熟悉电子手册管理下的保税加工货物及其报关程序；台账制度				0.03
			理解电子化手册下进出境货物报关程序；深加工结转货物报关；其他保税加工货物报关程序	较能理解电子化手册下进出境货物报关程序；深加工结转货物报关程序	不能较好地理解电子化手册下进出境货物报关程序；深加工结转货物报关程序				0.02
			熟悉电子化手册下的报核所需单证；保税加工货物核销程序	较熟悉电子化手册下的报核所需单证；保税加工货物核销程序	不熟悉电子化手册下的报核所需单证；保税加工货物核销程序				0.02
			熟悉电子账册的建立；电子账册的报关程序；电子账册的报核和核销（滚动核销）程序	较熟悉电子账册的建立；电子账册的报关程序；电子账册的报核和核销（滚动核销）程序	不熟悉电子账册的建立；电子账册的报关程序；电子账册的报核和核销（滚动核销）程序				0.03
		实践能力	针对进出境报关虚拟案例，对电子手册下保税加工货物报关过程及相对应的海关管理措施的描述准确	针对进出境报关虚拟案例，对电子手册下保税加工货物报关过程及相对应的海关管理措施的描述较准确	针对进出境报关虚拟案例，对电子手册下保税加工货物报关过程及相对应的海关管理措施的描述不准确				0.1
			针对进出境报关虚拟案例，对电子账册下保税加工货物报关过程及相对应的海关管理措施的描述准确	针对进出境报关虚拟案例，对电子账册下保税加工货物报关过程及相对应的海关管理措施的描述较准确	针对进出境报关虚拟案例，对电子账册下保税加工货物报关过程及相对应的海关管理措施的描述不准确				0.1

续表

第三章 保税加工货物进出境通关作业

评价类别	评价项目	评价依据	评价标准			评价方式			权重
			80~100 分	60~79 分	60 分以下	学生自评	同学互评	教师评价	
						0.1	0.1	0.8	
过程评价	拓展能力	通关政策认知素质	拥有通关管理的法律性、政策性认知素质	较好拥有通关管理的法律、政策性认知素质	通关管理的法律性、政策性认知素质不高				0.05
		通关一体化技能	掌握通关一体化协调技能	较好掌握通关一体化协调技能	通关一体化协调技能不够				0.05
结果评价			理论考核						0.2
			实操考核						0.2

➤同步测试

一、单项选择题

1. 从境内运入物流中心的原进口货物，应当（　　）。

A. 办理出口报关手续，退还原进口税

B. 办理出口报关手续，不退原进口税

C. 办理进口报关手续，退还原进口税

D. 办理进口报关手续，不退原进口税

2. 某工厂从无关系的美国某企业购买了一台机械设备，成交条件为 CIF 上海，该批货物的发票列示如下：机械设备 USD50 000；运保费 USD500；卖方佣金 USD2 500；培训费 USD200；设备调试费 USD2 000。该批货物海关申报的总价应是（　　）。

A. USD52 700

B. USD53 000

C. USD53 200

D. USD54 700

3. 以下关于保税区与境外之间进出货物的报关制度，正确的表述应当是（　　）。

A. 保税区与境外之间进出境货物采取报关制，填写进出口货物报关单

B. 保税区与境外之间进出境货物采取备案制，填写进出境货物备案清单

C. 保税区与境外之间进出境货物，属自用的，采取备案制，填写进出境货物备案清单；属非自用的，采取报关制，填写进出口货物报关单

D. 保税区与境外之间进出境货物，属自用的，采取报关制，填写进出口货物报关单；属非自用的，采取备案制，填写进出境货物备案清单

4. 保税加工货物内销，海关按规定免征缓税利息的是（　　　）。

A. 副产品

B. 残次品

C. 边角料

D. 不可抗力受灾保税货物

5. 进口一辆缺少轮子的汽车，在进行该商品的海关税则归类时，应按（　　　）归类

A. 汽车的零部件

B. 汽车底盘

C. 汽车车身

D. 汽车整车

二、多项选择题

1. 从境内运入物流中心的下列货物，海关不签发出口退税报关单证明联（　　　）。

A. 供中心企业自用的生活消费品、交通运输工具

B. 供中心企业自用的进口机器、设备

C. 供中心企业自用的国产机器、设备

D. 物流中心与出口加工区等海关特殊监管区域或海关保税监管场所往来的货

2. 已进境展览品在某些情形下不需要缴纳进口关税，这些情形包括（　　　）。

A. 展览品复运出境的

B. 展览品放弃，交由海关处理

C. 展览品被窃取

D. 展览品因不可抗力原因灭失的

3. 下列关于出口监管仓库的说法正确的是（　　　）。

A. 专库专用，不得转租、转借他人经营，不得下设分库

B. 业务活动和财务状况定期报送主管海关

C. 出口监管仓库的货物是海关监管货物，未经批准并办理相应手续，不得挪作他用

D. 可以进行加工贸易

4. 从保税物流园区"区外"运入保税物流园区，供区内行政机构及经营主体和园区企业使用的（　　　）海关不予签发"出口货物报关单证明联"。

A. 生活用品

B. 交通运输工具

C. 办公用品

D. 国产基建物资

5. 向海关报关时适用保税区进境货物备案清单的是（　　　）。

A. 从境外进口的加工贸易料件

B. 从境外进口的仓储货物

C. 保税区区内企业从境外进口自用的机器、设备

D. 保税区管理机构从境外进口的办公用品

三、简答题

1. 简述什么是关税？关税的作用以及征收关税的工作方针。

2. 简述过境转运通过货物的相同点和区别点。

四、案例分析题

上海某专营进料加工集成电路块出口的外商投资企业 A 公司是适用海关 B 类管理的企业。该企业与 2007 年 3 月对外签订了主料硅片（非限制类商品）等原材料的进口合同，按合同企业 30%加工成品内销，70%加工成品外销，原料 4 月底交货。6 月份与境外商人订立了集成电路块出口合同，交货期为 10 月底。9 月底产品全部储运。

请根据上述案例，回答以下问题：

1. 作为 A 公司的报关员，办理主料进口报关，如何办理？

2. 作为 A 公司的报关员，办理成品出口手续，如何办理？

3. 作为 A 公司的报关员，办理合同核销手续，如何办理？

> **实践项目**

【综合性实验】

保税加工货物电子账册的备案、报关、核销

一、实验目的

根据项目提供案例的企业基本信息完成保税加工货物的电子账册下的备案、报关、核销操作。

二、实验要求

（1）能至少容纳 60 个人的教室一间，配有多媒体一套。

（2）多套学习用桌椅，其中每张学习桌配六把椅子。

（3）多台计算机、一台打印机。

（4）计算机已安装电子口岸通关系统（QP 系统）。

三、情景描述

常州××光能有限公司（320494××××）与国外签订合同开展进料加工业务进口CPU等计算配件，生产笔记本电脑和服务器等复运出境。装载该批货物的运输工具于2015年3月13日申报进境，3月16日由江苏飞力达国际物流股份有限公司（210398××××）向上海卢湾监管（2211）办理进口备案、报关和核销手续。假设你是江苏飞力达国际物流股份有限公司的报关员，请完成如下任务。

任务一：电子账册的备案。

任务二：电子账册的报关。

任务三：电子账册的核销。

四、实验步骤

步骤一，任务导入。教师告之学生本次实验的任务，与学生一起讨论任务内容，计划完成任务的方法，明确提交任务成果。

步骤二，根据系统提示录入并提交备案资料库备案申请。

步骤三，根据系统提示进行保税加工货物报关操作。

步骤四，根据系统提示进行保税加工货物核销操作。

步骤五，任务总结。要求各小组演练本次进口货物报关的全部操作过程，各小组进行交流；教师作专业性总结。

五、实验报告

针对所学到的理论知识和获得的专业技能进行全面的总结，对获得的经验与教训进行深刻反思。报告中流程操作环节安排合理，同时要求各小组在一定时间内在全体同学面前演示整个操作流程。

【生产实习】

实习时间	实习单位	实习内容	实习总结
第六学期一至四周	具备进出口报关业务的国际物流公司、报关公司、国际货运代理公司等	保税加工货物的备案申请、报关、核销操作	完成实习报告一份

第四章

进出口商品归类

【学习目标】

知识目标	能力目标	素质目标
（1）掌握商品各门类包含范围。 （2）掌握商品各门类所需归类要素。 （3）熟悉商品归类依据。 （4）掌握《商品名称及编码协调制度》（以下简称协调制度）归类总规则。 （5）熟悉《商品名称及编码协调制度》编排规律	（1）有能力依据商品信息归属正确的门类。 （2）有能力归纳出商品的归类要素。 （3）有能力按照商品归类依据确定类章范围、确定品目、确定子目，最终得出税则号	（1）掌握进出口商品归类的业务技能。 （2）遵循相关规章制度的规定

【本章实施体系】

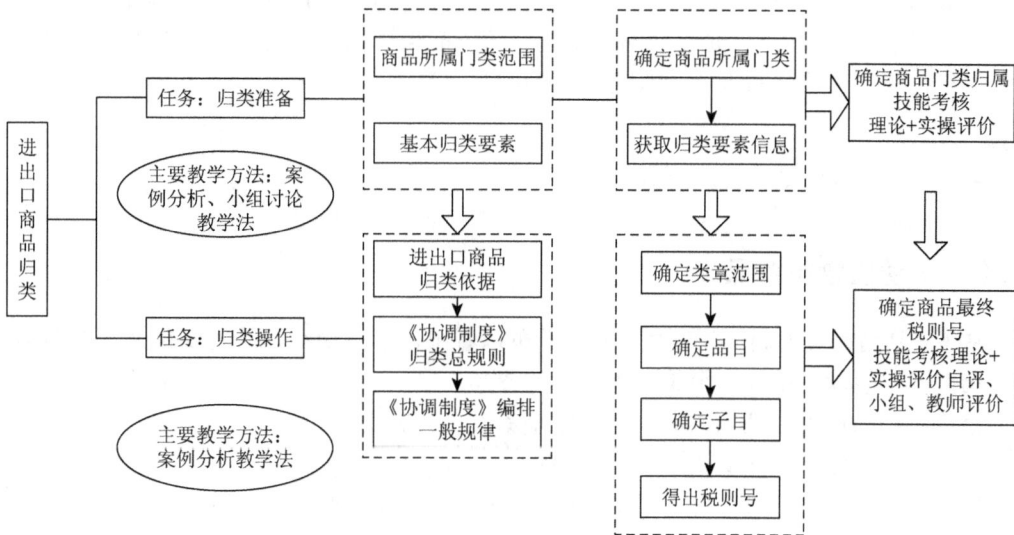

【案例引导】

富智国际贸易有限公司欲进口一批硅铁合金，进口合同中描述的该硅铁合金的成分及含量为：硅含量占 80%，铁含量占 10%，锰 10%，合同总金额为 10 万欧元。两个月后，货物将会如期到港。富智国际贸易有限公司在报关之前需进行商品归类。

根据已有资料，富智国际贸易有限公司的报关员应完成如下进口货物归类任务。

任务一：归类准备，确定商品所属门类，并获取归类要素信息。

任务二：归类操作，按照归类依据，确定类章范围、确定品目、确定子目，最终得出税则号。

第一节　归类准备

该阶段是归类操作的准备阶段，主要工作有两项：一是根据所拥有的知识判定商品属于的门类；二是根据各种门类的主要特征收集归类的要素信息。所说的门类，是指从《商品名称及编码协调制度》中归纳出的动植物类、化工类、轻工类、纺织类、金属类、机电类等六大类。作为一名报关员，在拿到有关进出口商品的各种资料（例如，合同、发票、产品说明书等）后，首先要做的就是确定该商品属于哪一门类。只有准确地确定商品属于哪个门类，才能相对准确地收集商品的归类要素信息。

一、商品所属门类范围

（一）动植物类商品

从《商品名称及编码协调制度》的目录可以看出，动植物类商品主要包括其中的第一类至第四类，也就是第一章至第二十四章的商品。

第一类：活动物；动物产品（第一章至第五章）。

第二类：植物产品（第六章至第十四章）。

第三类：动、植物油、脂及其分解产品；精制的食用油脂；动、植物蜡（第十五章）。

第四类：食品；饮料、酒及醋；烟草、烟草及烟草代用品的制品（第十六章至第二十四章）。

第一类和第二类商品主要是简单加工商品，第三类与第四类商品主要为深加工商品，即第一类和第二类商品经过深加工后可归入第三类或第四类，如图 4-1-1 所示。

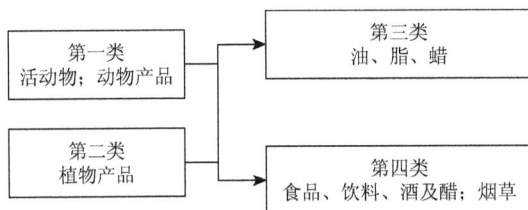

图 4-1-1　动植物类商品各类之间主要关系示意图

1. 第一类：活动物；动物产品

（1）本类商品范围包括：活动物（第一章、第三章）；食用动物产品，未经过加工或仅经过有限的简单加工（第二章、第四章）；非食用动物产品，未经过加工或仅经过有限的简单加工（第五章）。

（2）不能够归入本类产品，而归入其他类的动物产品的情况有：通常作为某些行业原材料使用的动物产品；作为培养微生物使用的活生物；巡回展出用的活动物。

（3）归入本类与归入其他类的食用动物产品的区分。

①对于动物产品的归类，关键是根据加工程度判断归入本类还是归入其他类（如第四类）。

②超过了本类加工程度或者加入的物质超过允许范围的食用动物产品，将归入第四类。

③其中最容易与本类的食用动物产品发生归类混淆的是第四类第十六章的商品。

2. 第二类：植物产品

（1）本类商品范围。本类包括绝大多数活植物以及未经过加工，或仅经过有限的简单加工的植物产品。通常也将其分为三大类，即活植物（第六章）；食用植物产品，未经过加工，或仅经过有限的简单加工（第七章至第十一章及第十二章部分品目）；非食用植物产品，未经过加工，或仅经过有限的简单加工（第十二章部分品目以及第十三章与第十四章）。

（2）归入本类的植物产品编排顺序。归入本类的植物产品一般按照：活植物-食用植物产品-非食用植物产品的顺序编排，归入本类的植物产品与归入其他类（第四类）的植物产品主要是根据加工程度来区分的。

3. 第三类：动、植物油脂及其分解产品；精制的食用油脂；动、植物蜡

（1）本类商品范围。本类仅由1个章构成，即第十五章。主要包括以第一、第二类的动、植物为原料加工得到的动植物油脂及其分解产品；精制的食用油脂；动、植物蜡。

（2）不归入本类但易引起归类错误的货品（章注一）。

①未炼制的猪脂肪及家禽脂肪应归入品目02.09。

②从乳中提取的黄油及其他油、脂应归入品目04.05（与1517人造黄油区别开）。

③可可油、可可脂应归入品目18.04。

④粗甘油（纯度在95%以下）归入1520，若纯度在95%以上则归入2905.4500甘油。

4. 第四类：食品；饮料、酒及醋；烟草、烟草及烟草代用品的制品

（1）本类商品范围。本类按照动物产品-植物产品-其他食品及嗜好品的顺序排列章次，按商品的原料属性和用途可将本类货品大致分为6组产品。

①主要以第一类产品（动物产品）为原料的食品归入（第十六章）。

②主要以植物产品为原料的食品（第十七章至第二十章）。

③杂项食品（第二十一章）。

④饮料、酒及醋（第二十二章）。

⑤食品工业残渣及配制的动物饲料（第二十三章）。

⑥烟草及其制品（第二十四章）。

（2）第一、二类与第四类之间的相互关系。根据加工程度来区分归入第一、二类还是归入第四类。各种商品之间的大致相互联系如下。

简单加工产品	第二、三章	第四、十、十一章	第七、八章	第九章
复杂加工产品	第十六章	第十九章	第二十章	第二十一章

（二）化工类商品

化工类商品主要包括《商品名称及编码协调制度》中的第五类至第七类，即第二十五章至第四十章商品。

第五类：矿产品（第二十五章至第二十七章）。

第六类：化学工业及其相关工业的产品（第二十八章至第三十八章）。

第七类：塑料及其制品；橡胶及其制品（第三十九章至第四十章）。

第五类商品主要为初级产品，经过不同的加工方式加工后可分别归入第六类、第七类，以及不属于本门类商品的第十三类至第十五类，而上述产品加工后的商品，还可以进一步加工，成为第十一类商品或其他类的商品。化工类商品各类章商品之间关系见图4-1-2。

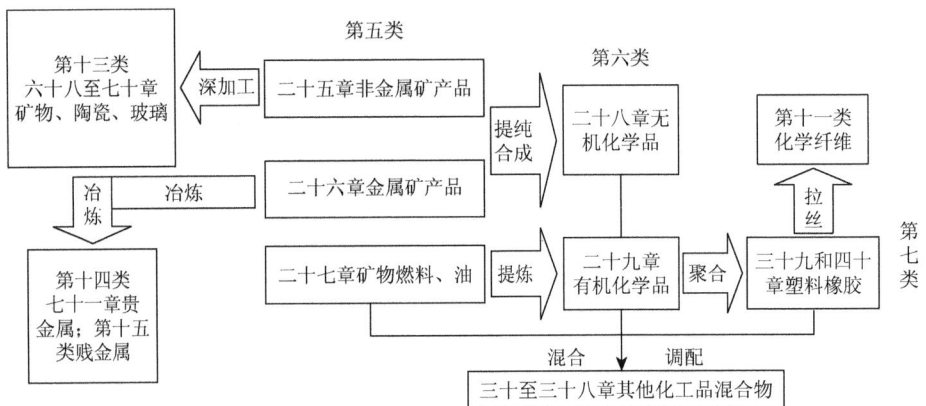

图 4-1-2　化工类商品各类章商品之间关系示意图

1. 第五类：矿产品

（1）本类商品范围。本类包括从陆地或海洋里直接提取的原产状态或只经过洗涤、粉碎或机械物理方法精选的矿产品及残渣、废料，而其加工后的制品则归入以后的类章，共分 3 章。

第二十五章：非金属矿产品（石料、石膏、水泥、石棉）。

第二十六章：金属矿产品。

第二十七章：矿物燃料（主要是煤、石油、天然气）及其加工产品。

（2）归类时要注意的地方。归入本类的矿产品只能经过有限的简单加工（例如，洗涤、磨碎、研粉、淘洗、筛选和其他机械物理方法精选过的货品），如果超出这个限度而进行了进一步的深加工，则应该归入后面的章节。例如，经过简单切割的大理石归入 2515；表面经磨光的大理石归入 6802。

2. 第六类：化学工业及其相关工业的产品

（1）本类商品范围。化学工业及其相关工业的产品共 11 章（第二十八章至第三十八章），可分为两大部分。

第一部分（第二十八章、第二十九章）为基本化工原料无机化学及有机化学品，属于符合化学定义的非零售包装的纯净物（2936 除外）。

第二部分（第三十章至第三十八章）属于各种不同用途的化工用品，它们一般为混合物或属于零售包装的产品，分别按用途归入第三十章至第三十八章中。

（2）归类时注意问题。

①有部分从化学名称看起来好像应归入第二十八章、二十九章的商品，但是需归入其他相应章节，见表 4-1-1。

表 4-1-1　不归入第二十八章或二十九章的纯净物

商品名称	所归品目	商品名称	所归品目
纯氯化钠	2501	纯尿素	3102
纯氧化镁	2519	纯氯化钾	3104
纯硝酸钠	3102	纯硫酸钾	
纯硝酸铵		纯甲烷及丙烷	2711
纯硫酸铵		纯蔗糖	1701
纯硝酸钙及硝酸镁		纯乙醇	2207 或 2208
纯氰氨化钙		纯有机合成色料	3204

②药品原药归入第二十九章相应品目，而制成零售包装的药品则应归入第三十章，如题目中未明确"零售包装"，只给出具体药品容量，则应根据实际情况判断，例如，1L 装眼药水，肯定不属于零售包装，因为通常情况下眼药水都是 5～15mL 包装。这里还应注意品目 3005 所包含的范围，这里的货品通常有可能被误归入其他章内。

③所有放射性元素（如钴 60、碳 14）均归入品目 2844；归入品目 2901 的乙烷、乙烯、丙烯，其纯度应分别达到 95%、95%、90%，否则均应归入二十七章。

3. 第七类：塑料及其制品；橡胶及其制品

（1）本类商品范围。本类包括两章（第三十九章和第四十章），这两章所包括的大多是由高分子聚合物组成的塑料、橡胶及它们的制成品。

第三十九章：塑料及其制品。

第四十章：橡胶及其制品。

（2）归类时要注意的地方。本类的重点是对聚合物的归类如下。

①首先，根据其形状（运用章注六）判断是否属于3901-3914初级形状范围。

②其次，如果该聚合物其中有一种单体单元含量在95%及以上，则按该聚物归类。

③将属于同一税（品）目（4位数）下的单体单元的含量相加。

④按含量高的税目归类，如果含量相等，则"从后归类"。

⑤含量相等，从后归类。

（三）轻工类商品

轻工类商品主要包括《商品名称及编码协调制度》中的第八类至第十类、第十二类和第十三类，即第四十一章至第四十九章、第六十四章至第七十章的商品。

第八类：生皮、皮革、毛皮及其制品；鞍具及挽具；旅行用品、手提包及类似品；动物肠线（蚕胶丝除外）制品（第四十一章至第四十三章）。

第九类：木及木制品；木炭；软木及软木制品；稻草、秸秆、针茅或其他编结材料制品；篮筐及柳条编结品（第四十四章至第四十六章）。

第十类：木浆及其他纤维状纤维素浆；回收（废碎）纸或纸板；纸、纸板及其制品（第四十七章至第四十九章）。

第十二类：鞋、帽、伞、杖、鞭及其零件；已加工的羽毛及其制品；人造花、人发制品（第六十四章至第六十七章）

第十三类：石料、石膏、水泥、石棉、云母及类似材料的制品；陶瓷产品；玻璃及其制品（第六十八章至第七十章）。

轻工类商品主要是在动植物矿物产品为主的初级产品基础上，经过不同的深加工方式而产生的。轻工类商品各类章节之间主要关系如图4-1-3所示。

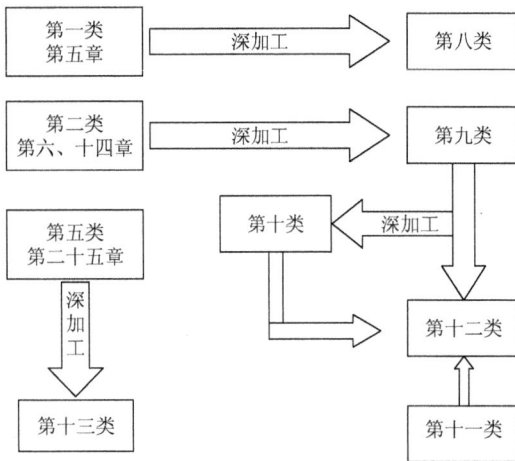

图4-1-3　轻工类商品各类章之间主要关系示意图

1. 第八类：生皮、皮革、毛皮及其制品；鞍具及挽具；旅行用品、手提包及类似品；动物肠线（蚕胶丝除外）制品

（1）本类商品范围。

本类包括生皮、皮革、毛皮及其制品。共分为三章，如下所示。

第四十一章：生皮及皮革。

第四十二章：皮革制品。

第四十三章：毛皮、人造毛皮及其制品。

本类商品的原料是第一类活动物被宰杀后剥下的生皮，对生皮进行保藏、鞣制及制造等加工后的产品属于本类商品。

（2）本类归类时注意事项。

①一般情况下，带毛的生皮或已鞣制的带毛皮张归入第四十三章，但有些动物的生皮即使带毛也不归入第四十三章，而归入第四十一章，具体种类见第四十一章章注一（三）。

②品目4202的条文分为两部分。

第一部分：衣箱、提箱、小手袋、公文箱、公文包、书包、眼镜盒、望远镜盒、照相机套、乐器盒、枪套及类似容器，这些容器基本上都装有固定的物品并长期使用，除第四十二章章注二（一）和二（二）另有规定的以外，这两部分所包括的物品可用任何材料制成。

第二部分：旅行包、食品或饮料保温包、化妆包、帆布包、手提包、购物袋、钱夹、钱包、地图盒、瓶盒、首饰盒、粉盒、刀叉餐真盒及类似容器，只能用皮革或再生皮革、塑料片、纺织材料、钢纸或纸板制成，或者全部或主要用上述材料或纸包覆制成。

③皮革服装和毛皮服装的归类。皮革或再生皮革制的服装归入品目4203。

毛皮制服装归入品目4303，即使毛皮作衬里的服装也归入品目4303；人造毛皮服装归入品目4304，即使人造毛皮作衬里的服装也归入品目4304。毛皮或人造毛皮仅作为装饰的服装一般不归入本类，按其服装的面料归入相应品目。

用皮革与毛皮或用皮革与人造毛皮制成的分指手套、连指手套及露指手套应归入品目4203，不应误归入第四十三章。

④用作机器零件的皮革制品的归类。

用作机器零件的皮带、皮制垫圈等应归入子目4205.0020，而不按机器零件归入第十六类。

2. 第九类：木及木制品；木炭；软木及软木制品；稻草、秸秆、针茅或其他编结材料制品；篮筐及柳条编结品

（1）本类商品范围。本类共有3章内容，如下所示。

第四十四章：主要包括，木及木制品，木制品还包括竹子制品。

第四十五章：主要包括软木及软木制品。

第四十六章：主要包括各种编结材料制品；篮筐及柳条编结品。

（2）归类时应该注意的事项。

①四十四章要注意章注：四十四章章注一所列出来的这些品目就不能归入到四十四章的内容。

②四十四章需注意的品目4409、4410、4411、4412。

③四十六章要与4202区分开。以四十六章编结材料制得的4202的货品，应归

入四十六章。

3. 第十类：木浆及其他纤维状纤维素浆；回收（废碎）纸或纸板；纸、纸板及其制品

（1）本类商品范围。

本类共分 3 个章（第四十七章至第四十九章），按照加工深度排列章次，先造纸原料纸浆，再纸，最后印刷品。其商品范围大致可分为以下三大类。

①植物纤维纸浆（第四十七章）。

②纸及制品（第四十八章）。

③印刷品（第四十九章）。

（2）归类时应该注意的事项。

①根据纸的加工程度掌握第四十八章结构规律：

未涂布的机器或手工纸——品目 4801-4805。

经进一步加工但未涂布的纸——品目 4806-4808。

经涂布的纸——品目 4809-4811。

特定用途的纸及其制品——品目 4812-4823。

②对品目 48.01～48.05 的纸张的加工不能超出章注三所规定的加工方法。

可以经过砑光、高度砑光、釉光或类似处理、仿水印、表面施胶等加工；纸、纸板、纤维素絮纸及纤维素纤维网纸可用各种方法本体着色或染成斑纹。

③关于新闻纸的纸浆、重量，如果不符合章注四的规定，不能按新闻纸来归类，则按普通纸张归到 4802。

④印有邮票的纸品 4907 要与 4817（信封）、4909（印有图画的明信片）区分开。

4817（信封）、4909（印有图画的明信片）未印有邮票，分别归入 4817、4909 的相应品目。如果信封和明信片上印有邮票了，归入 4907.0090。

4. 第十二类：鞋、帽、伞、杖、鞭及其零件；已加工的羽毛及其制品；人造花、人发制品

（1）本类商品范围。本类商品共包括四章的内容，如下。

第六十四章：鞋靴、护腿和类似品及其零件。

第六十五章：帽类及其零件。

第六十六章：雨伞、阳伞、手杖、鞭子、马鞭及其零件。

第六十七章：已加工羽毛、羽绒及其制品；人造花；人发制品。

（2）归类时应该注意的事项。

①旧鞋靴和帽类的归类。明显穿用过，并且报验时呈散装、捆装、大袋装或类似大包装的（除石棉以外材料制成的鞋靴和帽类外），应归入品目 63.09。

注意：石棉制的鞋靴和帽类应归入品目 68.12。

②滑冰鞋的归类。装有冰刀或轮子的归入第九十五章；未装有冰刀或轮子按运动鞋靴归入第六十四章。

5. 第十三类：石料、石膏、水泥、石棉、云母及类似材料的制品；陶瓷产品；玻璃及其制品

（1）本类商品范围。本类共分 3 个章（第六十八章至第七十章）。

第六十八章：石料、石膏、水泥、石棉、云母及类似材料的制品，本章的货品大都是第二十五章货品经进一步加工所得。

第六十九章：陶瓷产品，主要包括成型后经过烧制的陶瓷制品。

第七十章：玻璃及制品，主要包括各种玻璃制品。

（2）归类时应该注意的事项。

①第六十八章共有 15 个品目，主要包括石料、石膏、水泥、石棉、云母及类似材料的制品，基本上是按照加工程度由浅至深的顺序排列品目的。

②注意区分第六十八章和第二十五章的品目：六十八章的货品大都是第二十五章的货品经过进一步加工所得。或者说第六十八章货品的加工范围已经超出了第二十五章所允许的范围。

③第六十九章共有 14 个品目，本章产品的主要特点是成型后加以烧制而得的陶瓷产品。

④第七十章玻璃及其制品基本上是按照加工程度由浅至深的顺序，同时兼顾了制造方法、材质类别及用途的不同排列品目的。

（四）纺织类商品

纺织类商品主要包括《商品名称及编码协调制度》中的第十一类，即第五十章至第六十三章。

第十一类纺织原料及纺织制品由 13 条类注、两条子目注释和 14 章构成。除注释规定除外的商品，其余各种纺织原料及制品均归入本类。

本类分为两大部分。

第一部分包括第五十至第五十五章，包括普通纺织原料、纱线和织物，是按原料顺序排列的：即动物纺织原料、植物纺织原料、化学纺织原料；各种纺织原料一般有根据纤维长度按先长后短的顺序排列；每章中再按原料、废料、普通机织物顺序排列。

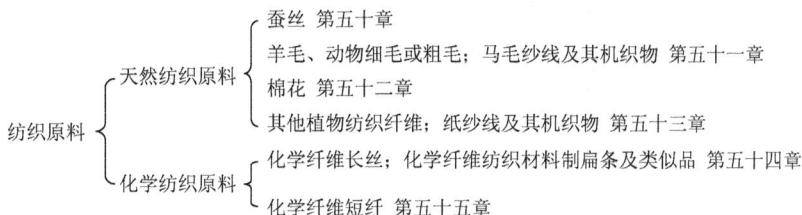

纺织原料
- 天然纺织原料
  - 蚕丝 第五十章
  - 羊毛、动物细毛或粗毛；马毛纱线及其机织物 第五十一章
  - 棉花 第五十二章
  - 其他植物纺织纤维；纸纱线及其机织物 第五十三章
- 化学纺织原料
  - 化学纤维长丝；化学纤维纺织材料制扁条及类似品 第五十四章
  - 化学纤维短纤 第五十五章

第二部分包括第五十六至第六十三章，包括了除第一部分货品以外的纺织物及制品，是按加工程度排列的，即絮胎、特种纱线、特种机织物、针织或钩编织物、服装、其他纺织制品和废旧纺织品，按章顺序排列。

第五十六章：絮胎、毡呢及无纺织物；特种纱线；线、绳、索、缆及其制品。

第五十七章：地毯及纺织材料的其他铺地制品。

第五十八章：特种机织物；簇绒织物；花边；装饰毯；装饰带；刺绣品。

第五十九章：浸渍、涂布、包覆或层压的纺织物；工业用纺织制品。

第六十章：针织物及钩编织物。

第六十一章：针织或钩编的服装及衣着附件。

第六十二章：非针织或非钩编的服装及衣着附件。

第六十三章：其他纺织制成品；成套物品；旧衣着及旧纺织品；碎织物。

纺织类各章商品之间的关系如图 4-1-4 所示。

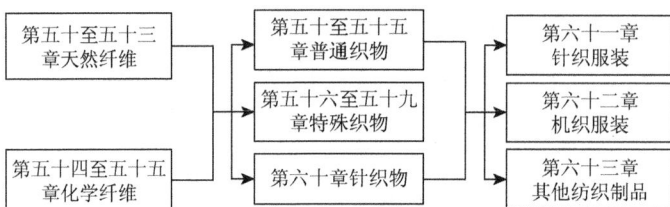

图 4-1-4　纺织类各章商品之间的关系示意图

（五）金属类商品

金属类商品主要包括《商品名称及编码协调制度》中的第十四类与第十五类，即第七十一章至第八十三章。

第十四类：天然或养殖珍珠、宝石或半宝石、贵金属、包贵金属及其制品；仿首饰；硬币（第七十一章）。

第十五类：贱金属及其制品（第七十二章至第八十三章）。

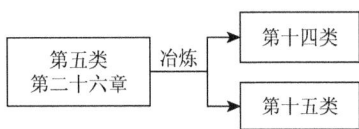

图 4-1-5　金属类商品各类章商品主要关系示意图

贵金属、贱金属及其制品同属金属类。贵金属分为三个分章，其中的排列顺序是按照：珍珠宝石——贵金属、包贵金属——珠宝首饰、金银器及其制品；贱金属及其制品的排列顺序是：钢铁——钢铁制品——贱金属——贱金属制品。其中应当注意在第八十二章和八十三章贱金属制品中是不按照贱金属类别归类，而是按照货品用途及特性进行归类。金属类商品各类章商品主要关系如图 4-1-5 所示。

1. **第十四类：天然或养殖珍珠、宝石或半宝石、贵金属、包贵金属及其制品；仿首饰；硬币**

（1）本类商品范围包括第七十一章的品目。第七十一章分三个分章。

第一分章天然或养殖珍珠、宝石或半宝石（品目 71.01-71.05）。

第二分章贵金属及包贵金属（品目 71.06-71.12）。

第三分章珠宝首饰，金、银器及其他制品（品目 71.13-71.18）。

（2）本类商品归类应注意的地方。

①只要其中任何一种贵金属的含量达到合金重量的 2%，那么则视为本章的贵金属合金。

按重量计含铂量在 2%及以上的合金，应视为铂合金。

按重量计含金量在 2%及以上的合金，应视为金合金。

按重量计含银量在 2%及以上的合金，应视为银合金。

应用时注意其先后顺序，归类时铂合金优先于金合金，金合金优先于银合金。

②注意区分包贵金属跟表面镀贵金属的贱金属的异同点。两者制得方法不同，包贵金属是指以贱金属为底料，在其一面或多面焊接、熔接、热轧或类似机械方法覆盖一层贵金属的材料；表面镀贵金属的贱金属通过电镀的化学方法制得。包贵金属的覆盖层无论多薄都应按贵金属归入七十一章。而表面镀贵金属的贱金属无论镀层多厚都按内部的底料来归类（7117、7118 的品目除外）。

2. 第十五类：贱金属及其制品

（1）本类商品范围。本类商品共分 11 章（第七十二章至八十三章），分为三组。

第一组：钢铁及其制品（第七十二、七十三章）。

第二组：有色贱金属，金属陶瓷及其制品（第七十四章至第八十一章）。

第三组：结构较为简单的贱金属制品（第八十二章、第八十三章）。

（2）本类不包括的商品。

①以金属粉末为基本成分的调制油漆、油墨或其他产品（税号 32.07 至 32.10、32.12、32.13 或 32.15）。

②铈铁或其他引火合金（税号 36.06）。

③税号 65.06 或 65.07 的帽类及其零件。

④税号 66.03 的伞骨及其他物品。

⑤第七十一章的货品（例如，贵金属合金、以贱金属为底的包贵金属、仿首饰）。

⑥第十六类的物品（机器、机械器具及电气设备）。

⑦已装配的铁道或电车道轨道（税号 86.08）或第十七类的其他物品（车辆、船舶、航空器）。

⑧第十八类的仪器及器具，包括钟表发条。

⑨做弹药用的铅弹（税号 93.06）或第十九类的其他物品（武器、弹药）。

⑩第九十四章的物品（例如，家具、弹簧床垫，灯具及照明装置、发光标志、活动房屋）。

⑪第九十五章的物品（例如，玩具、游戏品及运动用品）。

⑫手用筛子、纽扣、钢笔、铅笔套、钢笔尖或第九十六章的其他物品（杂项制品）。

⑬第九十七章的物品（例如，艺术品）。

（六）机电类商品

机电类商品主要包括《商品名称及编码协调制度》中的第十六类至第十八类，即第八十四章至第九十二章。

第十六类：机器、机械器具、电气设备及其零件；录音机及放声机、电视图像、声音的录制和重放设备及其零件、附件（第八十四章、第八十五章）。

第十七类：车辆、航空器、船舶及有关运输设备（第八十六章至第八十九章）。

第十八类：光学、照相、电影、计量、检验、医疗或外科用仪器及设备、精密仪器及设备；钟表；乐器；上述物品的零件、附件（第九十章至第九十二章）。

机电类商品是由金属、塑料、木等各种材质的商品构成的，但已不再按照自然属性归类。机电类商品各类章之间关系如图 4-1-6 所示。

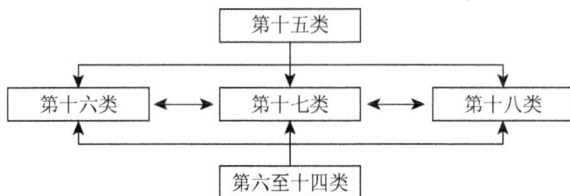

图 4-1-6　机电类商品各类章之间关系示意图

1. **第十六类：机器、机械器具、电气设备及其零件；录音机及放声机、电视图像、声音的录制和重放设备及其零件、附件**

（1）本类商品范围。第十六类是机械电子产品。共有两章：八十四章和八十五章。

第八十四章：核反应堆、锅炉、机器、机械器具及其零件。

第八十五章：电机、电气设备及其零件；录音机及放声机、电视图像、声音的录制和重放设备及其零件、附件。

本类商品归类的重点是在了解商品结构、性能、用途及简单工作原理的基础上，注意区分相似商品（或税目）的归类情况。

（2）八十四章与八十五章的范围区别。

①第八十四章商品主要包括用来转换或利用机械能的机器，及其零件，它主要由下列三部分商品组成。

能量转换机器。例如，热能变成蒸汽能的锅炉；水能转变成机械能的水轮机；核能变成热能进而转化为机械能的核反应堆；燃料能转变成机械能的各种汽油、柴油发动机等。

利用能量变化做功的机器及其零件。例如，利用温度变化处理材料的机器，如烘炒设备、消毒设备等。

利用能量（包括机械能、非机械能）做功的机器及其零件。例如，金属切削加工机床、激光加工机床等。

但有些机器例外，例如，品目 8471 的电子计算机不归入八十五章而列在八十四章相应品目。之所以列在八十四章，是因为电子计算机是由机械式的手摇计算机发展而来的，目录仍保留传统的分类方法。

②第八十五章商品主要包括产生、利用、传输电能的设备、器具及其零件，它主要由下列三部分商品组成。

利用电能做功的机器、设备及其零件。例如，机械能变成电能的发电机、电能变成热能的电熨斗、电热快速热水器等。

利用电信号产生、变换的机器、设备及其零件。例如，电视广播发送设备脉冲编码调制设备等。

利用不同形式电信号进行工作的机器、设备及其零件。例如，微波炉、电磁炉等。

2. 第十七类：车辆、航空器、船舶及有关运输设备

（1）本类商品范围。本类包括各种铁道、电车道用车辆及气垫火车；其他陆上车辆，包括气垫车辆；航空、航天器；船舶、气垫船及浮动结构体以及与运输设备相关的一些具体列名商品。共有 4 章内容。

第八十六章：铁道及电车道机车、车辆及其零件；铁道及电车道轨道固定装置及其零件、附件；各种机械（包括电动机械）交通信号设备。

第八十七章：车辆及其零件、附件，但铁道及电车道车辆除外。

第八十八章：航空器、航天器及其零件。

第八十九章：船舶及浮动结构体。

（2）归类时应该注意的问题。

①第八十六章至第八十八章所称"零件"或"附件"。

根据类注二，其他类已列名的零件、附件不归入本类。常见的有第八十四、第八十五章列名的机电产品；十五类的"通用零件"及塑料制的类似品。例如，汽车发动机是汽车的零件，根据本类的类注二（五）得知，发动机不归入十七类八十七章，而是归入八十四章。

同时符合这几章内两个或两个以上品目规定的零件、附件，应按其主要用途归入相应的品目。

另注意：第八十九章不包括零件、附件，即使能确定专用于或主要用于船舶也不能归入八十九章，一般按主要用途归入前面各章。

②客车、货车的归类。

客车的归类：10 座及以上的客车（包括驾驶座），根据发动机类型和座位数等因素归入 8702；10 座以下的客车（包括驾驶座），按用途、发动机类型、汽缸容量等因素归入 8703。注意：归类的时候折叠椅作为一个座位计算。

货车：按发动机类型和车辆总重量归入税目 8704。

③特殊用途车辆的归类。

对于不是以载人或装物为主目的特种车辆归入 87.05。例如，消防车、抢修车、起

重车、混凝土搅拌车、道路清洁车、喷洒车、流动工场流动放射线检查车归入 87.05。

对于以载人、载货为主要目的的特殊车辆不能按特种车辆来归类，要归入相应的品目 87.02-87.04。例如，以载人为主要目的的特殊用途车辆有：囚车、警车、灵车、赛车、雪地车等归入 87.02-87.03，不归入 87.05。以载货为主要目的的特殊车辆有冷藏货车、运钞车、自动装卸货车等归入 87.04，不归入 87.05。

④机动车辆底盘的归类。

只有底盘的，按零件来归类，归入 87.08。

只有发动机+底盘的，归入 87.06。

发机动+底盘+驾驶室，已经构成"完整品或制成品"的基本特征，按整车来归类，归入品目 87.02 至 87.04，不归入品目 87.06。

⑤汽车零件的归类。首先判断是否本类已经排除掉（类注二，本类不包括）。只有确定在其他类未列名的情况下，才归入品目 8708。零件的子目是按照前面整车的类型排列的，因此要先确定整车的编码，才能确定其零件。

⑥摩托车和自行车的归类。摩托车归入 8711，自行车归入 8712。

注意：电动自行车不归入 8712，而是按装有辅助动力的脚踏车归入 8711.9010。

3. 第十八类：光学、照相、电影、计量、检验、医疗或外科用仪器及设备、精密仪器及设备；钟表；乐器；上述物品的零件、附件

（1）本类商品范围。本类共分 3 个章（第九十至九十二章），商品大致可分为以下三大类。

第九十章：光学、照相、电影、计量、检验、医疗或外科用仪器及设备、精密仪器及设备；上述物品的零件、附件。

第九十一章：钟表及其零件。

第九十二章：乐器及其零件、附件。

（2）归类时注意的地方。

①关于仪器装置的零件、附件的归类（九十章章注二）。

判断是否属于第九十、八十四、八十五、九十一章列名的零件、附件，如果是，优先归入相应的品目。

若不是，再判断是否主要用于或专门用于本章的零件、附件。如果是，则归入仪器装置的品目；如果不是，则归入 9033 的品目。

②关于光学元件的归类。

已加工但未装配的光学元件：归入 9001。

已装配（带有镜筒或框架）的光学元件：归入 9002。

未加工的光学元件：归入 70 章玻璃制品 7015。

③9006 照相机（老式胶卷）；8525 照相机（数码的）9006.3000 特种照相机。例如，检查眼底用的特殊照相机。不可归入 9018 的医疗器械。

④医疗器械及器具的归类。一般归入 9018-9022。主要根据其工作原理、特性及

用途归类。

（七）其他商品

其他商品是指《商品名称及编码协调制度》里除了前边六节提到的动植物类、化工类、轻工类、纺织类、金属类、机电类等 6 类之外的商品，即第十九类至第二十一类（包括第九十三章至第九十七章）的商品。

第十九类：武器、弹药及其零件、附件（第九十三章）。

第二十类：杂项制品（第九十四章至第九十六章）。

第二十一类：艺术品、收藏品及古物（第九十七章）。

（1）第十九类：武器、弹药及其零件、附件。

归类时应注意以下两点。

一是装甲战斗车辆不能作为武器归入该章，应按车辆归入品目 8710；弓、箭、钝头击剑等不能作为武器归入该章，应作为运动用品归入第九十五章。

二是其他章已列名的武器及零件不应归入该章，例如，第九十章的武器瞄准用的望远镜。

（2）第二十类：杂项制品。本类所称杂项制品是指前述各类、章、税目号未包括的货品。

（3）第二十一类：艺术品、收藏品及古物。本类只有 1 章，一般归入本类商品的最大特点是具有一定的收藏价值，主要包括艺术品和收藏品。例如，完全手工绘制的油画、粉画，完全手工制作的雕版画、印制画、石印画原本，雕塑品原件，邮票，动物、植物、矿物等的标本和超过 100 年的古物。

二、基本归类要素

（一）动植物类商品

动植物类商品的基本归类要素包括如下几个方面。

（1）品名。品名即指商品的名称。例如，子目 0603.15 百合花（百合属）。

（2）制作或保存方法。制作或保存方法是指"鲜、冷、冻、干、熏、盐渍"等。例如，品目 0305 条文中的"干、盐渍"即为制作方法，品目 0206 条文"鲜、冷、冻牛、猪、绵羊、山羊、马、驴、骡的食用杂碎"中的"鲜、冷、冻"即为保存方法。

（3）加工方法。例如，子目 0506.10 条文中"经酸处理的骨胶原及骨"，子目 1904.3000 条文中"碾碎的干小麦"。

（4）加工程度。例如，品目 0501 条文中"未经加工的人发；废人发"中的"未经加工"，子目 1104.3000 条文中"整粒或经加工的谷物胚芽"，子目 1210.1000 条文中"未研磨也未制成团粒的啤酒花"。

（5）成分含量。例如，子目 2009.3110 条文中"白利糖浓度≤20%的柠檬汁"中"白利糖"为成分，"≤20%"为含量。

（6）用途。例如，子目 1003.0010 条文中"种用大麦"，子目 2106.9020 条文中"制造饮料用的复合酒精制品"。

（二）化工类商品

化工类商品的基本归类要素包括如下几个方面。

（1）品名。是指商品的名称。例如，子目 2501.0011 条文"食用盐"。

（2）外观。化工类商品的外观形态。例如，子目 2504.1010 条文"鳞片状天然石墨"；子目 2516.1200 条文"矩形花岗岩"。

（3）成分含量。例如，子目 2529.2200 条文"按重量计氟化钙含量＞97%的萤石"中的"氟化钙"为成分，"＞97%"为含量。

（4）分子式。例如，乙烯的分子式为 C_2H_4。

（5）化学结构式

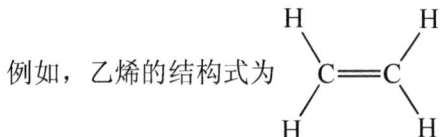

例如，乙烯的结构式为

（6）加工工艺。例如，子目 3301.9090 条文"吸取浸渍法制成含浓缩精油的脂肪"中的"吸取浸渍法"。

（7）用途。例如，子目 2520.2010 条文"牙科用熟石膏"中的"牙科用"。

（三）轻工类商品

轻工类商品的基本归类要素包括如下几个方面。

（1）品名是指商品的名称。

（2）种类。例如，子目 4103.2000 条文"爬行动物的生皮"中的"爬行动物"；子目 4105.3000 条文"绵羊或羔羊干革"。

（3）材质。例如，品目 4303 条文中的"皮革或再生皮革制"；子目 4601.2100 条文"竹制的席子、席料及帘子"中的"竹制"。

（4）制作或保存方法。例如，子目 4302.1100 条文"已鞣未缝制的整张水貂皮"中的"缝制"为制作方法。

（5）状态。例如，子目 4102.1000 条文"带毛的绵羊或羔羊生皮"中的"带毛"。

（6）加工方法。例如，品目 4408 条文中的"纵锯、刨切或旋切"。

（7）加工程度。例如，子目 4301.9010 条文"未鞣制的黄鼠狼尾"中的"未鞣制"；子目 4418.7210 条文"已装拼的竹制多层地板"中的"已装拼"。

（8）用途。例如，子目 6601.1000 条文"庭院用伞及类似品"。

（四）纺织类商品

纺织类商品的基本归类要素包括如下几个方面。

（1）品名是指商品的名称。

（2）成分含量。例如，子目 5408.3300 条文"色织的人纤长丝机织物，人纤＜85%"中"人纤"是成分，"＜85%"是含量。

（3）织造方法。主要包括机织、针织、手工、刺绣等。例如，子目 5208.1900 条文"未漂白其他全棉机织物"中的"机织"；子目 5208.4100 条文"色织的全棉手工织布"中的"手工"。

（4）染整方法。主要包括是否漂白、色织、染色、印花等。例如，子目 5007.1010 条文"未漂白或漂白的细丝机织物"中的"未漂白或漂白"；子目 5007.1090 条文"其他色织绸丝机织物"中的"色织"；子目 5212.1500 条文"印花其他混纺棉布"中的"印花"。

（5）组织结构。组织结构主要是指平纹、斜纹、缎纹、联合组织等。例如，子目 5208.2100 条文"漂白全棉平纹机织平布"中的"平纹"；子目 5208.2300 条文"漂白的全棉三、四线斜纹布"中的"斜纹"。

（6）种类。纺织原料的种类主要以原料来源区分，例如，子目 5101.3000 条文"未梳碳化羊毛"中的"羊毛"；子目 5102.1910 条文"未梳濒危兔毛"中的"兔毛"等。

纺织纱线的种类主要以形式区分，例如，子目 5206.2400 条文"非零售精梳较细支混纺棉单纱"中的"单纱"；子目 5206.3100 条文"非零售粗梳粗支混纺棉多股纱或缆"中的"股纱或缆"等。

服装的种类主要以类型区分，例如，子目 6101.2000 条文"棉制针织或钩编男式大衣"中的"大衣"；子目 6102.2000 条文"棉制针织或钩编女式大衣"中的"大衣"。

（7）类别。主要是指商品的样式，例如，子目 6101.2000 条文"棉制针织或钩编男式大衣"中的"男式"；子目 6102.2000 条文"棉制针织或钩编女式大衣"中的"女式"。

（8）处理材料。主要是指面料的涂层材料，例如，子目 5903.1090 条文"用聚氯乙烯浸渍的精梳毛织物"中的"聚氯乙烯"；子目 5906.1010"用橡胶处理宽≤20cm 纺织绝缘带"中的"橡胶"。

（9）用途。例如，品目 5006 条文"零售用丝纱线，绢纺纱线；蚕胶丝"中的"零售用"；子目 5208.2100 条文"漂白全棉医用纱布"中的"医用"。

（五）金属类商品

金属类商品的基本归类要素包括如下几个方面。

（1）品名是指商品的名称。

（2）成分含量。例如，子目 7201.1000 条文"非合金生铁，按重量计含磷量在 0.5%"中的"磷"为成分，"0.5"为含量。

（3）材质。材质主要是指生铁、合金、锰铁、不锈钢、合金钢等材料。例如，子目 7206.1000 条文中的"铁锭及非合金钢锭"；子目 7202.3000 条文中的"硅锰铁"。

（4）加工方法。加工方法主要有热轧、热拉拔、热挤压、冷轧、锻造、镀锌等多种方法。例如，子目 7208.1000 条文"轧有花纹的热轧卷材"中的"热轧"；子目 7209.1590 条文"其他厚度≥3mm 的冷轧卷材"中的"冷轧"。

（5）形状。金属类形状主要有条、杆、板、片、粉末、型材、异型材等。例如，子目

7214.1000 条文"铁或非合金钢的锻造条、杆"中的"条、杆"。

（6）规格。规格是指商品的尺寸大小。例如，子目 7208.3910 条文"厚度<1.5mm 的其他热轧卷材"中的"厚度<1.5mm"。

（7）用途。例如，子目 7115.9010 条文"银制工业，实验室用制品"。

（六）机电类商品

机电类商品的基本归类要素包括如下几个方面。

（1）品名是指商品的名称。

（2）结构。例如，子目 8544.2000 条文"同轴电缆及其他同轴电导体"中的"同轴"。

（3）原理。即工作原理，例如，子目 8407.3420 条文"其他超 3000cc（1cc=1cm^3）车用往复式活塞引擎"中的"往复式"；子目 8407.9090 条文"其他往复或旋转式活塞内燃引擎"中的"旋转式"。

（4）功能。例如，子目 8435.9000 条文"制酒、果汁等压榨、轧碎机零件"中的"压榨、轧碎"。

（5）用途。例如，子目 8403.1010 条文"家用型热水锅炉"中的"家用"；子目 8406.1000 条文"船舶动力用汽轮机"中的"船舶动力用"。

（七）其他类商品

其他类商品的基本归类要素包括如下几个方面。

（1）第十九类商品的归类要素可归纳为：品名、驱动方式、用途。

（2）第二十类商品的归类要素可归纳为：品目、用途、材质、种类。

（3）第二十一类商品的归类要素可归纳为：品名、用途、种类、年代。

【任务实施】

富智国际贸易有限公司欲进口一批硅铁合金，进口合同中描述的该硅铁合金的成分及含量为：硅含量占 80%，铁含量占 10%，锰 10%，合同总金额为 10 万欧元。根据已有资料，富智国际贸易有限公司的报关员应先进行商品归类准备，确定商品所属门类，并获取归类要素信息。

（1）确定商品所属门类。通过品名、商品描述等信息，确定该商品属于金属类商品，进行该商品归类应搜集的归类要素信息包括：品名、成分含量、材质、加工方法、形状、规格、用途。

（2）获取归类要素信息。通过合同描述商品的信息，获取归类要素信息如下。

归类要素	要素描述
品名	硅铁合金
成分含量	硅含量占 80%，铁含量占 10%，锰含量占 10%

续表

归类要素	要素描述
材质	硅铁合金
加工方法	—
形状	—
规格	—
用途	—

第二节　归　类　操　作

一、进出口商品归类的依据

从上述定义可以看出商品归类的依据基本上包括《商品名称及编码协调制度公约》(简称《协调制度》)商品分类目录《中华人民共和国进出口税则》《进出口税则商品及品目注释》《中华人民共和国进出口税则本国子目注释》,以及海关总署发布的关于商品归类的行政裁定、商品归类决定的要求等。

(一)《商品名称及编码协调制度公约》商品分类目录

1.《协调制度》简介

《商品名称及编码协调制度公约》商品分类目录,即是《商品名称及编码协调制度》(Harmonized Commodity Description and Coding System,HS)。《协调制度》是原海关合作理事会(1995 年更名为世界海关组织)在《海关合作理事会商品分类目录》和联合国的《国际贸易标准分类目录》的基础上,参照国际上主要国家的税则、统计、运输等分类目录而制定的一个多用途的国际贸易商品分类目录。《协调制度》既满足了海关税则和贸易统计需要,又包容了运输及制造业等要求,因此,该目录自 1988 年 1 月 1 日起正式生效后,即被广泛应用于海关税则、国际贸易统计、原产地规则、国际贸易谈判、贸易管制等多种领域。目前,《协调制度》建立了完整、系统、通用、准确的国际贸易商品分类体系,已经成为国际贸易商品分类的一种"标准语言"。

目前,已有 200 多个国家、地区和国际组织采用《协调制度》目录。经国务院批准,我国海关自 1992 年 1 月 1 日起开始采用《协调制度》对进出口商品进行归类。使进出口商品归类工作成为我国海关最早实现与国际接轨的执法项目之一。

为了适应不断出现的新产品和不断变化的国际贸易结构，世界海关组织每 4～6 年对《协调制度》进行一次较大范围的修改。截至目前，已进行了 5 次修订，形成了 6 个版本，分别是 1988 年、1992 年、1996 年、2002 年、2007 年和 2012 年版本。当前采用的是 2012 年生效的最新版本。

2.《协调制度》基本结构

从总体结构上讲，《协调制度》将国际贸易涉及的各种商品按照生产类别、自然属性和不同功能用途等分为 21 类 97 章，每一章由若干品目构成，品目项下又细分出若干一级子目和二级子目。为了避免各品目和子目所列商品发生交叉归类，在类、章下加有类注、章注和子目注释。为了保证《协调制度》解释的统一性，设立了归类总规则，作为整个《协调制度》商品归类的总原则。《协调制度》是一部系统的国际贸易商品分类目录，所列商品名称的分类和编排是有一定规律的。

从"类"来看，《协调制度》基本上按社会生产的分工（或称生产部类）分类的，将属于同一生产部类的产品归在同一类里。如农业在第一、二类；化学工业在第六类；纺织工业在第十一类；冶金工业在第十五类；机电制造业在第十六类等。

从"章"来看，基本上按商品的自然属性或用途（功能）来划分，这样就形成了系统、完整的商品分类体系，而且《协调制度》几乎涵盖了所有目前进出口的所有商品种类。例如，第一至八十三章（第六十四章至六十六章除外）基本上是按商品的自然属性来分章，而每章的前后顺序则是按照动、植、矿物质来先后排列。如第一章至第五章是活动物和动物产品；第六章至第十四章是活植物和植物产品；第五十章和五十一章是蚕丝、羊毛及其他动物毛；第五十二章和五十三章是棉花、其他植物纺织纤维和纸纱线；第五十四章和五十五章为化学纤维。商品按自然属性分类是因为其种类、成分或原料比较容易区分，同时也因为商品价值的高低往往取决于构成商品本身的原材料。第六十四章至第六十六章和第八十四章至第九十七章是按货物的用途或功能来分章的，如第六十四章是鞋、第六十五章是帽、第八十四章是机械设备、第八十五章是电气设备、第八十七章是汽车、第八十九章是船舶等。

从品目的排列看，一般也是原材料先于成品，加工程度低的产品先于加工程度高的产品，列名具体的品种先于列名一般的品种。如在第四十四章内，品目 4403 是原木；4404 至 4408 是经简单加工的木材；4409 至 4413 是木的半制品；4414 至 4421 是木的制成品。

（二）《中华人民共和国进出口税则》

《中华人民共和国进出口税则》（以下简称《进出口税则》），是以《协调制度》为基础，结合我国贸易以及其他政策情况编制而成的，由国务院批准发布的规定进出口商品关税税目、税则号列和税率的法律文本。《进出口税则》也是在我国关境内进行进出口商品归类的基础法律依据。

《进出口税则》由国务院关税税则委员会负责修订，一般有以下两种修订情形：一是与《协调制度》同步修订，以保持两者的一致性。例如，世界海关组织每 4～6 年进行的新一轮《协调制度》修订已经完成，2012 年版《协调制度》的变化，共涉及 53 章的产品，作为《协调制度公约》的缔约国，我国 2012 年进出口税则也对这 53 章产品进行了修订，即这些商品的归类发生了变化，相关的税率、贸易管制措施等也随之调整；二是根据我国贸易政策的调整情况进行修订，一般每年修订一次，并从次年的 1 月 1 日开始实施（图 4-2-1）。

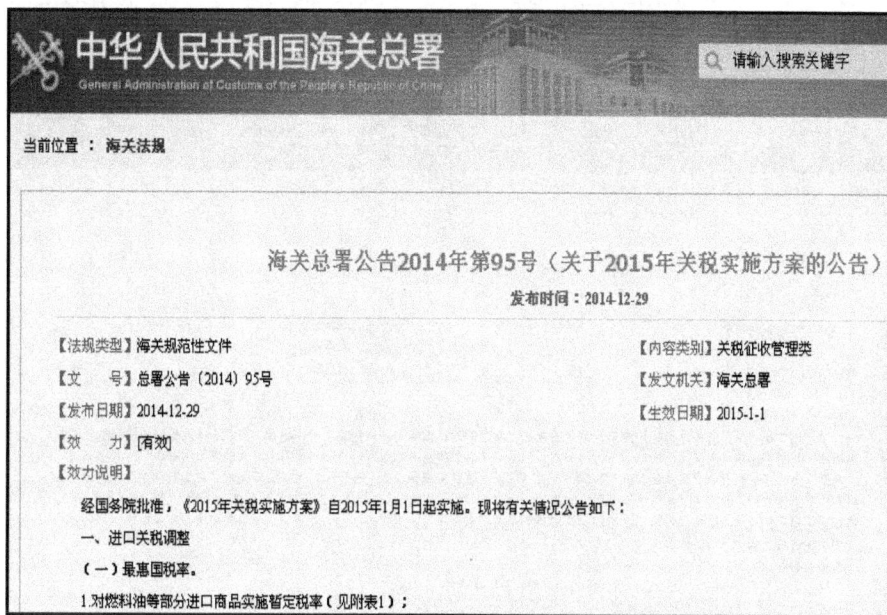

图 4-2-1　海关总署关于税则实施方案的公告图例

如前面所述，《进出口税则》是以《协调制度》为基础编制而成的，所以我国的《进出口税则》的目录结构是在《协调制度》目录的基础上增设本国子目（三级子目和四级子目）而形成的。《协调制度》中的编码只有 6 位数，而我国进出口税则中的编码为 8 位数，其中第 7 位、第 8 位是我国根据实际情况加入的"本国子目"。

编码的编排是有一定规律的，以 0301.9210"鳗鱼苗"为例说明如下。

编码：	0	3	0	1	9	2	1	0
位数：	1	2	3	4	5	6	7	8
含义：	章	号	顺	序　号	一级子目	二级子目	三级子目	四级子目

（三）《进出口税则商品及品目注释》

世界海关组织为使各缔约方能够统一理解、准确执行《协调制度》，主持编制了《商品名称及编码协调制度注释》（Explanatory Notes to the Harmonized Commodity Description and Coding System）（简称《协调制度注释》），《协调制度注释》是《协调制度》所列商品及品目范围的最权威的解释，是《协调制度》实施的重要组成部分。

　　《进出口税则商品及品目注释》（以下简称《商品及品目注释》）是海关总署根据《协调制度注释》编译而成的，财政部、海关总署根据国际上广泛采用英文版《协调制度注释》编译出版了《海关进出口税则——统计目录商品及品目注释》，它对《海关进出口税则》4位至8位数编码的品目及子目的商品名称及范围作了最具权威性的解释，并通过法律程序——《商品归类管理规定》确定其为进出口商品征税或统计归类的法律依据。自《协调制度》生效以来，世界海关组织已经对其进行了5次大范围修订，目前采用的是由海关总署2012年第5号公告（图4-2-2）发布生效的2012版《商品及品目注释》。

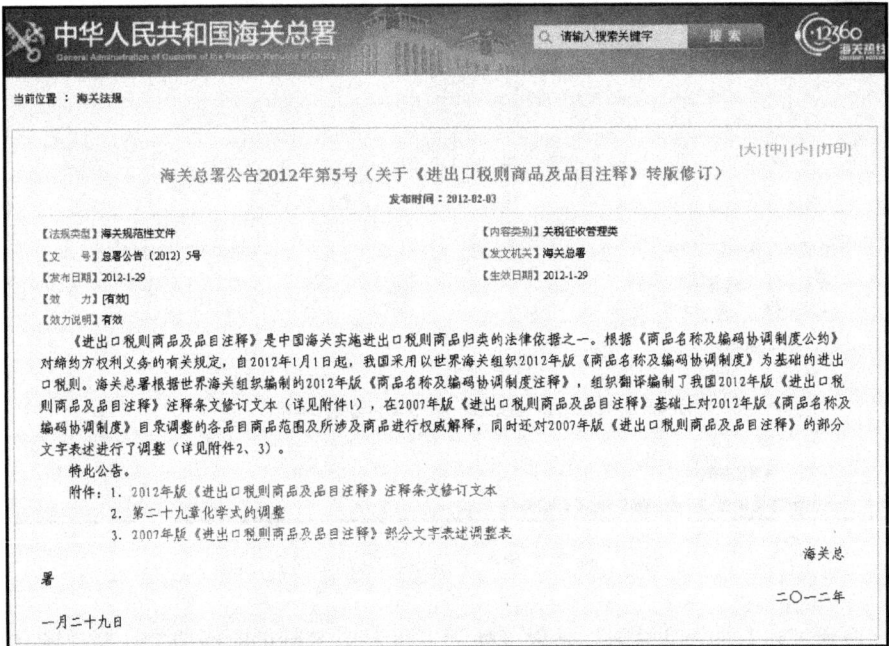

图 4-2-2　海关总署关于《商品及品目注释》的公告

　　如前面所述，《商品及品目注释》是《协调制度注释》的中文译本，两者的内容结构完全一致，主要由两部分组成：一是引用《协调制度》的原文内容；二是对上述原文内容进行的总注释、品目注释、子目注释。

（四）《中华人民共和国进出口税则本国子目注释》

　　《进出口税则》是在《协调制度》目录的基础上，增设本国子目（三级子目和四级子目）编制而成的，而《中华人民共和国进出口税则本国子目注释》（以下简称《本国子目注释》）是海关总署为使各应用方能够统一理解《进出口税则》里我国增设的部分本国子目而编写的，并确定其为我国进出口归类的依据。需要注意的是，《本国子目注释》只是对部分本国子目进行解释，而且没有严格地按照《进出口税则》同步修订，目前采用的是最新版本，2013年版《本国子目注释》（图4-2-3），但在2014年8月27日海关总署又对

《本国子目注释》做了新增和调整（图4-2-4）。

　　《本国子目注释》按照《进出口税则》本国子目的商品编码顺序，对某些子目涉及的商品进行解释。其结构内容包括：税则号列、商品名称、商品描述3部分（图4-2-5）。此三部分具有法律效力，是进出口商品归类的依据。

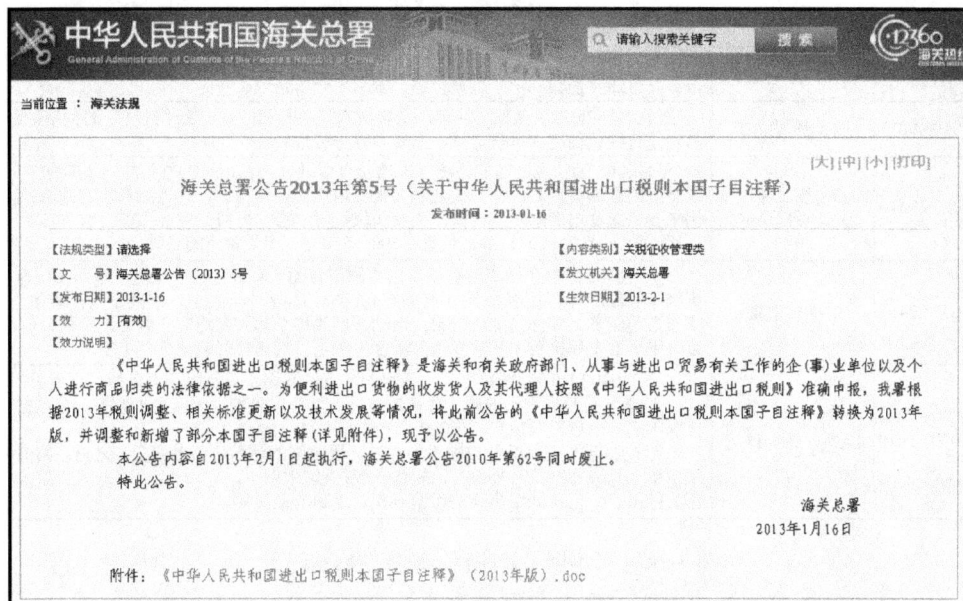

图 4-2-3　海关总署关于《本国子目注释》的公告示例图

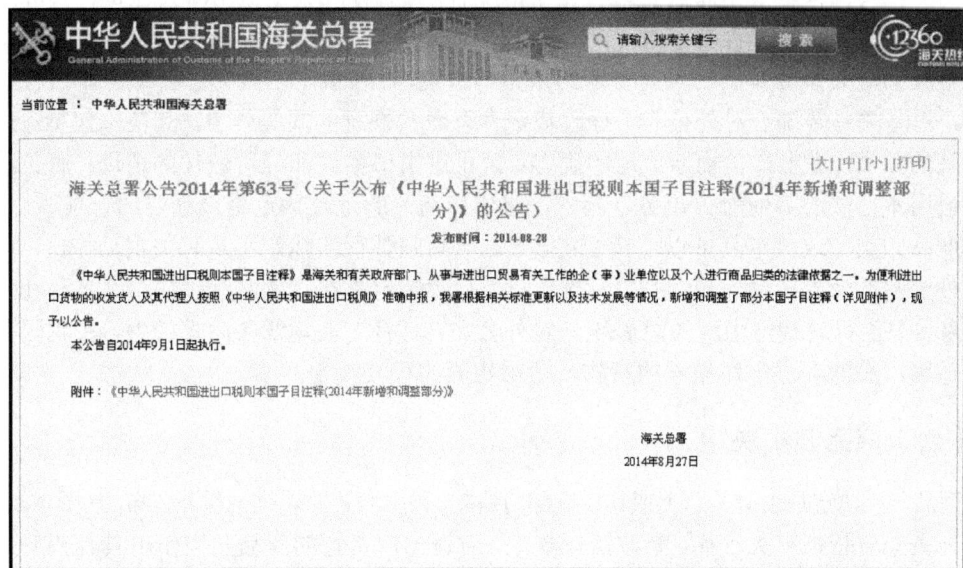

图 4-2-4　海关总署关于《本国子目注释》新增和调整的公告示例图

附件

中华人民共和国进出口税则本国子目注释（2013年版）

序号	税则号列	商品名称	商品描述
1	0104.1010	改良种用绵羊	子目0104.1010改良种用绵羊，是指根据育种目标，利用现有品种发生的自然变异或人工创造的新类型，通过系统的选育过程而育成的用于繁殖、培养推广或用以改良国内品种为主要用途的公、母绵羊。它比一般的绵羊有较好的生产性能和遗传品质，同时又能适应一定的经济和自然条件。该税则子目仅包括由本国主管部门认定为"纯种"的种用动物。
2	0106.2011	改良种用鳄鱼苗	子目0106.2011改良种用鳄鱼苗，是指由本国主管部门认定为"纯种"的种用鳄鱼苗。具有遗传性状稳定、抗病力强、繁殖力强等特点。
3	0106.9011	改良种用蛙苗	子目0106.9011改良种用蛙苗，是指由本国主管部门认定为"纯种"的种用蛙苗。具有遗传性状稳定、抗病力强、繁殖力强等特点。
4	0208.9010	乳鸽的鲜、冷、冻肉及食用杂碎	子目0208.9010乳鸽的鲜、冷、冻肉及食用杂碎，包括：①整头乳鸽（即有头或无头的乳鸽躯体）；②半头乳鸽（整头纵向切开而得）；③连腿肉块、肉块；④主要供人食用的杂碎（例如，头及头块、脚、心、肝等）。乳鸽，是指25～28日龄、体重在500～750克、用于食用的雏鸽。
5	0306.2491	中华绒螯蟹	子目0306.2491"中华绒螯蟹"，头胸甲背面为草绿色或墨绿色，腹面灰白色；头胸甲额缘具有4尖齿突，前侧缘亦具4齿突，第4齿小而明显。腹部平扁，雌体呈卵圆形至圆形，雄体呈细长钟状；但幼蟹期雌雄个体腹部均为三角形，不易分辨。螯足用于取食和抗敌，其掌部内外缘密生绒毛。其肉质鲜美，营养丰富。
6	0307.1010	牡蛎（蚝）种苗	子目0307.1010牡蛎种苗，包括用于育苗的牡蛎亲贝及用于培育的牡蛎稚贝。牡蛎亲贝是指用于繁殖、育苗的成贝；用作亲贝的牡蛎应大小整齐，体质健壮，性腺丰满。一般2～3龄贝，壳长9～10厘米。牡蛎稚贝是指牡蛎幼虫在水中经过一段时间的浮游生活发育变态之后，附着在采苗器上长成为稚贝（贝苗），规格一般在1厘米以下。作为种用，一定是采用快捷的运输方式，运输的是活体。

图4-2-5　《本国子目注释》内容结构示例图

（五）商品归类行政裁定

商品归类行政裁定是海关行政裁定中的一种。海关行政裁定是指海关在货物实际进出口前，应对外贸易经营者的申请，依据有关海关法律、行政法规和规章，对与实际进出口活动有关的海关事务作出的具有普遍约束力的决定。行政裁定由海关总署或总署授权机构作出，由海关总署统一对外公布。行政裁定具有海关规章的同等效力。其范围包括：进出口商品的归类；进出口货物原产地的确定；禁止进出口措施和许可证件的适用；海关总署决定适用本办法的其他海关事务。其中，进出口商品的行政裁定是最重要的一项。

商品归类行政裁定具备以下特征：第一，商品归类行政裁定不是海关主动作出，而是依对外贸易经营者申请作出；第二，商品归类行政裁定是在货物实际进出口之前作出；第三，商品归类行政裁定由海关总署统一对外公布，具有海关规章的同等效力，在我国关境内均适用；第四，进出口相同的货物，适用相同的行政裁定。

（六）商品归类决定

商品归类决定是由海关总署或其授权部门编制，并由海关总署统一对外公布的（图4-2-6），是指海关总署依据有关法律、行政法规规定，对进出口货物的商品归类作出具有普遍约束力的决定，与海关规章具有同等效力。

与商品归类行政裁定不同的是，商品归类决定是海关主动作出的。可通过3种途径作出商品归类决定：一是由海关总署及其授权机构作出的；二是根据中国海关协调制度商品归类技术委员会（以下简称归类技术委员会）会议决议作出的；三是由世界海关组织协调制度委员会作出的，并由海关总署通过法律程序转化为海关规章（图4-2-7）。

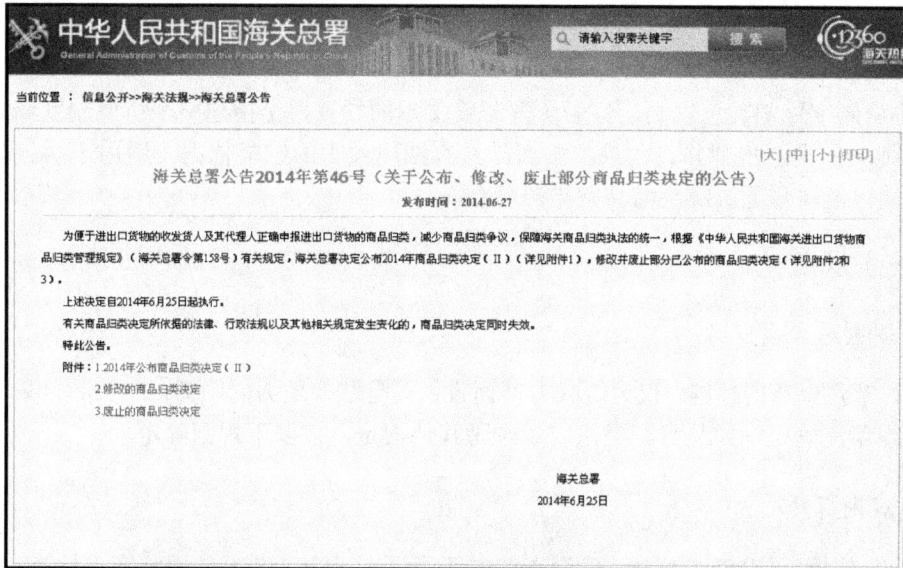

图4-2-6　海关总署关于商品归类决定的公告示例图

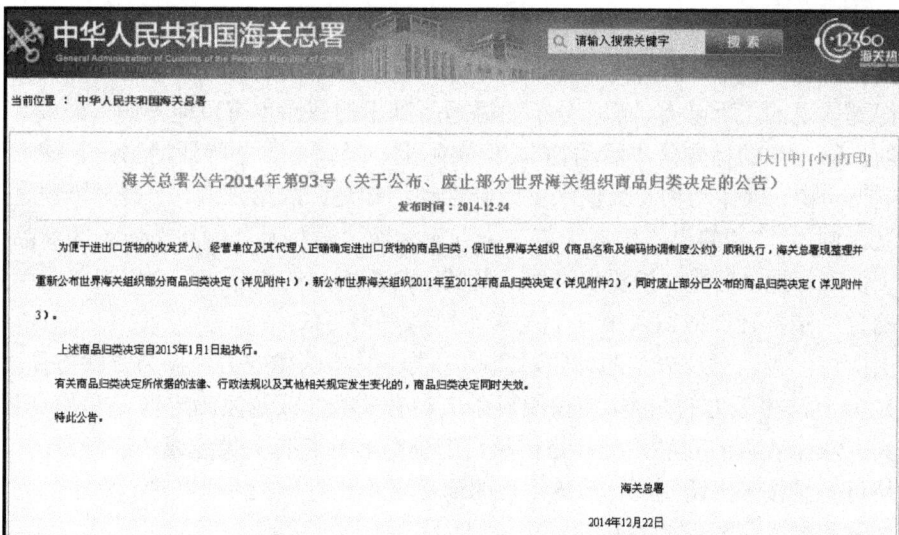

图4-2-7　海关总署关于世界海关组织商品归类决定的公告示例图

商品归类决定的内容结构一般包括以下部分：归类决定编号、商品税则号列、商品名称、英文名称、其他名称、商品描述归类决定等。作出商品归类决定所依据的法律、行政法规以及其他相关规定发生变化的，商品归类决定同时失效，并由海关总署对外公布。归类决定存在错误的，由海关总署予以撤销并对外公布。被撤销的商品归类决定自撤销之日起失效。

二、《协调制度》归类总规则

《协调制度》归类总规则，位于协调制度文本的卷首，是指导整个协调制度商品归类的总原则。归类总规则共有六条，是商品具有法律效力的归类依据，适用于品目条文、子目条文以及注释无法解决商品归类的场合。

（一）规则一

1. 规则原文

类、章及分章的标题，仅为查找方便而设；具有法律效力的归类，应按品目条文和有关类注或章注确定，如品目、类注或章注无其他规定，按以下规则确定。

2. 规则解释

（1）"类、章及分章的标题，仅为查找方便而设"。尽管 HS 系统地将商品按类、章（部分章内还设有分章）分类，每类、章、分章标有标题，并使这些标题尽可能地概括该类、章、分章所包含的商品。但是由于各类、章、分章所包含的商品种类繁多，类、章、分章的标题不可能将其一一列出而全部包括进去，由于类、章、分章的标题只是一个大概，无法规定具体内容，即同一类的商品在不同条件下可能有不同的分类，而这种情况在标题上是无法得到体现的，所以类、章、分章的标题所列出的商品也有可能不归入该类、章、分章。例如，第一章的标题是"活动物"，但实际上，马、牛、羊等活动物归入该章，而活的鱼、甲壳动物、软体动物及其他水生无脊椎动物却是归入第三章。另外，标题之间还会产生交叉。例如，"塑料鞋"既属于第三十九章标题"塑料及其制品"所列的商品，又属于第六十四章标题"鞋靴、护腿和类似品及其零件"所列的商品，所以仅根据这两章的标题无法确定"塑料鞋"应归入第三十九章还是第六十四章。

综上所述，类、章及分章的标题对商品归类不具备法律效力，仅为查找方便而设。

（2）"具有法律效力的归类，应按税目条文和有关类注或章注确定"。这里有两层意思，第一，具有法律效力的商品归类，是按品目的商品名称和有关类注或章注确定的；第二，许多商品可直接按《协调制度》具体品目的商品名称进行归类，而类注、章注的作用在于限定类、章和税（品）目的商品。

例如，"针织女式胸衣"，如果直接看标题，似乎符合第六十一章的标题"针织或钩编的服装及衣着附件"而可以归入第六十一章，但由于标题不是归类依据，所以应根据品目条文和类注、章注来确定。按第六十一章章注二（一）、第六十二章章注一和 6212 品目条文的规定，该商品应归入品目 6212。

（3）"如税目、类注或章注无其他规定，按以下规则确定"。说明了税（品）目、类注和章注与其他归类原则的关系，即明确在商品归类时，税（品）目条文及任何相关的类、章注释是最重要的，是首先必须遵循的规定。只有在税（品）目和类、章注释无其他规定的条件下，方可根据总规则二、三、四及五的规定办理。

例如，马尾毛，查阅类、章标题，可归入第一类第五章"其他动物产品"；税目 0511 "马毛及废马毛，不论是否制成有或无衬垫的毛片"，没有具体列明马尾毛；查看第五章章注四，确定马毛包括马尾毛；最后归入 0511，商品编码 05119940。

3. 要点提示

（1）规则一规定了品目归类的法律依据及运用次序。《协调制度》中品目条文及有关类注释、章注释有明确规定的，应据此确定归类；否则，依次运用归类总规则二、三、四、五确定归类。

（2）类注释、章注释的主要作用在于限定类、章、条文的商品范围。常用的限定方法有以下几种。

①定义法：以定义形式来划分税目范围及对某些货物的含义作出解释，例如，第七十二章章注一（五）对不锈钢的定义为：按重量计含碳量在 1.2%及以下、含铬量在 10.5% 及以上的合金钢，不论是否有其他元素，凡符合以上定义的就归入不锈钢。而中国大百科全书规定，不锈钢含铬量不小于 12%。显然两者规定不相同，但商品归类的法律依据是前者。

②列举法：列举典型货品名称或允许加工的方式等，用以说明货品含义，以便用类比的方法进行归类，例如，第 39 章章注 2，"本章不包括"共有 22 条：其中第 17 条：第 90 章的物品（例如，光学元件、眼镜架及绘图仪器）。

③详列法：通过详列具体商品名称来规定税目的具体范围，例如，第 30 章章注 4 规定了只能归入税（品）目号 3006 的物品，一共详列了 10 种来限定该税（品）目号的范围。

④排他法：用排他条款列出若干不能归入某一税号、某一章或类的货品。例如，第十一类纺织原料及纺织制品的类注 1 列出了 21 种不能归入该类的货品。

⑤改变货品名称概念，扩大或缩小货品范围。

⑥解释类、章及品目和子目条文中使用的名称。

⑦阐述货品归类规定。

（二）规则二

1. 规则原文

品目所列货品，应视为包括该项货品的不完整品或未制成品，只要在报验时该项不完整品或未制成品具有完整品或制成品的基本特征；还应视为包括该货品的完整品或制成品（或按本款规则可作为完整品或制成品归类的货品）在报验时的未组装件或拆散件。

品目中所列材料或物质,应视为包括该种材料或物质与其他材料或物质混合或组合的物品。品目所列某种材料或物质构成的货品，应视为包括全部或部分由该种材料或物质构成的货品。由一种以上材料或物质构成的货品，应按规则三的原则归类。

2. 规则解释

（1）规则二（一）"不完整品或未制成品"。将所有列出某一些物品的品目范围扩大为不仅包括完整的物品，而且还包括该物品的不完整品或未制成品，只要报验时它们具有完整品或制成品的基本特征。不完整品，指货品缺少某些部分、不完整；未制成品指货品尚未完全制成，需进一步加工才成为制成品。

但是，"基本特征"的判断有时是很困难的，例如，缺少了多少零部件的冰箱仍具有冰箱的基本特征，仍可以按冰箱归类。由于商品的繁杂，寄希望于通过制定几条一刀切的规则来确定货品的基本特征是行不通的，所以对于具体的某种不完整品或未制成品，需要综合结构、性能、价值、作用等方面的因素进行具体分析才能确定。

但作为一般原则可以这样判断。

对于不完整品而言，主要是看其关键部件是否存在，以冰箱为例，如果压缩机、蒸发器、冷凝器、箱体这些关键部件存在，则可以判断为具有冰箱的基本特征。

对于未制成品而言，主要看其是否具有制成品的特征，例如，齿轮的毛坯，须经进一步完善方可作为制成品或制成零件使用，但已具有制成品或制成零件的大概形状或轮廓，则可以判断为具有齿轮的基本特征。

对尚未具备制成品的基本特征的半制成品（常见的是一些杆、板和管件）不可以按毛坯看待。

（2）规则二（一）"物品的未组装件或拆散件"。未组装件或拆散件，指货品尚未组装或已拆散。货品以未组装或拆散形式报验，通常是由于包装、装卸或运输上的需要，或是为了便于包装、装卸或运输。

规则二（一）的第二部分规定，完整品或制成品的未组装件或拆散件应归入已组装物品的同一品目。例如，品目 8517 不仅包括已组装好的电话机，还应包括电话机的未组装件或拆散件。

本款规则也适用于以未组装或拆散形式报验的不完整品或未制成品，只要按照本规则第一部分的规定，它们可作为完整品或制成品看待。例如，缺少某些非关键零件（如螺丝、螺帽、垫圈等）的电话机的散件，同样应按电话机归入品目 8517。

鉴于第一类至第六类各品目的商品范围，规则二（一）的规定一般不适用于这六类所包括的货品。

例如，缺少键盘的便携式计算机（整机特征），上述为不完整品，按规则二（一），未制成品如已经具备制成品的基本特征应按制成品归类，按整机归入 8471。

（3）规则二（二）"不同材料或物质的混合品或组合品"。规则二（二）是针对混合及组合的材料或物质，以及由两种或多种材料或物质构成的货品而设的，目的在于将任何列出某种材料或物质的品目扩大为包括该种材料或物质与其他材料或物质的混合品或组合品，同时还将任何列出某种材料或物质构成的货品的品目扩大为包括部分由该种材料或物质构成的货品。

它所适用的是列出某种材料或物质的品目。例如，品目 4503 是"天然软木制品"，该品目属于"某种材料或物质构成的货品"，根据本规则，如果是"涂蜡的热水瓶软木塞子"（已加入了其他材料或物质），则仍应归入品目 4503。

但是，本款规则绝不意味着将品目范围扩大到不按照规则一的规定，将不符合品目条文的货品也包括进来，添加了另外一种材料或物质，使货品丧失了原品目所列货品特征的情况。例如，稻谷中加入了杀鼠剂，已经成为了一种用于杀灭老鼠的毒饵，就不能再按品目 1006 的"稻谷"归类。只有在规则一无法解决时，方能运用规则二。例如，品目 1503 的品目条文规定为"液体猪油，未经混合"，而混合了其他油的液体猪油，不能运用规则二（二）归入品目 1503。

规则二最后规定，混合及组合的材料或物质，以及由一种以上材料或物质构成的货品，如果看起来可归入两个或两个以上税目号的，则必须按规则三的原则进行归类。

例如，表面涂蜡软木塞，查类、章名称，软木制品属于第四十五章，按规则二（二），未改变原物特征的组合物仍按原物归类，归入品目 45031000。

3. 要点提示

（1）规则二（一）是针对不完整品、未制成品、未组装件、拆散件等的归类原则。

（2）规则二（二）是针对混合物或组合物及其构成的货品的归类原则。

（3）运用该规则时，应满足两个条件：一是不与规则一相抵触；二是不能改变原品目所列货品的基本特征。

（4）基本特征判断。

①不完整品核心是看有无关键部件。

②未制成品主要看是否具有制成品的特征，如齿轮毛坯。

③未组装件或拆散件主要看是不是经过简单加工就可以装配起来。

（三）规则三

1. 规则原文

当货品按规则二（二）或由于其他原因看起来可归入两个或两个以上税目时，应按以下规则归类。

（1）列名比较具体的品目，优先于列名一般的品目。但是，如果两个或两个以上品目都仅述及混合或组合货品所含的某部分材料或物质，或零售的成套货品中的某些货品，即使其中某个品目对该货品描述得更为全面、详细，这些货品在有关品目的列名应视为同样具体。

（2）混合物、不同材料构成或不同部件组成的组合物以及零售的成套货品，如果不能按照规则三（一）归类时，在本款可适用的条件下，应按构成货品基本特征的材料或部件归类。

（3）货品不能按照规则三（一）或（二）归类时，应按号列顺序归入其可归入的最末一个品目。

2. 规则解释

规则三运用的前提是："当货品按规则二（二）或由于其他原因看起来可归入两个或两个以上税目时，应按以下规则归类"，规则三有三条归类规定，按其优先权的次序可概括为：第一，具体列名；第二，基本特征；第三，从后归类。

（1）规则三（一）。规则三（一）讲的是具体列名原则，指当一种商品似乎在两个或更多的品目中都涉及的情况下，应该比较一下哪一个品目的描述更加详细、具体，更为接近要归类的商品。即列名比较具体的品目，优先于列名一般的品目。关于"具体列名"与"一般列名"如何比较的问题，一般来说，有以下几方面。

①与类别名称相比，商品的品种名称更具体。例如，用于小汽车的簇绒地毯涉及两个税目：8708 机动车辆的零件、附件；5703 簇绒地毯应用具体列名的原则，簇绒地毯更加具体所以归入 5703。

②同类商品名称的比较，即商品的"具体名称"与商品的"类别名称"相比，商品的"具体名称"更为具体。例如，束腰胸衣是一种女士内衣，应归入品目 6212 妇女束腰胸衣，而不应作为女士内衣归入品目 6208。

例如，不锈钢制糖夹，该货品涉及品目：7323-餐桌、厨房用或其他家用钢铁器具及其零件；73239300-不锈钢制；8215-餐匙、……糖块夹及类似的厨房和餐桌用具。因为 8215 所列糖块夹更为具体，所以根据规则三（一）应归入 8215。

（2）规则三（二）。

①规则三（二）是说明混合物、不同材料或不同部件的组合货品以及零售的成套货品，在归类时应按构成材料或部件的基本特征归类。"构成基本特征原则"是指混合物、组合货品以及零售的成套货品，应按能构成其主要特征的材料和部件归类。不同的货品，确定其基本特征的基本因素会有所不同，需要具体情况作具体分析。

a. 可根据其所含材料或部件的性质、价值、重量、体积等来确定货品的基本特征。

b. 可根据所含材料、货品的主要用途等诸多因素综合考虑来确定货品的基本特征。

②本款规则所称"不同部件组成的组合物"，不仅包括各部件相互固定组合在一起，构成了实际不可分离整体的货品，还包括其部件可相互分离的货品，但这些部件必须是相互补足，配合使用，构成一体并且通常不单独销售的。这类组合货品的各件一般都装于同一包装内。

③本规则所称"零售的成套货品"应具备的条件有三。

a. 为了迎合某种需要或开展某项专门活动将用途互补、配合使用的货品组合在一起。

b. 由可归入两个或两个以上不同品目的多个货品组成。

c. 无需重新包装就可直接零售的成套货品。

④该条款不适用于：归入同一品目号的相同物品（如六把乳酪叉不能作为本款所称的成套货品）；包装在一起的混合产品（如一瓶品目号 2208 的烈性酒及一瓶品目号 2204 的葡萄酒）。

（3）规则三（三）。规则三（三）只适用于不能按规则三（一）、三（二）归类的货品。它规定在此种情况下，货品应该归入看起来可归入的诸多的有关品目中居于商品名称及编码表最末位置的品目。规则三（三）通常被简称为从后归类。此规定不能在类注、章注有例外规定时使用，注释中的例外规定在操作时总是优于总规则的。

例如，橡胶底的旅游鞋，鞋面一半是皮革，一半是涤纶，就难以确定其主要特征。似乎可以归入 6403，又可以归入 6404，根据从后归类的原则，确定归入 6404；即用橡胶为底，用纺织材料制鞋面的鞋子。

3. 要点提示

（1）只有规则一和规则二都不能用的时候才用规则三。

（2）在运用规则三时，必须按其中（一）（二）（三）款的顺序逐条运用，即"具体列名"到"基本特征"再到"从后归类"。

（3）"具体列名"原则注意事项。

①列出品名的比列出类名更为具体。

②若两个或两个以上品目都仅述及某部分，则视为同等具体。

③对具有单一功能的机器设备，在判定具体列名时，可按如下确定：按功能属性列名的比按用途列名的具体；按结构原理、功能列名的比按行业列名的具体；同为按用途列名的，则以范围小、关系最直接者为具体。

（4）"基本特征"原则注意事项。确定货品的基本特征一般可综合分析货品的外观形态、结构、功能、用途、使用的最终目的、商业习惯、价值比例、社会习惯等多方面因素。

（5）规则三（二）中的零售成套货品，必须同时符合下列三个条件。

①归入不同品目号的货品组成。

②用途上相互补充、配合使用。

③零售包装。

（四）规则四

（1）规则原文。根据上述规则无法归类的货品，应归入与其最相类似的货品的品目。

（2）规则解释。本规则规定了产品按最相类似的货品归入有关税目。货品在不能按规则一至三归类的情况下，应归入最相类似的货品的税目中。但是，货品的"最相类似"指名称、特征、功能、用途、结构等因素，需要综合考虑才能确定。因此，这条规则实际应用起来有一定的困难。如不得不使用这条规则时，其归类方法是先列出最相类似的税目号，然后从中选择一个最为合适的税目号。

例如，手动羊毛剪，该商品在《协调制度》中没有具体列名，因此，无法直接归入与其相适应的品目号。通过对该商品的分析得知，手动羊毛剪是贱金属制的，但它不同于理发用的剪子、裁缝用的剪子及一般家庭用的剪子。其属于农业专用的手工工具，具体为剪羊毛用的剪子。所以，应将其归入 8201（其他农业、园艺、林业用手工工具）。

（3）要点提示。制定本条规则的目的是为了使整个规则更严密，但一般很少实际运用。

（五）规则五

1. 规则原文

除上述规则外，本规则适用于下列货品的归类。

（1）制成特殊形状或适用于盛装某个或某套物品，适合长期使用的，如照相机套、乐器盒、绘图仪器盒、项链盒及类似容器，如果与所装物品同时进口或出口，并通常与所装物品一同出售的，应与所装物品一并归类。但本款不适用于本身构成整个货品基本特征的容器。

（2）除规则五（一）规定的以外，与所装货品同时进口或出口的包装材料或包装容器，如果通常是用来包装这类货品的，应与所装货品一并归类。但明显可重复使用的包装材料和用的包装材料与包装容器可不受本款限制。

2. 规则解释

（1）规则五（一）的运用。规则五（一）仅适用于同时符合以下各条规定的容器。

①制成特定形状或形式，专门盛装某一物品或某套物品的，即专门按所要盛装的物品进行设计的，有些容器还制成所装物品的特殊形状。

②适合长期使用的，即容器的使用期限与所盛装的物品相比是相称的，在物品不使用期间（例如，运输或储藏期间），这些容器还起保护物品的作用。

③与所装物品一同报验的（单独报验的容器应归入其所应归入的品目）。

④通常与所装物品一同出售的。

⑤本身并不构成整个货品基本特征的。

例如，装有金首饰的木制首饰盒，装有电动剃须刀的皮套，上述货品与所装物品一同报验时，可按照规则五（一）进行归类，装有金首饰的木制首饰盒应归入税目号 7113，装有电动剃须刀的皮套应归入税目号 8510。

（2）规则五（二）的运用。规则五（二）仅适用于同时符合以下各条规定的包装材料及包装容器。

①规则五（一）以外的。

②通常用于包装有关货品的。

③与所装物品一同报验的（单独报验的包装材料及包装容器应归入其所应归入的品目）。

④不属于明显可重复使用的。

⑤在运用本规则时，应注意（一）款优先于（二）款。

例如，银制的茶叶罐装入茶叶，该茶叶罐本身构成了整个货品的基本特征，因此，根据规则五（二），银罐和茶叶分别归入品目号 7114 和 0902。

3. 要点提示

（1）本规则解决的问题。本规则要解决的是包装材料或包装容器何种情况下单独归类，何种情况下与所装物品一并归类的问题。重点注意包装材料或包装物品一并归类的基本条件：与所装货品同时报验。

（2）要正确理解"重复使用"和"再利用"的区别。

（六）规则六

1. 规则原文

货品在某一税目项下各子目的法定归类,应按子目条文或有关子目注释以及以上各条规则（在必要的地方稍加修改后）确定,但子目的比较只能在同一数级上进行。除本税则目录条文另有规定的以外,有关的类注、章注也适用于本规则。

2. 规则解释

规则六是专门为商品在《协调制度》子目中的归类而制定的,它有三个方面的含义。

（1）子目归类应该按子目条文和子目注释以及上述 5 个规则确定（子目注释优先与类章注）。

（2）确定子目时,一定要按先确定一级子目、再确定二级子目然后三级子目最后四级子目的顺序进行。

（3）确定子目时,应遵循"同级比较"的原则,即一级子目与一级子目比较,二级子目与二级子目比较,依次类推。

例如,金属制带软垫的理发用椅,可涉及的子目有 9401.71 和 9402.10,因该两个子目不是同一级下的子目,所以不能比较,两个 4 位数子目中 9402 列名更为具体,应归入9402.10。

3. 要点提示

（1）确定子目的顺序。确定子目时,一定要按照一级子目、二级子目、三级子目,最后四级子目的顺序进行。

（2）"同级比较"原则。确定子目时,应遵循"同级比较"原则,即一级子目与一级子目比较,二级子目与二级子目比较,以此类推。

三、《协调制度》编排一般规律

《协调制度》将国际贸易涉及的各种商品按照生产类别、自然属性和功能用途等分为21 类 97 章,每一章由若干品目构成,品目项下又细分出若干一级子目和二级子目。为了避免各品目和子目所列商品发生交叉归类,在类、章下加有类注、章注和子目注释。为了保证《协调制度》解释的统一性,设立了归类总规则,作为整个《协调制度》商品归类的总原则。《协调制度》是一部系统的国际贸易商品分类目录,所列商品名称的分类和编排是有一定规律的。

（一）类的一般编排规律

从类来看，基本上按社会生产的分工（或称生产部类）划分，即将属于同一生产部类的产品归在同一类里。协调制度将所有商品分为 21 类。

类的主要类型有两种：一是由相同材料组成的物品构成一类，例如，第二类（植物产品）和第十五类（贱金属及其制品）；二是由具有相同的功能或使用领域的商品构成一类，例如，第十七类（车辆、航空器、船舶及有关运输设备）和第十九类（武器、弹药及其零件、附件）。

一般来说，商品在协调制度中所处的类的数字越大，那么该商品的制造或加工程度也越高。例如，树属于第二类植物产品、木材属于第九类木及木制品……、用木材做的家具属于第二十类杂项制品。

（二）章的一般编排规律

从章来看，基本上按商品的自然属性或功能、用途来划分。第一章至第八十三章（第六十四章至第六十六章除外）基本上是按商品的自然属性来分章，如第一章至第五章是活动物和动物产品，第六章至第十四章是活植物和植物产品，第二十五章至第二十七章是矿产品。又如第十一类包括了动、植物和化学纤维的纺织原料及其产品，其中，第五十章和第五十一章是蚕丝、羊毛及其他动物毛，第五十二章和第五十三章是棉花、麻及其他植物纺织纤维，第五十四章和第五十五章为化学纤维。商品按自然属性分类是因为其种类成分或原料比较容易区分，同时也因为商品价值的高低往往取决于构成商品本身的原材料。另外，第六十四章至第六十六章和第八十四章至第九十七章则是按货物的用途或功能来分章的，其中，第六十四章是鞋，第六十五章是帽，第八十四章是机械设备，第八十五章是电气设备，第八十七章是车辆，第八十八章是航空航天器，第八十九章是船舶等。这样分类的原因一是因为这些物品往往由多种材料构成，难以将这些物品作为某一种材料制成的物品来分类；二是因为商品的价值主要体现在生产该物品的社会必要劳动时间上，如一台机器，其价值一般主要看生产这台机器所耗费的社会必要劳动时间，而不是看机器用了多少贱金属等。

（三）品目的一般编排规律

从品目的排列看，一般也是原材料先于成品，加工程度低的产品先于加工程度高的产品，列名具体的品种先于列名一般的品种。如在第三十九章内，品目 3901 至 3914 是初级形状的塑料，品目 3916 至 3921 是塑料半制品，品目 3922 至 3926 是塑料制成品。

富智国际贸易有限公司的报关员在完成商品归类准备工作之后，按照归类依据，确定类章范围、确定品目、确定子目，最终得出税则号。

（1）确定类章范围。通过品名、商品描述等信息，确定该商品属于贱金属，所以应归入第十五类"贱金属及其制品"。第十五类的注释没有提及该商品，接下来看各章题目，应归入第七十二章"钢铁"。

（2）确定品目。根据七十二章章注一（三）铁合金的概念得知，只要铁的含量在 4% 及以上并含有下列一种或几种元素，则按铁合金归类，因此本题含有所列名的其中的一种元素，硅含量占 80%，按铁合金归类。故该商品归入品目 7202。

（3）确定子目。查阅 7202 下的子目，因其硅含量占 80%，故应归入 7202.2100"硅铁，按重量计含硅量在 55% 以上"。所以，该商品最终归入 7202.2100。

【本章小结】

本章以进出口商品归类程序为主线，在掌握商品归类基础理论的前提下，结合驱动任务依次开展归类准备、归类操作两大实践任务。通过本项目学习，使学习者熟悉进出口商品归类所需的基础知识，掌握进出口商品归类的业务能力及技巧。

➤教学设计

第一节 归类准备

（一）教学目标

掌握进出口商品各门类所包含的范围；掌握各门类商品所需归类要素等知识目标。有能力根据商品名称或相关信息找到商品所属门类，并能归纳出所需的归类要素。

（二）参考的知识要点

（1）各门类商品包含的范围。
（2）各门类商品所需归类要素。

（三）教学过程

（1）提供企业典型案例、资料和思考任务，引领学生讨论，讲授本任务对应的知识要点。

（2）带领学生讨论各门类的包含范围及所需归类要素，结合企业实际资料，开展商品归类准备工作。

（3）提交并讨论学生作品，教师对作品进行考核与评价，对相关知识点进行归纳与总结。

（四）教学方法、工具和手段

（1）运用板书采用讲授法讲授各门类商品包含的范围；在板书讲授的同时，运用幻灯片展示各类商品范围案例；给出企业具体进出口商品案例，组织学生分组讨论该商品属于的门类。

（2）各门类商品归类要素制成表格，通过幻灯片展示配合讲授；在讲授同时，结合具体进出口商品举例归类要素；结合企业实际资料，开展商品归类准备工作。

第二节　归 类 操 作

（一）教学目标

掌握进出口商品归类依据、《协调制度》归类总规则等知识目标。

有能力按照归类依据，归类总规则规定确定类章范围、确定品目、确定子目，最终得出税则号。

（二）参考的知识要点

（1）进出口商品归类依据。
（2）《协调制度》归类总规则。
（3）《协调制度》编排规律。

（三）教学过程

（1）提供企业典型案例、资料和思考任务，引领学生讨论，讲授本任务对应的知识要点。
（2）提供任务一商品归类准备中确定的门类及归类要素，带领学生讨论并进行商品归类操作。
（3）提交各组归类税则号，教师进行点评，总结并归纳重点问题。

（四）教学方法、工具和手段

（1）运用板书配合幻灯片采用讲授法讲授几种主要商品归类依据；在讲授的同时，运用幻灯片展示各归类依据的结构示例图。

（2）运用板书配合幻灯片采用讲授法讲授《协调制度》归类总规则；运用大量案例解释六个归类总规则的应用；结合真实外贸企业进出口商品，运用归类总规则，通过仿真情景模拟掌握归类总规则的应用。

（3）运用板书配合幻灯片采用讲授法讲授《协调制度》编排规律；结合真实外贸企业进出口商品，通过仿真情景模拟掌握归类技能，能够准确找到税则号。

教学设计方案如下所示。

第四章 进出口商品归类				总学时：6 理论学时：5 实践学时：1	
教学任务	教学目标	参考的知识要点	教学过程	课时分配建议	教学方法、工具和手段
第一节 归类准备	知识目标1、2；能力目标1、2；素质目标2	第一节对应的理论基础：一、二	（1）讲授本任务对应的知识要点；（2）开展归类准备工作；（3）对学生作品考核与评价，对相关知识点归纳与总结	理论2学时	（1）讲授法、案例教学法、演示教学法、小组讨论法；（2）案例资料、板书、幻灯片
第二节 归类操作	知识目标3、4、5；能力目标3；素质目标1、2	第二节对应的理论基础：一至三	（1）讲授本任务对应的知识要点；（2）开展归类操作工作；（3）对学生作品考核与评价，对相关知识点归纳与总结	理论3学时 实践1学时	（1）讲授法、案例教学法、演示教学法、小组讨论法；（2）案例资料、板书、幻灯片

➢教学评价

第四章 进出口商品归类								
评价类别	评价项目	评价依据	评价标准			评价方式		权重
			80~100分	60~79分	60分以下	学生自评 0.1	同学互评 0.1	教师评价 0.8
过程评价	学习能力	学习态度与兴趣	学习态度端正，能够按要求参加与学习有关的活动	能参与学习活动，但学习主动性、热情一般	学习态度不端正，无心向学，经常迟到、旷课				0.1
		学习习惯与方法	（1）能克服学习中的困难；能按时独立完成学习任务；（2）能发现学习中的问题，并适当调整学习计划和方法	基本上能完成学习任务，但不善于改进学习方法	（1）学习自觉性差，方法不当；（2）经常完不成学习任务或经常抄袭作业				0.1
	专业能力	基本理论掌握能力	熟悉商品所属各门类包括的范围，及其归类所需基本要素	较熟悉商品所属各门类包括的范围，及其归类所需基本要素	不熟悉商品所属各门类包括的范围，及其归类所需基本要素				0.05
			熟悉《协调制度》归类总规则，及其编排规律	较熟悉《协调制度》归类总规则，及其编排规律	不熟悉《协调制度》归类总规则，及其编排规律				0.05

续表

第四章　进出口商品归类

评价类别	评价项目	评价依据	评价标准			评价方式			权重
			80～100分	60～79分	60分以下	学生自评 0.1	同学互评 0.1	教师评价 0.8	
过程评价	专业能力	实践能力	针对具体进出口商品,能够熟练进行归类准备工作,即确定门类及找到归类基本要素	针对具体进出口商品,基本能够进行归类准备工作,即确定门类及找到归类基本要素	针对具体进出口商品,不能正确进行归类准备工作,即确定门类及找到归类基本要素				0.1
			按照归类依据,能够熟练确定类章范围、确定品目、确定子目,最终得出税则号	按照归类依据,能够较快确定类章范围、确定品目、确定子目,最终得出税则号	按照归类依据,不能准确确定类章范围、确定品目、确定子目,最终得出税则号				0.1
	拓展能力	通关政策认知素质	拥有通关管理的法律性、政策性认知素质	较好拥有通关管理的法律性、政策性认知素质	通关管理的法律性、政策性认知素质不高				0.05
		通关一体化技能	掌握通关一体化协调技能	较好掌握通关一体化协调技能	通关一体化协调技能不够				0.05
结果评价	理论考核								0.2
	实操考核								0.2

➢ 同步测试

一、单项选择题

1. 解决商品归类的具有法律效力的依据包括:归类总则、类注、章注、子目注释。它们的优先顺序是(　　)。

A. 子目注释-章注-类注-归类总则　　　　　B. 归类总则-类注-章注-子目注释

C. 类注-章注-子目注释-归类总则　　　　　D. 章注-子目注释-类注-归类总则

2. 对商品进行归类时,品目条文所列的商品,应包括该项商品的非完整品或未制成品,只要进口或出口时,这些非完成品或未制成品具有完整品或制成品的(　　)。

A. 基本功能　　　B. 相同用途　　　C. 基本特征　　　D. 核心组成部件

3. 进行商品税则归类时,对看起来可归入两个及两个以上税号的商品,在税目条文和注释均无规定时,其归类次序为(　　)。

A. 基本特征、最相类似、具体列名、从后归类

B. 具体列名、基本特征、从后归类、最相类似

C. 最相类似、具体列名、从后归类、基本特征

D. 具体列名、最相类似、基本特征、从后归类

二、多项选择题

1. 下列货品属于 HS 归类总规则中所规定的"零售的成套货品"的是（　　　）。

A. 一个礼盒，内有咖啡一瓶、咖啡伴侣一瓶、塑料杯子两只

B. 一个礼盒，内有一瓶白兰地酒、一只打火机

C. 一个礼盒，内有一包巧克力、一个塑料玩具

D. 一碗方便面，内有一块面饼、两包调味品、一把塑料小叉

2. 下列货品进出口时，包装物与所装物品应分别归类的是（　　　）。

A. 40 升专用钢瓶装液化氮气　　　　B. 银制茶叶罐装的茶叶

C. 纸箱包装的彩色电视机　　　　　　D. 分别进口的照相机和照相机套

3. 所谓"零售的成套货品"必须同时符合的条件是（　　　）。

A. 包装形式适于直接销售给用户而无需重新包装

B. 由归入不同品目号的货品组成

C. 为了开展某项专门活动而将几件物品包装在一起

D. 为了迎合某项需求而将几件产品包装在一起

三、判断题

1. 已具有成品零件的形状特征，但是还不能直接使用的毛坯件，叮按成品零件归类（除另有规定外）。（　　　）

2. "从后归类"的原则是进行商品归类时优先使用的原则。（　　　）

3. 当货品看起来可归入两个或两个以上税目时，应按"基本特征"的原则归类。（　　　）

4. 按照归类总规则的规定，税目所列货品，还应视为包括改货物的完整品或制成品在进出口时的未组装件和拆散件。（　　　）

5. 进出口商品在品目项下各子目的归类应当按照品目条文和类注、章注确定。（　　　）

> **实践项目**

【基础性实验】

进出口商品归类实训

一、实践目的及要求

（1）掌握《协调制度》《进出口税则》等归类依据文件的内容及其运用。

（2）能快速、准确地查找商品编码，进行商品归类。

（3）形成实践报告，总结本次实践难点及存在的问题，并举例进行分析商品查询的依据和步骤。

二、实践内容与步骤

（一）实践内容

根据下列进出口商品的名称及描述进行归类，写出对应商品编码

序号	商品描述	商品编码
1	"韩式"大麦茶，由大麦烘炒磨碎制得，每 10 克装于纸袋，食用时连袋一起在热水中浸泡	
2	用于 MP3 音乐播放器的微调电容器	
3	涤纶面料印制的挂历	
4	华达呢（腈纶短纤 40%，羊毛 35%，兔毛 25%，190 克／平方米）	
5	玉米膨制的爆米花	

（二）实践步骤

（1）查询归类依据。

（2）写出查询的具体步骤。

（3）分析期间可能出现的归类错误。

（4）总结，形成实践报告。

第五章

进出口货物税费核算

【学习目标】

知识目标	能力目标	素质目标
（1）掌握进口货物完税价格审定的一般方法。 （2）熟悉出口货物完税价格审价方法。 （3）熟悉原产地认定标准。 （4）掌握熟悉进出口税率设置的基本规定。 （5）了解关税的概念及种类	（1）有能力按照虚拟案例选择合适的货物完税价格估价方法。 （2）有能力依据合同及发票价格判定成交价格和完税价格的区别。 （3）有能力利用进口货物原产地规则判定进口货物属于优惠原产地或非优惠原产地。 （4）有能力依据税率适用规则准确查找进口货物税率。 （5）有能力利用进出口关税、进口环节代征税的计算公式准确计算进出口税费。 （6）有能力判断货物滞报和滞纳时征收范围和标准	（1）掌握进口货物完税价格估定、原产地确定、税率设置和关税的计算。 （2）掌握出口货物完税价格估定、原产地确定、税率设置和关税的计算

【本章实施体系】

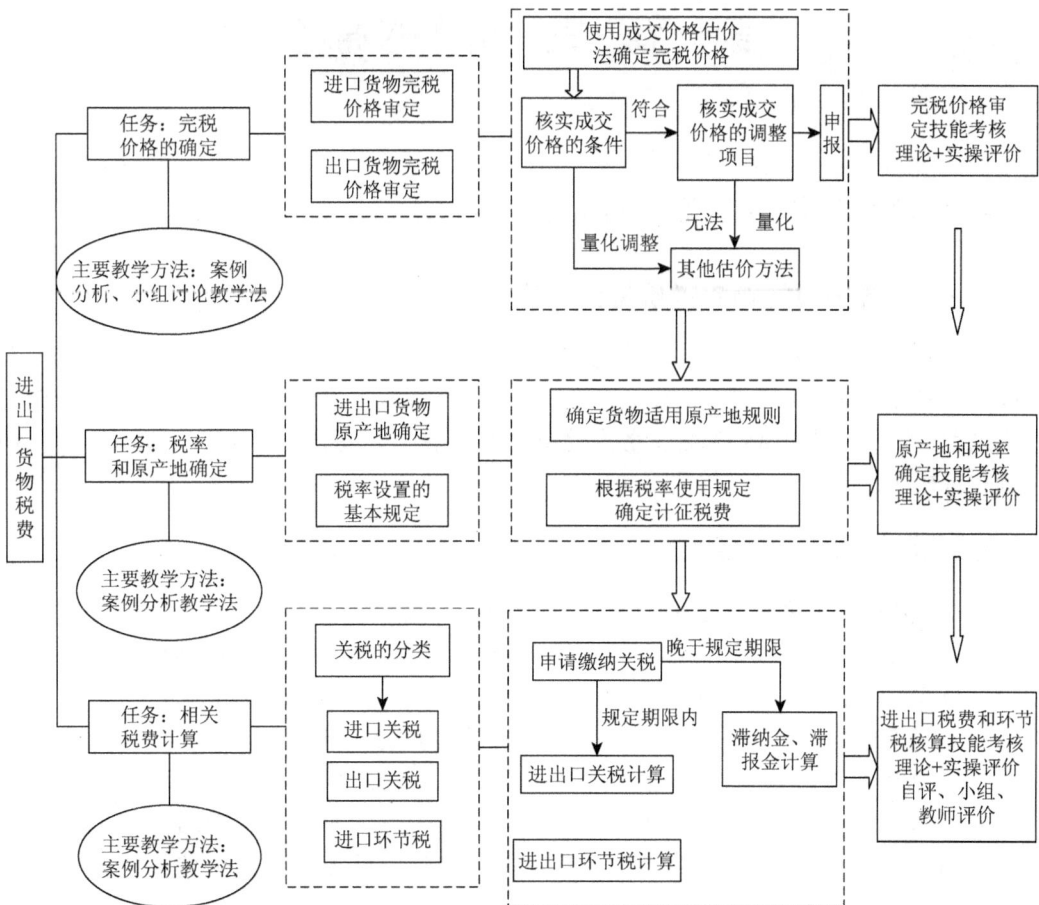

【案例引导】

2014 年 6 月 10 日，江苏飞力达国际物流股份有限公司以一般贸易方式向某海关申报进口一批太阳能级多晶硅一批，货运单显示该批货物自美国发出，合同、商业发票、原产地证明文件、原厂商发票显示该太阳能级多晶硅为美国生产，经海关审核，发现其申报价格明显低于海关掌握的相同或类似货物成交价格或国际市场价格行情，遂于 2006 年 6 月 11 日制发《价格质疑通知书》，对申请人进行价格质疑，要求其做出书面说明，并提供相关资料。

根据已有资料，完成以下任务。

任务一：确定进口货物的完税价格估价方法。

任务二：确定货物原产地及税率。

任务三：根据进口关税公式计算进口税费、进口环节代征税费。

第一节　完税价格的确定

一、进口货物完税价格审定方法

（一）一般进口货物完税价格的审定

海关确定进口货物完税价格共有进口货物成交价格法、相同货物成交价格法、类似货物成交价格法、倒扣价格法、计算价格法、合理方法等六种估价方法。上述估价方法应当依次采用，但如果进口货物纳税义务人提出要求，并提供相关资料，经海关同意，可以颠倒倒扣价格法和计算价格法的适用次序。

1. 进口货物成交价格法

进口货物成交价格法是《关税条例》及《审价办法》规定的第一种估价方法，进口货物的完税价格应首先以成交价格估价方法审查确定。这里应注意进口货物成交价格法中完税价格与成交价格两个概念的差异。

（1）完税价格。《审价办法》规定：进口货物的完税价格，由海关以该货物的成交价格为基础审查确定，并应包括货物运抵中华人民共和国境内输入地点起卸前的运输及相关费用、保险费。"相关费用"主要是指与运输有关的费用，如装卸费、搬运费等属于广义的运费范围内的费用。成交价格需满足一定的条件才能被海关所接受。

公式定价的进口货物，即在向中华人民共和国境内销售货物所签订的合同中，买卖双方未以具体明确的数值约定货物价格，而是以约定的定价公式来确定货物结算价格的定价方式的进口货物，如同时符合下列条件，海关以买卖双方约定的定价公式所确定的结算价格，即买方为购买该货物支付的价款总额为基础审定完税价格：

①在货物运抵中华人民共和国境内前买卖双方已书面约定定价公式；

②结算价格取决于买卖双方均无法控制的客观条件和因素；

③自货物申报进口之日起 6 个月内能够根据定价公式确定结算价格；

④结算价格符合《审价办法》中成交价格的有关规定。

（2）成交价格。进口货物的成交价格，是指卖方向中华人民共和国境内销售该货物时买方为进口该货物向卖方实付、应付的，并按有关规定调整后的价款总额，包括直接支付的价款和间接支付的价款。

此处的"实付或应付"是指必须由买方支付，支付的目的是为了获得进口货物，支付的对象既包括卖方也包括与卖方有联系的第三方，且包括已经支付和将要支付两者的总额。此外，成交价格不完全等同于贸易中实际发生的发票价格，需要按有关规定进行调整。

（3）关于"调整因素"。调整因素包括计入项目和扣除项目。

①计入项目。下列项目若由买方支付，必须计入完税价格，这些项目包括以下几方面。

a. 除购货佣金以外的佣金和经纪费。

佣金通常可分为购货佣金和销售佣金。购货佣金指买方向其采购代理人支付的佣金，按照规定购货佣金不应该计入到进口货物的完税价格中。销售佣金指卖方向其销售代理人支付的佣金，但上述佣金如果由买方直接付给卖方的代理人，按照规定应该计入到完税价格中。

经纪费指买方为购进进口货物向代表买卖双方利益的经纪人支付的劳务费用，根据规定应计入到完税价格中。

b. 与进口货物作为一个整体的容器费。与有关货物归入同一个税号的容器与该货物视作一个整体，例如，酒瓶与酒构成一个不可分割的整体，两者归入同一税号，如果没有包括在酒的完税价格中间，则应该计入。

c. 包装费。这里应注意包装费既包括材料费，也包括劳务费。

d. 协助的价值。在国际贸易中，买方以免费或以低于成本价的方式向卖方提供了一些货物或者服务，这些货物或服务的价值被称为协助的价值。

协助价值计入到进口货物完税价格中应满足以下条件：

由买方以免费或低于成本价的方式直接或间接提供；

未包括在进口货物的实付或应付价格之中；

与进口货物的生产和向中华人民共和国境内销售有关；

可按适当比例分摊。

下列四项协助费用应计入：

进口货物所包含的材料、部件、零件和类似货物的价值；

在生产进口货物过程中使用的工具、模具和类似货物的价值；

在生产进口货物过程中消耗的材料的价值；

在境外完成的为生产该进口货物所需的工程设计、技术研发、工艺及制图等工作的价值。

e. 特许权使用费。特许权使用费是指进口货物的买方为取得知识产权权利人及权利人有效授权人关于专利权、商标权、专有技术、著作权、分销权或者销售权的许可或者转让而支付的费用。

以成交价格为基础审查确定进口货物的完税价格时，未包括在该货物实付、应付价格中的特许权使用费需计入完税价格，但是符合下列情形之一的除外：

特许权使用费与该货物无关；

特许权使用费的支付不构成该货物向中华人民共和国境内销售的条件。

f. 返回给卖方的转售收益。如果买方在货物进口之后，把进口货物的转售、处置或使用的收益的一部分返还给卖方，这部分收益的价格应该计入到完税价格中。

上述所有项目的费用或价值计入到完税价格中，必须同时满足三个条件：由买方负担；未包括在进口货物的实付或应付价格中；有客观量化的数据资料。

②扣除项目。进口货物的价款中单独列明的下列税收、费用，不计入该货物的完税价格：

a. 厂房、机械或者设备等货物进口后发生的建设、安装、装配、维修或者技术援助费用，但是保修费用除外；

b. 货物运抵境内输入地点起卸后发生的运输及其相关费用、保险费；

c. 进口关税、进口环节代征税及其他国内税；

d. 在境内复制进口货物而支付的费用；

e. 境内外技术培训及境外考察费用。

此外，同时符合下列条件的利息费用不计入完税价格：

a. 利息费用是买方为购买进口货物而融资所产生的；

b. 有书面的融资协议的；

c. 利息费用单独列明的；

d. 纳税义务人可以证明有关利率不高于在融资当时当地此类交易通常具有的利率水平，且没有融资安排的相同或者类似进口货物的价格与进口货物的实付、应付价格非常接近的。

码头装卸费（Terminal Handling Charge，THC）是指货物从船舷到集装箱堆场间发生的费用，属于货物运抵中华人民共和国境内输入地点起卸后的运输相关费用，因此不应计入货物的完税价格。

（4）成交价格本身须满足的条件。成交价格必须满足一定的条件才能被海关所接受，否则不能适用成交价格法。根据规定，成交价格必须具备以下四个条件。

①买方对进口货物的处置和使用不受限制。

如果买方对进口货物的处置权或者使用权受到限制，则进口货物就不适用成交价格法。

有下列情形之一的，视为对买方处置或者使用进口货物进行了限制：

a. 进口货物只能用于展示或者免费赠送的；

b. 进口货物只能销售给指定第三方的；

c. 进口货物加工为成品后只能销售给卖方或者指定第三方的；

d. 其他经海关审查，认定买方对进口货物的处置或者使用受到限制的。

但是以下三种限制并不影响成交价格的成立：国内法律、行政法规规定的限制；对货物转售地域的限制；对货物价格无实质影响的限制。

②进口货物的价格不应受到某些条件或因素的影响而导致该货物的价格无法确定。

有下列情形之一的，视为进口货物的价格受到了使该货物成交价格无法确定的条件或者因素的影响：

a. 进口货物的价格是以买方向卖方购买一定数量的其他货物为条件而确定的；

b. 进口货物的价格是以买方向卖方销售其他货物为条件而确定的；

c. 其他经海关审查，认定货物的价格受到使该货物成交价格无法确定的条件或者因素影响的。

③卖方不得直接或间接从买方获得因转售、处置或使用进口货物而产生的任何收益，除非上述收益能够被合理确定。

④买卖双方之间没有特殊关系，或虽有特殊关系但不影响成交价格。

根据规定，有下列情形之一的，应当认定买卖双方有特殊关系：

a. 买卖双方为同一家族成员；

b. 买卖双方互为商业上的高级职员或董事；

c. 一方直接或间接地受另一方控制；

d. 买卖双方都直接或间接地受第三方控制；

e. 买卖双方共同直接或间接地控制第三方；

f. 一方直接或间接地拥有、控制或持有对方 5%以上（含 5%）公开发行的有表决权的股票或股份；

g. 一方是另一方的雇员、高级职员或董事；

h. 买卖双方是同一合伙的成员。

此外，买卖双方在经营上相互有联系，一方是另一方的独家代理、经销或受让人，若与以上规定相符，也应当视为有特殊关系。

买卖双方有特殊关系这个事实本身并不能构成海关拒绝成交价格的理由，买卖双方之间存在特殊关系，但是纳税义务人能证明其成交价格与同时或者大约同时发生的下列任何一款价格相近的，视为特殊关系未对进口货物的成交价格产生影响：

a. 向境内无特殊关系的买方出售的相同或者类似进口货物的成交价格；

b. 按照倒扣价格估价方法所确定的相同或者类似进口货物的完税价格；

c. 按照计算价格估价方法所确定的相同或者类似进口货物的完税价格。

海关在使用上述价格进行比较时，需考虑商业水平和进口数量的不同，以及买卖双方有无特殊关系造成的费用差异。

进口货物成交价格法是海关估价中使用最多的一种估价方法,但是如果货物的进口非因销售引起或销售不能符合成交价格须满足的条件,就不能采用成交价格法,而应该依次采用下列方法审查确定货物的完税价格。

2. 相同及类似货物成交价格法

相同及类似进口货物成交价格法,以被估货物同时或大约同时向中华人民共和国境内销售的相同货物及类似货物的成交价格为基础,审查确定进口货物完税价格的方法。

(1)相同货物和类似货物。"相同货物",指与进口货物在同一国家或者地区生产的,在物理性质、质量和信誉等所有方面都相同的货物,但是表面的微小差异允许存在。

"类似货物",指与进口货物在同一国家或者地区生产的,虽然不是在所有方面都相同,但是却具有相似的特征、相似的组成材料、相同的功能,并且在商业中可以互换的货物。

(2)相同或类似货物的时间要素。时间要素是指相同或类似货物必须与进口货物同时或大约同时进口,其中的"同时或大约同时"指在海关接受申报之日的前后各45天以内。

(3)关于相同及类似货物成交价格法的运用。在运用这两种估价方法时,首先应使用和进口货物处于相同商业水平、大致相同数量的相同或类似货物的成交价格,只有在上述条件不满足时,才可采用不同商业水平和不同数量销售的相同或类似进口货物的价格,但不能将上述价格直接作为进口货物的价格,还须对由此而产生的价格方面的差异作出调整。

此外,对进口货物与相同或类似货物之间由于运输距离与运输方式不同而在成本和其他费用方面产生的差异应进行调整。

上述调整都必须建立在客观量化的数据资料的基础上。

同时还应注意,在采用相同或类似货物成交价格法确定进口货物完税价格时,首先应使用同一生产商生产的相同或类似货物的成交价格,只有在没有同一生产商生产的相同或类似货物的成交价格的情况下,才可以使用同一生产国或地区不同生产商生产的相同或类似货物的成交价格。如果有多个相同或类似货物的成交价格,应当以最低的成交价格为基础估定进口货物的完税价格。

3. 倒扣价格法

倒扣价格法即以进口货物、相同或类似进口货物在境内第一环节的销售价格为基础,扣除境内发生的有关费用来估定完税价格。上述"第一环节"是指有关货物进口后进行的第一次转售,且转售者与境内买方之间不能有特殊关系。

(1)用以倒扣的上述销售价格应同时符合的条件。

①在被估货物进口时或大约同时,将该货物、相同或类似进口货物在境内销售的价格。

②按照该货物进口时的状态销售的价格。

③在境内第一环节销售的价格。

④向境内无特殊关系方销售的价格。

⑤按照该价格销售的货物合计销售总量最大。

（2）倒扣价格法的核心要素。

①按进口时的状态销售。必须首先以进口货物、相同或类似进口货物按进口时的状态销售的价格为基础。如果没有按进口时的状态销售的价格，应纳税义务人要求，可以使用经过加工后在境内销售的价格作为倒扣的基础。

②时间要素。必须是在被估货物进口时或大约同时转售给国内无特殊关系方的价格，其中"进口时或大约同时"为在进口货物接受申报之日的前后各 45 天以内。如果进口货物、相同或者类似货物没有在海关接受进口货物申报之日前后 45 天内在境内销售，可以将在境内销售的时间延长至接受货物申报之日前后 90 天内。

③合计的货物销售总量最大。必须使用被估的进口货物、相同或类似进 I-1 货物售予境内无特殊关系方合计销售总量最大的价格为基础估定完税价格。

（3）倒扣价格法的倒扣项目。确定销售价格以后，在使用倒扣价格法时，还必须扣除一些费用，这些倒扣项目根据规定有以下四项。

①该货物的同级或同种类货物在境内第一环节销售时通常支付的佣金以及利润和一般费用。

②货物运抵境内输入地点之后的运输及其相关费用、保险费。

③进口关税、进口环节代征税及其他国内税。

④加工增值额，如果以货物经过加工后在境内转售的价格作为倒扣价格的基础，则必须扣除上述加工增值部分。

4. 计算价格法

计算价格法既不是以成交价格，也不是以在境内的转售价格作为基础，它是以发生在生产国或地区的生产成本作为基础的价格。

（1）计算价格的构成项目。按有关规定采用计算价格法时进口货物的完税价格由下列各项目的总和构成。

①生产该货物所使用的料件成本和加工费用。"料件成本"是指生产被估货物的原料成本，包括原材料的采购价值，以及原材料投入实际生产之前发生的各类费用。"加工费用"是指将原材料加工为制成品过程中发生的生产费用，包括人工成本、装配费用及有关间接成本。

②向境内销售同等级或者同种类货物通常的利润和一般费用（包括直接费用与间接费用）。

③货物运抵中华人民共和国境内输入地点起卸前的运输及其相关费用、保险费。

（2）运用计算价格法的注意事项。计算价格法按顺序为第五种估价方法，但如果进口货物纳税义务人提出要求，并经海关同意，可以与倒扣法颠倒顺序使用。此外，海关在征得境外生产商同意并提前通知有关国家或者地区政府后，可以在境外核实该企业提供的有关资料。

5. 合理方法

合理方法，是指当海关不能根据成交价格估价法、相同货物成交价格估价法、类似货物成交价格估价法、倒扣价格估价法和计算价格估价法确定完税价格时，根据公平、统一、客观的估价原则，以客观量化的数据资料为基础审查确定进口货物完税价格的估价方法。

在运用合理方法估价时，禁止使用以下6种价格。

（1）境内生产的货物在境内的销售价格。

（2）在两种价格中较高的价格。

（3）依据货物在出口地市场的销售价格。

（4）以计算价格法规定之外的价值或者费用计算的相同或者类似货物的价格。

（5）依据出口到第三国或地区货物的销售价格。

（6）依据最低限价或武断、虚构的价格。

（二）特殊进口货物完税价格的审定

特殊进口货物完税价格的审定主要介绍的是一些以特殊的贸易方式或交易方式进口的货物的价格审定规定。这里所讲的"特殊"并不是指货物本身，而是指以特殊的贸易方式成交的进口的货物。

1. 加工贸易进口料件和制成品的完税价格

对加工贸易进口货物估价的核心问题是按制成品征税还是按料件征税，以及征税的环节是在进口环节还是在内销环节。主要规定如下。

（1）进口时需征税的进料加工进口料件，以该料件申报进口时的价格估定。进口时需征税的进料加工进口料件主要是指需要按比例征税的进料加工进口料件。一般来讲，进料加工进口料件在进口环节都有成交价格，因此以该料件申报进口时的价格确定。

（2）以目的进料加工进口料件或其制成品（包括残次品、副产品）以料件原进口时的价格估定。制成品因故转为内销时，以制成品所含料件原进口时的价格确定。

（3）内销的来料加工进口料件或其制成品（包括残次品、副产品），以料件申报内销时的价格估定。来料加工的料件原进口时是没有成交价格的，因此以进口料件申报内销时的价格确定。

（4）出口加工区内的加工企业内销的制成品（包括残次品、副产品），以制成品申报内销时的价格确定。

（5）保税区内的加工企业内销的进口料件或其制成品（包括残次品、副产品）或制成品申报内销时的价格估定。如果内销的制成品中含有从境内采购的料件境外购入的料作原进口时的价格确定。

（6）加工贸易在加工过程中产生的边角料，以申报内销时的价格确定。

2. 从保税区进入非保税区、从出口加工区运往区外、从保税仓库出库内销的非加工贸易货物的完税价格

从保税区或出口加工区销往区外、从保税仓库出库内销的进口货物(加工贸易进口料件及其制成品除外),以海关审定的从保税区或出则口工区销往区外、从保税仓库出库内销的价格估定完税价格。对经审核销售价格不能确定的,海关按照《审价办法》第7条至第11条的规定确定完税价格。如果销售价格中未包括在保税区、出口加工区或保税仓库中发生的仓储、运输及其他相关费用的,海关按照客观量化的数据资料予以计入。

3. 出境修理货物的完税价格

运往境外修理的机械器具、运输工具或其他货物,出境时已向海关报明,并在海关规定期限内复运进境的,海关以审定的境外修理费和料件费以及该货物复运进境的运输及其相关费用、保险费确定完税价格。

4. 出料加工进口货物的完税价格

运往境外加工的货物,出境时已向海关报明,并在海关规定期限内复运进境的,海关以审定的境外加工费和料件费以及该货物复运进境的运输及其相关费用、保险费确定完税价格。

5. 暂时进口货物的完税价格

对于经海关批准的暂时进境的货物,按照《审价办法》第6条至第11条的规定确定完税价格。

6. 租赁进口货物的完税价格

(1)以租金方式对外支付的租赁货物,在租赁期间以海关审定的租金作为完税价格。
(2)留购的租赁货物以海关审定的留购价格作为完税价格。
(3)承租人申请一次性缴纳税款的,经海关同意,按照《审价办法》第二章的规定确定完税价格。

7. 留购的进口货样、展览品和广告品的完税价格

对于境内留购的进口货样、展览品和广告陈列品,以海关审定的留购价格作为完税价格。

8. 特定减免税货物的完税价格

减税或免税进口的货物需予补税时,海关以审定的该货物原进口时的价格扣除折旧部分价值作为完税价格。

9. 其他特殊进口货物的完税价格

以易货贸易、寄售、捐赠、赠送等其他方式进口的货物，海关按照《审价办法》第 7 条至第 11 条的规定确定完税价格。

二、出口货物完税价格审价方法

（一）出口货物的完税价格

出口货物的完税价格由海关以该货物的成交价格为基础审查确定，包括货物运至中华人民共和国境内输出地点装载前的运输及其相关费用、保险费。

出口货物的成交价格，是指该货物出口销售时，卖方为出口该货物向买方直接收取和间接收取的价款总额。

出口货物完税价格的计算公式：

$$出口货物完税价格=FOB-出口关税=FOB/（1+出口关税税率）$$

（二）不计入出口货物完税价格的税收、费用

（1）出口关税。

（2）在货物价款中单独列明的货物运至中华人民共和国境内输出地点装载后的运费及其相关费用、保险费。

（3）在货物价款中单独列明由卖方承担的佣金。

（三）出口货物其他估价方法

出口货物的成交价格不能确定的，海关经了解有关情况，并与纳税义务人进行价格磋商后，依次以下列价格审查确定该货物的完税价格。

（1）同时或者大约同时向同一国家或者地区出口的相同货物的成交价格。

（2）同时或者大约同时向同一国家或者地区出口的类似货物的成交价格。

（3）根据境内生产相同或者类似货物的成本、利润和一般费用（包括直接费用和间接费用）、境内发生的运输及其相关费用、保险费计算所得的价格。

（4）按照合理方法估定的价格。

经审查科华外贸公司提供的说明及相关资料，某海关认为不足以证明其申报货物价格的真实性、准确性，而且该海关还发现科华外贸公司代理的国内实际买方飞达科技公司与境外卖方香港飞达科技公司存在特殊经济关系且对成交价格产生影响。因此，根据《中华人民共和国海关审定进出口货物完税价格办法》（以下简称《审价办法》）的规定，某海关不接受该进口货物的申报价格。

为充分交流双方掌握的信息，某海关与科华外贸公司进行了价格磋商。某海关对科华外贸公司提供的价格信息资料进行了审查，认为该资料存在诸多瑕疵，不能作为估价

的基础；由于科华外贸公司未能提供适用相同或类似货物成交价格以及构成倒扣价格法、计算价格法所需的相关可量化的数据，而某海关也未能掌握使用相同货物成交价格方法、类似货物成交价格方法、倒扣价格方法和计算价格方法的相关价格资料，2014年9月20日，某海关依据《审价办法》有关规定，使用合理估价方法进行估价，并相应作出征税决定。按照估价方法最终判定和认定该批太阳能多级晶硅的完税价格为48300美元。

三、使用成交价格估价方法确定进口货物完税价格

根据知识准备中对于完税价格的定义发现进口货物完税价格应从成交价格的审查确定和运输及其相关运保费等方面进行确定。

知识链接

从上述法规定义和国际贸易实践看，进口成交价格具有如下特征。

其一，进口成交价格是我关境内商人与关境外商人之间买卖交易的价格，即这种价格只存在于关境内外货物买卖交易主体之间，如果货物买卖交易主体不是分别为境内外的商人，所进行的货物买卖就不属于进出口贸易，也就无所谓进口成交价格，港澳台与我国大陆不属于同一个关境，故从港澳台进口的货物也属于进口货物，有进口成交价格。

其二，进口成交价格必然蕴含着所交易的货物及其对价资金的相向流动，即交易的货物从境外流入，其对价资金从境内流出；在某些特殊情况下，某些进口贸易的货物在洽谈时已经在我国关境内或作为对价的资金并不流出境外，但至少所交易的货物最初的源头是从境外流入，其对价资金是流向货物原先的境外所有人的，否则也不称其为进口贸易，也无所谓进口成交价格。

其三，进口成交价格应是充分反映境内外买卖双方交易价格本意的价格，其含义包括：①它是只存在于境内外买卖双方之间的不同于第三人的特定价格，不是交易当时国际市场的一般价格；②它反映了所交易货物各方面全部的商业价值，例如，某些货物的交易价格不仅包括了该货物本身的货值，还要附加技术培训、设备安装、交易佣金以及特许权使用费等其他费用，而在一个买卖合同中可能未包含买卖双方洽谈中商定的本应包括的种种其他费用。

其四，真实的成交价格必然反映国际市场的一般价格。一个国家、地区的企业，其货物销售的时间和销往国度的不同，价格可能不尽一致，但各种价格必然处于一个合理的价格区间，因此，一个特定的成交价格必然反映着国际市场相应货物的一般价格。

（一）成交价格的审查确定

进口单位应该按照《审价办法》规定，从成交价格的定义及需要满足两方面对发票价格及合同进行评估。

1. 成交价格定义方面的评估

（1）是否符合《审价办法》中"销售"的概念。
（2）是否符合《审价办法》中对于买方、卖方的规定。
（3）是否符合实付及应付的规定。
（4）相关计入项目和扣除项目费用是否能按照规定进行调整。

2. 成交价格满足条件方面的评估

（1）买方对进口货物的处置和使用不受限制。
（2）不应受到某些条件或因素的影响。
（3）不得获得转售、处置、使用收益。
（4）特殊关系未影响成交价格。

（二）运输及其相关费用、保费的审查

（1）对于起卸前运输及其相关费用、保险费已经包含在进口货物的成交价格中，如买方没有另行支付，无需重复计算。
（2）起卸前运输及其相关费用、保险费未包括在进口货物的成交价格中，应当按照买方实际支付计算。
（3）其他特殊情形运输及其相关费用、保险费计算。
①如果进口货物的运输及其相关费用无法确定，海关应当按照该货物进口同期的正常运输成本审查确定。
②运输工具作为进口货物，利用自身动力进境的，海关在审查确定完税价格时，不再另行计入运输及其相关费用。
③如果进口货物的保险费无法确定或者未实际发生，海关应当按照"货价加运费"两者总额的 3‰ 计算保险费：保险费＝（货价＋保费）×3‰。
（4）邮运进口的货物，应当以邮费作为运输及其相关费用、保险费。

（三）成交价格以外的其他估价方法确定完税价格

（1）不符合成交价格定义、条件规定，以及缺乏客观量化数据进行调整的。
（2）海关启动价格质疑程序，否定成交价格。

知识链接

　　海关估价方面法律规定的理解: 何谓"特殊关系"? 海关又如何认定"特殊关系"?

　　根据《审价办法》第十六条规定, 有八种情形海关应当认定买卖双方存在特殊关系: ①买卖双方为同一家族成员; ②买卖双方互为商业上的高级职员或者董事; ③一方直接或者间接地受另一方控制; ④买卖双方都共同直接或者间接地受第三方控制; ⑤买卖双方共同直接或者间接地控制第三方; ⑥一方直接或者间接地拥有、控制或者持有对方5%以上(含5%)公开发行的有表决权的股票或者股份; ⑦一方是另一方的雇员、高级职员或者董事; ⑧买卖双方是同一合伙的成员。

　　此外, 买卖双方在经营上相互有联系, 一方是另一方的独家代理、独家经销或者独家受让人, 如果符合上面的八种情况, 也应当视为存在特殊关系。本案中就是因为有证据证明飞达科技公司的经营被香港飞达科技公司直接控制, 从而认定买卖双方存在特殊关系。

四、使用成交价格估价法确定出口货物完税价格

(一)成交价格的审查确定

(1)是否符合《审价办法》买方、卖方的规定。
(2)是否符合《审价办法》规定的销售概念。
(3)是否符合《审价办法》关于直接收取和间接收取的规定。
(4)核对交易中是否存在导致成交价格不成立的因素。

(二)运输及其相关费用、保险费的审查确定

(1)国际运输及其相关费用、保险费已经包括在成交价格中, 应将相关费用扣除。
(2)国际运输及其相关费用、保险费包括在成交价格中, 无须另行计入。
(3)国内运输及相关费用、保险费包括在成交价格中, 无需重复计入上述费用。
(4)国内运输及其相关费用、保险费未包括在成交价格中, 需要将输出地点装载前的运输及其相关费用、保险费计入完税价格。

(三)成交价格以外的其他估价方法确定完税价格

(1)不符合成交价格定义要求的。
(2)海关启动价格质疑程序, 否定成交价格。
则依次采用其他估价方法。

第二节 原产地和税率的确定

一、进口货物原产地的确定

进口货物原产地的确定在国际贸易中，原产地这个概念是指货物生产的国家（地区）。随着世界经济一体化和生产国际化的发展，准确认定进出口货物的国籍变得更为重要。确定了进口货物国籍，即确定了其依照进口国的贸易政策所适用的关税和非关税待遇。原产地的不同就决定了进口商品所享受的待遇不同。

（一）原产地规则的含义

原产地规则是各国为了适应国际贸易的需要，并为了执行本国关税及非关税方面的国别歧视性贸易措施，必须对进出口商品的原产地进行认定。因此，各国以本国立法形式制定出其鉴别货物"国籍"的标准。

世界贸易组织《原产地规则协议》将原产地规则定义为：一国（地区）为确定货物的原产地而实施的普遍适用的法律、法规和行政决定。

（二）原产地认定标准

在认定货物的原产地时，可能会出现以下两种情况：①货物完全是在一个国家（地区）获得或生产制造；②货物由两个及以上国家（地区）生产或制造。无论是优惠原产地规则还是非优惠原产地规则，都必须确定这两种货物的原产地认定标准。

对于完全在一国（地区）获得的产品，如农产品或矿产品，则以产品的种植、开采或生产国为原产国，这一标准通常称为"完全获得标准（Wholly Obtained Standard）"。而对于经过几个国家（地区）加工、制造的产品，多以最后完成实质性加工的国家为原产国，这一标准通常称为"实质性改变标准（Substantial Transformation Standard）"。

"实质性改变标准"包括税则归类改变标准、从价百分比标准（或称增值百分比标准、区域价值成分标准等）、加工工序标准、混合标准等。

"税则归类改变标准"是指在某一国家（地区）对非该国（地区）原产材料进行加工、制造后，所得货物在《协调制度》中的某位数级税目归类发生了变化。

"从价百分比标准"是指在某一国家（地区）对非该国（地区）原产材料进行加工、制造后的增值部分超过了所得货物价值的一定比例。

"加工工序标准"是指在某一国家（地区）进行的赋予制造、加工后所得货物基本特征的主要工序。

1. 优惠原产地认定标准

（1）完全获得标准各个优惠贸易协定项下的"完全获得标准"内容基本相同，主要包括下列主要内容。

①在该国（地区）领土或领海开采的矿产品。

②在该国（地区）领土或领海收获或采集的植物产品。

③在该国（地区）领土出生和饲养的活动物及从其所得产品。

④在该国（地区）领土或领海狩猎或捕捞所得的产品。

⑤由该国（地区）船只在公海捕捞的水产品和其他海洋产品。

⑥该国（地区）加工船加工的前述第⑤项所列物品所得的产品。

⑦在该国（地区）收集的仅适用于原材料回收的废旧物品。

⑧该国（地区）利用上述①～⑦项所列产品加工所得的产品。

（2）从价百分比标准。目前，我国签署的各优惠贸易协定主要的从价百分比标准是：《亚太贸易协定》项下的原产地规则要求，在生产过程中所使用的非成员国原产的或不明原产地的材料、零件或者产物的总价值不超过该货物船上交货价（FOB价[①]）的55%，而原产于最不发达受惠国（即孟加拉国）的产品的以上比例不超过65%。

《中国-东盟合作框架协议》项下的《中国-东盟自由贸易区原产地规则》规定，是用于所获得或生产产品中的原产于任一成员方的成分不少于该货物FOB价的40%；或非中国-东盟自由贸易区原产的材料、零件或者产物的总价值不超过所获得或生产产品FOB价的60%，且最后生产工序在成员方境内完成。

港澳 CEPA[②]项下的原产地规则要求，在港澳获得的原料、组合零件、劳工价值和产品开发支出价值的合计，与在港澳生产或获得产品FOB价的比例应大于或等于30%。

《中巴自贸协定》项下《中国-巴基斯坦自由贸易区原产地规则》要求生产或者加工货物时，所用单一成员方原产成分占所得产品的FOB价的比例不小于40%；或在某一成员方境内使用已获得中巴自贸区原产资格的货物作为生产应享受《中华人民共和国政府与巴基斯坦伊斯兰共和国政府关于自由贸易协定早期收获计划的协议》（简称《早期收获协议》）协定税率的制成品的材料时，若该制成品中原产于中国、巴基斯坦的成分累计不低于40%，则该货物应当视为原产于该成员方。

"特别优惠关税待遇"项下进口货物原产地规则的"从价百分比标准"是指在受惠国对非该国原产材料进行制造、加工后的增值部分不小于所得货物价值的40%。

《中智自贸协定》项下《中国-智利自由贸易区原产地规则》的区域价值成分不少于40%，也就是说在中国或智利生产或者加工的货物，所用的非成员方原产材料占该货物FOB价的比例小于60%。

（3）直接运输规则。不同协定框架下的优惠原产地规则中的直接运输规则各有不同。

①《亚太贸易协定》项下原产地规则的"直接运输规则"是指：原产于其他成员国的

---

① 船上交货价（free on board，FOB）

② 关于建立更紧密经贸关系的安排（closer E-conomic partnership arrangement，CEPA）

进口货物从其他成员国直接运输到我国境内，未经任何非成员国境内。

原产于其他成员国的进口货物虽经过一个或多个非成员国运输到我国境内，不管是否在这些国家转换运输工具或作临时储存，若可以证明过境运输是由于地理原因或仅出于运输需要的考虑，产品未在这些国家进入贸易或消费领域，及除装卸或其他为了保持产品良好状态的处理外，产品在这些国家未经其他任何加工的，视为直接运输。

②《中国-东盟合作框架协议》项下《中国-东盟自由贸易区原产地规则》中的"直接运输规则"是指：《框架协议》项下的进口货物从某一东盟国家直接运输至我国境内，或从某一东盟国家经过其他中国-东盟自由贸易区成员国境内运输至我国，但是途中没有经过任何非自由贸易区成员国（地区）境内。若原产于东盟国家的进口货物运输途中经过非自由贸易区成员国（地区）境内（含转换运输工具或者作临时储存）运输至我国，且同时符合下列条件的，可视为从东盟国家直接运输。

仅是由于地理原因或者运输需要；产品经过上述国家时未进行贸易或者消费；除装卸或者为保持产品良好状态而进行的加工外，产品在上述国家未经过任何其他加工。

③香港 CEPA 项下的香港原产进口货物应从香港直接运输至内地口岸；澳门 CEPA 项下的进口货物不能从香港以外的地区或者国家转运。

④《中巴自贸协定》项下的《中国-巴基斯坦自由贸易区原产地规则》中的"直接运输规则"是指原产于巴基斯坦的进口货物从巴基斯坦直接运输至我国境内，途中未经过任何中国和巴基斯坦之外的国家（地区）境内；如若原产于巴基斯坦的进口货物从巴基斯坦直接运输至我国境内的途中经过一个或多个中国和巴基斯坦之外的国家（地区），不论是否在这些国家（地区）转换运输工具或作临时储存，应同时符合以下条件。

仅是由于地理原因或者运输需要；货物未在这些国家（地区）进入贸易或者消费领域；除装卸或者其他为使货物保持良好状态的处理外，货物在这些国家（地区）未经任何其他加工。

⑤"特别优惠关税待遇"项下进口货物原产地规则要求申报享受特别优惠关税待遇的进口货物，应直接从受惠国运输至我国境内，途中未经过中国和该受惠国以外的其他国家（地区）。若货物经过其他国家（地区）运输至我国境内的，是由于地理原因或者运输需要，并且在经过其他国家（地区）时未做除装卸和为使货物保持良好状态或运输所必需的处理以外的其他处理，同时未进入该国家（地区）进行贸易或消费的，才能视为直接运输。

⑥《中智自贸协定》项下《中国-智利自由贸易区原产地规则》要求原产于智利的进口货物从智利直接运输至我国境内，途中未经过中国、智利以外的其他国家（地区），若经过其他国家（地区）运输至我国境内，是由于地理原因或者运输需要，在经过其他国家（地区）时未做除装卸和为使货物保持良好状态或运输所必需处理以外的其他处理，未进入该国家（地区）进行贸易或消费的，视为直接运输。除此以外，不论该货物是否换装运输工具，其进入所经过的其他国家（地区）停留时间最长不得超过 3 个月。

2. 非优惠原产地认定标准

目前，我国的非优惠原产地认定标准主要有"完全获得标准"和"实质性改变标准"。

（1）完全获得标准。完全在一个国家（地区）获得或生产制造的货物，以该国（地区）

为原产地。以下产品视为在一国（地区）"完全获得"：

①在该国（地区）出生并饲养的活的动物；

②在该国（地区）野外捕捉、捕捞、搜集的动物；

③从该国（地区）的活的动物获得的未经加工的物品；

④在该国（地区）收获的植物和植物产品：

⑤在该国（地区）采掘的矿物；

⑥在该国（地区）获得的除了上述①～⑤项范围的其他天然生成的物品；

⑦在该国（地区）生产过程中产生的只能弃置或者回收用作材料的废碎料；

⑧在该国（地区）收集的不能修复或者修理的物品，或者从该物品中回收的零件或者材料；

⑨由合法悬挂该国旗帜的船舶从其领海以外海域获得的海洋捕捞物和其他物品；

⑩在合法悬挂该国旗帜的加工船上加工上述第 j 项所列物品获得的产品：

⑪从该国领海以外享有专有开采权的海床或者海床底土获得的物品：

⑫在该国（地区）完全从上述①～⑪项所列物品中生产的产品。

在确定货物是否在一个国家（地区）完全获得时，为运输、储存期间保存货物而作的加工或处理，为货物便于装卸而作的加工或处理，为货物销售而作的包装等加工或处理等，不予考虑。

实例分析

我国境内一加工区企业从澳门购进台湾产薄型尼龙一批，加工成女式服装后，经批准运往区外内销。

解析：本例中，薄型尼龙已经经过加工成为女式服装，税则归类已经改变，故而，该批服装向海关申报出区时，其原产国应申报为中国。

（2）实质性改变标准。两个及以上国家（地区）参与生产或制造的货物，以其最后完成实质性改变的国家（地区）为原产地。若以税则归类改变为基本标准，税则归类改变不能反映实质性改变的，则以从价百分比、制造或者加工工序等为补充标准。

税则归类改变，是指在某一国家（地区）对非该国（地区）原产材料进行制造、加工后，所得货物在《进出口税则》中的四位数税号一级的税则归类发生改变。

制造或者加工工序，是指在某一国家（地区）进行的赋予制造、加工后所得货物基本特征的主要工序。

从价百分比，是指在某一国家（地区）对非该国（地区）原产材料进行制造、加工后的增值部分，超过所得货物价值的30%。用公式表示如下：

$$\frac{工厂交货价-非该国(地区)原产材料价值}{工厂交货价}\times100\% \geqslant 30\%$$

注意：公式中的"工厂交货价"是指支付给制造厂所生产的成品的价格；而"非该国（地区）原产材料价值"是指直接用于制造或装配最终产品而进口原料、零部件的价值（含原产地不明的原料、零配件），以其进口的成本、保险费加运费价格（CIF 价①）计算。

以上述"制造、加工工序"和"从价百分比"作为标准来判定实质性改变的货物应在有关的"适用制造或者加工工序及从价百分比标准的货物清单"中具体列明，并且按列明的标准判定是否发生实质性改变。对于未列入上述清单货物的实质性改变的判定，应当适用税则归类改变标准。这里的清单由海关总署会同商务部、国家质量监督检验检疫总局根据实施情况修订并公告。

上述实质性改变标准适用于非优惠性贸易措施项下两个及以上国家（地区）所参与生产的货物原产地的确定。

（三）原产地证明书

原产地证明书是证明产品原产于某地的书面文件。其是受惠国的原产品出口到给惠国时享受关税优惠的凭证，也是进口货物是否适用反倾销、反补贴税率、保障措施等贸易政策的参考凭证。

1. 适用优惠原产地规则的原产地证明书

（1）《亚太贸易协定》规则的原产地证明书。原产地证书的发证机构名称、发证机构的签章应当与备案一致；原产地证书所列进出口商品名称、地址、运输方式、货物名称、规格型号、重量、发票号及日期应当与进口报关人提供的进口货物的合同、发票、装箱单及货物的实际情况等一致。原产地证书和一批进口货物只能一一对应，不可多次使用。

纳税义务人不能提交原产地证书，海关依法确定进口货物的原产地的，据以确定适用税率。货物征税放行后，纳税义务人应自货物进境之日起 90 日内补交原产地证书的，经海关核实，若其应实施亚太贸易协定税率的，对按原税率多征的部分可以退还。

（2）《中国-东盟合作框架协议》规则的原产地证明书。原产地证书应当与海关总署发布的有关原产地证书及其签章的备案材料相一致；原产地证书所列进出口商名称、地址、国家、运输工具及路线、包装唛头及编号、包装件数及种类、货品名称（包括数量及进口国 HS 编码）、重量及价格、发票号及日期等内容应当与进口报关人提供的进口货物的合同、发票、装箱单及货物的实际情况等一致。原产地证书应自东盟国家有关机构签发之日起 4 个月内提交我国境内申报地海关。若是经过第三方转运的情况，该货物的原产地证书提交期限延长为 6 个月。因不可抗力或其他正当理由超过期限提交原产地证书的，海关审核情况后可以接受。若原产于东盟国家的进口货物，每批产品的 FOB 价不超过 200 美元，则无需要求纳税义务人提交原产地证书，但是要求纳税义务人提交出口人对有关产品原产于该出口成员方的声明。原产地证书和一批进口货物只能一一对应，不可多次使用。海关可要求纳税义务人提供可以证明原产地证书正确性的有关资料。

海关怀疑原产地证书内容的真实性时，可请求东盟国家的有关政府机构对原产地证书进行核查。此期间，可先按适用的最惠国税率或暂定税率征收相当于应缴税款的等值保证

---

① 指定目的港（cost insurance and freight，CIF）

金后先予放行货物,并按规定办理进口手续。待核查完毕,海关根据核查结果办理退还保证金手续或者保证金转税手续。

纳税义务人不能提交原产地证书,海关依法确定进口货物的原产地的,并据此确定适用税率。原产地证书应当由东盟国家有关政府机构在产品出口时签发,但在特殊情况下,未在货物出口时或出口后立即签发原产地证书的,原产地证书可以在货物装运之日起 1 年内补发,并且应在原产地证书上注明"补发"字样。经海关核实后,实施中国-东盟协定税率的,应对按原税率多征的部分予以退还。

(3)港澳 CEPA 的原产地证明书。原产地证书应当与海关总署发布的有关原产地证书及其签章的备案材料一致(其中,香港原产地证书签发机构包括香港工贸署、香港总商会、香港印度商会、香港工业总会、香港中华厂商联合会、香港中华总商会等 6 家机构;澳门原产地证书签发机构为澳门特别行政区政府经济局)。原产地证书必须在有效期内使用,并且证书编号和商品编码两项内容必须与报关单所报内容相符,申报数量不可超出原产地证书上的数量,原产地证书的签证机构、签发地区、到货口岸等内容应与实际相符。原产地证书必须与海关联网核对无误。原产地证书和一批进口货物只能一一对应,不可多次使用。一份报关单不可涉及多份原产地证书或含非原产地证书商品。

海关因故无法进行联网核对,经海关审批同意纳税义务人书面申请后,可以按适用的最惠国税率或暂定税率征收相当于应缴税款的等值保证金后先放行货物,并按规定办理进口手续。海关应自该货物放行之日起 90 天内核定其原产地证书的真实情况,根据核查结果办理退还保证金手续或保证金转税手续。

海关怀疑原产地证书内容的真实性时,可以经海关总署或者其授权的海关机构(深圳、拱北原产地管理办公室)向有关的香港海关、澳门海关或澳门经济局提出协助核查的请求。此期间,可先按适用的最惠国税率或暂定税率征收相当于应缴税款的等值保证金后先予放行货物,并按规定办理进口手续。核查完毕后,海关应根据核查结果办理退还保证金手续或者保证金转税手续。

(4)中国-巴基斯坦自由贸易区原产地规则的原产地证明书。进口货物收货人向申报地海关提交的原产地证书正本必须用国际标准 A4 纸印制,且所用文字为英语。原产地证书不得涂改及叠印。进口货物收货人提交的原产地证书由巴基斯坦有关政府机构根据《中国-巴基斯坦自由贸易区原产地规则》在货物出口前或出口时,或在货物实际出口后 15 日内签发。未能在规定的日期签发原产地证书的货物,进口货物收货人可向申报地海关提交在货物装运之日起 1 年内签发的注明"补发"字样的原产地证书。若原产地证书被盗、遗失或毁坏的,在该证书签发之日起 1 年之内,进口货物收货人可要求出口货物发货人向原签证机构申请签发经证实的原产地证书真实复制本,原产地证书的第 12 栏中需注明"经证实的真实复制本"。该复制本应注明原证正本的签发日期。除不可抗力外,原产地证书自签发之日起 6 个月内应向我国海关提交,如果货物运输经过一个或多个中国和巴基斯坦之外的国家(地区),上述所规定的原产地证书提交期限延长至 8 个月。

从巴基斯坦进口享受《早期收获协议》协定税率的货物在向海关申报之后,海关放行之前,其目的地发生变化需要运往其他国家的,进口货物的收货人应向海关提出书面申请,海关对原产地证书进行背书后将原产地证书返还进口人。

由巴基斯坦运至我国展览并在展览期间或展览后销售到我国的货物，如果符合《中国-巴基斯坦自由贸易区原产地规则》要求的，可以享受《早期收获协议》协定税率，但还应同时满足下列要求。

①出口货物发货人已将货物从巴基斯坦境内实际运送到我国并已在我国展出。

②出口货物发货人已将货物实际卖给或者转让给我国的进口货物收货人。

③货物已经以送展状态在展览期间或者展览后立即运到我国。

为实施前款规定，进口货物收货人必须向海关提交原产地证书，并且提供我国有关政府机构签发的注明展览会名称及地址的证明书以及相关证明文件。

（5）"特别优惠关税待遇"进口货物规则的原产地证明书。进口货物收货人向海关提交的原产地证书，应由受惠国官方机构签发，签发机构的名称和地址及签发原产地证书的印章与签章式样应在海关总署备案。原产地证书有效期为自签发之日起 180 日，其用 A4 纸印制，所用文字为英文。进口货物收货人向海关申报时应提交正本及第二副本。

在对原产地证书内容的真实性产生怀疑时，海关总署或其授权的机构可通过中国驻相关受惠国使领馆经济商务参赞处（室）向受惠国海关或原产地证书发证机构提出核查要求，且要求其在自收到核查要求之日起的 90 日内予以答复。若海关未能在上述期限内收到答复，则该货物不得享受特别优惠关税优惠。

在等待受惠国原产地证书核查结果期间，海关可以应进口货物收货人要求，按照该货物适用的最惠国税率收取应缴税款的等值保证金后放行货物，并且按规定办理进口手续、进行海关统计。出口国海关或原产地证书签发机构核查完毕后，海关应根据核查结果，立即办理退还保证金手续或办理保证金转为进口税款手续，海关统计数据应当作相应修改。若进口货物属于国家限制进口的，或有违法嫌疑的，在原产地证书核查完毕前海关不得放行货物。

（6）中国-智利自由贸易区原产地规则的原产地证明书。进口货物收货人向海关提交的智利原产地证书必须符合规定格式，其所用文字应当为英文，并且加盖有"正本（ORIGINAL）"字样的印章。

原产地证书上所列的一项或多项货物应当为同一批次进口到中国的原产于智利的货物。一份原产地证书应当仅对应一份报关单。

原产地证书自签发之日起一年内有效。进口货物收货人应当向海关提交在有效期内的原产地证书。

海关对智利原产地证书的真实性和相关货物是否原产于智利产生怀疑时，可向智利有关部门提出原产地核查请求。在此期间，海关可按该货物适用的其他种类税率征收相当于应缴税款的等值保证金后放行货物，并按照规定办理进口手续、进行海关统计。核查结束后，海关根据核查结果，应立即办理退还保证金手续或办理保证金转为进口税款手续。

在提出核查请求之日起 6 个月内，海关未收到智利有关部门核查结果，或核查结果未包含足以确定原产地证书真实性或货物真实原产地信息的，有关货物不享受关税优惠待遇，海关当立即办理保证金转为进口税款手续。海关统计数据同时作相应修改。若进口货物属于国家限制进口的，或者有违法嫌疑的，在原产地证书核查完毕前海关不得放行货物。

2. 适用非优惠原产地规则的原产地证明书

（1）对适用反倾销反补贴措施的进口商品的要求。

①进口经营单位申报进口与实施反倾销措施的被诉倾销产品（简称"被诉倾销产品"）相同的货物时，应当向海关提交原产地证明。

②对于进口经营单位确实无法提交原产地证明，经海关实际查验不能确定其原产地的，海关按与该货物相同的被诉倾销产品的最高反倾销税率或者保证金征收比率征收反倾销税或现金保证金。

③对于加工贸易保税进口与被诉倾销产品相同的货物，进口经营单位在有关货物实际进口申报时，也应当向海关提交原产地证明。

④对于在反倾销措施实施之前已经申报进口的加工贸易和其他保税进口货物，申报内销是在反倾销措施实施期间的，进口经营单位应当在申报内销时向海关提交原产地证明。对于进口经营单位确实无法提交原产地证明，经海关实际查验后不能确定货物的原产地的，海关按与该货物相同的被诉倾销产品的最高反倾销税率或者保证金征收比率征收反倾销税或现金保证金。

（2）对适用最终保障措施的进口商品的要求。自海关总署公告规定的加征关税之日起，若进口企业申报进口涉案产品时，不能提供不适用最终保障措施的国家（地区）的原产地证明或者尚不应加征关税的适用最终保障措施的国家（地区）的原产地证明，或海关对其所提供的原产地证明的真实性有怀疑的，如经海关审核有关单证（包括合同、发票、提运单等）以及对货物实际验估能够确定原产地的，应按照相关规定处理；若仍不能确定原产地，且进口企业也不能进一步提供能够证明原产地的其他材料的，应当在现行适用的关税税率基础上，按照相应的涉案产品适用的加征关税税率加征关税。

在海关审核认定原产地期间，进口企业可在提供相当于全部税款的保证金担保后，要求先行验放货物。

原产地证明书并不是确定货物原产地的唯一标准。若经海关通过查验货物或审核单证认为所提供的原产地证明书可能不真实的，海关将根据原产地规则标准予以确认。

二、税率设置的基本规定

进口税则分设最惠国税率、协定税率、特惠税率、普通税率、关税配额税率等税率。进口货物在一定期限内可以实行暂定税率。

出口税则按进口税则列目方式确定出口税则税目，对部分出口商品实行暂定出口税率。

（一）进口税率

对于同时适用多种税率的进口货物，在选择适用的税率时，基本的原则是"从低适用"，特殊情况除外。

（1）原产于共同适用最惠国待遇条款的世界贸易组织成员的进口货物，原产于与中华人民共和国签订含有相互给予最惠国待遇条款的双边贸易协定的国家或地区的进口货物，及原产于中华人民共和国境内的进口货物，适用最惠国税率。

原产于与中华人民共和国签订含有关税优惠条款的区域性贸易协定的国家或者地区的进口货物，适用协定税率。

原产于与中华人民共和国签订含有特殊关税优惠条款的贸易协定的国家或者地区的进口货物，适用特惠税率。

上述之外的国家或者地区的进口货物，以及原产地不明的进口货物，适用普通税率。

（2）若适用最惠国税率的进口货物有暂定税率的，应当适用暂定税率；若适用协定税率、特惠税率的进口货物有暂定税率的，应当从低适用税率；若适用普通税率的进口货物，不适用暂定税率。而对于无法确定原产国（地区）的进口货物，按普通税率征税。

（3）按照国家规定实行关税配额管理的进口货物，关税配额内的，则适用关税配额税率；关税配额外的，其税率的适用按其所适用的其他相关规定执行。

（4）按照有关法律、行政法规的规定对进口货物采取反倾销、反补贴、保障措施的，则其税率的适用按照《反倾销条例》、《反补贴条例》和《保障措施条例》的有关规定执行。

（5）任何国家或地区违反与中华人民共和国签订或共同参加的贸易协定及相关协定，对中华人民共和国在贸易方面采取禁止、限制、加征关税或其他影响正常贸易的措施的，对原产于该国家或地区的进口货物可征收报复性关税的，适用报复性关税税率。国务院关税税则委员会决定并公布征收报复性关税的货物、适用国别、税率、期限和征收办法。

（6）凡进口原产于与我国达成优惠贸易协定的国家或者地区并享受协定税率的商品，同时该商品又属于我国实施反倾销或者反补贴措施范围内的，应按照优惠贸易协定税率计征进口关税；凡进口原产于与我国达成优惠贸易协定的国家或者地区并享受协定税率的商品，同时该商品又属于我国采取保障措施范围内的，应当在该商品全部或部分中止、撤销、修改关税减让义务后所确定的适用税率基础上计征进口关税。

（7）执行国家有关进出口关税减征政策时，应首先在最惠国税率基础上计算有关税目的减征税率，而后根据进口货物的原产地及各种税率形式的适用范围，将这一税率与同一税目的特惠税率、协定税率、进口暂定最惠国税率进行比较，税率从低执行，但不可在暂定最惠国税率基础上再进行减免。

（8）从2002年起我国对部分非全税目信息技术产品的进口按ITA[①]税率征税。

（二）出口税率

对于出口货物，在计算出口关税时，出口暂定税率的执行优先于出口税率。

根据任务一核算出货物的完税价格，根据原产地和税率的确定步骤，首先确定太阳能多晶硅的税则归类。该货物应归入税号38180090（归类步骤详见项目四），相关单证证明货物原产地为美国，经查询有关自由贸易协定及优惠措施及《进出口税则》，目前我国未与美国签有前述优惠安排。经对照申报年度对应的《进出口税则》，太阳能多晶硅执行从价关税，普通

---

① 信息技术协议税率（Information Technology Associates Tax，ITA）

税率为 11%，无暂定税率等其他正税税率设置。此外，经查询海关总署网站，发现最新公布的《关于征收进口原产于美国和韩国的太阳能级多晶硅反倾销税和反补贴税的公告》，海关自 2014 年 1 月 20 日起对上述货物同时征收反倾销税和反补贴税，税率分别为 53.3% 和 2.1%。

三、确定货物适用原产地规则

（一）通过单证确定货物原产地

可根据合同、发票、原产地证书所示内容确定原产地，特殊情形下可结合查验结论确定。

（二）通过税则号列及货物原产地信息查找常规设置税率

在《进出口税则》中登录国家商务部、海关总署等权威网站通过税则号列及货物原产地等信息对照查找有无相应协定或特惠税率。

（三）通过税则号列及货物原产地信息查找附加费率

通过货物税则号列及货物原产地等信息，在商务部或海关总署等权威网站查询并核实国家已公布的征收反倾销税、反补贴等附加税相关公告，以确定进口货物是否应征收附加税及具体征收税种、税率。

四、根据税率使用规定确定计征税率

（一）优惠原产地规则下进口货物

（1）提交符合规定的原产地证书及相应的商业发票、运输等单证。
（2）货物运输符合"直接运输"的规定。
（3）应按照报关单填制的规范正确地向海关申报。

不能满足上述要求无法适用协定或特惠税率时，应在剩余对应税率中从低选用，一般为最惠国税率。

（二）非优惠原产地规则下进口货物

根据不同商品设置情况，一般对应有最惠国税率、减征税率、进口暂定税率、关税配额税率或 ITA 税率等，此时应按照"从低适用"的原则，优先选用上述税率最低的税率。如未有其他税率设置，则直接选用最惠国税率。

（三）特殊情况下附加关税税率设置

国家针对某些特殊情况下进口货物的税款征收规定了反倾销税、反补贴税、保障措施税率、报复性关税税率等附加税率，该类税率一般具有临时性特点。一般情况下，执行前，相关国家部门均对外发布征收公告。

第三节　进出口税费及相关费用计算

一、关税分类

（一）进口关税

1. 含义

进口关税是指一国海关以进境货物和物品为课税对象所征收的关税。

2. 计征方法

进口关税计征方法包括从价税、从量税、复合税、滑准税等。

（1）从价税。从价税是以货物、物品的价格作为计税标准，以应征税额占货物价格的百分比为税率，价格和税额呈正比例关系的关税。从价税是包括中国在内的大多数国家使用的主要计税标准。

（2）从量税。从量税是以货物和物品的计量单位，如重量、数量、容量等作为计税标准，以每一计量单位的应征税额征收的关税。我国目前对冻鸡、石油原油、啤酒、胶卷等类进口商品征收从量税。

（3）复合税。复合税是指一个税目中的商品同时使用从价、从量两种标准计税，计税时按两者之和作为应征税额征收的关税。我国目前对录像机、放像机、摄像机、非家用型摄录一体机、部分数字照相机等进口商品征收复合关税。

（4）滑准税。滑准税是在《进出口税则》中预先按产品的价格高低分档制定若干不同的税率然后根据进口商品价格的变动而增减进口税率的一种关税。其变动的主要原则为：当商品价格上涨时采用较低税率，当商品价格下跌时则采用较高税率。采用滑准税的目的在于使该种商品的国内市场价格保持稳定。

3. 进口关税的种类

进口关税分为进口正税和进口附加税。进口正税即按《进出口税则》中的进口税率征收的关税。进口附加税指国家由于特定需要对进口货物除征收关税正税之外另行征收的一种进口税。

进口附加税一般具有临时性，其包括反倾销税、反补贴税、保障措施关税、报复性关税等特别关税。世界贸易组织不允许其成员方在一般情况下随意征收进口附加税，只有符合世界贸易组织反倾销、反补贴条例等有关规定的，方可征收。我国目前征收的进口附加税主要是反倾销税。

反倾销税是为了抵制外国商品倾销进口，保护国内相关产业而征收的一种进口附加税，即在倾销商品进口时除了征收进口关税，还加征反倾销税。据我国《反倾销条例》的规定，凡进口产品以低于其正常价值出口到我国并且对我国相关企业造成实质性损害的为倾销。反倾销税由海关负责征收，其税额不超出倾销幅度。

此外，为应对他国对我国出口产品实施的歧视性关税或待遇，我国还相应对其产品征收报复性关税。我国《关税条例》规定：任何国家或者地区违反与中华人民共和国签订或者共同参加的贸易协定及相关协定，对中华人民共和国在贸易方面采取禁止、限制、加征关税或者其他影响正常贸易的，对原产于该国家或者地区的进口货物可以征收报复性关税，适用报复性关税税率。由国务院关税税则委员会决定并公布征收报复性关税的货物、适用国别、税率、期限和征收办法。

（二）出口关税

出口关税是指海关以出境货物、物品为课税对象所征收的关税。征收出口关税主要是为了限制、调控某些商品的过度、无序出口，特别是防止本国一些重要自然资源和原材料的无序出口。为了鼓励出口，世界很多国家一般不征收出口关税，或者仅对少部分商品征收关税。

目前，我国海关对鳗鱼苗、铅矿砂、锌矿砂等部分出口商品按《进出口税则》的出口税率征收出口关税。

知识链接

2007年对钢坯等部分出口商品实行暂定税率，其中，对一般贸易和边境小额贸易出口尿素征收季节性暂定税率。

根据《关税条例》的规定，适用出口税率的出口货物有暂定税率的，应当适用暂定税率。

（三）进口环节税

1. 消费税

消费税是以消费品或消费行为的流转额作为课税对象而征收的一种流转税。我国开征消费税是为了调节我国的消费结构，引导消费方向，确保国家财政收入。消费税是在对货物普遍征收增值税的基础上，选择少数消费品再予征收的税。

（1）征纳。消费税的纳税义务人是在中华人民共和国境内生产、委托加工和进口《消费税暂行条例》规定的消费品（简称"应税消费品"）的单位和个人。我国的消费税由税务机关征收，进口环节的消费税由海关征收，进口的应税消费品，由纳税义务人（进口人或其代理人）向办理进口手续的海关申报纳税。

进口环节消费税采用价内税的计税方法，即计税价格的组成中包括了消费税税额。进口环节消费税的征收管理，适用关税征收管理的规定。

除了国务院另有规定者，一律不得给予减税或免税。进口环节消费税的起征额为人民币 50 元，低于 50 元的免征。

（2）征收范围。消费税的征税范围，主要是根据我国经济社会发展现状和现行消费政策、人民群众的消费结构及财政需要，并借鉴国外的通行做法确定的。其征收的范围仅限于少数消费品。

自 2006 年 4 月 1 日起，对进口环节消费税税目、税率及相关政策进行了调整。

①新增对高尔夫球及球具、高档手表、游艇、木制一次性筷子、实木地板、石脑油、溶剂油、润滑油、燃料油、航空煤油等产品征收消费税。

②停止对护肤护发品征收消费税。

③调整汽车、摩托车、汽车轮胎、白酒的消费税税率；石脑油、溶剂油、润滑油、燃料油暂按应纳消费税税额的 30%征收；航空煤油暂缓征收消费税；子午线轮胎免征消费税。其中，对进口白酒类征收复合消费税时，按 20%的税率计征从价消费税，同时按 1 元/kg 的单位税额计征从量消费税。对进口卷烟仍按规定的计税方法计征复合消费税。

应税消费品大体可分为以下四种类型。

（1）一些过度消费会对人的身体健康、社会秩序、生态环境等方面造成危害的特殊消费品，例如，烟、酒、酒精、鞭炮、焰火等。

（2）奢侈品、非生活必需品，例如，贵重首饰及珠宝玉石、化妆品等。

（3）高能耗的高档消费品，例如，小轿车、摩托车、汽车轮胎等。

（4）不可再生和替代的资源类消费品，例如，汽油、柴油等。

从 2002 年 1 月 1 日起，进口钻石及钻石饰品的消费税改由税务部门在零售环节征收，进口环节不再征收。

从 2002 年 6 月 1 日起，除了加工贸易，进出口钻石统一集中到上海钻石交易所办理报关手续，其他口岸均不可进出口钻石。

2. 增值税

增值税是以商品的生产、流通和劳务服务各个环节所创造的新增价值为课税对象的一种流转税。其是在货物、物品进口时，由海关依法向进口货物的法人或自然人征收的。

采用并全面推行国际通行的增值税制，有利于促进专业分工与协作，体现税负的公平合理，稳定国家财政收入，也有利于出口退税的规范操作。

（1）征纳。进口环节增值税由海关依法向进口货物的法人或自然人征收，其他环节的增值税由税务机关征收。

进口环节增值税的免税、减税项目由国务院规定，任何地区、部门都无权擅自决定增值税的减免。

进口环节增值税的起征额为人民币 50 元，低于 50 元的免征。

增值税的纳税义务人是在中华人民共和国境内销售货物或者提供加工、修理、修配劳务以及进口货物的单位和个人。进口货物由纳税义务人（进口人或其代理人）向办理进口手续的海关申报纳税。

进口环节增值税的征收管理，适用关税征收管理的规定。

（2）征收范围和税率。在我国境内销售货物（销售不动产或免征的除外）、进口货物和提供加工、修理、修配劳务的单位或个人，都必须依法缴纳增值税。在我国境内销售货物，是指所销售的货物的起运地或所在地都在我国境内。

我国增值税的征收原则是中性、简便、规范，采取了基本税率再加一档低税率的征收模式。

适用基本税率（17%）的范围含：纳税人销售或者进口除适用低税率的货物以外的货物，以及提供加工、修理修配劳务。

适用低税率（13%）的范围是指纳税人销售或者进口下列货物。

（1）粮食、食用植物油。

（2）自来水、暖气、冷气、热水、煤气、石油液化气、天然气、沼气、居民用煤炭制品。

（3）图书、报纸、杂志。

（4）饲料、化肥、农药、农机、农膜。

（5）国务院规定的其他货物。

根据任务一和任务二判定的太阳能多级晶硅的完税价格和进口关税税率、反倾销税税率计算太阳能多级晶硅的进口关税、反倾销税和反补贴税。

经查 2014 年 9 月时的人民币对美元的汇率为：1 美元=6.1265 人民币，完税价格为 48300 美元，税率分别为 11%、53.3%和 2.1%。

则该批太阳能多级晶硅的进口关税税费=进口关税+反倾销税+反补贴税=48300× 6.1265×（11%+53.3%+2.1%）=202402.4 元。

二、进口关税的核算

（一）从价关税

（1）计算公式为

进口关税税额 = 完税价格×进口从价税税率

完税价格 = CIF价格

CIF价格 = (FOB价 + 运费)÷[1−(1+保险加成率)×保险费率]

（2）计算程序。

第一步，按照归类原则确定税则归类，将应税货物归入适当的税号。

第二步，根据原产地规则和税率适用规定，确定应税货物所适用的税率。

第三步，根据审定完税价格办法的有关规定，确定应税货物的完税价格。

第四步，根据汇率适用规定，将外币折算成人民币。

第五步，按照计算公式正确计算应征税款。

（3）计算实例。上海某公司从美国进口某品牌轿车 10 辆，成交价格为 FOB 纽约 200000.00 美元，实际支付运费 30000 美元，保险加成率 10%，保险费率 0.3%。汽车规格为 4 座位，气缸容量 2000cc，计算进口关税（其适用的中国人民银行公布的基准汇率为 1 美元=6.03 元人民币）。

计算步骤如下。

①确定税则归类，气缸容量 2000cc 的小轿车归入税号 8703、2341。

②原产国日本适用最惠国税率 25%。

③计算完税价格。

完税价格＝CIF价格=(FOB＋运费)÷[1−(1＋保险加成率)×保险费率]

$$= (2000000 + 30000) \div [1 - (1 + 10\%) \times 0.3\%] \approx 230761.51(美元)$$

④将外币价格折算成人民币。

$$230761.51 \times 6.03 = 1391491.92(元)$$

⑤计算应征税款。

应征进口关税税额=完税价格×关税税率=1391491.92×25%=347872.98(元)

（二）从量税

（1）计算公式为应征税额=进口货物数量×单位税额。

（2）计算程序如下。

①按照归类原则确定税则归类，将应税货物归入适当的税号。

②根据原产地规则和税率适用规定，确定应税货物所适用的税率。

③确定实际进口数量。

④根据审定完税价格办法的有关规定，确定应税货物的完税价格。

⑤根据汇率适用规定，将外币折算成人民币。

⑥按照计算公式正确计算应征税款。

（3）计算实例。上海某公司从中国香港购进柯达彩色胶卷 60000 卷(规格 135\36)，成交价格为 CIF 上海 12 港币/卷，已知中国人民银行公布的基准汇率为 1 港币=0.8139 元人民币，要求计算进口关税税额。

计算步骤如下。

①确定税则归类，彩色胶卷（规格 135/36）归入税号 3702、5410。

②原产国香港适用最惠国税率 155 元/m^2。

③确定实际进口数量。

$$实际进口数量=60000 \times 0.05775 = 3465(m^2)$$

④计算完税价格。

$$完税价格=CIF 价格=60000 \times 12 = 720000(港元)$$

⑤将外币价格折算成人民币。

⑥计算应征税款。

应征进口关税税额=进口货物数量×单位税额=3456×155=535680(元)

（三）复合关税

（1）计算关税：进口货物数量×单位数额+进口货物完税价格×进口从价税税率。

（2）计算程序如下。

①按照归类原则确定税则归类，将应税货物归入适当的税号。

②根据原产地规则和税率适用规定，确定应税货物所适用的税率。

③确定实际进口数量。

④根据审定完税价格办法的有关规定，确定应税货物的完税价格。

⑤根据汇率适用规定，将外币折算成人民币。

⑥按照计算公式正确计算应征税款。

（3）计算实例。2012 年国内公司从日本购进磁带型广播级电视录像机 30 台，其中有 20 台成交价格为 CIF 境内某口岸 4300 美元/台，其余 10 台成交价格为 CIF 境内某口岸 8000 美元/台，已知适用中国银行的外汇折算价为 1 美元=人民币 6.03 元，计算应征进口关税。

计算步骤如下。

①确定税则归类，该批录像机归入税号 8521、1011。

②货物原产国为日本，关税税率可选最惠国税率与进口暂定税率，适用进口暂定税率，经查进口暂定税率为（2012 年）：完税价格不高于 5000 美元/台的，关税税率为单一从价税率 15%；完税价格高于 5000 美元/台的，关税税率为 3%，每台加 4380 元从量税。

③确定后成交价格分别合计为 86000 美元和 80000 美元。

④将外币价格折算成人民币分别为 518580 元和 482400 元。

⑤按照计算公式分别计算进口关税税率。

20台单一从价进口关税税额 = 完税价格×关税税率 = 518580×15% = 77787(元)

10台复合进口关税税额 = 货物数量×单位税额 + 完税价格×关税税率

$$= 10×4380 + 482400×3\%$$

$$= 43800 + 14472 = 58272(元)$$

30台合计进口关税税额 = 从价进口关税税额 + 复合进口关税税额

$$= 77787 + 58272 = 136059(元)$$

（四）反倾销税

（1）计算公式。

反倾销税税额=完税价格×反倾销税税率

（2）作业程序如下。

①根据审定完税价格的有关规定，确定应税货物的 CIF 价格。

②按照归类原则将应税货物归入适当的税号。

③根据反倾销税有关规定，确定应税货物所适用的反倾销税税率。

④根据汇率使用规定，将外币折算成人民币。

⑤按照计算公式正确计算应征反倾销税税款。

三、出口关税的核算

（一）计征方法

应征出口关税税额=出口货物完税价格×出口关税税率

其中

$$出口货物完价格 = \frac{FOB}{1+出口关税税率}$$

即出口货物若以 FOB 价成交，应以该价格扣除出口关税后作为完税价格；若以其他价格成交，应换算成 FOB 价后再按上述公式计算。

实例分析

国内 A 企业从上海出境合金生铁一批，申报出口量 85 吨，每吨成交价格为 96 美元。其适用中国银行的外汇折算价为 1 美元=人民币 7.8 元，要求计算出口关税。

计算方法：

确定税则归类，该批合金生铁归入税目税号 7201.5000，税率为 20%;

审定 FOB 为 8160 美元；

将外币价格折算成人民币为 63648.00;

$$出口关税税率 = \frac{成交价格}{1+出口关税税率} × 出口关税税率$$
$$= [63648.00 / (1+20\%)] × 20\%$$
$$= 53040.00 × 20\%$$
$$= 10608.00(元)$$

（二）出口关税税款的计算

（1）计算公式为

应征出口关税税额=出口货物完税价格×出口关税税率

=FOB÷(1+出口关税税率)×出口关税税率

（2）计算实例。

中国内地某公司出口某种货物 200 件，每件重 200 千克，成交价为 CFR 香港 80000 元人民币。已申报运费为 300 元人民币/吨，出口税率为 15%，求海关应征出口税。

计算步骤如下。

①算出该批货物的 FOB 价。

$$FOB 价=CFR 价-运费=80000-0.2×200×300=68000(元)$$

②求出口货物的完税价格。

出口货物的完税价格=FOB 价÷(1+出口关税税率)=68000÷(1+15%)≈59130.43(元)

③计算应征税款。

出口关税税额=抽口货物完税价格×适用税率=59130.43×15%≈8869.57(元)

四、进口环节海关代征税的核算

（一）消费税

1. 消费税的计算公式

我国消费税采用从价、从量的方法计征。

（1）从价征收的消费税按照组成的计税价格计算，其计算公式为

$$消费税组成计税价格 = \frac{进口关税完税价格+进口关税税额}{1-消费税税率}$$

$$应纳税额 = 消费税组成计税价格×消费税税率$$

（2）从量征收的消费税的计算公式为

$$应纳税额=应征消费税消费品数量×消费税单位税额$$

（3）同时实行从量、从价征收的消费税是运用上述两种征税方法计算的税额之和，其计算公式为

应纳税额=应征消费税消费品数量×消费税单位税额+消费税组成计税价格×消费税税率

2. 消费税的计算实例

某进出口公司进口德国产啤酒 5000 升，经海关审核其成交价格总量为 CIF 境内某口岸 50000 美元。其适用中国银行的外汇折算价为 1 美元=人民币 6 元，进口关税税率为 10%，从量消费税税费为 10 元/千克，从价消费税税率为 25%，计算应征的进口环节消费税税款。

计算步骤如下。

（1）计算关税完税价格和关税税额。

$$关税完税价格=50000×6=300000 （元）$$
$$关税税额=300000×10%=30000 （元）$$

（2）计算消费税组成计税价格。

$$消费税组成计税价格=(300000+30000+5000×10)÷(1-25%)≈506666.67(元)$$

（3）计算消费税应纳税额。

$$消费税应税税额=506666.67×25%=126666.7(元)$$

（二）增值税

进口环节的增值税以组成价格作为计税价格，征税时不可抵扣任何税额。进口环节的增值税组成价格由进口关税完税价格、进口关税税额组成，应征消费税的品种的组成价格要加上消费税税额。现行增值税组成价格和应纳税额计算公式为

$$增值税组成价格=进口关税完税价格+进口关税税额+消费税税额$$

$$应纳税额=增值税组成价格×增值税税率$$

（三）船舶吨税

目前，国际上丈量吨位按照船舱的结构是封闭式或开放式来分别计算，其有大、小吨位之分，封闭式为大吨位，开放式为小吨位。装货多时用大吨位，装货少时用小吨位。

我国现行规定，凡同时持有大小吨位两种吨位证书的船舶，不论实际装货情况，一律按大吨位计征吨税。

船舶吨税按净吨位计征。计算公式如下：

$$船舶吨税=船舶的净吨位×船舶吨税税率$$

船舶净吨位的尾数，按四舍五入原则，半吨以下的免征尾数，半吨以上的按 1 吨计算。若不及 1 吨的小型船舶，除了经海关总署特准免征者，应一律按 1 吨计征。

五、滞报金、滞纳金、担保资金的核算

（一）滞报金的核算

1. 征收范围

进口货物收货人未按规定期限向海关申报产生滞报的，由海关按规定征收滞报金。进口货物滞报金应当按日计征。计征起始日为运输工具申报进境之日起第 15 日，截止日为海关接受申报之日。起始日和截止日均计入滞报期间。

进口货物收货人在向海关以报关单电子数据申报后，未在规定期限或核准的期限内提交纸质报关单，海关撤销其电子数据报关单处理、进口货物收货人重新向海关申报，产生滞报的，征收滞报金，滞报期间以自运输工具申报进境之日起第 15 日为起始日，以海关重新接受申报之日为截止日。

进口货物收货人申报并经海关依法审核，必须撤销原电子数据报关单重新申报，产生滞报的，经进口货物收货人申请并经海关审核同意，征收滞报金，滞报期间以撤销原电子数据报关单之日起第 15 日为起始日，海关重新接受申报之日为截止日。

进口货物因收货人在运输工具申报进境之日起超过 3 个月未向海关申报的，进口货物被海关提取作变卖处理后，收货人申请发还余款，征收滞报金的滞报期限以自运输工具申报进境之日起第 15 日为起始日，以 3 个月期限的最后一日为截止日。

2. 征收标准

滞报金的日征收金额为进口货物完税价格的 0.05%，以人民币"元"为计征单位，不足人民币 1 元的部分免征。

征收滞报金的计算公式为

$$进口货物完税价格 \times 0.05\% \times 滞报天数$$

滞报金的起征点为人民币 50 元。

滞报金的计征起始日如遇法定节假日，则顺延至其后第一个工作日。

根据规定，因不可抗力等特殊情况产生滞报的可以向海关申请减免滞报金。

（二）滞纳金的核算

1. 征收范围

滞纳金指应纳税的单位或个人因逾期向海关缴纳税款而依法应缴纳的款项。按规定，关税、进口环节增值税、进口环节消费税、船舶吨税等的纳税义务人或其代理人，自海关填发税款缴款书之日起 15 日内向指定银行缴纳税款，逾期缴纳的，海关则依法在原应纳税款的基础上，按日加收滞纳税款 0.5‰的滞纳金。滞纳金是税收管理中的一种行政强制措施。

征收滞纳金，其目的在于使纳税义务人承担增加的经济制裁责任，促使其尽早履行纳税义务。

根据规定，对逾期缴纳税款应征收滞纳金的，还有以下几种情况。

（1）进出口货物放行后，海关发现因纳税义务人违反规定造成少征或漏征税款的，于缴纳税款或货物放行之日起 3 年内追征税款，并从缴纳税款或者货物放行之日起至海关发现之日止，按日加收少征或者漏征税款 0.5‰的滞纳金。

（2）因纳税义务人违反规定造成海关监管货物少征或漏征税款的，海关自纳税义务人应缴纳税款之日起 3 年内追征税款，且自应缴纳税款之日起至海关发现违规行为之日止按日加收少征或者漏征税款 0.5‰的滞纳金。

"应缴纳税款之日"是指纳税义务人违反规定的行为发生之日；若该行为发生之日不能确定，则以海关发现该行为之日作为应缴纳税款之日。

（3）租赁进口货物，分期支付租金的，纳税义务人当在每次支付租金后的 15 日内向海关申报办理纳税手续，若逾期办理申报手续，海关除了征收税款，还加收应缴纳税款 0.5‰的滞纳金，计算日期自申报办理纳税手续期限届满之日起至纳税义务人申报纳税之日止。

租赁进口货物自租期届满之日起 30 日内，应向海关申请办结海关手续，若逾期办理手续，海关除按照审定进口货物完税价格的有关规定和租期届满后第 30 日该货物适用的计征汇率、税率，为其审核并确定完税价格、计征应缴纳的税款外，还应自租赁期限届满后 30 日起至纳税义务人申报纳税之日止按日加收应缴纳税款 0.5‰的滞纳金。

（4）暂时进出境货物未在规定期限内复运出境或复运进境，且纳税义务人未在规定期限届满前向海关申报办理进出口及纳税手续的，海关除了按照规定征收应缴纳的税款，还应自规定期限届满之日起至纳税义务人申报纳税之日止按日加收应缴纳税款0.5‰的滞纳金。

海关对滞纳天数的计算是自滞纳税款之日起至进出口货物的纳税义务人缴纳税费之日止，但不扣除法定节假日。缴纳期限届满日遇星期六、星期日等休息日或法定节假日的，应当顺延至休息日或法定节假日之后的第一个工作日。若国务院临时调整休息日与工作日的，则按照调整后的情况计算缴款期限。

对于未在规定的 15 天期限内缴纳滞纳金的，对滞纳的滞纳金不再征收滞纳金。

2. 征收标准

滞纳金的起征额为人民币 50 元，不足人民币 50 元的免予征收。

其计算公式为：关税滞纳金金额=滞纳关税税额×0.5‰×滞纳天数

进口环节海关代征税滞纳金金额=滞纳进口环节海关代征税税额×0.5‰×滞纳天数

根据《中华人民共和国海关法》的规定，进出口货物的纳税义务人，自海关填发税款缴款书之日起 15 日内缴纳税款；逾期缴纳的，由海关征收滞纳金。在实际计算纳税期限时，应当从海关填发税款缴款书之日的第二天起计算，当天不计入。滞纳天数按实际滞纳天数计算，其中的星期六、星期天或法定节假日一并计算。

计算实例：上海某公司进口货物应缴纳关税 50000 元，增值税 80000 元，消费税 60000元，海关于 2012 年 9 月 7 日（周五）填发税款缴纳书，该公司于 2012 年 10 月 10 日（周三）缴纳税款。试计算海关应征的缴纳金。

计算步骤如下。

（1）确定滞纳天数。

税款缴款期限为 2012 年 9 月 24 日（周一），9 月 25 日至 10 月 10 日为滞纳期，共滞纳 16 天。

（2）确定欠缴的税款总额。

$$欠缴税款总额=50000+80000+60000=190000(元)$$

（3）计算滞纳金额。

$$滞纳金=滞纳税款总额×0.5‰×滞纳天数=190000×0.5‰×16=1520(元)$$

（三）担保资金的核算

1. 担保资金范围

根据《中华人民共和国海关事务担保条例》（简称《海关事务担保条例》）的规定，进出口通关环节，进出口单位为申请提前放行货物及申请办理特定海关业务时可办理担保手续。

涉及范围主要有：海关尚未确定商品归类、完税价格、原产地、进口货物物品数量等征税要件的；正在海关办理减免税审批手续的；申请延期缴纳税款的；暂时进出境的；进境修理和出境加工的；因残损、品质不良或者规格不符，纳税义务人申报进口或者出口无代价抵偿货物时，原进口货物尚未退运出境或者尚未放弃交由海关处理的，或者原出口货物尚未退运进境的等。上述海关事务担保可采取交付担保资金或保证函的形式，其金额不超过可能承担的最高税款总额。税款担保一般不超过 6 个月，特殊情况下经直属海关关长或授权的隶属海关关长批准可酌情延长。

2. 计算实例

申请人：某市丰翔电子有限公司

被申请人：某海关

申请人因对被申请人不予接受申请人抵押担保的申请的具体行政行为不服，特申请复议。申请人于 2004 年 5 月在某海关申报进口电子元器件，因急于向客户交付货物，所以申请人向海关申请先行放行货物，海关要求其提供与货物税款相应的人民币 103 万元的保证金或银行保函。申请人以资金周转困难和银行不为其出具保函为由，拒绝提供保证金和保函，并于次日拿着公司的房产证到海关要求以公司房产进行抵押担保。被申请人以担保方式不合适拒绝接受申请人的担保申请。

[问题] 被申请人是否有权拒绝接受申请人的抵押担保方式？

法条链接：

《海关法》第 68 条：担保人可以以下列财产、权利提供担保：

（一）人民币、可自由兑换货币；

（二）汇票、本票、支票、债券、存单；

（三）银行或者非银行金融机构的保函；

（四）海关依法认可的其他财产、权利。

结论：被申请人有权拒绝接受申请人的房产抵押担保申请，被申请人的具体行政行为合法。

【项目小结】

本项目以进口货物进口申报的虚拟案例为导向，在掌握进出口货物完税价格审定、原产地确定、税率查找、关税分类的理论知识的基础上，结合任务驱动依次开展进口货物完税价格审定、原产地确定、税率确定、关税计算等货物从申报到缴纳关税的步骤。通过本项目学习，使读者能够熟悉进出口货物原产地和税率适用原则、关税分类的基本知识，掌握完税价格的确定和关税计算的基本业务能力与技巧。

【本章小结】

本章以进口货物进口申报的虚拟案例为导向，在掌握进出口货物完税价格审定、原产地确定、税率查找、关税分类的理论知识的基础上，结合任务驱动依次开展进口货物完税价格审定、原产地确定、税率确定、关税计算等货物从申报到缴纳关税的步骤。通过本项目学习，读者能够熟悉进出口货物原产地和税率适用原则、关税分类的基本知识，掌握完税价格的确定和关税计算的基本业务能力与技巧。

> **教学设计**

第一节　完税价格的确定

（一）教学目标

掌握一般进口货物完税价格审定的方法；掌握不同完税价格审定的基本条件和适用范围。

有能力根据完税价格审定的虚拟案例要求，依据成交价格的审定条件，判断进口货物完税价格的审定方法，为相同或类似货物完税价格审定方法提供依据；有能力依据特殊出口货物的交易类型不同审定完税价格；有能力参与货物申报时不同情况的完税价格审定。

（二）参考的知识要点

（1）一般进口货物完税价格的审定方法。
（2）特殊进口货物完税价格的审定方法。
（3）成交价格法估定进口货物完税价格的步骤。
（4）成交价格法估定出口货物完税价格的步骤。

（三）教学过程

（1）提供海关审核案例、资料和任务，依据本任务的基础知识，指导学生分组讨论。
（2）带领学生讨论不同条件下货物完税价格审定的方法与注意事项，结合企业实际资料，训练完税价格的审定作业。
（3）讨论学生对案例的评价和分析，教师对相关知识点进行归纳与总结。

（四）教学方法、工具和手段

（1）运用板书采用讲授法讲解一般进口货物完税价格的审定方法与原则；运用板书对

比讲解特殊进口货物完税价格和一般进口货物完税价格审定的区别；在板书讲授的同时，运用幻灯片展示完税价格审定的算例。

（2）将成交价格审定的步骤流程化，运用板书、幻灯片采用讲授法讲授审定的要点；结合真实报关企业完税价格估定案例，采用角色扮演法模拟现场作业成交价格法估定完税价格的流程与方法；采用小组讨论的方式区别其他完税价格审定方法的应用要点。

第二节　原产地和税率的确定

（一）教学目标

熟悉原产地规则和优惠、非优惠原产地的认定标准；掌握税率适用的基本原则。

有能力通过单证确定货物原产地、通过税则号列及货物原产地信息查找常规设置税率及通过税则号列及货物原产地信息查找附加费率；有能力确定优惠原产地规则下进口货物、非优惠原产地规则下进口货物及特殊情况下附加关税税率设置。

（二）参考的知识要点

（1）进口货物原产地的确定。

（2）税率设置的基本原则。

（3）货物原产地规则的确定。

（4）货物计征税率的确定。

（三）教学过程

（1）在完成任务一的前提下确定货物原产地，讲授不同原产地规则的基本要求。

（2）熟悉不同税率的基本原则，列表总结不同税率的适用规则。

（3）根据案例分组讨论，教师进行点评，总结并归纳重点问题。

（四）教学方法、工具和手段

（1）运用板书和幻灯片结合采用讲授法讲解进口货物原产地确定的流程；运用板书和幻灯片结合讲解与总结税率设置的基本原则。

（2）将货物原产地确定和税率确定的步骤流程化，运用板书、幻灯片采用讲授法讲授要点；结合案例，采用小组讨论的方式确定不同货物原产地规则中的优惠原则及货物计征优惠与非优惠税率的规则。

第三节　进出口税费及相关费用计算

（一）教学目标

了解关税的分类和定义；掌握进出口关税计算的步骤与公式；熟悉滞报金、滞纳金的征收范围和公式。

有能力按照虚拟案例中的任务三，准确计算进出口关税的税费；有能力按照从价关税核算作业程序及计算公式，核算虚拟案例的关税税款；有能力按照进口环节增值税、消费税核算作业程序、计算公式及核算顺序，核算虚拟案例的进口环节增值税税款。

（二）参考的知识要点

（1）关税的分类。
（2）进出口关税的核算。
（3）进口环节海关代征关税的核算。
（4）滞报金、滞纳金的征收。

（三）教学过程

（1）讲授本任务对应的知识要点。
（2）提供企业典型案例、资料，指导学生判断关税计算的顺序。
（3）指导学生准确计算进出口关税、代征关税。
（4）指导学生针对关税滞纳的情况进行分析，确定滞纳期限，由教师进行点评。

（四）教学方法、工具和手段

（1）运用板书采用讲授法讲解进出口关税的种类和使用范围、规定；运用板书和幻灯片讲解不同关税核算的公式及注意事项。

（2）将关税计算的顺序流程化，运用板书、幻灯片采用讲授法讲授审定的要点；结合报关企业关税核算的案例，采用小组讨论的方式计算进出口货物关税、滞纳金和滞报金。

教学设计方案如下所示。

第五章　进出口货物税费				总学时：6 理论学时：5 实践学时：1	
教学任务	教学目标	参考的知识要点	教学过程	课时分配建议	教学方法、工具和手段
第一节 完税价格的确定	知识目标1、2； 能力目标1、2、3	第一节对应的理论基础：一至四	（1）讲授完税价格审定基本方法和步骤； （2）开展完税价格确定案例讨论； （3）对学生作业考核与评价，对相关知识点归纳与总结	理论 1学时 实践 1学时	（1）讲授法、案例教学法、演示教学法、小组讨论法； （2）案例资料、板书、幻灯片
第二节 原产地和税率的确定	知识目标3、4； 能力目标4； 素质目标1	第二节对应的理论基础一至四	（1）讲解进出口货物原产地的确定和税率的适用原则； （2）带领学生根据第二节讨论并确定原产地和税率； （3）对学生作业考核与评价，对相关知识点归纳与总结	理论 2学时	（1）讲授法、案例教学法、演示教学法、小组讨论法； （2）案例资料、板书、幻灯片
第三节 进出口税费及相关费用计算	知识目标5、6； 能力目标5； 素质目标1、2	第三节对应的理论基础一至五	（1）讲授进出口货物税费的种类及计算过程； （2）引领学生讨论第三节中关税的计算； （3）对学生作业考核与评价，对相关知识点归纳与总结	理论 2学时	（1）讲授法、案例教学法、演示教学法、小组讨论法； （2）案例资料、板书、幻灯片

➤教学评价

第五章　进出口货物税费核算						评价方式			
评价类别	评价项目	评价依据	评价标准			学生自评	同学互评	教师评价	权重
			80~100分	60~79分	60分以下	0.1	0.1	0.8	
过程评价	学习能力	学习态度与兴趣	学习态度端正，能够按要求参加与学习有关的活动	能参与学习活动，但学习主动性、热情一般	学习态度不端正，无心向学，经常迟到、旷课				0.1
		学习习惯与方法	（1）能克服学习中的困难，能按时独立完成学习任务；（2）能发现学习中的问题，并适当调整学习计划和方法	基本上能完成学习任务，但不善于改进学习方法	（1）学习自觉性差，方法不当；（2）经常完不成学习任务或经常抄袭作业				0.1
	专业能力	基本理论掌握能力	熟悉完税价格审定的方法和使用条件、一般和特殊进口货物价格审定的区别	较熟悉完税价格审定的方法和使用条件、一般和特殊进口货物价格审定的区别	不熟悉完税价格审定的方法和使用条件、一般和特殊进口货物价格审定的区别				0.05

评价类别	评价项目	评价依据	评价标准			评价方式			权重
						学生自评	同学互评	教师评价	
			80~100分	60~79分	60分以下	0.1	0.1	0.8	
过程评价	专业能力	基本理论掌握能力	熟悉原产地认定标准；熟悉进出口税率设置的基本规定	较熟悉原产地认定标准；熟悉进出口税率设置的基本规定	不熟悉原产地认定标准；熟悉进出口税率设置的基本规定				0.02
			熟悉进出口关税的分类和计算公式	较熟悉进出口关税的分类和计算公式	不熟悉进出口关税的分类和计算公式				0.03
		实践能力	针对进出境关税完税价格核算的案例，能灵活地运用完税价格核算的原则和方法计算完税价格	针对进出境关税完税价格核算的案例，能较灵活地运用完税价格核算的原则和方法计算完税价格	针对进出境关税完税价格核算的案例，不能运用完税价格核算的原则和方法计算完税价格				0.1
			在规定时间内，根据报关单证准确定货物原产地和税则号列，并以此查找其税率及附加费率	在规定时间内，根据报关单证较准确定货物原产地和税则号列，并以此查找其税率及附加费率	在规定时间内，根据报关单证不准确定货物原产地和税则号列，并以此查找其税率及附加费率				0.02
			根据虚拟案例准确列出进出口关税、进出口环节增值税、消费税、滞报金和滞纳金的计算过程和结果	根据虚拟案例较准确地列出进出口关税、进出口环节增值税、消费税、滞报金和滞纳金的计算过程	根据虚拟案例不能准确地列出进出口关税、进出口环节增值税、消费税、滞报金和滞纳金的计算过程				0.03
	拓展能力	完税价格判断及解读能力	拥有根据《完税价格审定办法》初步判断完税价格的适用条件和范围的能力	较好拥有根据《完税价格审定办法》初步判断完税价格的适用条件和范围的能力	不能根据《完税价格审定办法》初步判断完税价格的适用条件和范围的能力				0.05
		关税核算能力	掌握原产地确定、税率判断、方法选择的技能	掌握原产地确定、税率判断、方法选择的技能	不能掌握原产地确定、税率判断、方法选择的技能				0.05
结果评价	理论考核								0.2
	实操考核								0.2

第五章　进出口货物税费核算

➤同步测试

一、单项选择题

1. 一般进口货物完税价格，除包括货物的货价外，还包括除（　　）以外的其他相关费用。

A. 与进口货物视为一体的容器费用

B. 卖方佣金

C. 买方佣金

D. 货物运抵我国关境内输入地点起卸前的包装费、运费和其他劳务费、保险费

2. 出口货物应当以海关审定的货物售予境外的（　　）作为完税价格。

A. FOB　　　　　　　B. CIF　　　　　　　C. FOB-出口税　　　　　　D. CIF-出口税

3. 某企业以 CIF 成交方式购进一台砂光机，先预付设备款 25000 港币，发货时再支付设备价款 40000 港币，并另直接支付给境外某权利所有人专用技术使用费 15000 港币，此外，提单上列明 THC 费为 500 港币，该批货物经海关审定的成交价格为（　　）。

A. 65500 元港币　　　B. 65000 元港币　　　C. 80500 元港币　　　D. 80000 元港币

4. 在我国不属于海关征收的税种是（　　）。

A. 营业税　　　　　　　　　　　　　B. 关税

C. 进口环节增值税、消费税　　　　　D. 船舶吨税

5. 在确定进口货物的完税价格时，下列哪一项费用或价值不应计入（　　）。

A. 买方负担的除购货佣金以外的佣金和经纪费用

B. 作为销售条件，由买方直接或间接支付的特许使用费

C. 为在境内复制进口货物而支付的费用

D. 包装费

6. 某单位出口鳗鱼苗一批,离岸价格为人民币 10 万元。2004 年暂定出口税率为 10%,最惠税率为 20%。该批出口货物的完税价格应为（　　）元。

A. 100000　　　　　　B. 83333　　　　　　C. 78000　　　　　　D. 90909

7. 在采用相同货物成交价格方法对进口货物估价时，要求相同货物与被估货物必须同时或大约同时进口，其中的大约同时，为海关接受货物申报之日前后（　　）天以内。

A. 30　　　　　　　B. 45　　　　　　　C. 60　　　　　　　D. 90

8. 某家企业从法国进口一台模具加工机床，发票分别列明：设备价款 CIF 上海 USD600000，机器进口后的安装调试费为 USD20000，卖方佣金 USD2000，与设备配套使用的操作系统使用费 USD80000。该批货物经海关审定的成交价格应为（　　）。

A. USD702000　　　B. USD68200　　　C. USD680000　　　D. USD662000

9. 纳税义务人、担保人超过（　　　）仍未缴纳税款的，海关可以采取强制措施扣缴（　　　）。

　　A. 15 天　　　　　　　B. 1 个月　　　　　　C. 3 个月　　　　　　D. 6 个月

10. 某公司进口一批货物，其关税和增值税合计为人民币 50 万元，海关于 2008 年 9 月 20 日（周六）开出税款缴款书，该公司于 10 月 14 日缴纳税款（10 月 1 日至 10 月 7 日为法定节假日）计算该税款滞纳多少天（　　　）。

　　A. 7 天　　　　　　　B. 8 天　　　　　　　C. 9 天　　　　　　　D. 6 天

二、多项选择题

1. 我国关税的纳税义务人是（　　　）。

A. 出口货物的发货人

B. 运输工具负责人

C. 进口货物的收货人

D. 进出境物品的所有人

2. 下列关于我国增值税和消费税的表述正确的是（　　　）。

A. 进口环节的增值税、消费税由海关征收，其他环节的增值税、消费税由税务机关征收

B. 增值税、消费税均从价计征

C. 对于进口货物税、费的计算，一般的计算过程为：先计算进口关税额，再计算消费税额，最后计算增值税额

D. 消费税组成计税价格=关税完税价格+关税税额/1−消费税率

3. 特许权使用费包括（　　　）。

A. 专利权使用费　　　B. 商标权使用费　　　C. 著作权使用费　　　D. 专有技术使用费

4. 税的基本特征包括（　　　）。

A. 强制性　　　　　　B. 无偿性　　　　　　C. 固定性　　　　　　D. 有偿性

5. 计入到完税价格中的所有项目的费用或价值，必须同时满足（　　　）条件。

A. 由买方负担

B. 未包括在进口货物的实付或应付价格中

C. 有客观量化的数据资料

D. 由卖方负担

6. 关于海关估价方法，下列哪些叙述是错误的（　　　）。

A. 海关在审定进口货物完税价格时，应优先采用成交价格法

B. 当进口货物的成交价格经海关审查未能确定时，才能依此使用其他估价方法

C. 在使用其他估价方法时，海关可优先使用合理方法

D. 相同货物的估价方法，是指在所有方面都相同的货物，即使装上也不能有任何微小差别

三、计算题

1. 某公司进口一批货物，价格为 FOB 旧金山 US$10000。已知总运费为 100 美元，加一成投保，保险费率为 3‰，进口关税税率为 10%，消费税税率为 10%，增值税税率为 17%，海关填发税款缴纳证当日外汇汇率 USD1=RMB7，求该批货物的完税价格、关税税额、消费税税额及增值税税额。

2. 某公司进口货物一批，经海关审核其成交价格为 1239.50 美元，其适用中国银行的外汇折算价为 1 美元=人民币 6.8396 元。已知该批货物的关税税率为 12%，消费税税率为 10%，增值税税率为 17%。现计算应征增值税税额。

3. 某进出口公司从香港进口皇冠汽车一辆，成交价格为 CIF 天津 USD25000/辆。进口关税税率为 100%，外汇基准价 USD100=RMB770，消费税税率为 8%，应征消费税多少？（消费税税额计算至人民币元）

四、案例分析题

1. 某进出口公司报关员小孙在经手一批输送日本的货物时，按要求准备了 2 份提单。一份是 Master B/L（船公司单，预付），另一份是 House B/L（公司货代单，到付）。结果小孙将两份提单搞错了，致使原本应预付款的客户拖欠费用，而自己所在公司则需预付费用。请问为什么会发生这种事情？

2. 中国成套设备进出口总公司（北京）（CHINA NATIONAL COMPLETE PLANT IMPORT & EXPORT CORP.）与法国 LECLEC 公司于 2005 年 7 月 8 日在广州签订了出售户外家具的外贸合同，货名：花园椅，型号：TG0503，价格：USD58.00/PC FOB Guangzhou，数量：950 把，毛重：20KGS/PC，净重：18KGS/PC，包装：1PC/CTN，集装箱：1×20，生产厂家：广东南海飞达家具厂，最迟装船日期：2015 年 9 月 8 日，起运港：广州港，目的港：马赛，支付方式：不可撤销信用证。①如果订舱的装船时间是 2015 年 9 月 8 日 10：00am，那么，报关员应最迟何时在何地报关完毕？②如果报关员在 8 月 20 日以电子数据报关单向海关申报，8 月 22 日收到海关"放行交单"的通知，那么，报关员应不迟于哪一天持打印的纸质报关单，备齐哪些单证到货物所在地海关提交书面单证并办理相关海关手续？③应该缴纳哪些海关规定的税费？

3. 青岛某进出口公司货运经理小郭在刚刚从事报关工作时经历的一件事情。那天下午 4：30 份小郭接到一批需急速运到韩国去的货物，而海关 5 点就要下班。请问在这种情况下你会怎么做？

4. 2009 年 3 月 20 日，顺发公司获得进出口经营权，注册成为一家外贸公司。3 月 22 日即对外签订了一份出口合同。为了提高办事效率，第二天公司派公司职员李华去海关办理货物出口报关手续，结果遭海关拒绝。请问，海关的拒绝是否有理？为什么？

➢**实践项目**

【**基础性实验**】

实付与应付价格核算

一、实践目的及要求

（一）实践目的

（1）掌握进口商品完税价格估价方法。
（2）正确理解成交价格和完税价格的关系。
（3）学会核算成交价格中的实付和应付价格。

（二）实践要求

（1）分析给出的案例中"实付和应付价格"内容。
（2）根据《中华人民共和国海关法》，找出成交价格的相关法律规定。
（3）总结进口货物完税价格估价方法中六种方法的适用条件和关键注意事项。

二、实践内容与步骤

（一）实践内容

根据以下案例分析进口货物成交价格审定中"实付和应付价格"的审定原则。

2013 年，B 海关对本关区进口手机情况进行价格监控发现，S 公司进口 4 万台 C 型号手机的平均申报价格从以前的每台 215 美元骤降到现在每台 116 美元。后经调查发现，造成进口价格下降的原因为国外卖方公司（简称 H 公司）对以前进口 3 万台手机给予货款补偿，并部分冲抵了此次 4 万台手机的进口货款。该公司向海关提交的降价原因为：S 公司向 H 公司签约进口 3 万台 C 型号手机，由于卖方延迟交货及部分手机存在品质不良的，导致 S 公司蒙受损失。双方协商并根据协商会议纪要签订了补充协议，同时制定了以后的销售计划，具体内容为：①鉴于该型号手机市场销售价格已发生较大降幅，H 公司同意将以后销售的手机价格从 215 美元每台下降到 179 美元每台。②鉴于前次销售的手机存在延迟交货及部分手机品质不良的原因，给予该次销售的手机 123 万美元的补偿。③鉴于该型号手机部分存在品质不良的现象，将给予以后销售的 4 万台手机 127 万美元的货款减让。

该补充协议②③项涉及金额、减让金额共计 250 万美元。出于贸易便利考虑，H 公司决定将全部 250 万美元分摊至其后销售给 S 公司的 4 万台手机上，造成了该批 4 万台手机进口价格由 179 美元每台降至 116 美元每台。

鉴于货款补偿冲抵的行为造成以后销售手机的进口价格下降,海关依法认定该行为属于间接支付，并依照相关法律规定予以补税。

（二）实践步骤

（1）针对以上情况查询依法补税的法律法规，并列出条款内容。

（2）写出海关经审查后对 S 公司提出的 3 项降价所采取的不同的处理方法。

（3）指出 3 项降价方案中，哪项为"间接支付"，并正确理解"实付和应付"与"间接支付的区别。"

（4）分析本案例中 S 公司的失误，指出进出口企业在申报价格时的启示和注意事项。

第六章

进出口货物报关单
电子申报

【学习目标】

知识目标	能力目标	素质目标
（1）掌握进出口货物报关单各栏目填制规范。 （2）掌握报关单填制的作业步骤及相应的要求。 （3）熟悉 QP 报关单录入系统的基本功能。 （4）掌握 QP 系统的实操技术。 （5）了解报关单填制中的常见错误及造成错误的原因。 （6）掌握有效防范报关单填制常见错误的方法与途径	（1）有能力按照报关单填制虚拟案例的要求，收集齐报关单证，并对其进行初核。 （2）有能力按照报关单填制虚拟案例的要求，确认商品属性、申报要素及查询其他相关信息。 （3）有能力参与常见监管方式下虚拟申报案例的报关单填制作业。 （4）有能力按照 QP 系统操作要求，实施报关单电子数据的预录入、系统发送、结果查询等操作。 （5）有能力按照报关单填制复核虚拟案例的要求，运用常用复核方法，按步骤逐项审核，确保所填报关单准确无差错	（1）掌握进出口货物报关单电子申报的业务技能。 （2）掌握进出口货物报关单审核的业务技能

【本章实施体系】

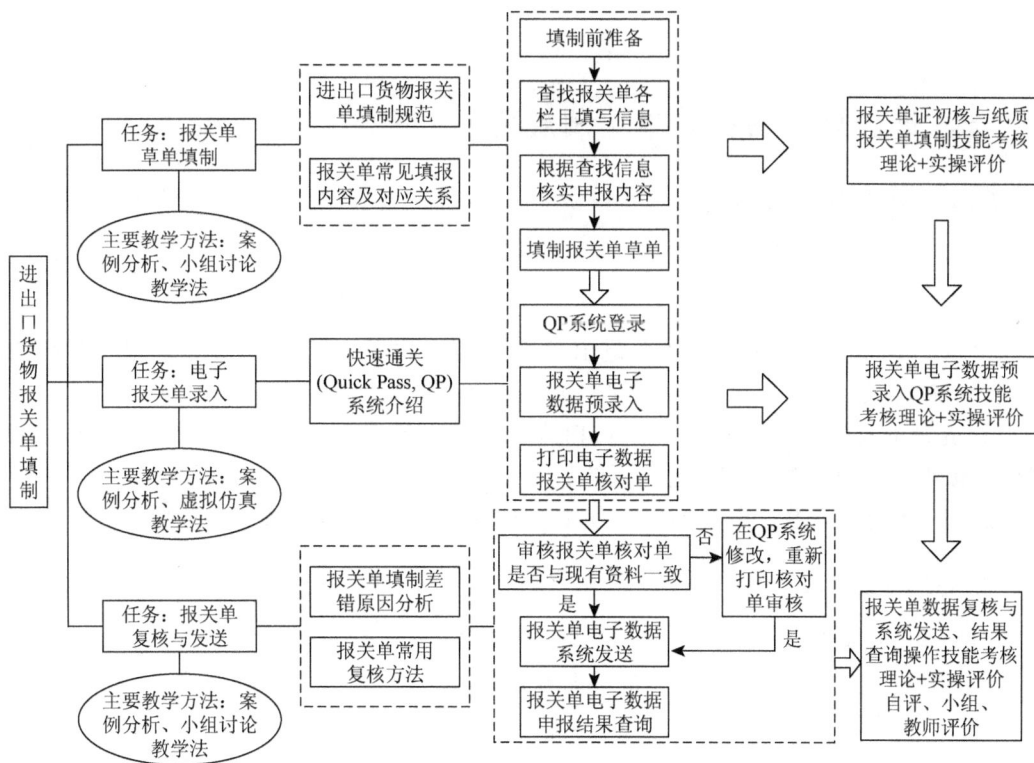

【案例引导】

常州××光能有限公司（3204945×××）进口一批多晶硅片，装载该批多晶硅片的船舶于 2015 年 5 月 9 日申报进境，5 月 13 日由江苏飞力达国际物流股份有限公司（3223980

×××）下属的上海飞力达国际物流有限公司（3122480×××）向外港海关（2225）申报进口。常州××光能有限公司为飞力达提供的单证包括工作联系单、多晶硅片申报要素、采购合同、商业发票、装箱单、海运提单、海运进口货物到货通知。

根据已有资料，江苏飞力达国际物流股份有限公司的报关员应完成如下进口货物报关单填制事项。

任务一：填制完成进口货物报关单草单。

任务二：根据报关单草单，将信息录入快速通关系统，打印报关单核对单。

任务三：复核快速通关系统打印的报关单核对单，审核其是否与现有的资料和舱单系统信息一一匹配。

第一节　报关单草单填制

一、进出口货物报关单填制规范

（一）进（出）口口岸

1. 含义

"进（出）口口岸"指货物实际进出我国关境口岸海关的名称，应根据货物实际进出关境的口岸海关填报《关区代码表》中相应的口岸海关名称及代码（四位码）。

如货物由天津新港进境，"进口口岸"栏填新港海关 0202，如果填"天津关区0200"或者"天津海关 0201"是错误的。

进口口岸是进入我国关境的第一海关，出口口岸是运离我国关境的最后一海关。

2. 特殊填报要求

（1）转关运输货物。

①进口转关：填报货物进境地海关名称及代码。

②出口转关：填报货物出境地海关名称及代码。

例如，从天津新港口岸进境转关至郑州，填"新港海关 0202"。

（2）按转关运输方式监管的跨关区深加工结转货物，出口报关单填报转出地海关名称及代码，进口报关单填报转入地海关名称及代码。

（3）特殊区域与区外之间进出的货物及特殊区域内流转的货物，填报本特殊区域海关名称及代码；不同特殊区域之间流转的货物，填报对方特殊区域海关名称及代码。

（4）无实际进出境的货物，填报接受申报的海关名称及代码。

例如，有一批货物从天津出口加工区出区卖给天津市区的 B 企业（非特殊区域），则 B 企业办理进口报关手续时，进口口岸栏填"津加工区 0211"。

3. 限定口岸要求

国家对汽车整车、药品等货物限定口岸进口；对稀土、甘草、锑及锑制品等货物限定口岸出口；对实行许可证件管理的货物，按证件核准口岸限定进出口。

加工贸易进出境货物，应填报主管海关备案时所限定或指定进出口岸的口岸海关名称及代码。

（二）备案号

1. 含义

"备案号"指进出口货物收发货人办理报关手续时，应向海关递交备案审批文件的编号，如加工贸易手册编号、加工贸易电子账册编号、征免税证明编号、实行优惠贸易协定项下原产地证书联网管理的原产地证书编号、适用 ITA 税率的商品用途认定证明编号等。

备案号的字头为备案或审批文件的标记，如表 6-1-1 所示。

表 6-1-1　备案审批文件及对应首位代码

首位代码	备案审批文件	首位代码	备案审批文件
B	加工贸易手册（来料加工）	K	保税仓库备案式电子账册
C	加工贸易手册（进料加工）	Y	原产地证书
D	加工贸易不作价进口设备	Z	征免税证明
E	加工贸易电子账册	RB	减免税货物补税通知书
H	出口加工区电子账册	RT	减免税进口货物同意退运证明
J	保税仓库记账式电子账册	RZ	减免税进口货物结转联系函

2. 填报要求

（1）一份报关单只允许填报一个备案号。无备案审批文件的报关单，本栏目免予填报。

（2）备案号的标记码必须与"贸易方式""征免性质""征免""用途"及"项号"等栏目相协调。

（3）加工贸易项下除少量低值辅料按规定不使用加工贸易手册及后续退补税监管方式办理内销征税外的货物，本栏应填写加工贸易手册或账册编号，不得为空。

加工贸易成品凭征免税证明转为减免税进口货物，进口货物报关单填报征免税证明编号，出口货物报关单填报加工贸易手册编号，并在进口货物报关单"标记唛码及备注"栏填报加工贸易手册编号，在出口货物报关单"标记唛码及备注"栏填报征免税证明编号。

加工贸易设备之间结转，转入和转出企业分别填制进（出）口货物报关单，本栏应填写加工贸易手册编号。

例如，国内 A 公司与韩国 B 公司签订了一个加工贸易合同，在加工贸易合同中有其中一个条款说的是由韩国 B 企业为国内 A 企业免费提供 10 台缝纫机，这 10 台缝纫机就属于加工贸易不作价设备，其备案号应该是 D 开头。

（4）进出口减免税审批货物填报征免税证明编号，不得为空。正在办理减免税申请，而货物已进境，凭担保经海关核准先予以放行的，本栏可免于填报，同时在"标记唛码及备注"栏注明"后补征免税证明"。

（5）进口实行原产地证书联网管理的香港 CEPA、澳门 CEPA 项下进口货物，本栏填报"Y"＋"11 位原产地证书编号"，例如，"Y3M03A000001"，并在"随附单据"栏填有关的内容。

例如，A 公司进口一批产地是香港（或澳门）的货物，然后拿着原产地证向海关报关，那么填的时候，"备案号"栏填写原产地证书的编号（Y＋11 位编号），此外在"随附单据"栏填 Y：＜03＞（表示产地香港）或 Y：＜04＞（表示产地澳门）。

注意：未实行原产地证书联网管理的，例如，产地是亚太成员国或东盟成员国的货物，则需要提交原产地证，但是原产地证不是填写备案号栏，而是填写在"随附单据"中。

（6）进出特殊区域的保税货物，在"备案号"栏应填报标记代码为"H"的电子账册的备案号。进出特殊区域的企业自用设备、基建物资、自用合理数量的办公用品，在"备案号"栏应填报标记代码为"H"、编号第 6 位为"D"的电子账册备案号。

（三）进口日期/出口日期

1. 含义

"进口日期"指运载所申报进口货物的运输工具申报进境的日期。

"出口日期"指运载所申报出口货物的运输工具办结出境手续的日期。

2. 填报要求

（1）日期均为 8 位数字，顺序为年（4 位）、月（2 位）、日（2 位）。例如，2013年 8 月 10 日申报进口一批货物，运输工具申报进境日期为 8 月 8 日，"进口日期"栏填报为"20130808"。

（2）进口货物收货人或其代理人未申报进口日期，或申报的进口日期与运输工具负责人或其代理人向海关申报的进境日期不符的，应以运输工具申报进境的日期为准。进口货物收货人或其代理人在进口申报时无法确知相应的运输工具的实际进境日期时，"进口日期"栏允许为空。

（3）"出口日期"以运载出口货物的运输工具实际离境日期为准。因本栏目海关打印报关单证明联用，可免予填报。

（4）集中申报的报关单，进口日期以海关接受报关申报的日期为准。

（5）无实际进出境的货物，报关单"进（出）口日期"栏应填报向海关办理申报手续的日期，以海关接受申报的日期为准。

（四）申报日期

申报日期指海关接受进出口货物的收发货人或受其委托的报关企业向海关申报货物进出口的日期。以电子数据报关单方式申报的，申报日期为海关计算机系统接受申报数据时记录的日期。以纸质报关单方式申报的，申报日期为海关接受纸质报关单并对报关单进行登记处理的日期。

本栏目在申报时免予填报。

（五）经营单位

1. 含义

"经营单位"指在海关注册登记的对外签订并执行进出口贸易合同的中国境内法人、其他组织或个人。本栏填写经营单位的中文名称及编码，缺一不可。

2. 海关注册编码

海关注册编码共 10 位，由数字和 24 个英文大写字母（I、O 除外）组成。编码结构如下。

（1）第 1 至第 4 位数为进出口单位属地的行政区划代码，其中第 1、2 位数表示省、自治区、直辖市；第 3、4 位数表示省所直辖的市、地区、自治州、盟或其他省直辖的县级行政区划。

（2）第 5 位数为企业注册地经济区划代码，其中：

1	经济特区	6	保税港区/综合保税区
2	经济技术开发区	7	保税物流园区
3	高新技术产业开发区	9	其他
4	保税区	W	保税物流中心
5	出口加工区/珠澳跨境工业园区		

（3）第 6 位数为进出口企业经济类型代码，其中：

1	国有企业	7	个体工商户
2	中外合作企业	8	报关企业
3	中外合资企业	9	其他（包括外国驻华企事业机构、外国驻华使领馆、临时进出口货物的企业、单位、个人）
4	外商独资企业	A	国营对外加工企业（无进出口经营权）
5	集体企业	B	集体对外加工企业（无进出口经营权）
6	民营企业	C	私营对外加工企业（无进出口经营权）

（4）第 7 位为企业注册用海关经营类别代码，表示海关行政管理相对人的类别。如 0～9 为进出口货物收发货人/报关企业，D～I 为各类保税仓库，L 为临时注册登记单位，Z 为报关企业分支机构，J 为国内结转型出口监管仓库，P 为出口配送型出口监管仓库。

（5）第 8～10 位为企业注册流水编号。

3. 填报要求

（1）一般情况下，存在代理进出口关系的，填报代理方的中文名称及编码。

例如，北京宇都商贸有限公司（1101250756）委托大连化工进出口公司（2102911013）与韩国签约进口电动叉车，则经营单位栏填写"大连化工进出口公司 2102911013"。

（2）外商投资企业委托外贸公司在投资总额内进口投资设备、物品的，经营单位应填外商投资企业的中文名称及编码，并在报关单"标记唛码及备注"栏填"委托××公司进口"。

例如，上海协通针织有限公司（3101935039）委托上海机械进出口（集团）公司（3105913429）进口圆形针织机，则经营单位填：上海协通针织有限公司 3101935039，并且在备注栏填上：委托上海机械进出口（集团）公司进口。

（3）特殊情况下确定并填报经营单位的原则。

①对外签约，执行合同不是同一单位，则以执行合同的单位为准。例如，中国化工进出口总公司签订合同，由辽宁省化工公司来执行合同，那么经营单位应该填辽宁省化工公司名称及编码。

②援助、赠送、捐赠的货物，经营单位填报接受货物的单位的中文名称及编码。

③经营单位编码第 6 位为"8"的单位只有报关权而没有进出口经营权的，不得作为经营单位填报。

（六）运输方式

1. 含义

"运输方式"指载运货物进出关境所使用的运输工具的分类，包括实际运输方式和海关规定的特殊运输方式。填写的是运输方式名称或代码。

2. 填报要求

（1）进境货物运输方式按照货物运抵我国关境第一个口岸时的运输方式填报；出境货物运输方式按照货物运离我国关境最后一个口岸时的运输方式填报。运输方式名称及其代码如表 6-1-2 所示。

表 6-1-2　运输方式代码表

编号	运输方式	编号	运输方式	编号	运输方式
2	水路运输	4	公路运输	6	邮件运输
3	铁路运输	5	航空运输	9	其他运输

（2）进口转关运输货物，按载运货物抵达进境地的运输工具填报；出口转关运输货物，按载运货物驶离出境地的运输工具填报。

（3）非邮件方式进出口的快递货物，按实际运输方式填报。

（4）进出境旅客随身携带的货物，按旅客所乘运输工具填报。

（5）不复运出入境而留在境内外销售的进出境展览品、留赠转卖物品等，填报其他运输。

（七）运输工具名称/航次号

1. 含义

"运输工具名称"指载运货物进出境的运输工具的名称或运输工具编号。

"航次号"指载运货物进出境的运输工具的航次编号。

在纸质报关单上，运输工具名称与航次号合并填报在"运输工具名称"一个栏目。一份报关单只允许填报一个运输工具名称。

2. 填报要求

实际进出境，直接在进出境地办理报关手续，纸质报关单"运输工具名称"栏填报格式如表 6-1-3 所示。

表 6-1-3　直接在进出境地办理报关手续

类别	手工填制报关单规范
水路运输	船舶英文名称或船舶编号/航次号
公路运输	国内车牌号/进出境日期（年月日 8 位）
铁路运输	车厢编号（交接单号）/进出境日期
航空运输	航班号
邮件运输	邮政包裹单号/进出境日期
其他运输	具体运输方式名称（如管道、驼畜等）

例如，上海某进出口企业 2014 年 8 月 28 日空运进口货物一批，航班号：CA798，总运单号：CA798030636。按照手工填制规范，运输工具名称应填为 CA798；海口某进出口企业 2014 年 6 月 16 日邮递进口样品一批，邮政包裹单号：GY34521。按照手工填制规范，运输工具名称应填为 GY34521/20120616。

（八）提运单号

1. 含义

"提运单号"指进出口货物提单或运单的编号。本栏目填报的内容应与运输部门向海关申报的载货清单所列相应内容一致。

2. 填报要求

一份报关单只允许填报一个提运单号，一票货物对应多个提运单时，应分单填报。

实际进出境，直接在进出境地或采用"属地申报，口岸验放"通关模式办理报关手续，提运单号填报要求如下。

（1）水路运输，填进出口提单号，如有分提单的，填"提单号*分提单号"。

（2）公路运输，免于填报。

（3）铁路运输，填报运单号。

（4）航空运输，填"总运单号_分运单号"。无分运单的填报"总运单号"。

例如，M.A.W.B.：999-9268851，H.A.W.B.：NEC 91036282，那么提运单号填：9999268851_91036282。

（5）邮件运输，填报邮件包裹单号。

（九）收货单位/发货单位

1. 含义

"收货单位"指已知的进口货物在境内的最终消费、使用单位，包括自行从境外进口货物的单位、委托进出口企业进口货物的单位等。

"发货单位"指出口货物在境内的生产或销售单位，包括自行出口货物的单位、委托进出口企业出口货物的单位等。

2. 填报要求

（1）有海关注册编码或加工企业编码的收、发货单位，进口货物报关单的"收货单位"栏或出口货物报关单的"发货单位"栏必须填报其中文名称及编码；没有编码的，填报其中文名称。

（2）加工贸易报关单的收、发货单位，应与加工贸易手册的"经营企业"或"加工企业"一致。

（3）减免税货物报关单的收、发货单位，应与征免税证明的"申请单位"一致。

（4）进口货物的最终消费、使用单位难以确定的，应以货物进口时预知的最终收货单位为准填报；出口货物的生产或销售单位难以确定的，以最早发运该出口货物的单位为准填报。

（十）贸易方式（监管方式）

1. 含义

进出口货物报关单上所列的"贸易方式"专指以国际贸易中进出口货物的交易方式为基础，结合海关对进出口货物监督管理综合设定的对进出口货物的管理方式，即海关监管方式。

海关对不同监管方式下进出口货物的监管、征税、统计作业的要求不尽相同，因此海关监管方式代码采用 4 位数字结构，其中前两位是按海关监管要求和计算机管理需要划分的分类代码，后两位为海关统计代码。

2. 填报要求

（1）一般贸易。"一般贸易"指我国境内有进出口经营权的企业单边进口或单边出口的贸易。代码"0110"，简称"一般贸易"，适用范围包括：
①以正常交易方式成交的进出口货物；
②贷款援助的进出口货物；
③外商投资企业为加工内销产品而进口的料件；
④外商投资企业用国产原材料加工成品出口或采购产品出口；
⑤供应外国籍船舶、飞机等运输工具的国产燃料、物料及零配件；
⑥保税仓库进口供应给中国籍国际航行运输工具使用的燃料、物料等保税货物；
⑦境内企业在境外投资以实物投资进出口的设备、物资；
⑧来料养殖、来料种植进出口货物；
⑨国有公益性收藏单位通过合法途径从境外购入的藏品。
（2）加工贸易项下进口料件和出口成品。
①来料加工指由境外企业提供进口料件，经营企业无需付费进口，按照境外企业要求进行加工或装配，只收取加工费，成品由境外企业销售的经营活动。
监管方式代码"0214"，简称"来料加工"，主要适用于来料加工项下进口的料件和加工出口的成品。
②进料加工指由经营企业付汇进口料件，成品由经营企业外销出口的经营活动。
监管方式代码"0615"，简称"进料对口"，主要适用于进料加工项下进口的料件和加工出口的成品，以及进料加工贸易中外商免费提供进口的主、辅料和零部件。
（3）加工贸易项下其他货物。
①结转。
a. 成品结转。加工贸易经营企业将保税进口料件所加工的产品在境内结转给另一个加工贸易企业，用于再加工后复出口的，转入、转出企业分别填制进、出口报关单，监管方式填报"来料深加工"（0255）或"进料深加工"（0654）。
例如，A 公司进口一批橡胶，橡胶生产成轮胎，A 公司把轮胎结转给 B 公司，由 B 公司进一步加工，A 转给 B 公司，要办结转业务，要看当时进口料件是来料还是进料，如果是来料，就填"来料深加工"。
b. 料件结转。加工贸易经营企业将加工过程中剩余的进口料件，结转到本企业同一加工监管方式下的另一个加工贸易合同，继续加工为制成品后复出口的，应分别填制进、出口报关单，监管方式填报"来料余料结转"（0258）或"进料余料结转"（0657）。
例如，A 公司做的是服装，进口一部分料件，第一个合同给美国生产，第二个合同给韩国生产，第一个合同生产完还有一部分剩余的料件要转给本企业第二个合同使用，就称为料件结转。

②内销。

a. 料件内销。加工贸易加工过程产生的剩余料件、制成品、半成品、残次品及受灾保税货物，经批准转为国内销售，不再加工复出口的，应填制进口报关单，监管方式填报"来料料件内销"（0245）或"进料料件内销"（0644）。

b. 边角料内销。加工贸易过程中有形损耗产生的边角料，以及有商业价值且批准在境内销售的加工副产品，应填制进口报关单，监管方式填报"来料边角料内销"（0845）或"进料边角料内销"（0844）。

c. 成品转减免税。加工贸易项下制成品，在境内销售给凭征免税证明进口货物的企业，加工贸易经营企业填制出口报关单，监管方式填报"来料成品减免"（0345）或"进料成品减免"（0744）。

③退运（复出）。加工贸易进口料件因品质、规格等原因退运出境，或加工过程中产生的剩余料件、边角料退运出境，且不再更换同类货物进口的，分别填报"来料料件复出"（0265）、"来料边角料复出"（0865）、"进料料件复出"（0664）、"进料边角料复出"（0864）。

例如，A 公司进口一批料件，其中有一部分料件不合格退出，不再重新进口合格的料件，就称为料件复出。

④退换。

a. 料件退换。加工贸易保税料件因品质、规格等原因退运出境，更换料件后复进口的，退运出境报关单和复运进境报关单的监管方式应填报为"来料料件退换"（0300）或"进料料件退换"（0700）。

b. 成品退换。（进口料件加工成成品出口）加工贸易出口成品因品质、规格等原因退运进境，经加工、维修或更换同类商品复出口的，退运进境报关单和复运出境报关单的监管方式应填报为"来料成品退换"（4400）或"进料成品退换"（4600）。

⑤销毁。加工贸易企业因故无法内销或退运而作销毁处置且未因处置获得收入的料件、残次品、边角料、副产品，其中，残次品应按单耗折成料件，应填制进口报关单，监管方式填报"料件销毁"（0200）；边角料、副产品应填制进口报关单，监管方式填报"边角料销毁"（0400）。

（4）加工贸易进口设备。

①加工贸易设备。"加工贸易设备"指来料加工、进料加工贸易项下外商作价提供、不扣减企业投资总额的进口设备。本监管方式代码"0420"，对应征免性质为"一般征税"（101）或"加工设备"（501）。

注意：如果加工贸易设备属于《外商投资项目不予免税的进口商品目录》所列商品范围的，征免性质为"一般征税"代码为101。

②不作价设备。"不作价设备"指境外企业与境内企业开展来料、进料业务，外商免费向境内加工贸易经营单位提供加工生产所需设备，境内经营单位不需支付外汇、不需用加工费或差价偿还。

本监管方式代码"0320"，简称"不作价设备"，对应征免性质为"加工设备"（501）。

加工贸易进口不作价设备由加工贸易合同备案地海关办理备案手续，核发加工贸易手册，手册编号第一位标记为"D"。进口《外商投资项目不予免税的进口商品目录》所列商品范围外的不作价设备，且符合规定条件的，免征进口关税。

（5）外商投资企业进口自用设备、物品。

①投资总额内进口设备、物品。经营单位代码第6位是2、3，中外合资、合作企业进口设备、物品，代码"2025"，简称"合资合作设备"；经营单位代码第6位是4，外商独资企业（以下简称外资企业）进口设备、物品，代码"2225"，简称"外资设备物品"。

②投资总额外自有资金免税进口设备。鼓励类和限制类外商投资企业、外商投资研发中心、先进技术型和产品出口型外商投资企业，以及符合中西部利用外资优势产业和优势项目目录的项目，在原批准的生产经营范围内，利用投资总额以外自有资金，对设备进行更新维修，进口国内不能生产或性能不能满足需要的自用设备及其配套的技术、配件、备件，应填制进口报关单，监管方式填报"一般贸易"（0110），对应征免性质为"自有资金"（799）。

③减免税设备结转。

"减免税设备结转"指海关监管年限内的减免税设备，从进口企业结转到其他享受减免税待遇的企业。减免税设备结转的转入、转出企业应分别填制进（出）口报关单，监管方式填报"减免税设备结转"（0500）。

（6）暂准进出境货物。

①进出境展览品。进出境展览品是指我国为到外国或外国来华举办经济、文化、科技等展览或参加博览会而进出口的展览品。以及与展览品有关的布置品、招待品、宣传品、小卖品和其他物品。

本监管方式代码"2700"，简称"展览品"，对应征免性质为"其他法定"（299）。

②暂时进出境货物。暂时进出境货物是指经海关批准，暂时进出关境并且在规定的期限内复运出境或进境的货物。本监管方式代码"2600"，简称"暂时进出货物"，对应征免性质为"其他法定"（299）。

（7）退运进出口货物。退运进出口货物是指原进、出口货物因残损、缺少、品质不良、规格不符、延误交货或其他原因退运出、进境的货物。监管方式代码"4561"，简称"退运货物"。

退运货物进出口时，应随附原出（进）口货物报关单，并将原出（进）口货物报关单号填报在"标记唛码及备注"栏内。

注意：海关放行后退运的，称为退运货物；若申报后海关放行前退运，称为直接退运货物。

（8）直接退运货物是指进口货物收发货人、原运输工具负责人或者其代理人在货物进境后、办结海关放行手续前，因海关责令或有正当理由获准退运境外的货物。

本监管方式代码"4500"，简称"直接退运"。

①直接退运货物适用范围不包括：海关放行后需办理退运出境的进口货物，以及进口转关货物在进境地海关放行后申请办理退运手续的货物。两者均应按"退运货物"（4561）手续办理报关手续。

②直接退运货物相关申报要求：直接退运货物要填两张报关单，按照"先报出、后报进"的原则先办理出口手续，后办理进口手续，进口报关单"标记唛码及备注"栏将对应的出口报关单号作为"关联报关单号"填报，进出口报关单监管方式均为"直接退运"，"标记唛码及备注"栏均应填报"海关准予进口货物直接退运决定书"或"海关责令进口货物直接退运通知书"的编号。

（9）其他免费提供的进出口货物。其他免费提供的进出口货物指除已具体列名的礼品、无偿援助和赠送物资、捐赠物资、无代价抵偿进口货物、国外免费提供的货样、广告品等归入列名监管方式的免费提供货物以外，进出口其他免费提供的货物。

本监管方式代码"3339"，简称"其他进出口免费"。适用范围包括：外商在经贸活动中赠送的物品；外国人捐赠品；驻外中资机构向国内单位赠送的物资；经贸活动中由外商免费提供的试车材料、消耗性物品等。

本监管方式对应征免性质："一般征税"（101）、"其他法定"（299）。

贸易方式（监管方式）代码表如表6-1-4所示。

表6-1-4　贸易方式（监管方式）代码表

代码	监管方式名称	代码	监管方式名称	代码	监管方式名称
0110	一般贸易	0446	加工设备内销	0844	进料边角料内销
0200	料件销毁	0456	加工设备结转	0845	来料边角料内销
0214	来料加工	0466	加工设备退运	0864	进料边角料复出
0245	来料料件内销	0500	减免设备结转	0865	来料边角料复出
0255	来料深加工	0513	补偿贸易	1200	保税间货物
0258	来料余料结转	0615	进料对口	2025	合资合作设备
0265	来料料件复出	0644	进料料件内销	2225	外资设备物品
0300	来料料件退换	0654	进料深加工	4400	来料成品退换
0314	加工专用油	0657	进料余料结转	4600	进料成品退换
0320	不作价设备	0664	进料料件复出	5014	区内来料加工
0345	来料成品减免	0700	进料料件退换	5015	区内进料加工货物
0400	边角料销毁	0744	进料成品减免	5100	成品进出区
0420	加工贸易设备	0815	低值辅料		

（十一）征免性质

1. 含义

"征免性质"是指海关根据《中华人民共和国海关法》《中华人民共和国进出口关税条例》及国家有关政策对进出口货物实施的征、减、免税管理的性质类别。

常见征免性质代码如表 6-1-5 所示。

表 6-1-5　常见征免性质代码表

代码	征免性质简称	代码	征免性质简称	代码	征免性质简称
101	一般征税	499	ITA 产品	609	贷款项目
201	无偿援助	501	加工设备	611	贷款中标
299	其他法定	502	来料加工	789	鼓励项目
307	保税区	503	进料加工	801	救灾捐赠
401	科教用品	506	边境小额	802	扶贫慈善
406	重大项目	601	中外合资	898	国批减免
412	基础设施	602	中外合作	998	内部暂定
413	残疾人	603	外资企业	999	例外减免
417	远洋渔业	606	海洋石油		
422	集成电路	608	陆上石油		

2. 填报要求

（1）一份报关单只允许填报一种征免性质，涉及多个征免性质，应分单填报。

（2）参照"征免性质代码表"选择填报相应的征免性质简称或代码。

（3）特殊情况填报要求如下。

①加工贸易转内销货物，按实际应享受的征免性质填报，如"一般征税""科教用品""其他法定"等。

②加工贸易料件退运出口、成品退运进口的货物填报"其他法定"。

③加工贸易结转货物，本栏目为空。

（十二）征税比例/结汇方式

1. 含义

"征税比例"用于原"进料非对口"贸易方式下进口料件的进口报关单。

"结汇方式"是指出口货物的发货人或其代理人收结外汇的方式。

2. 填报要求

（1）出口报关单填报结汇方式，按照海关规定的"结汇方式代码表"选择填报相应的结汇方式名称或代码，如表 6-1-6 所示。

表 6-1-6　结汇方式代码表

代码	结汇方式	英文缩写	英文名称
1	信汇	M/T	mail transfer
2	电汇	T/T	telegraphic transfer
3	票汇	D/D	remittance by banker's demand draft
4	付款交单	D/P	documents against payment
5	承兑交单	D/A	documents against acceptance
6	信用证	L/C	letter of credit
7	先出后结		
8	先结后出		
9	其他		

（2）出口货物报关单"结汇方式"栏必须填，不得为空。

（3）出口货物不需结汇的，应填报"其他"（9）。例如，A 公司做加工贸易，现在对方免费提供一部分料件，这部分料件有一部分不合格，需要将不合格的料件退出，则出口报关单结汇方式栏填"其他"。

（4）进口报关单本栏免予填报。

（十三）许可证号

1. 含义

"许可证号"是指商务部配额许可证事务局、驻各地特派员办事处以及各省、自治区、直辖市、计划单列市及商务部授权的其他省会城市商务厅（局）、外经贸委（厅、局）签发的进出口许可证编号。

2. 填报要求

（1）本栏涉及的填报内容包括：进（出）口许可证、两用物项和技术进（出）口许可证、两用物项和技术进（出）口许可证（定向）、出口许可证（加工贸易）、出口许可证（边境小额贸易）证件的编号。

注意：除上述许可证以外的其他的监管证件不填报在"许可证号"栏，而应当在"随附单据"栏填报，如"自动进口许可证"应当在"随附单据"栏填报，而不填于此。

（2）一份报关单只允许填报一个许可证号。非许可证管理商品本栏为空。

（十四）起运国（地区）/运抵国（地区）

1. 含义

"起运国（地区）"是指进口货物起始发出直接运抵我国的国家或地区，或者在运输中转国（地区）未发生任何商业性交易的情况下运抵我国的国家或地区。

"运抵国（地区）"是指出口货物离开我国关境直接运抵的国家或地区，或者在运输中转国（地区）未发生任何商业性交易的情况下最后运抵的国家或地区。

2. 填报要求

进口货物报关单的"起运国（地区）"栏和出口货物报关单的"运抵国（地区）"栏，应按海关规定的"国别（地区）代码表"选择填报相应国别（地区）的中文名称或代码。国别（地区）为非中文名称时，应翻译成中文名称填报或填报其相应代码。主要国别（地区）代码如表 6-1-7 所示。

表6-1-7　主要国别（地区）代码表

代码	中文名称	代码	中文名称
110	中国香港	307	意大利
116	日本	331	瑞士
121	中国澳门	344	俄罗斯联邦
132	新加坡	501	加拿大
133	韩国	502	美国
142	中国	601	澳大利亚
143	台澎金马关税区	609	新西兰
303	英国	701	国（地）别不详的
304	德国	702	联合国及机构和国际组织
305	法国	999	中性包装原产国别

（1）直接运抵货物。由出口国（地区）运入我国境内的进口货物或由我国出口直接运往进口国（地区）的出口货物。对于直接运抵的货物，以货物起始发出的国家或地区为起运国（地区），货物直接运抵的国家或地区为运抵国（地区）。

例如，我国 A 公司与美国的 B 公司签订进口合同，但是货物不是从美国发货（例如，美国 B 公司的工厂设在泰国的曼谷），货物直接从曼谷运输至上海。那么起运国就是泰国。

（2）在第三国（地区）中转（转运）货物。中转（转运）货物指船舶、飞机等运输工具从装运港将货物装运后，不直接驶往目的港，而在中途的港口卸下后，再换装另外的船舶、飞机等运输工具转运往目的港。货物中转的原因很多，例如，至目的港无直达船舶

（飞机），或目的港虽有直达船舶（飞机）而时间不定或航次间隔时间太长，或目的港不在装载货物的运输工具的航线上，或货物属于多式联运等。

对于中转货物，起运国（地区）或运抵国（地区）分两种不同情况填报。

①如在中转地未发生任何买卖关系，那么起运国/运抵国不变。

②如在中转地发生买卖关系，以中转地作为起运国/运抵国填报。

例如，我国某公司进口一批货物，货物从伦敦起运途经香港转运至上海，如果在香港中转时没有发生买卖关系，则起运国仍为英国；如果在香港发生了买卖关系，那么起运国为中国香港。

是否发生买卖关系，从发票的出票人来判断，看由谁开出的发票（谁把货卖给我们）。在本例中，如果是英国公司开出的发票，则在香港中转时没有发生买卖关系，货物仍然是由英国公司卖给我国的企业的，起运国仍为英国。如果是香港公司开出的发票，则说明货物是在香港中转时发生了买卖关系，货物是香港公司卖给的我国的企业，起运国（地区）为中国香港。

（3）无实际进出境的货物。

①运输方式代码为"0""1""7""8""W""X""Y""Z""H"时，起运国（地区）或运抵国（地区）应为中国。

②贸易（监管）方式代码后两位为 42～46，54～58，起运国（地区）或运抵国（地区）必须为中国。

（十五）装货港/指运港

1. 含义

"装货港"也称装运港，是指货物起始装运的港口。报关单上的"装货港"栏是专指进口货物在运抵我国关境前的最后一个境外装运港。

"指运港"也称目的港，指最终卸货的港口。报关单上的"指运港"栏专指出口货物运往境外的最终目的港。

2. 填报要求

报关单"装货港"栏或"指运港"栏应填报装货港或目的港的中文名称或代码。装货港/指运港无港口中文名称及代码的，可选择填报相应的国家（地区）中文名称或代码。如最终目的港不可预知的，按尽可能预知的目的港填报。

在填制报关单时，如遇到装货港或指运港为非中文名称时，应翻译成中文名称填报。

对于直接运抵货物，以货物实际装货的港口为装货港，货物直接运抵的港口为指运港。对于发生运输中转的货物，最后一个中转港就是装货港，指运港不受中转影响。对于无实际进出境的货物，"装货港"栏或"指运港"栏应填报"中国境内"（代码 142）。

例如，承运船舶在帕腊纳瓜港装货启运，航经大阪，又停泊釜山港转"HANSAST-AVANGER"号轮 HV300W 航次（提单号：HS03D8765）于 2013 年 7 月 30 日抵吴淞口岸申报进境。从已知条件可以知道最后一个中转港是釜山，釜山港是最后一个装运货物进口的境外装卸港，因此"装货港"栏应填釜山。

（十六）境内目的地/境内货源地

1. 含义

"境内目的地"是指已知的进口货物在我国关境内的消费、使用地区或最终运抵的地点。

"境内货源地"是指出口货物在我国关境内的生产地或原始发货地（包括供货地点）。

2. 填报要求

（1）"境内目的地"栏和"境内货源地"栏应按"国内地区代码表"选择国内地区名称或代码填报，代码含义与经营单位代码前 5 位的定义相同。

（2）"境内目的地"应填报进口货物在境内的消费、使用地或最终运抵地。其中最终运抵地为最终使用单位所在的地区。最终使用单位难以确定的，填报货物进口时预知的最终收货单位所在地。

（3）"境内货源地"应填报出口货物的生产地或原始发货地。出口货物产地难以确定的，填报最早发运该出口货物的单位所在地。

例如，广州 A 公司（440191××××）委托广州 B 公司（440131××××）进口一批货物。境内目的地栏要根据收货单位来判断，这批货物的收货单位应填："广州 A 公司 440191××××"。境内目的栏目根据收货单位代码的 5 位来判断，第 5 位为"9"。进口报关单"境内目的栏"有两种填法，填 44019 或者广州其他。

（十七）批准文号

进出口货物报关单本栏目免予填报。

（十八）成交方式

1. 含义

在进出口贸易中，进出口商品的价格构成和买卖双方各自应承担的责任、费用和风险，以及货物所有权转移的界限，以贸易术语（价格术语）进行约定，这些贸易术语即"成交方式"。

2. 报关单中使用的成交方式

《2000 通则》13 种贸易术语与报关单"成交方式"栏一般对应关系如下：

组别	E组	F组			C组				D组				
术语	EXW	FCA	FAS	FOB	CFR	CPT	CIF	CIP	DAF	DES	DEQ	DDU	DDP
成交方式		FOB			CFR		CIF						
成交方式代码		3			2		1						

《2010 通则》11 种贸易术语与"成交方式"栏一般对应关系如下：

组别	E组	F组			C组				D组		
术语	EXW	FCA	FAS	FOB	CFR	CPT	CIF	CIP	DAT	DAP	DDP
成交方式		FOB			CFR		CIF				
成交方式代码		3			2		1				

3. 成交方式的表现形式

成交方式一般从发票中"价格"一栏查找，然后找到 13 个贸易术语中的一个，然后再根据上面对应的关系，在报关单中填写对应的贸易术语。

例如，在发票中单价中找到 CIP SHANGHAI，则贸易术语为"CIP"，则报关单"成交方式"栏应填"CIF"或"1"。

4. 填报要求

（1）按海关规定的"成交方式代码表"选择填报相应的成交方式名称或代码。

（2）无实际进出境的货物，进口成交方式为 CIF 或其代码，出口成交方式为 FOB 或其代码。

（十九）运费

1. 含义

"运费"是指除货价以外，进出口货物从始发地至目的地的国际运输所需要的各种费用。

2. 填报要求

（1）本栏应根据具体情况选择运费单价、运费总价或运费率三种方式之一填报，同时注明运费标记，并按海关规定的《货币代码表》选择填报相应的币种代码。

运费标记如下："1"表示运费率；"2"表示每吨货物的运费单价；"3"表示运费总价。

具体填制方法如下。

①运费率：直接填报运费率的"数值/运费率标记"。

例如，运费率为5%，则"运费"栏填：5/1。

②运费单价：填报运费"货币代码/运费单价的数值/运费单价标记"。

例如，24美元的运费单价，则"运费"栏填：502/24/2。

③运费总价：填报运费"货币代码/运费总价的数值/运费总价标记"。

例如，7000美元的运费总价，则"运费"栏填：502/7000/3。

（2）运保费合并计算的，运保费填报在"运费"栏中。

（二十）保费

1. 含义

保费是指被保险人允予承保某种损失、风险而支付给保险人的对价或报酬。进出口货物报关单所列的保费专指进出口货物在国际运输过程中，由被保险人付给保险人的保险费用。

2. 填报要求

在填制过程中，要根据成交方式判断运、保险费要不要填。

运费与保险费在进出口时应填报以及不需填报的情形，具体如表6-1-8所示。

表6-1-8　运费与保险费填报对应情况

进口/出口	成交方式	运费	保费
进口	CIF	不填	不填
	CFR	不填	填写
	FOB	填写	填写
出口	FOB	不填	不填
	CFR	填写	不填
	CIF	填写	填写

陆运、空运和海运进口货物的保险费，按照实际支付的费用计算。进口货物保险费无法确定或者未实际发生的，按货价加运费的3‰计算保险费，计算公式：保险费=（货价+运费）×3‰。

本栏应根据具体情况选择保险费总价或保险费率两种方式之一填报，同时注明保险费标记，并按海关规定的"货币代码表"选择填报相应的币种代码。保险费标记"1"表示保险费率，"3"表示保险费总价。

本栏应根据具体情况选择保险费总价或保险费率两种方式之一填报。"1"表示保险费率；"3"表示保险费总价。

例如，保险费率为5%，则"保险费"栏填：5/1；保险费率为3‰，则"保险费"栏填：0.3/1；7000美元的保险费总价，则"运费"栏填：502/7000/3。

运保费合并计算的，运保费填报在"运费"栏中，本栏目免予填报。

（二十一）杂费

1. 含义

"杂费"指成交价格以外的，应计入完税价格或应从完税价格中扣除的费用，如手续费、佣金、回扣等。

2. 填报要求

（1）本栏应根据具体情况选择杂费总价或杂费率两种方式之一填报，杂费标记："1"表示杂费率；"3"表示杂费总价。

（2）应计入完税价格的杂费填报为正值或正率，应从完税价格中扣除的杂费填报为负值或负率。

①杂费率：直接填报杂费率的"数值/杂费率标记"。

例如，应计入完税价格的 1.5% 的杂费率，则"杂费"栏填：1.5/1；应从完税价格中扣除的 1.5% 的回扣率，则"杂费"栏填：-1.5/1。

②杂费总价：填报杂费"货币代码/杂费总价的数值/杂费总价标记"。

例如，应计入完税价格的 500 英镑杂费总价，则"杂费"栏填：303/500/3。

注意：预付款（prepayment）、订金（deposit）不是杂费，是货款的一部分，不填在杂费栏。LESS prepayment 并不是杂费。

运费、保费、杂费填写示例如下所示：

项目	费率（1）	单价（2）	总价（3）
运费	5%→5	USD50→502/50/2	HKD5000→110/5000/3
保费	0.27%→0.27	—	EUR5000→300/5000/3
应计入杂费	1%→1	—	GBP5000→303/5000/3
应扣除杂费	1%→-1	—	JPY5000→116/-5000/3

（二十二）合同协议号

1. 含义

"合同协议号"是指在进出口贸易中，买卖双方或数方当事人根据国际贸易惯例或国家的法律、法规，自愿按照一定的条件买卖某种商品所签署的合同或协议的编号。

2. 填报要求

本栏目应填报进（出）口货物合同（协议）的全部字头和号码。进出口报关单所申报货物必须是在合同中明确包含的货物。

（二十三）件数

1. 含义

"件数"是指有外包装的单件进出口货物的实际件数，货物可以单独计数的一个包装称为一件。

2. 填报要求

（1）散装、裸装货物填报为"1"。

（2）舱单件数为集装箱的，填报集装箱个数。

这种情况一般是指装入集装箱内的货物没有其他明显的包装，资料中没有显示有托盘、单件包装数或者裸装。海关将对运输工具申报信息（舱单）与收发货人或其代理人申报的信息（报关单）相核对，如果核对不上就不能放行货物和运输工具。

只要提到舱单件数为集装箱，填集装箱个数，没有提到，填写顺序为：托盘数、单件包装数、集装箱数。

（3）舱单件数为托盘（pallet）的，填报托盘数。

因此，这里提示报关单的件数需要和舱单申报的一致，如果文字说明资料中写有"舱单件数同装箱单"，多填托盘数。提单或者装箱单中既有单件包装的件数又有托盘数时要填托盘数。

（4）本栏目不得填报为零，不能为空。

（5）两种包装种类的，件数要合并计算，包装种类统报为"其他"。

（二十四）包装种类

1. 含义

商品的包装是指包裹和捆扎货物用的内部或外部包装和捆扎物的总称。一般情况下，应以装箱单或提运单据所反映的货物处于运输状态时的最外层包装或称运输包装作为"包装种类"向海关申报，并相应计算件数。

2. 填报要求

本栏目应根据进出口货物的实际外包装种类，选择填报相应的包装种类,如木纸箱、铁桶、散装、裸装、托盘、包、捆、袋等。

例1：total 260 cartons，件数填"260"，包装种类填"纸箱"。

例 2：20 pallets（80 drums），80 桶装于 20 个托盘，件数应填 "20"，包装种类应填 "托盘"。

例 3：3 Unit & 4 Cartons，表明有 3 个计件单位和 4 个纸箱，件数应合计 "7"，包装种类填 "其他"。

（二十五）毛重

1. 含义

"毛重" 是指商品重量加上商品的外包装物料的重量。

2. 填报要求

"毛重" 栏填报进出口货物及其包装材料的重量之和，计量单位为千克，不足一千克的填报为 "1"，如 0.9 千克填报为 "1"。

应以合同、发票、提（运）单、装箱单等有关单证所显示的重量确定进出口货物的毛重填报。

（二十六）净重

1. 含义

"净重" 是指货物的毛重扣除外包装材料后所表示出来的纯商品重量。部分商品的净重还包括直接接触商品的销售包装物料的重量（如罐头装食品等）。

2. 填报要求

"净重" 栏填报进出口货物的毛重减去外包装材料后的重量，即货物本身的实际重量，计量单位为千克，不足一千克的填报为 "1"。

进出口货物的净重依据合同、发票、装箱单等有关单证确定填报。

如货物的净重在 1 千克以上且非整数，其小数点后保留 4 位，第 5 位及以后略去。

（二十七）集装箱号

1. 含义

集装箱号是在每个集装箱箱体两侧标示的全球唯一的编号。其组成规则是：箱主代号（3 位字母）+设备识别号 "U"+顺序号（6 位数字）+校验码（1 位数字）。

2. 填报要求

（1）本栏填报装载进出口货物（包括拼箱货）集装箱的箱体信息。分别填报集装箱号、集装箱的规格和集装箱的自重。填报方式为：集装箱号/规格/自重。

例如，在原始单据上找到集装箱号 Container No.所对应的号是：1×20TEXU360523120

集装箱的重量一般是在中文的补充说明中来找，假如集装箱自重（tare weight）是 2376。

应集装箱号栏填制为：TEXU3605231/20/2376。

（2）多个集装箱的，第一个集装箱号填报在"集装箱号"栏，其余的依次填报在"备注栏"。

（3）非集装箱货物，填报为"0"。

（4）非实际进出境货物采用集装箱运输的，本栏目免于填报。

（二十八）随附单证

1. 含义

随附单证是指随进出口货物报关单一并向海关递交的，除商业发票、货运单证及"许可证号"栏填报的进出口许可证以外的监管证件。

2. 填报要求

（1）本栏目填报随附单证代码及编号，格式为监管证件代码：监管证件编号。

例如，入境货物通关单的编号是 442100104064457，则"随附单据栏"填"A：442100104064457"。

（2）涉及多个监管证件的，其中一个填在本栏，其他填制在"标记唛码及备注"栏。

例如，A 公司进口一批货物，属于法检商品，属于自动进口许可管理，进口后在国内销售，其有 2 个随附单证，入境货物通关单、自动进口许可证，一张填在"随附单据"栏，另外一张填在"备注"栏。例如，入境货物通关单的编号是 442100104064457，则"随附单据栏"填"A：442100104064457"。

（3）监管证件代码表（表 6-1-9）。

与1、2、3、4、G、x、y等7个代码相区分，这7个代码的证件要填在"许可证号"栏，其他填在"随附单证"栏，重点记代码：7、A、B、O、P、Y。

表 6-1-9　监管证件代码表

代码	监管证件名称	代码	监管证件名称
1	进口许可证	O	自动进口许可证（新旧机电产品）
2	两用物项和技术进口许可证	P	固体废物进口许可证
3	两用物项和技术出口许可证	Q	进口药品通关单
4	出口许可证	R	进口兽药通关单
5	纺织品临时出口许可证	S	进出口农药登记证明
6	旧机电产品禁止进口	T	银行调运现钞进出境许可证
7	自动进口许可证	U	合法捞捕产品通关证明
8	禁止出口商品	W	麻醉药品进出口准许证
9	禁止进口商品	X	有毒化学品环境管理放行通知单

续表

代码	监管证件名称	代码	监管证件名称
A	入境货物通关单	Y	原产地证明
B	出境货物通关单	Z	音像制品进口批准单或节目提取单
D	出/入境货物通关单（毛坯钻石用）	c	内销征税联系单
E	濒危物种允许出口证明书	e	关税配额外优惠税率进口棉花配额证
F	濒危物种允许进口证明书	h	核增核扣表
G	两用物项和技术出口许可证（定向）	q	国别关税配额证明
H	港澳 OPA 纺织品证明	r	预归类标志
I	精神药物进（出）口准许证	s	适用 ITA 税率的商品用途认定证明
J	黄金及其制品进出口准许证或批件	t	关税配额证明
K	深加工结转申请表	v	自动进口许可证（加工贸易）
L	药品进出口准许证	x	出口许可证（加工贸易）
M	密码产品和设备进口许可证	y	出口许可证（边境小额贸易）

（4）优惠贸易协定项下原产地证书相关内容填报。

①实行原产地证书联网管理。

实行原产地证书联网管理的产地为香港、澳门的进口货物，要交原产地证书，其编号填在"备案号"栏，然后随附单据栏内填 Y<03>或 Y<04>。

②未实行原产地证书联网管理。

产地是亚太成员国或东盟成员国，需要提交原产地证，其原产地证明填在"随附单据"栏，格式应为"Y〈优惠贸易协定代码：需证商品序号〉"。

例如，《亚太贸易协定》项下进口报关单中第 1 项到第 3 项和第 5 项为优惠贸易协定项下商品，填 Y<01：1-3，5>，表明 1-3，5 商品产地为亚太成员国。

（二十九）用途/生产厂家

1. 含义

"用途"是指进口货物的实际适用方面或范围。进口货物填报用途，应根据进口货物的实际用途，按海关规定的"用途代码表"选择填报相应的用途名称或代码。

"生产厂家"指出口货物的境内生产企业的名称，该栏仅供必要时填报。

2. 填报要求

常见用途代码及其使用范围如表 6-1-10 所示。

表 6-1-10　常见用途代码及其使用范围

代码	名称	使用范围
01	外贸自营内销	有外贸进出口经营权的企业，在其经营范围内以正常方式成交的进口货物
03	其他内销	进料加工转内销部分、来料加工转内销货物，外商投资企业进口供加工内销产品的料件
04	企业自用	进口供本单位（企业）自用的货物

续表

代码	名称	使用范围
05	加工返销	为履行产品出口合同，来料加工、进料加工、补偿贸易和外商投资企业从国外进口料件，用于国内加工返销至境外
06	借用	从境外租借进口，在规定使用期满后退运出境外的进口货物
07	收保证金	由担保人向海关缴纳现金的一种担保形式
08	免费提供	免费提供的进口货物，如无偿援助、捐赠、礼品等进口货物
09	作价提供	我方与外方签订合同、协议，由外方作价提供进口的货物，事后由我方支付或从我方出口货款中或出口加工成品的加工费中扣除

（三十）标记唛码及备注

1. 含义

纸质报关单"标记唛码及备注"栏填报标记唛码、备注说明和集装箱号等与进出口货物有关的文字或数字。

2. 填报要求

（1）标记唛码。标记唛码是运输标志的俗称，进出口货物报关单上标记唛码专指货物的运输标志。标记唛码项填除图形以外的所有文字和数字。

标记唛码英文表示为：Marks，Marking，MKS，Marks&No，Shipping Marks 等。它通常由一个简单的几何图形和一些字母、数字及简单的文字组成，一般分列为收货人代号、合同号和发票号、目的地、原产国（地区）[包括最终目的国（地区）、目的港或中转港]和件数号码等项。

（2）备注。

①受外商投资企业委托代理其进口投资设备、物品的外贸企业名称。填写"委托××公司进口"。

②多个监管证件的，除第一个监管证件以外的，其余监管证件和代码。

③涉及多个集装箱的，除第一个集装箱以外的，其余的集装箱号。

④关联备案号。

⑤关联报关单号。

⑥加工贸易货物。

a. 加工贸易转内销货物：特殊区域监管区域外加工贸易企业内销料件、制成品时，在备注项注明"活期"字样（特殊监管区域内企业内销料件、制成品无需填写"活期"）。

b. 来料加工出口成品报关单在备注栏注明料件费与工缴费金额。

（三十一）项号

1. 含义

"项号"是指申报货物在报关单中的商品排列序号及该项商品在加工贸易手册、征免税证明等备案单证中的顺序编号。

2. 填报要求

一张纸质报关单最多可打印5项商品，可另外附带3张纸质报关单，合计一份纸质报关单最多可打印20项商品，一张电子报关单表体共有20栏，一项商品占据表体的一栏，超过20项商品时必须填报另一份纸质报关单。

填制报关单需注意的是，对于商品编号不同的，商品名称不同的，原产国（地区）/最终目的国（地区）不同的，征免不同的，都应各自占据表体的一栏。

每项商品的"项号"栏分两行填报。第一行填报货物在报关单中的商品排列序号。第二行专用于加工贸易、减免税和实行原产地证书联网管理等已备案的审批货物，填报该项货物在加工贸易手册中的项号、征免税证明或对应的原产地证书上的商品项号。

（1）贸易方式为一般贸易，项号填报一行，填报货物在报关单中的商品序号。

（2）加工贸易、减免税和实行原产地证书联网管理（产地为香港、澳门）的商品本栏目要分两行填报。

第一行填报报关单中的商品排列序号，第二行填报该项货物在加工贸易手册中的项号、征免税证明或对应的原产地证书的商品项号。

（三十二）商品编号

1. 含义

"商品编号"是指由进出口货物的税则号列及符合海关监管要求的附加编号组成的10位编号。

2. 填报要求

此栏目分为商品编号和附加编号两栏，其中商品编号栏应填报《中华人民共和国进出口税则》8位税则号列，附加编号栏应填报商品编号附加的第九、十位附加编号。《加工贸易手册》中商品编号与实际商品编号不符的，应按实际商品编号填报。

（三十三）商品名称、规格型号

1. 含义

"商品名称"是指国际贸易缔约双方同意买卖的商品的名称。商品名称一般取自主要用途、主要材料、主要成分或者商品的外观、制作工艺等报关单中的商品名称，是指进出口货物规范的中文名称。

"规格型号"是指反映商品性能、品质和规格的一系列指标，如品牌、等级、成分、含量、纯度、大小、长短、粗细等。

2. 填报要求

（1）"商品名称及规格型号"栏分两行填报，第一行填报进出口货物规范的中文名称。如果发票中的商品名称为非中文称，则需翻译成规范的中文名称填报，仅在必要时加注原文。第二行填报规格型号。

（2）商品名称及规格型号应据实填报，并与合同、商业发票等相关单证相符。

（3）商品名称应当规范，规格型号应足够详细，以能满足海关归类、证件的管理要求为准。

（4）同一商品编号、多种规格型号的商品，可归并为一项商品的，按照归并后的商品名称和规格型号填报。

（5）减免税货物、加工贸易等已备案的进出口货物，本栏目填报的内容必须与已在海关备案登记中同项号下货物的名称与规格型号一致。

（6）对需要海关签发"货物进口证明书"的车辆，"商品名称、规格型号"栏应填报"车辆品牌+排气量（注明 cc）+车型（如越野车、小轿车等）"。进口汽车底盘可不填报排气量。"商品名称、规格型号"栏可填报"汽油型"等。

（三十四）数量及单位

1. 含义

报关单上的"数量及单位"栏指进出口商品的成交数量及计量单位，以及海关法定计量单位和按照海关法定计量单位换算的数量。

2. 填报格式

计量单位分为成交计量单位和海关法定计量单位。成交计量单位是指买卖双方在交易过程中所确定的计量单位。海关法定计量单位是指海关按照《中华人民共和国计量法》的规定所采用的计量单位，我国海关采用的是国际单位制的计量单位。本栏目分三行填报。

（1）法定第一计量单位及数量应填报在本栏目第一行。

（2）凡列明海关第二法定计量单位的，必须填报第一及第二法定计量单位及数量。第二计量单位填在本栏第二行。没有第二计量单位，则第二行空着。

例如，法定计量单位为：米/千克，则法定第一计量单位为"米"，第二法定计量单位为"千克"。

例如，法定计量单位为：米，则法定第一计量单位为"米"，没有第二法定计量单位第二行为空。

（3）以成交计量单位申报的，则成交单位及数量填在本栏第三行。如果成交计量单位与法定计量单位一致，则本栏目第三行为空。

3. 填报要求

（1）加工贸易备案的货物，成交计量单位必须与备案登记中同项号下货物的计量单位一致，不一致时必须变更备案或转换一致后填报。加工贸易边角料和副产品内销、边角料复出口，本栏目填报其报验状态的计量单位。

（2）优惠贸易协定下出口商品的成交计量单位必须与原产地证书上对应商品的计量单位一致。

（3）法定计量单位为"千克"的数量填报，特殊情况下填报要求如下。

①装入可重复使用的包装容器的货物，按货物的净重填报，如罐装同位素、罐装氧气及类似品等，应扣除其包装容器的重量。

②使用不可分割包装材料和包装容器的货物，按货物的净重填报（即包括内层直接包装的净重重量），如采用供零售包装的酒、罐头、化妆品及类似品等。

③按照商业惯例以公量重计价的商品，应按公量重填报，如未脱脂羊毛、羊毛条等。

④采用以毛重作为净重计价的货物，可按毛重填报，如粮食、饲料等价格较低的农副产品。

⑤成套设备、减免税货物入需分批进口，货物实际进口时，应按实际报验状态确定数量。

（三十五）原产国（地区）/最终目的国（地区）

1. 含义

"原产国（地区）"指进口货物的生产、开采或加工制造国家（地区）。

"最终目的国（地区）"指已知的出口货物的最终实际消费、使用或进一步加工制造国家（地区）。

2. 填报要求

本栏目应按海关规定的《国别（地区）代码表》选择填报相应的国家（地区）名称或代码。加工贸易特殊情况填报要求如下。

（1）料件结转货物，原产国（地区）填报为原进口料件生产国（地区），最终目的国（地区）填报"中国"。

（2）深加工结转货物和以产顶进货物，原产国（地区）和最终目的国（地区）都填报"中国"。

（3）料件复运出境货物，填报实际最终目的国（地区）；加工出口成品因故退运境内的，原产国（地区）填报"中国"，复运出境时填报实际最终目的国（地区）。

（4）出口加工区运往区外的货物，原产国（地区）按实际填报，即对于未经加工的进口货物，填报货物原进口时的原产国（地区）；对于经过加工的成品或半成品，按现行原产地规则确定原产国（地区）；区外运入出口加工区的货物，最终目的国为中国。

（三十六）单价、总价、币制

1. 含义

"单价"是指进出口货物实际成交的商品单位价格的金额部分。
"总价"是指进出口货物实际成交的商品总价的金额部分。
"币制"是指进出口货物实际成交价格的计价货币的名称。

2. 填报要求

"单价"栏应填报同一项号下进（出）口货物实际成交的商品单位价格。无实际成交价格的，本栏目填报货值。

"总价"栏应填报同一项号下进（出）口货物实际成交的商品总价。无实际成交价格的，本栏目填报货值。

"币制"应根据实际成交情况按海关规定的《货币代码表》选择填报相应的货币名称或代码，如《货币代码表》中无实际成交币种，需将实际成交币种按照申报日外汇折算率折算成《货币代码表》列明的货币填报。表 6-1-11 为常用货币代码表。

表 6-1-11　常用货币代码表

币制代码	币制符号	币制名称	币制代码	币制符号	币制名称	币制代码	币制符号	币制名称
110	HKD	港币	116	JPY	日元	132	SGD	新加坡元
142	CNY	人民币	133	KRW	韩国圆	300	EUR	欧元
302	DKK	丹麦克朗	303	GBP	英镑	330	SEK	瑞典克朗
331	CHF	瑞士法郎	344	SUR	俄罗斯卢布	501	CAD	加拿大元
502	USD	美元	601	AUD	澳大利亚元	609	NZD	新西兰元

（三十七）征免

1. 含义

"征免"是指海关依照《中华人民共和国海关法》《中华人民共和国进出口关税条例》及其他法律、行政法规，对进出口货物进行征税、减税、免税或特案处理的实际操作方式。

2. 填报要求

（1）主要征减免税方式。
①照章征税：指对进出口货物依照法定税率计征各类税、费。
②折半征税：指依照主管海关签发的《征免税证明》或海关总署的通知，对进出口货物依照法定税率折半计征关税和增值税，但照章征收消费税。
③全免：指依照主管海关签发的《征免税证明》或海关总署的通知，对进出口货物免征关税和增值税，但消费税不予免征。

④特案减免：指依照主管海关签发的《征免税证明》或海关总署通知规定的税率计征各类税、费。

⑤随征免性质：指对某些监管方式下进出口货物按照征免性质规定的特殊计税公式或税率计征税、费。

⑥保证金：指经海关批准具保放行的货物，由担保人向海关缴纳现金的一种担保形式。

⑦保函：指担保人根据海关的要求，向海关提交的有明确权利义务的一种担保文书。

（2）填报要求。

①根据海关核发的征免性质税证明或有关政策规定，对报关单所列商品按照海关规定的"征减免税方式代码表"中选择填报相应的征免方式名称。

②加工贸易手册中备案的征免规定为"保金"或"保函"的，不能按备案的征免规定填报，而应填报"全免"。

表6-1-12为征免方式代码表。

表 6-1-12　征免方式代码表

代码	名称	代码	名称
1	照章征税	5	随征免性质
2	折半征税	6	保证金
3	全免	7	保函
4	特案		

（三十八）预录入编号

"预录入编号"是指申报单位或预录入单位对该单位填制录入的报关单的编号，用于该单位与海关之间引用其申报后尚未批准放行的报关单。

报关单录入凭单的编号规则由申报单位自行决定。预录入报关单及EDI[①]报关单的预录入编号由接受申报的海关决定编号规则，计算机自动打印。

（三十九）海关编号

"海关编号"是指海关接受申报时给予报关单的编号。

海关编号由各海关在接受申报环节确定，应标识在报关单的每一联上。报关单海关编号为9位数码。此栏报关单位不用填写。

（四十）税费征收情况

本栏目供海关批注进（出）口货物税费征收及减免情况。

（四十一）录入员及录入单位

录入员栏目用于记录预录入操作人员的姓名并打印。

---

① 电子数据交换（Electronic Data Interchange，EDI）

录入单位栏目用于记录并打印电子数据报关单的录入单位名称。

（四十二）申报单位

"申报单位"是指对申报内容的真实性直接向海关负责的企业或单位。自理报关的，应填报进（出）口货物的经营单位名称及编码；委托代理报关的，应填报经海关批准的报关企业名称及编码。

本栏目还包括报关单左下方用于填报申报单位有关情况的相关栏目，包括报关员、报关单位地址、邮政编码和电话号码等栏目。

（四十三）海关审单批注放行日期（签章）

本栏目指供海关内部作业时签注的总栏目，由海关关员手工填写在预录入报关单上，共分为审单、审计、征税、统计、查验、放行六项。其中"放行"栏填写海关对接受申报的进出口货物作出放行决定的日期。

二、报关单常见填报内容及对应关系

在填制报关单前，应具备基本的外贸知识、国际货运知识、报关单的填制规范、报关单各栏目的逻辑对应关系知识等。

报关单常见栏目填制对应关系如下。

（一）报关单各栏目内容与主要商业、货运单证对应关系

1. 发票

根据发票填制的栏目内容一般有：经营单位、收/发货单位、结汇方式（出口）、成交方式、运费、保险费、杂费、商品名称、规格型号、数量及单位、原产国（地区）/最终目的国（地区）、单价、总价、币制、合同协议号、集装箱号等。

发票无统一格式，由出口企业自行拟制，但基本栏目大致相同。一般标明"发票"（invoice）或"商业发票"（commercial invoice）字样，用粗体字印刷在单据的明显位置。发票的主要栏目内容如下。

（1）出票人的名称与地址。发票的出票人一般为出口人，其名称和地址相对固定，因此出口人通常将此项内容事先印制在发票的正上方或右上方。该栏目是判断进口货物中转时是否发生买卖关系的指标之一。如果出票人的地址与进口货物起运地一致，说明进口货物中转时没有发生买卖关系；如果出票人的地址与进口货物运输的中转地一致，与起运地不一致，则说明进口货物中转时发生了买卖关系。

（2）起运及目的地。该栏目标明货物运输的实际起止地点。如货物需要转运，则注明转运地。例如，FROM SHANGHAI TO TOKYO VIA HONGKONG（从上海经香港到达东京），有的还注明运输方式。

（3）抬头（收货人）。此栏目前通常印有"TO"，"Sold to Messrs"或者"For Account and

Risk，of Messrs"等字样，在这些字样后，一般注明买方的名称和地址。注意出口报关单中"运抵国"一栏的填制，根据发票的抬头（收货人）判断是否在中转国（地区）发生了商业性交易。

（4）唛头及编号（Marks & Nos.）。该栏目一般注明包装的运输标记及包装的件数。例如

MADE IN CHINA（产地）。

PORT：TOKYO（指运港）。

C／No.：1～120（件数）。

（5）品名和货物描述。该栏目一般印有"Description of Goods"或者"Name of Commodity"的字样，其下方一般注明具体装运货物的名称、品质、规格及包装状况等内容。例如

WOMEN FOOTWEAR（货物名称）。

COL：BLACK SZ：5～10（规格型号）。

TOTAL PACKED IN 120 CARTONS ONLY（包装状况）。

（6）数量、单价和总价。数量为实际装运的数量。单价包括计价货币、具体价格数、计价单位、贸易术语4个部分。总价一般由大小写组成。如果合同单价含有佣金（commission）或折扣（rebate/discount/allowance），发票上一般也会注明。有时，发票上还列明运费（freight/F）、保险费（insurance/I）及杂费（extras）等。

2. 装箱单和提运单

根据装箱单和提运单查找的栏目内容一般有：运输方式、运输工具名称、航次、提运单号、起运国（地区）/运抵国（地区）、装货港/指运港、件数、包装种类、毛重、净重、标记唛码及备注（表6-1-13、表6-1-14）。

表6-1-13　发票/装箱单主要内容中英文对照表

中英文	英文缩写	中英文	英文缩写
合同 Contract	CONT.	单价 Unit Price	
货物描述 Description of Goods		总额 Amount	AMT
规格、型号 Model		总价 Total Amount	
尺寸 Size		件数 Packages	PKGS
数量 Quantity	Q'TY	毛重 Gross Weight	G.W.
原产国 Made in/Origin		净重 Net Weight	N.W.
装货港 Port of Loading	P.O.L.	保险费 Insurance	
目的国 Destination Country		杂费 Extras	
指运港 Port of Destination	P.O.D.	佣金 Commission	
运费 Freight		折扣 Discount/Rebate/Allowance	
集装箱 Container		唛头及编号 Marks & Nos.	
包装种类 Packing	CTNR	随附单证 Document Attached	DOC.ATT.

表 6-1-14　提运单主要内容中英文对照表

中英文	英文缩写	中英文	英文缩写
提单 Bill of Lading	B/L	到达港 Port of Arrival	P.A.
提单号 Bill of Lading No.	B/L No.	指运港 Port of Destination	P.O.D.
承运人 Carrier		托运人 Shipper	
收货人 Consignee		被通知人 Notify Party	
空运运单 Air Way Bill	A.W.B.	装货港 Port of Loading	P.O.L.
空运总运单 Master Air Way Bill	M.A.W.B.	卸货港 Port of Discharge	P.O.D.
空运分运单 House Air Way Bill	H.A.W.B.	转运港 Port of Transshipment	
原产国 Made in/Country of Origin		转运到 In transit to	
船名 Ocean vessel		航次 Voyage No.	Voy. No.

（二）加工贸易货物报关单常见填报内容及对应关系

下面主要选择料件、成品的常见处理方式，列表汇总其报关单填制要求及其对应关系，如表 6-1-15 所示。

表 6-1-15　加工贸易货物报关单常见填报内容及对应关系表

项目／栏目	料件进口		料件退换	余料结转		深加工结转		料件内销	料件复出
	进境		先出境后进境	形式进口	形式出口	形式进口	形式出口	形式进口	出境
贸易方式	来料加工	进料对口	来/进料料件退换	来/进料余料结转		来/进料深加工		来/进料料件内销	来/进料料件复出
进口口岸/出口口岸	指定范围内实际进出口岸海关			接受申报的海关					指定范围实际进出口岸海关
征免性质	来料加工	进料加工	免于填报	免于填报				一般征税	其他法定
备案号	加工贸易手册编号		转入手册编号	转出手册编号	转入手册编号	转出手册编号		加工贸易手册编号	
运输方式	实际进境运输方式		实际出/进境运输方式	其他运输					实际出境运输方式
运输工具名称	实际进境运输工具名称		实际出/进境运输工具名称	免于填报					实际出境运输工具名称
起运国（地区）/运抵国（地区）	实际起运国（地区）		实际运抵国（地区）/起运国（地区）	中国					实际运抵国（地区）
随附单证						K：深加工结转申请表编号		c：内销征税联系单号	
用途	加工返销		加工返销（进口）	加工返销	—	加工返销	—	其他内销	—
备注			退出：原进口货物报关单号；换进：退出报关单号	转出手册编号；转入手册编号	转入进口报关单号；转出手册编号	转出手册编号	转入进口报关单号；转入手册编号	"活期"	原进口货物报关单号

项目＼栏目	料件进口	料件退换	余料结转		深加工结转		料件内销	料件复出
	进境	先出境后进境	形式进口	形式出口	形式进口	形式出口	形式进口	出境
项号（第2行）	手册对应进口料件项号	手册对应进口料件项号	转入手册对应进口料件项号	转出手册对应进口料件项号	转入手册对应进口料件项号	转出手册对应出口成品项号	手册对应进口料件项号	手册对应进口料件项号
原产国（地区）/最终目的国（地区）	料件进口原产国（地区）/成品出口最终目的国（地区）	料件进口原产国（地区）/成品出口最终目的国（地区）	原进口料件原产国（地区）	中国	中国	中国	原进口料件原产国（地区）	实际最终目的国（地区）
征免	全免	全免	全免	全免	全免	全免	照章征税	全免

项目＼栏目	成品出口		成品内销			成品退换	
			按料件征税	转减免税			
	出境	出境	形式进口	形式进口	形式出口	进境	出境
贸易方式	来料加工	进料对口	来/进料料件内销	根据货物实际情况选择填报	来/进料成品减免	来/进料成品退换	来/进料成品退换
进口口岸/出口口岸	指定范围进出口岸海关	指定范围进出口岸海关	接受申报的海关	接受申报的海关	接受申报的海关	指定范围进出口岸海关	指定范围进出口岸海关
征免性质	来料加工	进料加工	一般征税	征免性质税证明所批征免性质	征免性质税证明所批征免性质	免于填报	免于填报
备案号	加工贸易手册编号	加工贸易手册编号	征免性质税证明编号	征免性质税证明编号	征免性质税证明编号	加工贸易手册编号	加工贸易手册编号
运输方式	实际出境运输方式	实际出境运输方式	实际出/进境运输方式	其他运输	其他运输	实际进境运输方式	实际出境运输方式
运输工具名称	实际出境运输工具名称	实际出境运输工具名称	实际出/进境运输工具名称	免于填报	免于填报	实际进境运输工具名称	实际出境运输工具名称
起运国（地区）/运抵国（地区）	实际运抵国（地区）	实际运抵国（地区）	中国	中国	中国	实际起运国（地区）	实际运抵国（地区）
随附单证			c：内销征税联系单号				
用途	—	—	其他内销	企业自用	—	其他	其他
备注	料件费、工缴费	料件费、工缴费	"活期"	转出手册编号	转入征免性质税证明编号	原出口报关单号	退运进口报关单号
项号（第2行）	手册出口成品项号	手册出口成品项号	手册进口料件项号	征免性质税证明对应项号	征免性质税证明对应项号	手册原出口成品对应项号	手册原出口成品对应项号
原产国（地区）/最终目的国（地区）	实际最终目的国（地区）	实际最终目的国（地区）	中国	中国	中国	实际最终目的国（地区）	实际最终目的国（地区）
征免	征免性质：一般为"全免"，应征出口税的"照章征税"	征免性质：一般为"全免"，应征出口税的"照章征税"	照章征税	全免	全免	全免	全免

（三）减免税进口设备报关单各栏目对应关系

减免税进口设备报关单常见填报内容及对应关系如表6-1-16所示。

表 6-1-16 减免税进口设备报关单常见填报内容及对应关系表

项目 栏目	投资总额内进口			投资总额外进口	减免税设备结转	
	合资合作企业	外商独资企业	国内投资项目			
	进境	进境	进境	进境	形式进口	形式出口
贸易方式	合资合作设备	外资设备物品	一般贸易	一般贸易	减免设备结转	
进口口岸/出口口岸	鼓励项目等			自有资金	根据货物实际情况选择填报	免于填报
征免性质	征免性质税证明编号			征免性质税证明编号	结转联系函编号	
备案号	该合资合作企业	该外商独资企业	设备进口企业	转入企业	转出企业	
运输方式	实际进境运输方式				其他运输	
起运国（地区）/运抵国（地区）	实际起运国（地区）				中国	
用途	企业自用			企业自用	—	
备注	如为委托进口，须注明代理进口的外资企业名称			结转联系函编号	转入进口货物报关单编号；转入方征免性质税证明编号	
原产国（地区）/最终目的国（地区）	设备实际原产国（地区）			设备原生产国（地区）	中国	
征免	特案				全免	

（四）加工贸易进口设备报关单各栏目对应关系

加工贸易进口设备报关单常见填报内容及应对关系如表 6-1-17 所示。

表 6-1-17 加工贸易进口设备报关单常见填报内容及应对关系表

项目 栏目	加工贸易免税进口不作价设备				
	进境	退运出镜	内销	结转	
贸易方式	不作价设备	加工设备退运	形式进口	形式进口	形式出口
征免性质	加工设备	其他法定	免于填报		
备案号	加工贸易手册编号（首位标记 D）				
经营单位 收/发货单位	加工贸易经营企业			转入企业	转出企业
运输方式	实际进境运输方式	实际出境运输方式	其他运输		

续表

项目 栏目	加工贸易免税进口不作价设备			
	进境	退运出镜	内销	结转
起运国（地区）/运抵国（地区）	实际起运国（地区）	实际运抵国（地区）	中国	
用途	企业自用	—	其他内销	企业自用	—
备注		原进口报关单号	转出手册号	转入进口报关单号；转入手册号
原产国（地区）/最终目的国（地区）	设备实际原产国（地区）	实际最终目的国（地区）	设备原生产国（地区）	中国
征免	特案	全免	照章征税	全免

（五）暂准进出境货物报关单部分分栏目对应关系

暂准进出境货物涉及的贸易方式包括"展览品"与"暂时进出货物"两类。暂准进境及复出境货物的报关单栏目对应关系如表 6-1-18 所示，暂准出境及复进境报关单栏目也参照填报。

表 6-1-18　暂准进境及复出境货物的报关单栏目对应关系表

项目 栏目	进境展览品		其他暂准进境货物	
	进境	复出镜	进境	复出镜
贸易方式	展览品		暂时进出货物	
征免性质	其他法定			
用途	收保证金/其他	—	收保证金/其他	—
备注		原进口报关单号	"审批决定书"编号、暂时进境货物类别、复出境日期	"暂时进境复出境"、原进口报关单号
原产国（地区）/最终目的国（地区）	设备实际原产国（地区）	实际最终目的国（地区）	设备原生产国（地区）	中国
征免	保证金/保函	全免	保证金/保函	全免

（六）无代价抵偿、一般退运、直接退运货物报关单部分栏目一般对应关系

无代价抵偿、一般退运、直接退运货物报关单常见填报内容及对应关系如表 6-1-19 所示。

表 6-1-19 无代价抵偿、一般退运、直接退运货物报关单常见填报内容及对应关系表

项目 / 栏目	无代价抵偿进口货物		一般退运货物（品质规格原因）		直接退运货物	
	退运出境	补偿进境	进境	出镜	先出口报关	后进口报关
贸易方式	其他	无代价补偿	退运货物		直接退运	
征免性质	其他法定				免于填报	
备注	原进口报关单号		原出口报关单号	原进口报关单号	"进口货物直接退运表"或"责令直接退运通知书"编号	出口报关单号；"进口货物直接退运表"或"责令直接退运通知书"编号
征免	全免					

（七）一般进出口货物的对应关系

备案号	空着，不用填（产地是香港、澳门要填原产地证书编号）
贸易方式	一般贸易
征免性质	一般征税
用途	外贸自营内销
项号	只填一行，填在报关单的排列序号（产地是香港、澳门的要填两行）
征免	照章征税

常州×××光能有限公司（320494××××）进口一批多晶硅片，装载该批货物的船舶于 2015 年 1 月 13 日申报进境，1 月 15 日由江苏飞力达国际物流股份有限公司（210398××××）向外港海关申报进口。常州×××光能有限公司为飞力达提供的单证包括工作联系单、多晶硅片申报要素、采购合同、商业发票、装箱单、海运提单、海运进口货物到货通知。

资料一：工作联系单

单位名称：常州×××光能有限公司

海关编码：320494××××

商检编码：32160××××

该票货物，清关具体事项如下：

合同号：TCZ-A1108-1411-CGC-480-1

品名：多晶硅片

贸易方式：一般贸易

HS 编码：38180090

包装：托盘

原产国/地：韩国

毛重：1374 公斤　　　　　　净重：1100 公斤

数量：100000 片

币种：USD

单价：0.87

总价：87000

资料二：申报要素

商品名称：多晶硅片

商品编码：38180090

用途：用于制造太阳能电池片

外观：片状

成分：＞99.99%硅

包装：托盘

加工程度：切片

进口前加工工艺：切片

资料三：采购合同

Purchase Contract

Contract No.：[TCZ-A1108-1411-CGC-480-1]

Seller：[×××CO.LTD]

Address：[3RD FLOOR，WOONSAN BUILDING ××NONHYUN-DONG，GANGNAM-GU，Seoul，Korea]

Tel：

Fax：

Buyer：[CHANGZHOU ×××CO.，LTD.]

This Purchase Contract（hereinafter referred to as "this Contract"）is signed by and entered into between the both parties on the base of equality and mutual benefit and through friendly negotiation regarding the Buyer's buying [156*156mrn Mufti Crystalline Wafers] from the Seller.

1. General information of product：

The general information of the product is set as below：

S/N	Name	Specification	Quantity	Quantity Unit	VAT	Unit Price	Currency	Total Amount
1	硅片-高效多晶 156*156 外购	156*156H3	50 000	PC	Y	0.86	USD	43 000
2	硅片-高效多晶 156*156 外购	156*156H4	50 000	PC	Y	0.88	USD	44 000

Total Price（in letter）US DOLLAR EIGHTY-SEVEN THOUND ONLY

Remark；The price is excluded all taxes. The Seller shall guarantee it keep unchanged within [One month]

2. Quality requirement：

Product Specification and Quality Standard refer to Annex [WX-PS-W-0004-F]

3. Packaging and Transportation：

Packaging shall meet the Tong-distance safety transportation requirement，and the transportation mode shall he [by SEA]

Remark：[none]

4. Delivery time and place：

[FOB Korean Port]

5. Insurance：

All risks（110%of the total contract value）and war risk shall be borne by [Buyer].

6. Payment term：

[100%T/T in advance]

以下略

资料四：商业发票

COMMERCIAL INVOICE

1.Shipper/Exporter ×××CO.LTD 3RD FLOOR，WOONSAN BUILDING ×× NONHYUN-DONG，GANGNAM-GU，SEOUL， 135-813 KOREA TEL：8222046××××	8. No.&date of invoice TRINEX-150106-002 JAN. 06，2015		
	9. No.&date of L/C		
2.Consignee CHANGZHOU ×××CO.，LTD. NO. ×××TIAN HE ROAD, NEW DISTRICT, ELECRONICS PARK JIANGSU，CHANGZHOU，CHINA 213031 Tel：+86-0519-8158-×××× Cell：+86 1390××××××× Fax：+86-519-8517-××××	10. L/C issuing bank		
3. Notify party **SAME AS CONSINEE**	11.Remarks P.O NO.：TCZ-A 1108-1411-CG C-480-1 T/T in advance		
4. Port of loading BUSAN PORT，KOREA	5. Final destination CHINA PORT，CHINA		
6. Carrier DONGJING VENUS V. 1502W	7. Sailing on or about JAN 06，2015		
12. Marks and numbers of PKGS	13. Description of Goods	14. Quantity/Unit	15.Unit price	16.Amount

FOB BUSAN PORT，

KOREA

SOLAR		
WAFER	50，000PCS	
H4 Multi Wafer	50，000PCS	@$.88
H3 Multi Wafer		US$44，000
		@$.86
		US$43，000
TOTAL：	100，000	US$87，000
	PCS	

×××CO.LTD

17.Signed By＿＿＿＿＿＿

资料五：装箱单

PACKING LIST

1.Shipper/Exporter ×××CO.LTD 3RD FLOOR，WOONSAN BUILDING ×× NONHYUN-DONG，GANGNAM-GU，SEOUL， 135-813 KOREA TEL：8222046××××	8. No.&date of invoice TRINEX-150106-002 　　　　　　　　　　JAN. 06，2015
	9.Remarks
2.Consignee CHANGZHOU ××× CO.，LTD. NO. ××× TIAN HE ROAD，NEW DISTRICT，ELECRONICS PARK CHANGZHOU，JIANGSU，213031，P.R.CHINA ATTN： M：	
3. Notify party **SAME AS CONSINEE**	

4. Port of loading BUSAN PORT，KOREA	5. Final destination CHINA PORT，CHINA
6. Carrier DONGJING VENUS V. 1502W	7. Sailing on or about JAN 06，2015

10.　　Marks　　and numbers of PKGS	11. Description of Goods	12. Quantity	13. Net-weight	14. Gross-weight	15. Measurement
			FOB BUSAN PORT， **KOREA**		
SOLAR WAFER 4 PALLET/100 CT BOXES. 1 Pallet CT NO 1~32 2Pallet CT NO 33~50 3Paliet CT NO 51~82 4Pallet CT NO 83~100	6" SOLAR MULTI WAFER（H4） 6" SOLAR MULTI WAFER（H4）6" SOLAR MULTI WAFER（H3） 6" SOLAR MULTI WAFER（H3）	32，000PCS 18，000PCS 32，000PCS 18，000PCS	＜109 X 94 X 112Cm＞ ＜109 X 94 X 112Cm＞ ＜109 X 94 X 112Cm＞ ＜109 X 94 X 112Cm＞		
TOTAL：		100，000 1，100.00KGS	PCS　1，374.00KGS		4.590CBM

×××CO.LTD

16.Signed By ＿＿＿＿＿＿＿＿

资料六：提运单

SCHENKER*ocean*

NON-NEGOTIABLE SEA WAYBILL

NON-NEGOTIABLE SEA WAYBILL
For Combined Transport

1.Shipper/Exporter ×××CO.LTD 3RD FLOOR, WOONSAN BUILDING ×× NONHYUN-DONG, GANGNAM-GU, SEOUL, 135-813 KOREA TEL: 8222046××××	4.Waybill No. KRPUS5920500046　　Express Bill of Lading
	5.Reference Nos.: REF: STT:
2.Consignee CHANGZHOU ××× CO., LTD. NO. ××× TIAN HE ROAD, NEW DISTRICT, ELECRONICS PARK JIANGSU, CHANGZHOU, CHINA 213031 ATTN:　M:	6.SCHENKER KOREA LTD BUSAN BRANCH OFFICE 9TH FL, BUSAN POST OFFICE BLDG, KOREA PHONE: FAX: INFO.
3. Notify party Tel：+86-0519-8158-×××× Cell：+86 1390×××××× Fax：+86-519-8517-××××	7.For Delivery of Goods Apply to: SCHENKER CHINA LTD. RAFFLES CITY（OFFICE TOWER） FLOOR ××, NO. ××, XI ZANG ZHONG ROAD SHANGHAI 200001, P.R.CHINA

8. VESSEL/VOYAGE DONGJING VENUS　1502W	11. PLACE OF RECEIPT PUSAN, KOREA

9. PORT OF LOADING PUSAN, KOREA	10. PORT OF DIACHARGE SHANGHAI, CHINA	12.FINAL DESTINATION SHANGHAI, CHINA

13. Kind of packages； SEGU　213192-4 SEAL NO.：758114 N/M CFS/CY FREIGHT　COLLECT	description of goods；marks and Numbers；Container No./Seal No. 4 PALLETSSATD TO CONTATN: 4 PALLETS OF SOLAR WAPER H4 MULTI WAFER, H3　MULTI WAFER *INVOICE NO.：TRINEX-150106-002 *P.O NO.：TCZ-A1108-1411-CGC-480-1	14.Gross-weight（KG） 1374.00KGS	15.Measurement（CBM） 4.201

LADEN ON BOARD:
09.01.2015

资料七：到货通知

SCHENKER NKG 海运进口货物到货通知

编号：NKGOI150000111

致 Changzhou××Energy

日期：2015.1.13	装货港：BUSAN
船名航次：DONGJINVENUS/1502	提单号：KRPUS592050046
件数：4PLTS	毛重：1374 KGS
箱号：SEGU2131924	体积：4.201 CBM
请 1 月 13 日 10 时携带	换单费及其他费用__0__元

到付运费_____元

　　　　　　　□电放提单　　与此到货通知至下地址换单：

（换单请持已背书的正本提单，或如货物为电放，请在副本提单上加盖公章并附电放保函）

★请提前电话联系并务必提供编号以便查询。

　　　　地址：南京市中山南路商贸世纪广场
　　　　电话：025-8710×××× 传真：8710××××
　　　　换单时间：上午9：00至12：00，下午13：00至18：00.

（注：支票抬头请开"全球国际货运代理（中国）有限公司南京分公司"）

请务必于前提供中文品名并以书面形式传至我司。我司不承担由此产生的一切后果和责任。

三、填制前准备

（一）报关单填制前的单证收集与初核

在填制报关单前，报关人应收集所有涉及的报关单证，并审核报关单证的正确性、齐全性、有效性，确保申报信息一致，并符合电子申报要求。

任务一涉及的单证包括：采购合同、商业发票、装箱单、海运提单。

（二）了解申报商品、确定商品归类及管制证件

了解商品属性，保证申报要素齐全、归类正确，确定进出口货物贸易管制情况，若需要办理相关证件，应提前代办或协助进出口企业办理。

任务一中，根据《中华人民共和国海关进出口税则》分析多晶硅片申报要素，确定其商品归类及编码为38180090，无需办理其他相关进出口证件。

（三）询问进出口企业有无特殊要求，为下一步提供个性化服务做好准备

只有了解清楚进出口企业的特殊需求，才能做好服务。

四、查找报关单各栏目的填写信息

按照报关单上栏目设置，分类查找报关单各栏目的填写信息。具体有：查找与货物成交情况相关的信息；查找与运输和包装情况相关的信息；查找与海关管理相关的信息。通过查找报关单各栏目信息，确认对应信息是否齐全，为正式进行报关单填制做准备。

结合随附资料，提单、发票、装箱单等原始单证与进口货物报关单有关栏目的基本对应关系，报关单标有带圈数字的栏目内容，可以从随附的原始单证中标注对应带圈数字的内容中查找、填报。

资料一：报关单

中华人民共和国海关进口货物报关单

预录入编号：　　　　　　　　　　　　　　　　　　　　海关编号：

进口口岸 ①	备案号	进口日期	申报日期
经营单位 ②	运输方式 ③	运输工具名称 ④	提运单号 ⑤
收货单位 ⑥	贸易方式	征免性质	征税比例
许可证号	起运国（地区）⑦	装货港 ⑧	境内目的地
批准文号	成交方式 ⑨	运费	保费	杂费
合同协议号 ⑩	件数 ⑪	包装种类 ⑫	毛重（千克）⑬	净重（千克）⑭
集装箱号	随附单据		用途	

标记唛码及备注

项号	商品编号	商品名称、规格型号	数量及单位	原产国（地区）单价	总价	币制	征免
	⑮		⑯　⑰		⑱	⑲	
⑳							

税费征收情况

录入单位	兹声明以上申报无讹并承担法律责任	海关审单批注及放行日期（签章）	
	申报单位（签章）	审单	审价
		征税	统计
邮编　　　电话　　　填制日期		查验	放行

资料二：发票

COMMERCIAL INVOICE

1. Shipper/Exporter ×××CO.LTD 3RD FLOOR, WOONSAN BUILDING ×× NONHYUN-DONG，GANGNAM-GU，SEOUL， 135-813 KOREA TEL：8222046××××	8. No.&date of invoice TRINEX-150106-002 　　　　　　　　　　JAN. 06，2015
	9. No.&date of L/C

2. Consignee CHANGZHOU ×××CO.，LTD. ②⑥ NO. ×××TIAN HE ROAD，NEW DISTRICT，ELECRONICS PARK JIANGSU，CHANGZHOU，CHINA 213031 Tel：+86-0519-8158-×××× Cell：+86 1390×××××× Fax：+86-519-8517-×××	10. L/C issuing bank		
3. Notify party **SAME AS CONSINEE**	11.Remarks P.O NO.：TCZ-A 1108-1411-CG C-480-1 ⑩ T/T in advance		
4. Port of loading BUSAN PORT，KOREA ⑦⑧	5. Final destination CHINA PORT，CHINA		
6. Carrier DONGJING VENUS V. 1502W ③④	7. Sailing on or about JAN 06，2015		

12. Marks and numbers of PKGS	13. Description of Goods	14. Quantity/Unit	15. Unit price	16. Amount
				FOB BUSAN PORT，KOREA
	SOLAR WAFER	50，000PCS		
	H4 Multi Wafer ⑮	50，000PCS	@$.88	⑱
	H3 Multi Wafer		US$44，000	
			@$.86	⑱
			US$43，000	
	TOTAL：	100，000 PCS	US$87，000 ⑲ ⑳	

×××CO.LTD

17.Signed By _____

资料三：装箱单

PACKING LIST

1.Shipper/Exporter ×××CO.LTD 3RD FLOOR，WOONSAN BUILDING ×× NONHYUN-DONG，GANGNAM-GU，SEOUL， 135-813 KOREA TEL：8222046××××	8. No.&date of invoice TRINEX-150106-002　　　　JAN. 06，2015
	9.Remarks
2.Consignee CHANGZHOU ×××CO.，LTD. ②⑥ NO. ×××TIAN HE ROAD，NEW DISTRICT，ELECRONICS PARK CHANGZHOU，JIANGSU，213031，P.R.CHINA ATTN： M：	

续表

3. Notify party SAME AS CONSINEE			9. Remarks		
4. Port of loading BUSAN PORT，KOREA⑦⑧		5. Final destination CHINA PORT，CHINA			
6. Carrier DONGJING VENUS V. 1502W ③④		7. Sailing on or about JAN 06，2015			
10. Marks and numbers of PKGS	11. Description of Goods	12. Quantity	13. Net-weight	14. Gross-weight	15. Measurement

SOLAR WAFER
⑮

FOB BUSAN PORT，
⑨**KOREA**

10. Marks and numbers of PKGS	11. Description of Goods	12. Quantity	13. Net-weight	14. Gross-weight	15. Measurement
4 PALLET/100 CT BOXES. ⑪ ⑫ 1 Pallet CT NO 1~32 2 Pallet CT NO 33~50 3 Paliet CT NO 51~82 4 Pallet CT NO 83~100	6″SOLAR MULTI WAFER（H4） 6″SOLAR MULTI WAFER（H4）6″SOLAR MULTI WAFER（H3） 6″SOLAR MULTI WAFER（H3）	32，000PCS 18，000PCS 32，000PCS 18，000PCS	＜109 X 94 X 112Cm＞ ＜109 X 94 X 112Cm＞ ＜109 X 94 X 112Cm＞ ＜109 X 94 X 112Cm＞		
TOTAL：		100，000 1，100.00KGS⑭ ⑯	PCS ⑰	1，374.00KGS⑬ 4.590CBM	

×××CO.LTD

16.Signed By ＿＿＿＿＿＿＿＿＿＿＿＿

资料四：提运单

NON-NEGOTIABLE SEA WAYBILL

SCHENKERocean

For Combined Transport

NON-NEGOTIABLE SEA WAYBILL

1.Shipper/Exporter ×××CO.LTD 3RD FLOOR，WOONSAN BUILDING ×× NONHYUN-DONG，GANGNAM-GU，SEOUL， 135-813 KOREA TEL：8222046××××	4.Waybill No. ⑤ KRPUS5920500046　Express Bill of Lading
	5.Reference Nos.： REF： STT：
2.Consignee CHANGZHOU ×××CO.，LTD.②⑥ NO. ××× TIAN HE ROAD，NEW DISTRICT， ELECRONICS PARK JIANGSU，CHANGZHOU，CHINA 213031 ATTN：M：	6.SCHENKER KOREA LTD BUSAN BRANCH OFFICE 9TH FL，BUSAN POST OFFICE BLDG，KOREA PHONE：FAX： INFO.
3. Notify party Tel：+86-0519-8158-×××× Cell：+86 1390×××××× Fax：+86-519-8517-××××	7.For Delivery of Goods Apply to： SCHENKER CHINA LTD. RAFFLES CITY（OFFICE TOWER） FLOOR ××，NO. ××，XI ZANG ZHONG ROAD SHANGHAI 200001，P.R.CHINA

续表

8. VESSEL/VOYAGE DONGJING VENUS　1502W ③④		11. PLACE OF RECEIPT PUSAN, KOREA		
9. PORT OF LOADING PUSAN, KOREA⑦⑧	10. PORT OF DIACHARGE SHANGHAI, CHINA	12.FINAL DESTINATION SHANGHAI, CHINA ①		
13. Kind of packages；	description of goods；marks and Numbers；Container No./Seal No.		14.Gross-weight （KG）	15.Measurement （CBM）
SEGU　213192-4 SEAL NO.：758114 N/M CFS/CY FREIGHT COLLECT	4 PALLETSSATD TO CONTATN：⑪ ⑫ 4 PALLETS OF SOLAR WAPER ⑮ H4 MULTI WAFER, H3　MULTI WAFER *INVOICE NO.：TRINEX-150106-002 *P.O NO.：TCZ-A1108-1411-CGC-480-1 ⑩		1374.00KGS　　⑬ LADEN ON BOARD： 09.01.2015	4.201

五、根据查找信息核实申报内容

报关单各栏目信息查找完毕后，根据报关单与随附单证的对应关系，确认主要报关内容的一致性及合理性。通过审核报关随附单证，准确填制报关单贸易方式、征免性质等栏目；核实确认贸易管制情况，确认所需的许可证件；通过审核发票所表述的有关销售方式、支付条件、折扣、单价、总价、计量单位、包装费用、国际运输费用、保险费用、其他费用，以及卖方、托运人或其代理人有关成交价格的说明来确定进出口货物完税价格等。

六、填制报关单草单

核查确认发票、装箱单、提运单中与报关单栏目相对应信息之后，按照《报关单填制规范》要求，在纸质报关单上逐个栏目填写申报内容。

注意：本教材关于报关单草单填制要求与实际工作中草单填制操作可能会有所不同，教材要求草单填制时一般均需填写规范的中文名称与代码，例如，一般贸易（（0110）格式填写，而在实际工作中操作环节，多数草单仅填写为"0110"。出于教学目的，本教材相关栏目应填写规范的中文名称与代码。

任务一报关单草单填制分步解析如下。

（一）进口口岸

（1）填制结果：外港海关（2225）。

（2）简要说明：根据资料四提运单上的显示，目的港为"SHANGHAI"，结合资料一文字所述，故应填制货物进境地海关为外港海关，其代码为"2225"，此处注意不要填制为"上海海关"。

（二）备案号

（1）填制结果：备案号为空。

（2）简要说明：根据资料一提供的信息，经过和货主确认，申报的贸易方式为一般贸易，没有相关备案号，故此栏为空。

（三）进口日期

（1）填制结果：20150113。

（2）简要说明：根据资料一提供的信息，装载该批货物的运输工具于 2015 年 1 月 13 日申报进境，进口日期应填报运载进口货物的运输工具申报进境的日期，本栏目为 8 位字符，故应申报为"20150113"。

（四）申报日期

进口货物报关单，此栏无须人工填制，海关接受申报后系统自动填制。

（五）经营单位

（1）填制结果：常州×××光能有限公司（320494××××）。

（2）简要说明：根据资料一及委托人提供的相关企业信息，本栏日应填制经营单位名称及海关注册编码。

（六）收货单位

（1）填制结果：常州×××光能有限公司（320494××××）。

（2）简要说明：根据资料一和资料五提供的信息，经营单位和收货单位应为同一公司，没有委托代理情况，经营单位与收货单位填制内容一致。

（七）运输方式

（1）填制结果：水路运输（2）。

（2）简要说明：根据资料四信息显示，此为船务公司海运提单，并且有船名、起运港、目的港等信息，运输工具应为海运班轮，因此运输方式应为水路运输，其代码为"2"。

（八）运输工具名称

（1）填制结果：DONGJING VENUS/V. 1502W。

（2）简要说明：根据资料四信息显示，载运货物进境的运输工具名称及航次号在提单上有明确列明。按照填制规定，在纸质报关单上，"运输工具名称"与"航次号"合并填报在"运输工具名称"栏目中。填制时需注意，填报内容应与运输部门向海关申报的舱单（载货清单）内容一致。

（九）提运单号

（1）填制结果：KRPUS5920500046。

（2）简要说明：根据资料四信息显示，进境货物的提单号在提单中有明确列明。

（十）贸易方式

（1）填制结果：一般贸易（0110）。

（2）简要说明：根据资料一显示，进口货物为自行购进且未办理相关减免税手续，申报贸易方式应填写"一般贸易"，其代码为"0110"。

（十一）征免性质

（1）填制结果：一般征税（101）。

（2）简要说明：根据资料一显示及"贸易方式"栏填制内容，对应的征免性质应为"一般征税"，其代码为"101"。

（十二）征税比例

本栏无须填报。

（十三）许可证号

（1）填制结果：许可证号应为空。

（2）简要说明：根据进口商品的属性和归类后的商品编码查询，申报商品不涉及进口许可证管理。

（十四）起运国（地区）

（1）填制结果：韩国（133）。

（2）简要说明：根据资料二和资料四显示，进口货物从韩国的"PUSAN"港起始发出直接运抵我国的上海，起运国应填制为"韩国"，其代码为"133"。

（十五）装货港

（1）填制结果：釜山（1480）。

（2）简要说明：根据资料二和资料四的显示，韩国的"PUSAN"为进口货物在运抵我国关境前的最后一个境外装运港，本栏目应该填制中文名称"釜山"，其代码为"1480"。

（十六）境内目的地

（1）填制结果：常州其他（32049）。

（2）简要说明：本栏目应根据进口货物的收货单位所属国内地区，按"国内地区代码表"选择国内地区名称或代码填报。在报关单录入时，录入系统将经营单位的代码前 5 位默认为境内目的地，但需注意，申报前应向企业了解货物的最终去向，并根据最终流向确定本栏目填制内容，不能以默认信息为准。

（十七）批准文号

进口货物报关单中本栏目免于填报。

（十八）成交方式

（1）填制结果：FOB（3）。

（2）简要说明：根据资料二和资料五的显示，进口货物实际成交价格条款为 FOB，其代码为"3"。

（十九）运费

（1）填制结果：502/612.96/3。

（2）简要说明：该货物实际成交价格条款为 FOB，需要填写运费，运费为总价，填写格式为 502/612.96/3。

（二十）保费

（1）填制结果：502/0.3/1。

（2）简要说明：该货物实际成交价格条款为 FOB，需要填写保险费，保险费率为 0.3%，填写格式为 502/0.3/1。

（二十一）杂费

（1）填制结果：杂费栏为空。

（2）简要说明：根据资料二和资料五的显示，没有发生成交价格以外的，按照《中华人民共和国海关审定进出口货物完税价格办法》的相关规定应计入完税价格或应从完税价格中扣除的费用，本栏目应为空。

（二十二）合同协议号

（1）填制结果：TCZ-A 1108-1411-CG C-480-1。

（2）简要说明：根据资料五合同提供的信息显示，销售合同的号码为"TCZ-A 1108-1411-CG C-480-1"，应将全部号码填入本栏目。

（二十三）件数

（1）填制结果：4。

（2）简要说明：根据资料二及资料三，提单及装箱单件数栏显示货物装在 4 个托盘内，件数应填制为"4"。

（二十四）包装种类

（1）填制结果：托盘。

（2）简要说明：根据装箱单的显示，并通过和货主确认，进出口货物的实际外包装种类为托盘。

（二十五）毛重

（1）填制结果：1374。

（2）简要说明：根据装箱单和提单，在提单重量栏及装箱单毛重栏显示，进口货物及其包装材料的重量之和为 1374 千克，即毛重应填制为"1374"。

（二十六）净重

（1）填制结果：1100。

（2）简要说明：根据提供的装箱单，在净重栏显示的毛重减去外包装后的净重为 1100 千克，即净重应填制为"1100"。

（二十七）集装箱号

（1）填制结果：0。

（2）简要说明：非集装箱运输，填 0。按照规定，本栏目应按集装箱号+"/"+规格"/"+自重格式填报。若集装箱的自重在提货单上没有显示，可以忽略不填。

（二十八）随附单证

（1）填制结果：免填。

（2）简要说明：无随附单证。

（二十九）用途

（1）填制结果：企业自用（04）。

（2）简要说明：根据资料所示，此批货物用于企业的工业生产，其用途按海关规定的

"用途代码表"，应填制"企业自用"，其代码为"04"。

（三十）标记唛码及备注

（1）填制结果：标记唛码及备注栏为空。

（2）简要说明：申报此批一般贸易货物的过程中，没有相关事项需录入本栏目中。实际操作中，如有需要，可进行录入。

（三十一）项号

（1）填制结果："1"。

（2）简要说明：根据货主提供的发票，商品只有1项，此处应填制为"1"。

（三十二）商品编号

（1）填制结果：38180090。

（2）简要说明：按照归类总规则，结合具体商品的属性，通过《中华人民共和国进出口税则》确定的该货物的8位税则号列为38180090。

（三十三）商品名称、规格型号

（1）填制结果：商品名称栏填制为"多晶硅片"。

规格型号栏填制为"用于制造太阳能电池片，片状，硅＞99.99%，切片"。

（2）简要说明：本栏目分两行填报，根据资料一及货主提供的申报要素信息，按照《规范申报目录》进行填制，第　行填报货物规范的中文商品名称，第二行填报规格型号。

以上内容需按照顺序逐项填写。在实际操作过程中，如果申报信息字符过多，可将本栏目无法填写的内容填制在备注栏中。

（三十四）数量及单位

（1）填制结果：1100.00000千克；100000.00000片。

（2）简要说明：本栏目分2行填报，分别为第一行法定第一计量单位；第二行法定第二计量单位。

该货物的法定第一、第二计量单位分别为千克及片。故第一行的数量及单位填制为"1100.00000千克"，第二行的数量及单位为"100000.00000片"。

（三十五）原产国（地区）

（1）填制结果：韩国（133）。

（2）简要说明：根据合同的显示，货物的原产国为韩国，此处应填制为韩国，其代码为"133"。

（三十六）单价

（1）填制结果：0.87。

（2）简要说明：根据提供的发票显示，平均单价为"0.87"。在实际填制过程中一般不需填制，只需填制数量和总价，系统会自动生成单价。

（三十七）总价

（1）填制结果：87000.00。

（2）简要说明：根据提供的发票，总价栏内数值为"87000.00"，即货物商品总价格。

（三十八）币制

（1）填制结果：美元（502）。

（2）简要说明：根据提供的发票和合同信息，实际成交币种为美元，按照规定应填制为"美元"，其代码为"502"。

（三十九）征免性质

（1）填制结果：照章征税（1）。

（2）简要说明：根据申报商品"贸易方式"栏及"征免性质"栏填制内容，根据报关单栏目填制逻辑对应关系，此栏应为"照章征税"，其代码为"1"。

（四十）申报单位

（1）填制结果：江苏飞力达国际物流股份有限公司（210398××××）。

（2）简要说明：根据资料一，此票货物由常州×××光能有限公司委托江苏飞力达国际物流股份有限公司代理报关，因此本栏自应填报经海关批准的代理报关企业名称及海关注册编码。

填制完成的报关单草单如下。

中华人民共和国海关进口货物报关单

预录入编号：　　　　　　　　　　　　　海关编号：222520151250075627

进口口岸 外港海关（2225）	备案号	进口日期 20150509	申报日期
经营单位 常州××光能有限公司 （320494××××）	运输方式 水路运输（2）	运输工具名称 DONGJING VENUS/1502W	提运单号 KRPUS5920500046
收货单位 常州××光能有限公司 （320494××××）	贸易方式 一般贸易（0110）	征免性质 一般征税（101）	征税比例
许可证号	起运国（地区） 韩国（133）	装货港 釜山（1480）	境内目的地 常州其他（32049）

续表

进口口岸 外港海关（2225）	备案号	进口日期 20150509		申报日期
批准文号	成交方式 FOB（3）	运费 502/612.96/3	保费 502/0.3/1	杂费
合同协议号 TCZ-A 1108-1411-CG C-480-1	件数 4	包装种类 托盘	毛重（公斤） 1 374	净重（公斤） 1 100
集装箱号 0	随附单据			用途 外贸自营内销（01）

标记唛码及备注

项号	商品编码	商品名称、规格型号	数量及单位	原产国（地区）单价	总价	币制	征免
01	38180090	多晶硅片 用于制造太阳能电池片 片状，硅>99.99%切片	1 100.00000 千克 100 000.000 00 片	韩国（133）0.87	87000.00	USD	照章征税

税费征收情况			
录入员 录入单位	兹声明以上申报无讹并承担法律责任	海关审单批注放行日期（签章）	
		审单	审价
报关员 单位地址	申报单位 上海飞力达国际物流有限公司	征税	统计
邮编 电话	填制日期	查验	放行

第二节 QP系统申报操作流程

根据任务一填制完成的报关单草单，结合江苏飞力达国际物流股份有限公司手头持有的发票、装箱单、提单等随附单证，将信息录入快速通关系统，打印电子报关单核对单。

一、QP系统登录

（1）单击"电子口岸预录入客户端"图标，打开"中国电子口岸客户端——通关系统"界面，如图6-2-1所示。

图 6-2-1　"中国电子口岸客户端——通关系统"首页界面

（2）将企业操作员卡插入电子口岸专用读卡器，输入密码，单击"确认"按钮，登录系统。在功能菜单列表中，选择"报关申报"按钮，双击进入"报关单录入/申报"界面，如图 6-2-2 所示。

图 6-2-2　"报关单录入/申报"选择界面

二、报关单电子数据预录入

1. 申报地海关

按照实际申报的进口现场海关，录入代码"2225"或"外港海关"，回车，系统显示为"外港海关"，如图 6-2-3 所示。

注：该栏目内置了"关区代码表"，只需录入相应海关名称关键字或部分代码数字，即可从下拉菜单中选择相应的海关。以下所有内置了数据库的栏目，均可同此操作。

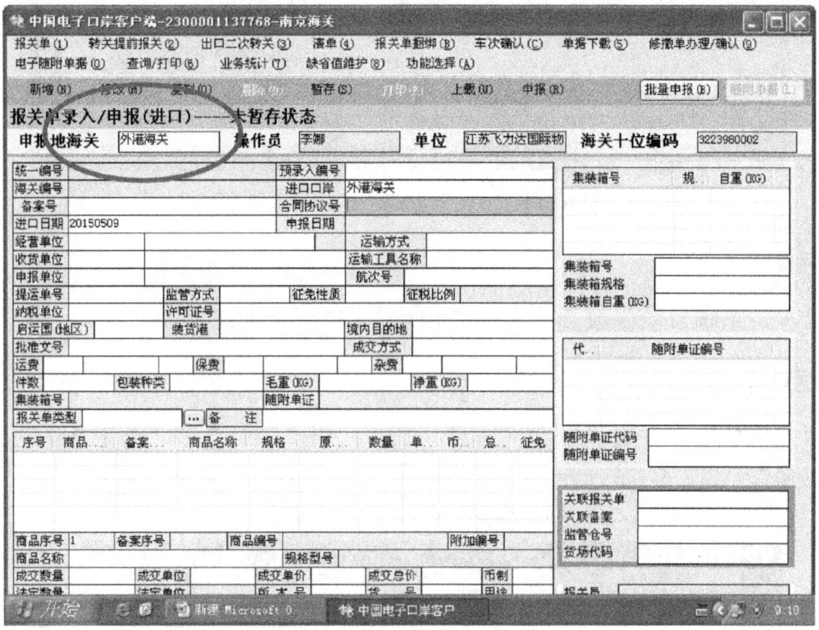

图 6-2-3　"申报地海关"栏录入界面

2. 操作员、单位、海关 10 位编码

无须录入，系统已从企业操作员卡信息中自动读取。

3. 统一编号

无须录入，系统自动生成。

4. 预录入编号

根据报关单草单表头的"海关编号"，录入"2225201511250075627"，如图 6-2-4 所示。

注：该栏目实质上录入的是"海关编号"，即海关为每一份报关单预先编好的唯一条形码号。

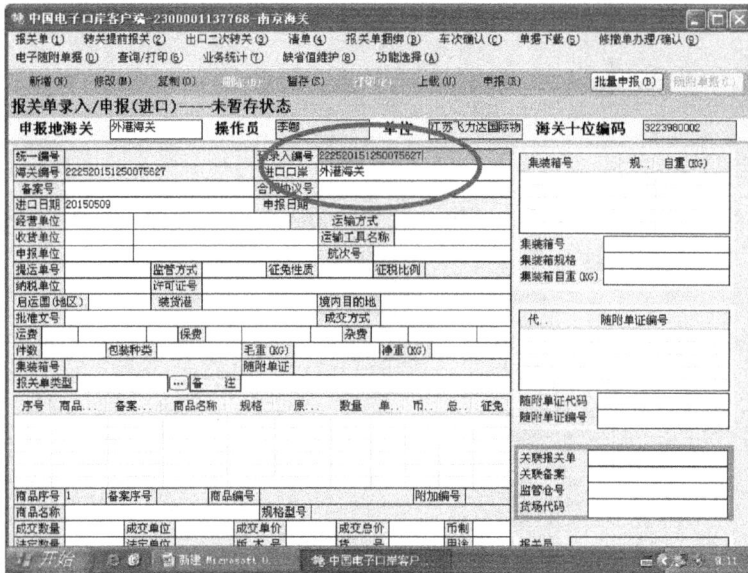

图 6-2-4　"预录入编号"栏录入界面

5. 海关编号

无须录入，系统自动生成，与上述"预录入编号"一致。

6. 进境口岸

根据报关单草单"进境口岸"栏信息，录入代码"2225"或"外港海关"，系统显示为"外港海关"，如图 6-2-5 所示。

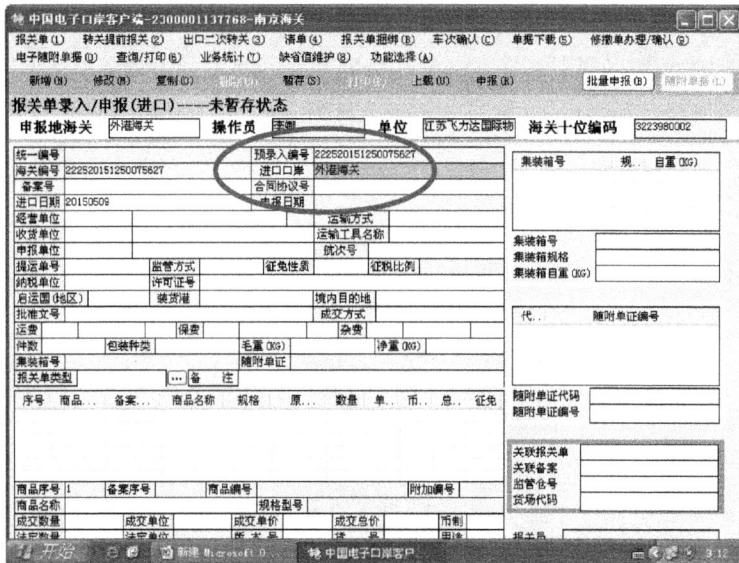

图 6-2-5　"进境口岸"栏录入界面

7. 备案号

报关单草单"备案号"栏无。

8. 合同协议号

此栏位，一般不需录入内容。真正的合同协议号，一般录入在"标记唛码及备注"栏位。

9. 进口日期、申报日期

"进口日期"系统根据录入时间自动带出，"申报日期"系统自动抓取数据提交海关申报的日期，如图 6-2-6 所示。

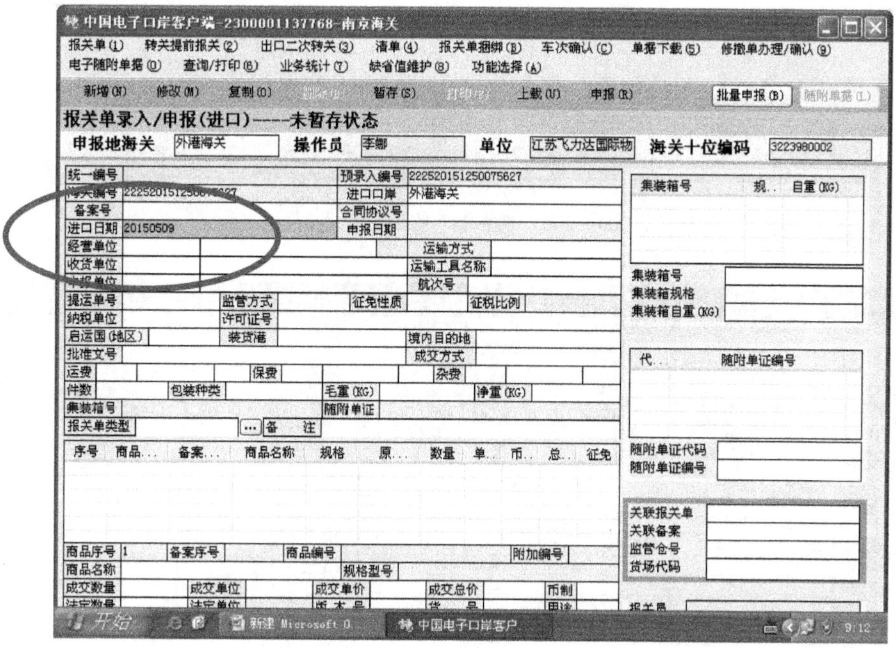

图 6-2-6　"进口日期"栏录入界面

10. 经营单位

录入代码"320494××××"或"常州×××光能有限公司"，如图 6-2-7 所示。

11. 运输方式

根据报关单草单"运输方式"栏，录入运输代码"2"或"水路运输"，回车，系统显示为"水路运输"，如图 6-2-8 所示。

注：该栏目内置了"运输方式代码表"。

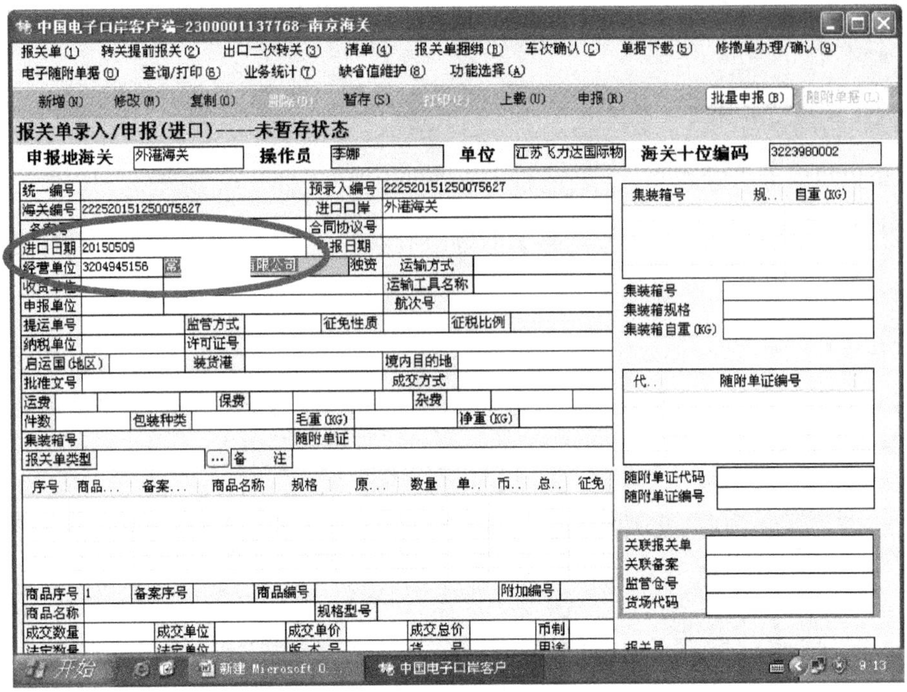

图 6-2-7　"经营单位"栏录入界面

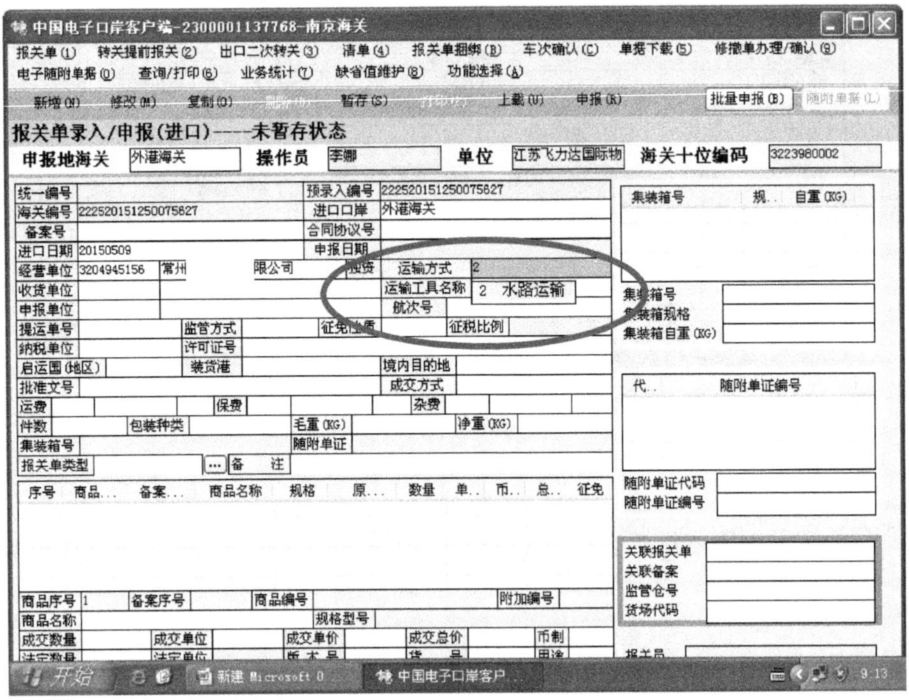

图 6-2-8　"运输方式"栏录入界面

12. 收货单位

录入"经营单位"后，系统也会自动带出"收货单位"的信息，如图 6-2-9 所示。

注：收货单位如与经营单位相同，在左侧栏录入"S1"，系统自动显示与"经营单位"栏相同的企业代码及名称。企业如无海关备案编码，填写组织机构代码；如海关备案编码及组织机构代码均无，填写"NO"。出口货物报关单此栏为"发货单位"，录入规范同此。

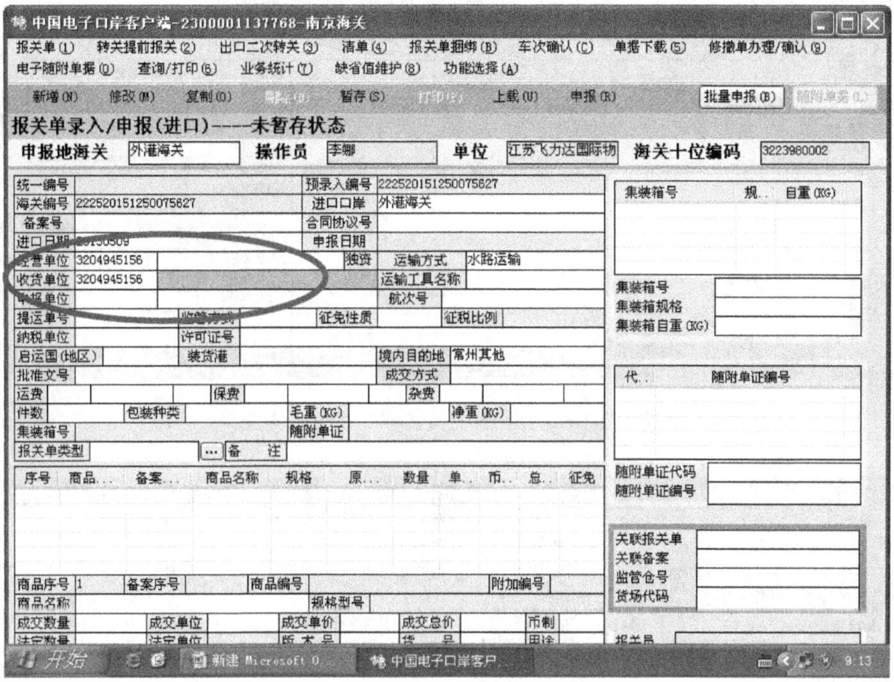

图 6-2-9　"收货单位"栏录入界面

13. 运输工具名称

根据报关单草单"运输工具名称"栏，录入斜杠左侧的"DONGJING VENUS"，如图 6-2-10 所示。

注：运输工具名称为英文时，无须译成中文，且录入时单词之间无须空格。EDI 系统录入时，则须保留单词之间的空格。

14. 申报单位

在左侧栏录入报关单位 10 位编码"3122480037"，回车，系统自动在右侧栏显示"上海飞力达国际物流股份有限公司"，如图 6-2-11 所示。

注：申报单位如与收货单位相同，在左侧栏录入"S2"，系统自动显示与"收货单位"栏相同的企业代码及名称。

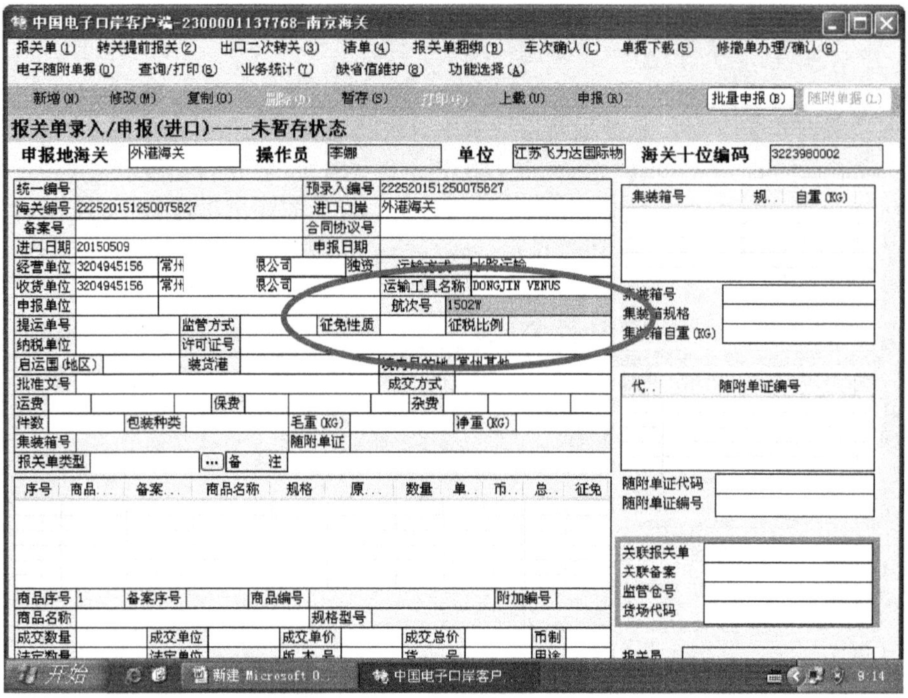

图 6-2-10　"运输工具名称"栏录入界面

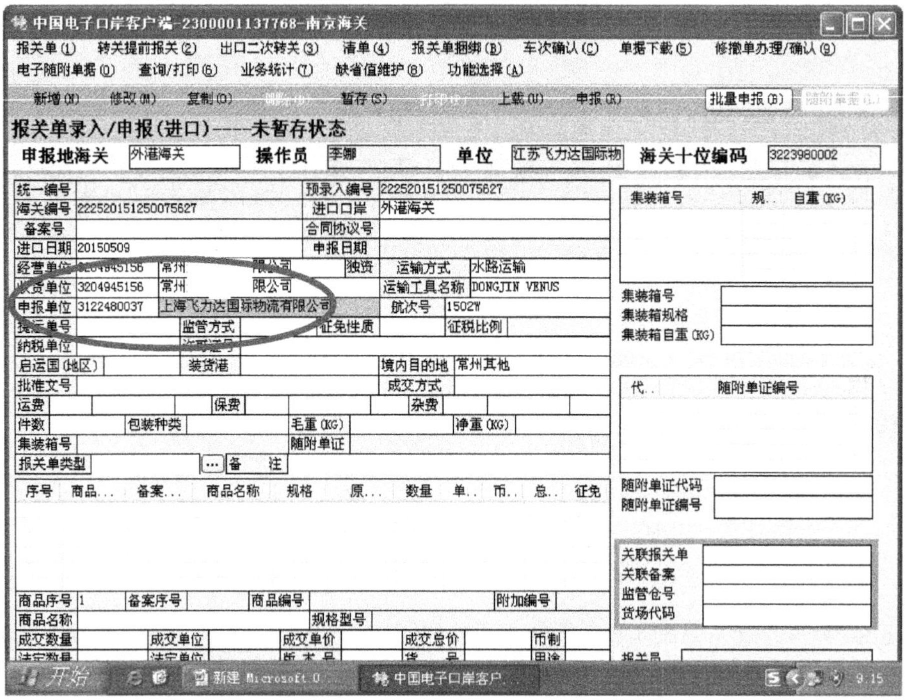

图 6-2-11　"申报单位"栏录入界面

15. 航次号

根据报关单草单"运输工具名称"栏，录入"1502W"，如图 6-2-12 所示。

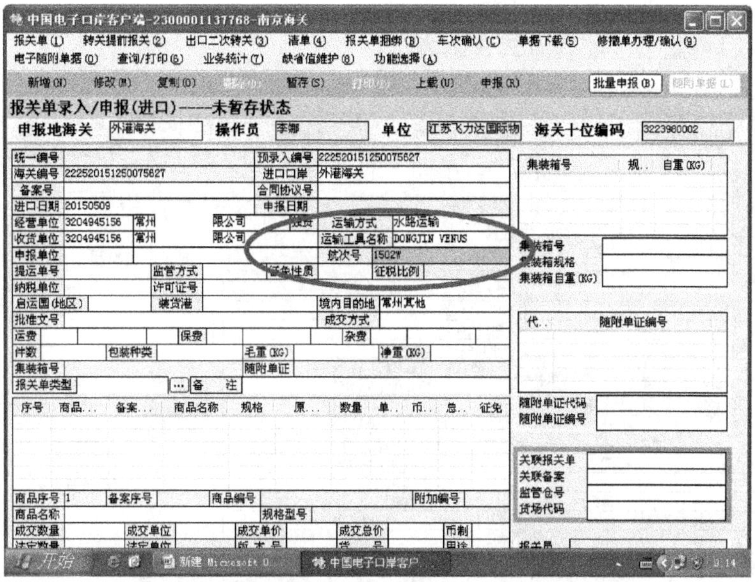

图 6-2-12　"航次号"栏录入界面

16. 提运单号

根据报关单草单"提运单号"栏，录入"KRPUS5920500046"，如图 6-2-13 所示。

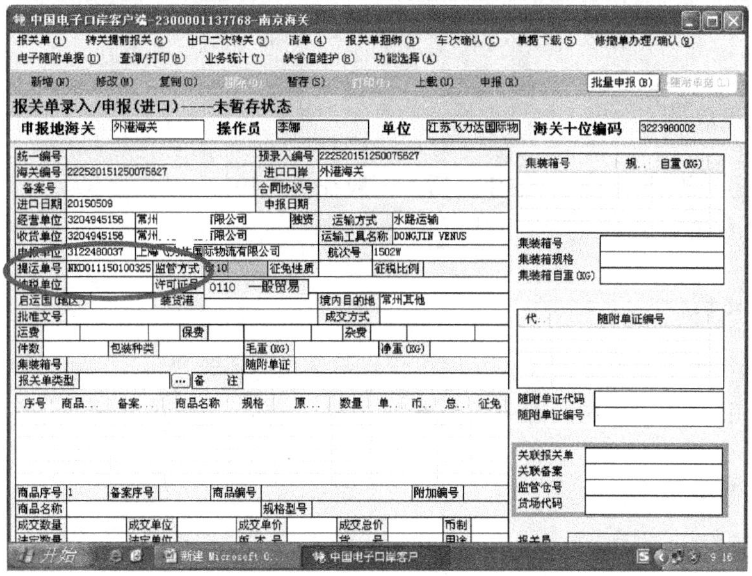

图 6-2-13　"提运单号"栏录入界面

17. 贸易方式

根据报关单草单"贸易方式"栏，录入代码"0110"或"一般贸易"，回车，系统显示为"一般贸易"，如图 6-2-14 所示。

注：该栏目内置了"监管方式代码表"。

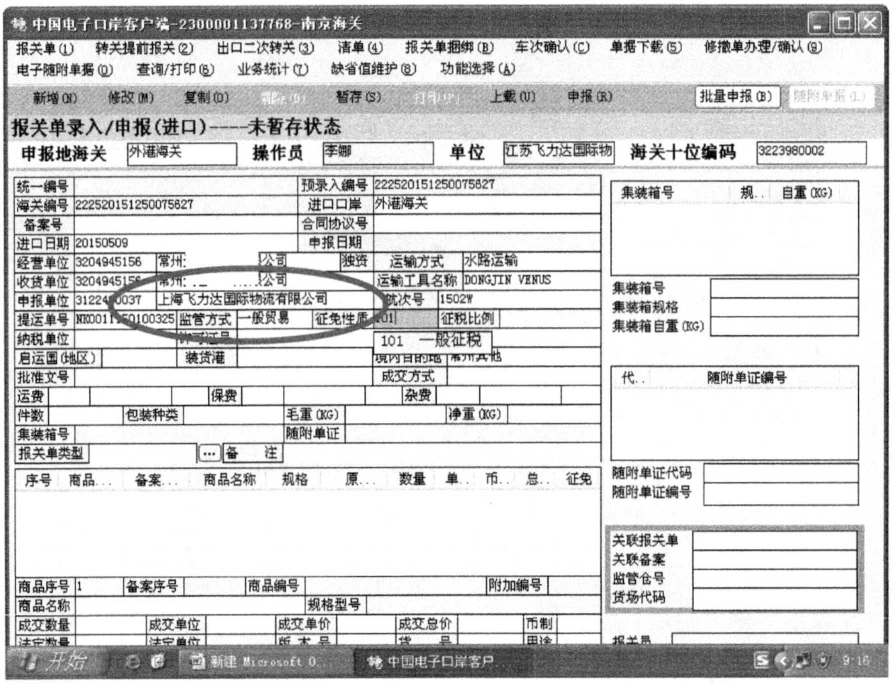

图 6-2-14　"贸易方式"栏录入界面

18. 征免性质

"一般贸易"的贸易方式，征免性质为一般征税（101）。

注：该栏目内置了"征免性质代码表"。

19. 征税比例

进口货物报关单此栏无须录入，出口货物报关单此栏为"结汇方式"。

注：该栏目内置了"结汇方式代码表"。

20. 纳税单位

通常情况下，纳税义务人为经营单位，本案例同此，故录入代号"1"或"经营单位"，回车，系统显示为"经营单位"。

注：该栏目内置了下拉菜单，内容如下。

代号	单位类别
1	经营单位
2	发货单位
3	申报单位

实际工作中，该栏目应据实录入。EDI 系统未设该栏目。

21. 许可证号

报关单草单"许可证号"栏为空，故无须录入。

22. 启运国（地区）

根据报关单草单"启运国（地区）"栏，录入代码"133"或"韩国"，回车，系统显示为"韩国"，如图 6-2-15 所示。

注：该栏目内置了"国别（地区）代码表"。出口货物报关单此栏为"运抵国（地区）"，录入规范同此。

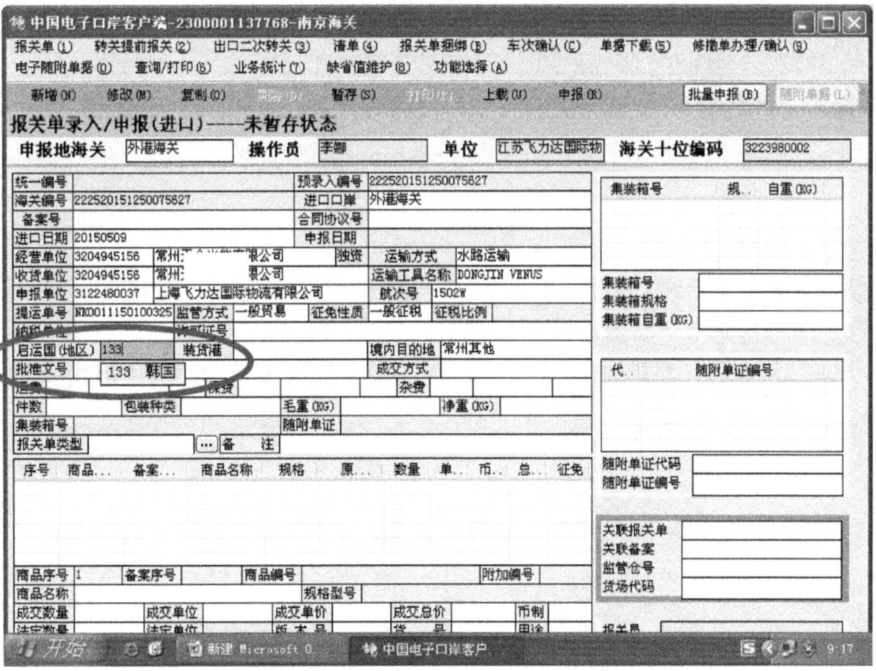

图 6-2-15　"启运国（地区）"栏录入界面

23. 装货港

根据报关单草单"装货港"栏,录入代码"1480"或"釜山",回车,系统显示为"釜山", 如图 6-2-16 所示。

注:该栏目内置了"港口代码表"。出口货物报关单此栏为"指运港",录入规范同此。

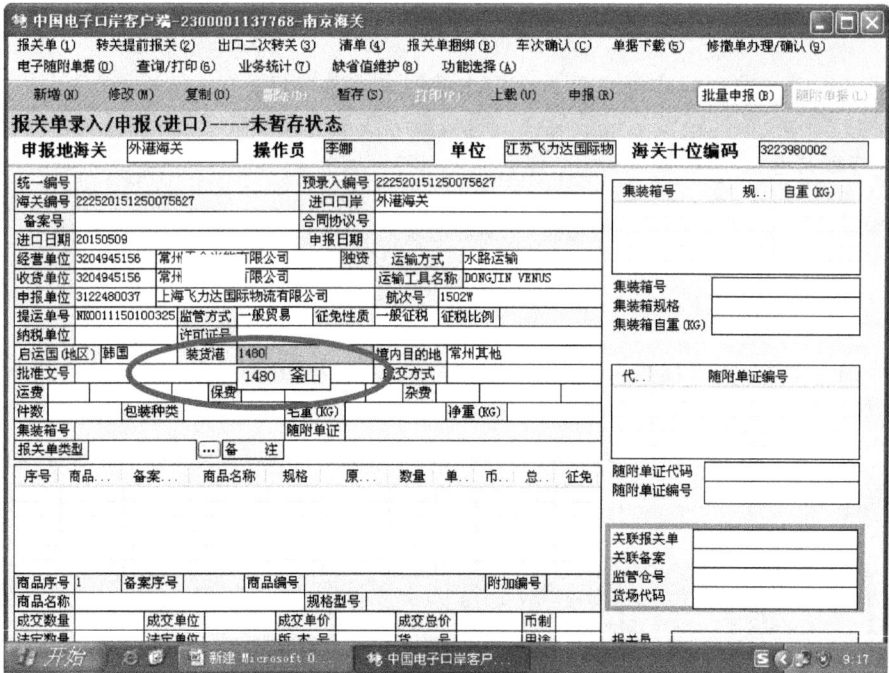

图 6-2-16 "装货港"栏录入界面

24. 境内目的地

根据报关单草单"境内目的地"栏,录入代码"32049"或"常州其他",回车,系统显示为"常州其他", 如图 6-2-17 所示。

注:该栏目内置了"国内地区代码表"。出口货物报关单此栏为"境内货源地",录入规范同此。

25. 批准文号

报关单草单"批准文号"栏为空,故无须录入。

26. 成交方式

根据报关单草单"成交方式"栏,录入代码"3"或"FOB",回车,系统显示为"FOB", 如图 6-2-18 所示。

注:该栏目内置了"成交方式代码表"。

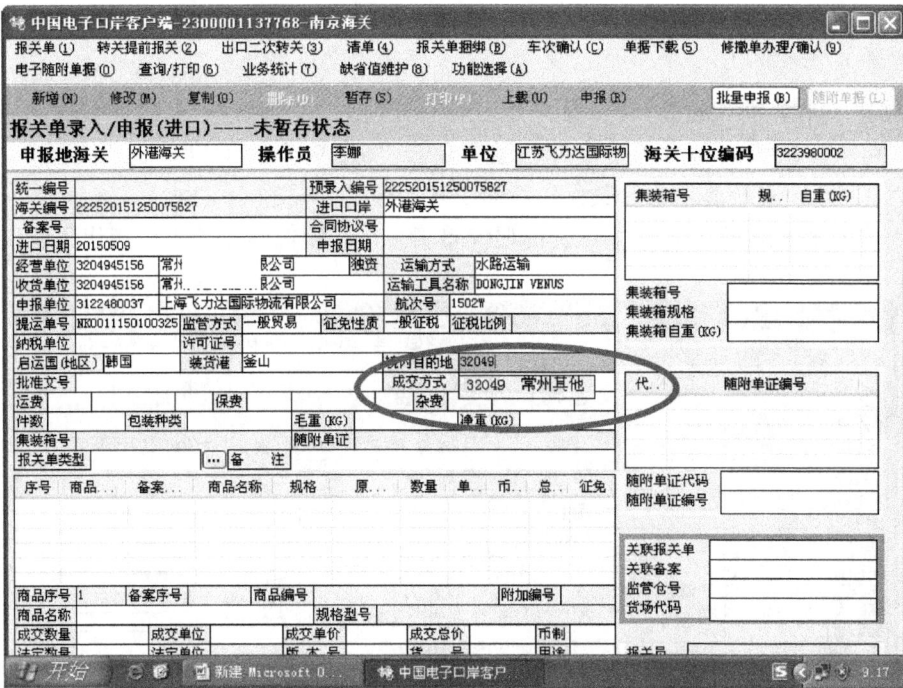

图 6-2-17 "境内目的地"栏录入界面

图 6-2-18 "成交方式"栏录入界面

27. 运费

根据报关单草单"运费"栏，依序从左到右分别录入：运费标记名称"总价"或代码"3"，回车，系统显示为"总价"；运费金额"612.96"；运费币制"美元"或代码"502"，回车，系统显示为"美元"，如图6-2-19所示。

注：该栏目左侧栏内置了"运费标记代码表"，右侧栏内置了"币制代码表"。

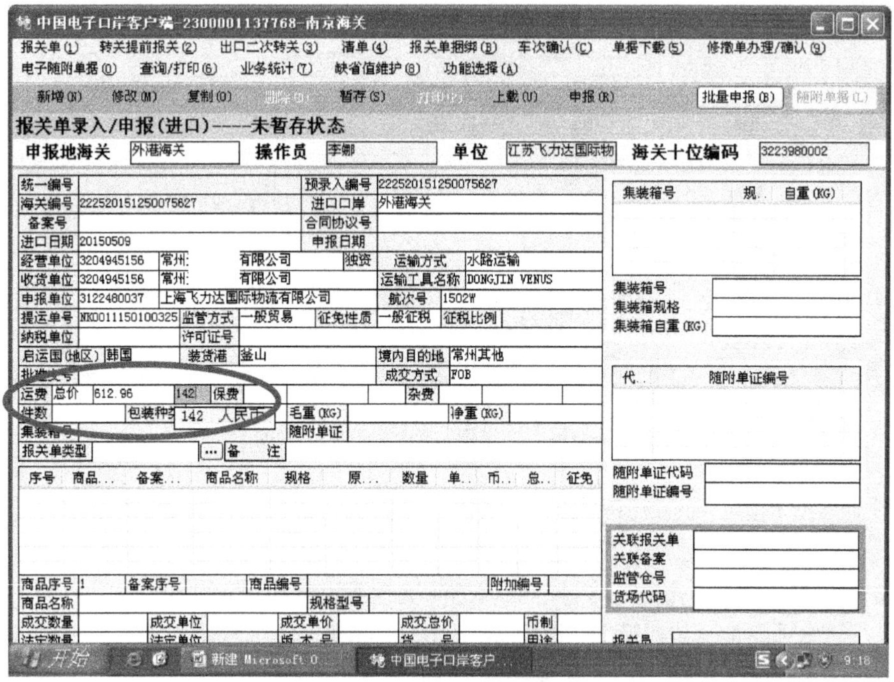

图6-2-19 "运费"栏录入界面

28. 保费

根据报关单草单"保费"栏，依序从左到右分别录入：保费标记名称"率"或代码"1"，回车，系统显示为"率"；保费率为"0.3"，如图6-2-20所示。

注：该栏目左侧栏内置了"保费标记代码表"，右侧栏内置了"币制代码表"。

29. 杂费

报关单草单"杂费"栏为空，故无需录入。
注：该栏目录入规范同"运费"栏。

30. 件数

根据报关单草单"件数"栏，录入"4"，如图6-2-21所示。

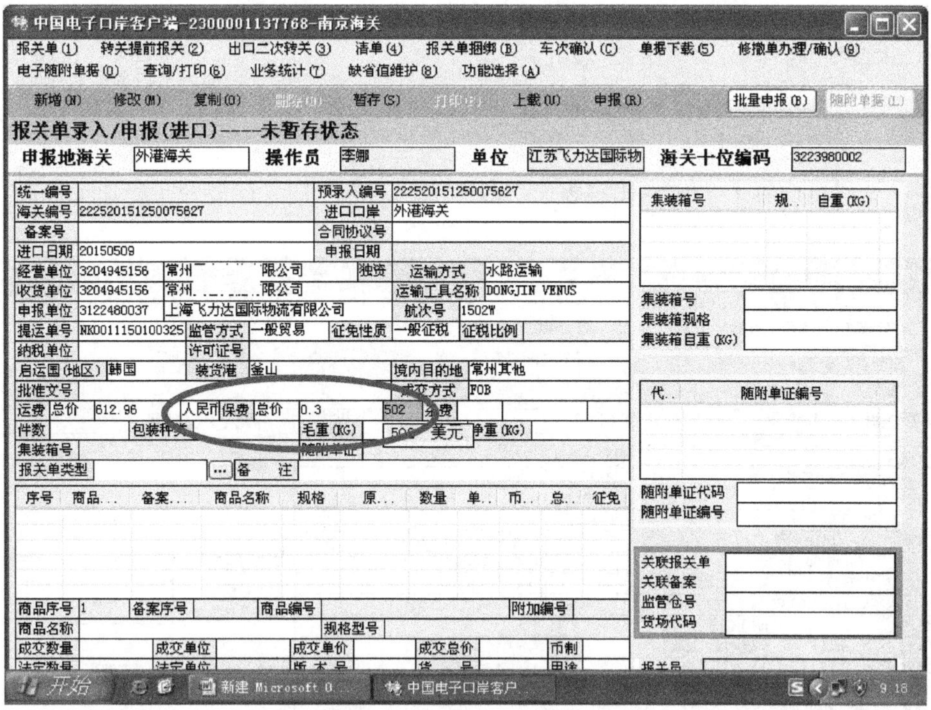

图 6-2-20　"保费"栏录入界面

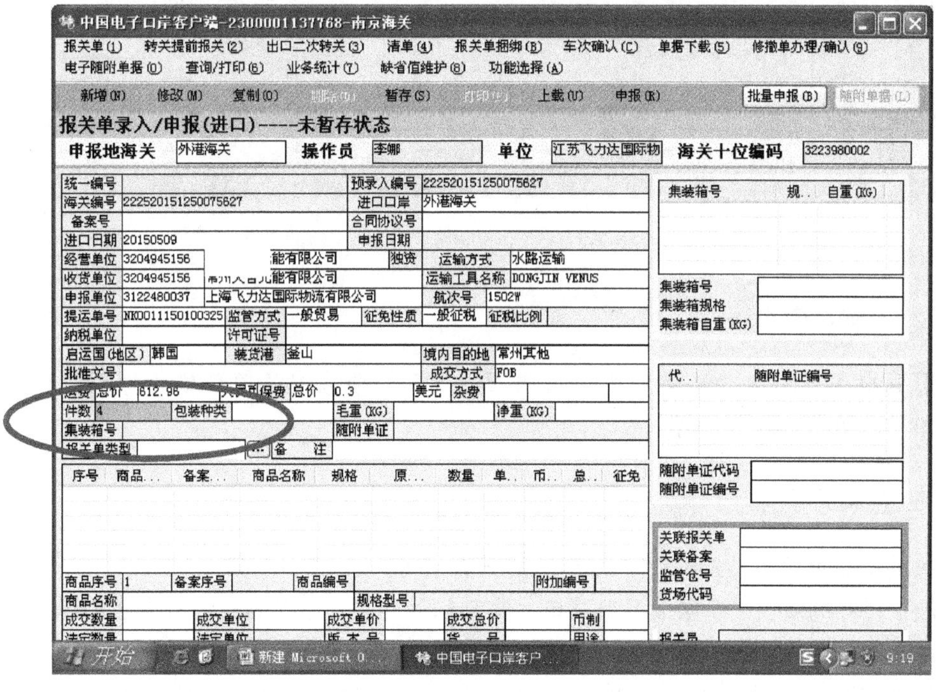

图 6-2-21　"件数"栏录入界面

31. 包装种类

根据报关单草单"包装种类"栏，录入代码"5"或"托盘"，回车，系统显示为"托盘"，如图 6-2-22 所示。

注：该栏目内置了"包装代码表"。

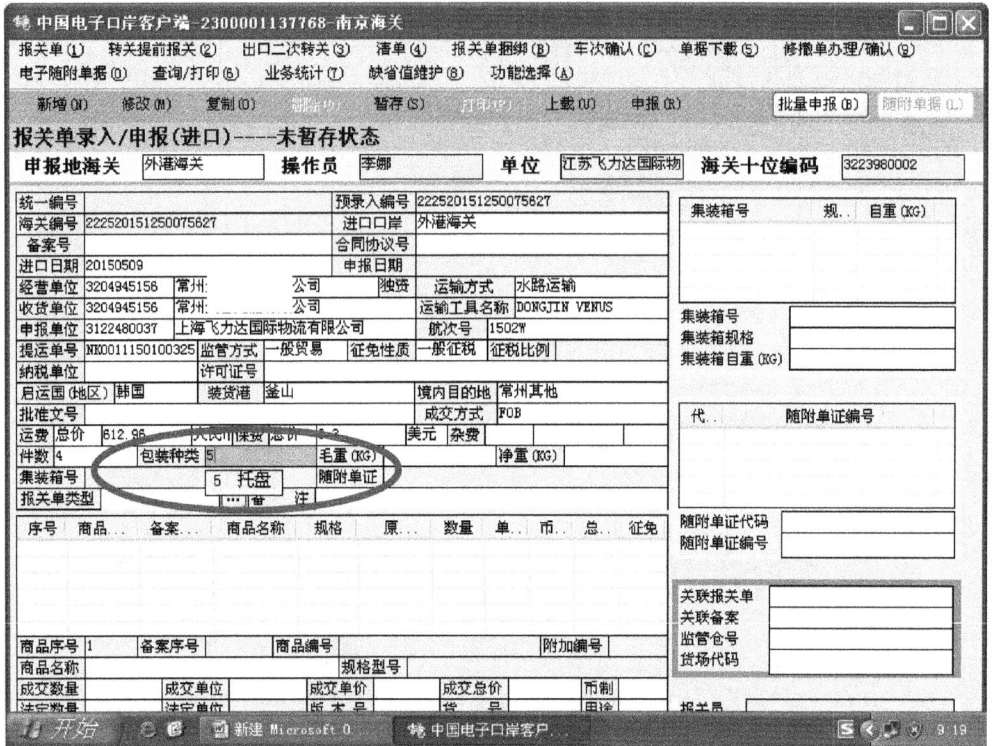

图 6-2-22　"包装种类"栏录入界面

32. 毛重、净重

根据报关单草单"毛重"栏，录入"1374"。根据报关单草单"净重"栏，录入"1100"，如图 6-2-23 所示。

33. 集装箱号

报关单草单"集装箱号"栏为空，故无需录入。

注：若有集装箱，根据报关单草单"集装箱号"栏，在界面右上方集装箱信息录入区域，从上到下分别录入：集装箱号、集装箱规格代号、集装箱自重。如有多个集装箱号，则重复上述操作。20 英尺（1 英尺=3.048×10^{-1}m）集装箱规格代号为"S"，40 英尺集装箱代号为"L"；EDI 系统中，20 英尺集装箱代号为"1"，40 英尺集装箱代号为"2"。

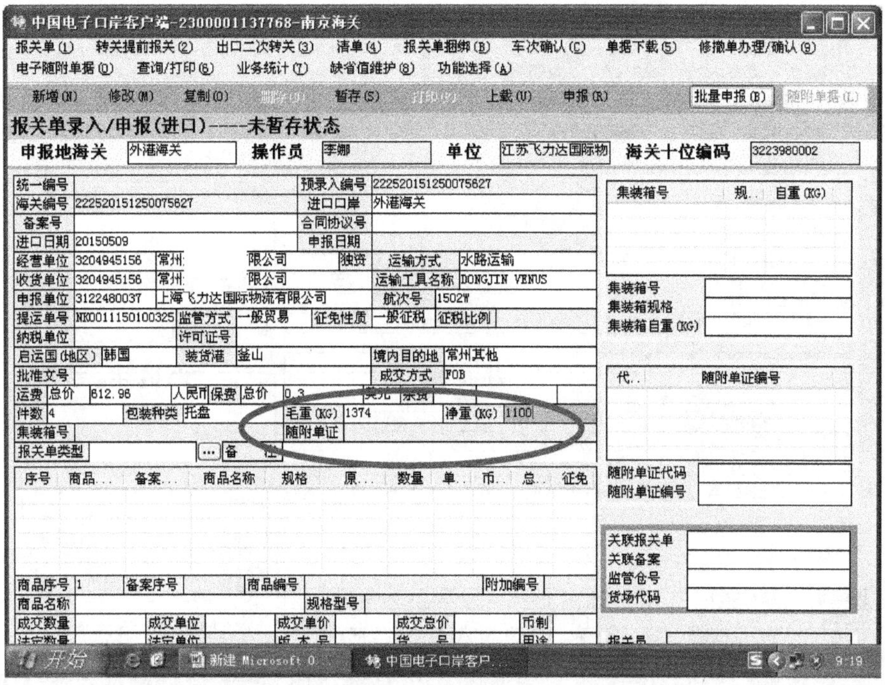

图 6-2-23 "毛重"、"净重"栏录入界面

一般情况下，20 英尺集装箱自重为"2300"千克，40 英尺集装箱自重为"4600"千克；如不知集装箱自重数据，可以跳过或录入数字"0"。

34. 随附单证

报关单草单此栏为空，故无须录入。

注："随附单证"须在界面右侧中间随附单证信息录入区域录入，依序录入"随附单证代码""随附单证编号"后，回车，随附单证信息自动保存至上方表格中，同时在表体"随附单证"栏中显示所有单证代码。如有多个随附单证，则重复上述操作。

35. 报关单类型

根据导引案例的文字描述，录入代号"M"或"通关无纸化"，回车，系统显示为"通关无纸化"，如图 6-2-24 所示。

注：该栏目有两种报关单类型供选择：有纸报关（代号"O"）；通关无纸化（代号"M"）。EDI 系统无此栏目。

36. 备注

此栏位一般填写内容为：委托书号、合同协议号或者收货单位指定录入的其他内容。如图 6-2-25 所示。

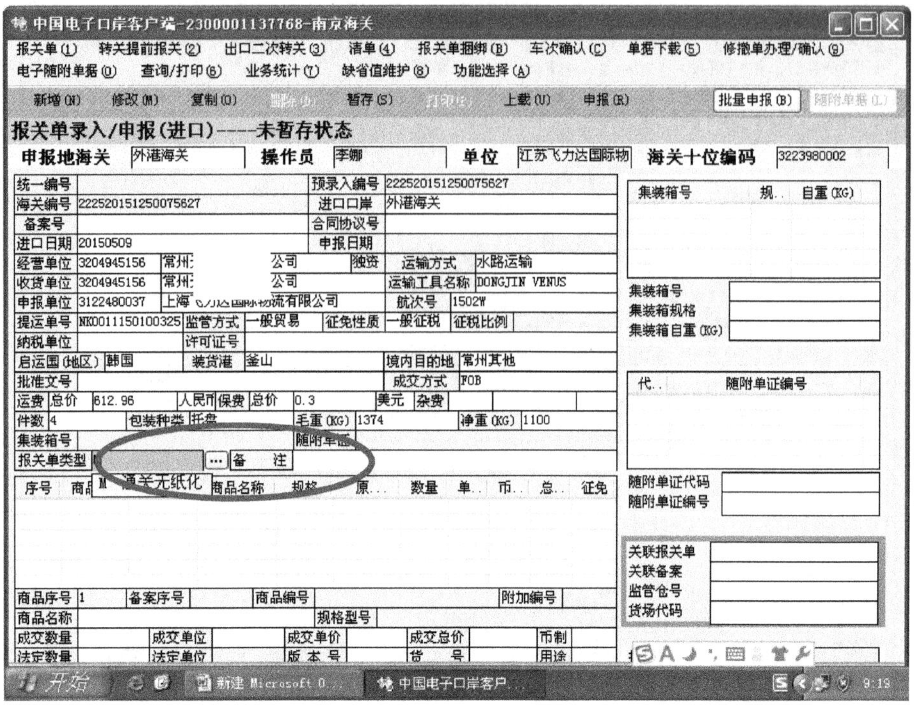

图 6-2-24　"报关单类型"栏录入界面

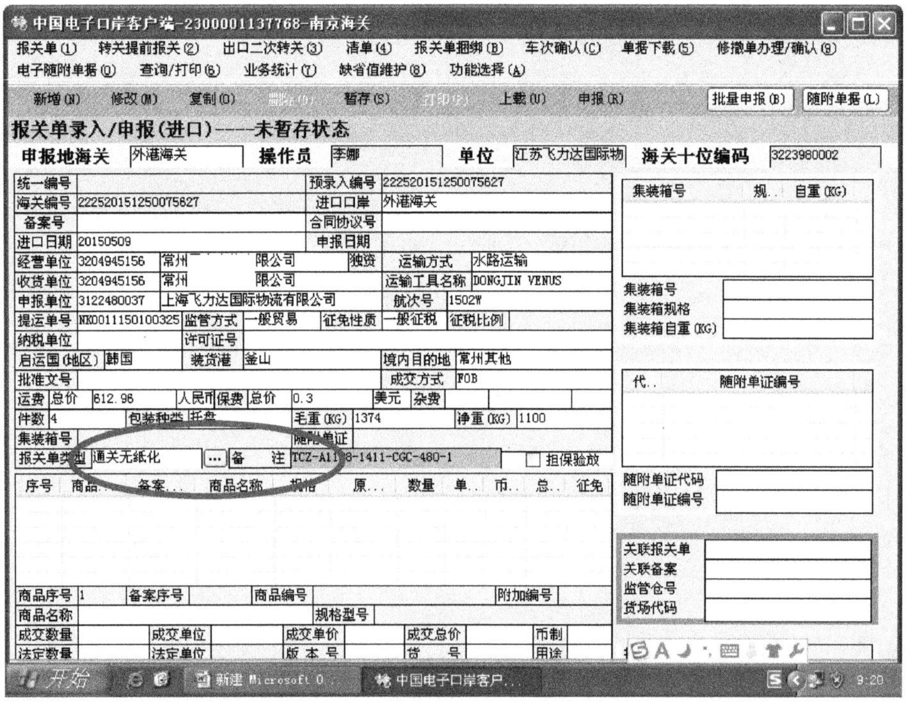

图 6-2-25　"备注"栏录入界面

37. 商品序号

无须录入，系统自动生成。注：系统一般默认从"1"开始。

38. 备案序号

本案例为一般贸易进口货物，不涉及事先备案，故无须录入。

注：该栏目应按照实际情况输入相关备案号，回车，系统自动调出备案信息。无备案号，则此栏为空。

39. 商品名称

根据报关单草单"商品名称、规格型号"栏，录入"多晶硅片"，如图 6-2-26 所示。

注：通常情况下，先录入"商品名称"，后录入"商品编号"。

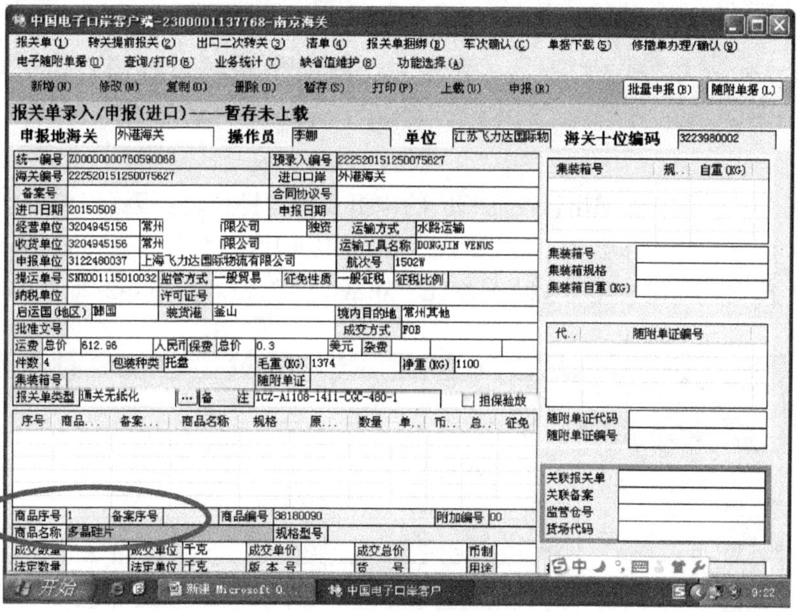

图 6-2-26 "商品名称"栏录入界面

40. 商品编号、附加编号

根据报关单草单"商品编号"栏，在"商品编号"栏录入前 8 位编码"38180090"，回车，系统自动弹出此 8 位编码项下的所有 10 位编码复选框；在复选框中，选择与报关单草单"商品编号"栏一致的 10 位编码，单击"确定"按钮，系统自动将后两位编码"00"显示在"附加编号"栏，如图 6-2-27 所示。

41. 规格型号

单击上述 10 位编码复选框的"确定"按钮后，系统在将后两位编码"00"显示在

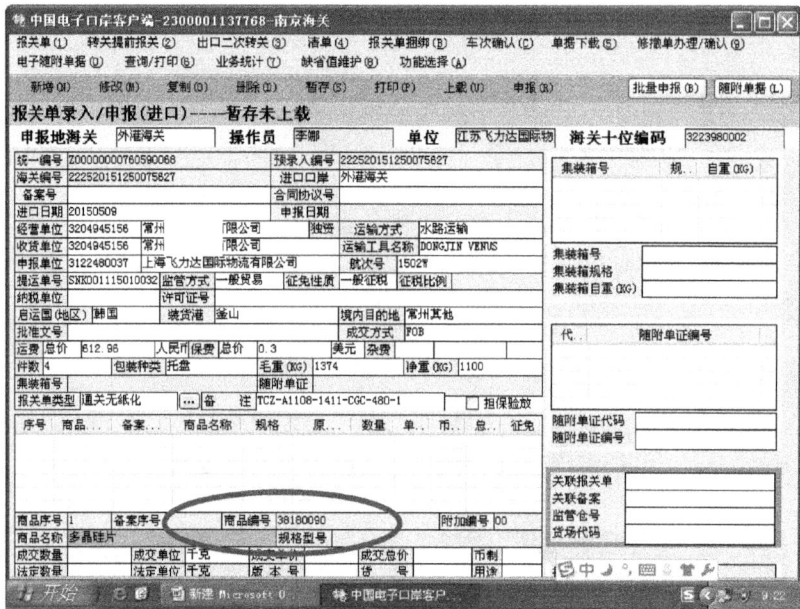

图 6-2-27 "商品编号"栏录入界面

"附加编号"栏的同时，弹出该商品相应的申报要素项目列表。根据报关单草单的"规格型号"栏，依序录入申报要素"用于制造太阳能电池片，片状，硅＞99.99%，切片"，单击"确定"按钮，系统将申报要素显示在"规格型号"栏，如图 6-2-28 所示。

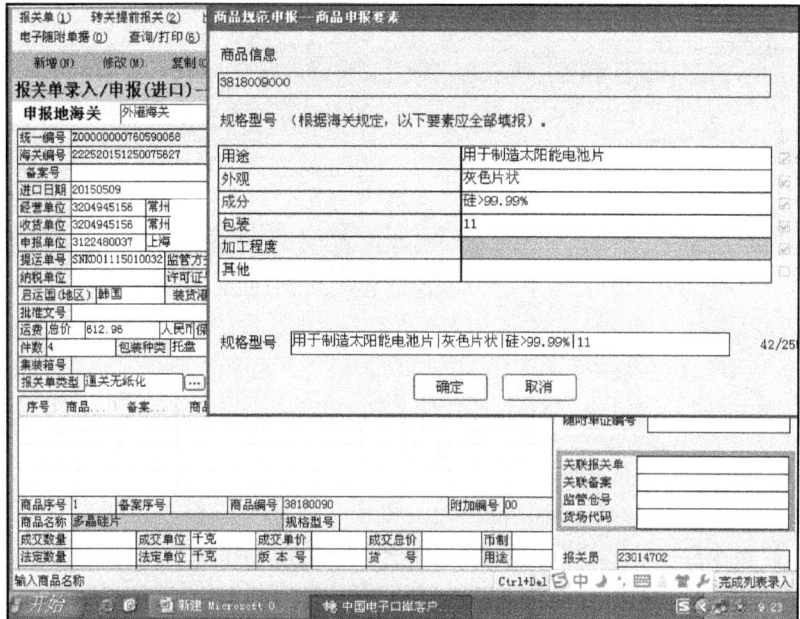

图 6-2-28 "规格型号"栏录入界面

42. 成交数量

根据报关单草单"数量及单位"栏，录入数量"1100.00000"，如图 6-2-29 所示。

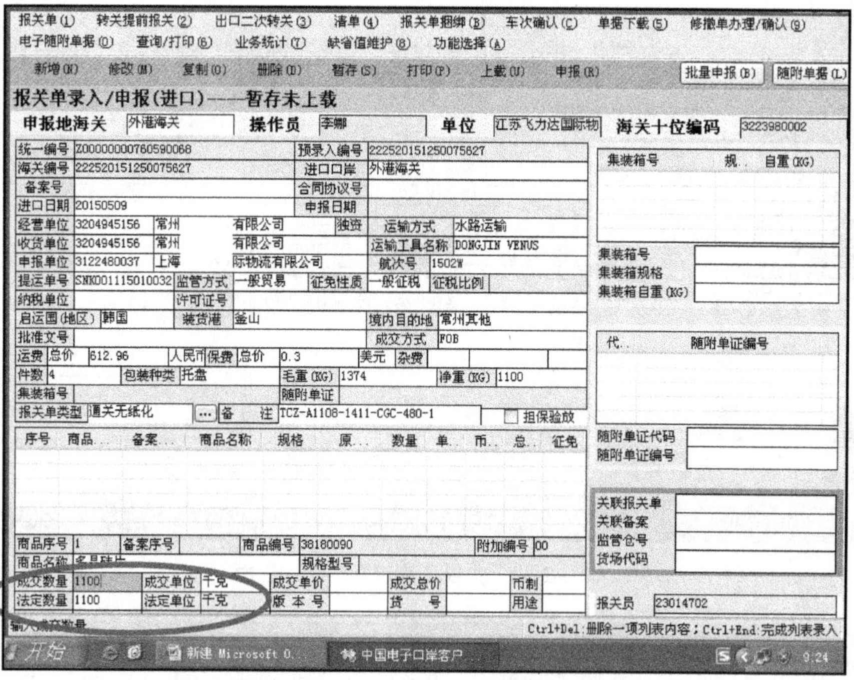

图 6-2-29　"成交数量"栏录入界面

43. 成交单位

根据报关单草单"数量及单位"栏，录入单位"片"，回车，系统显示为"片"，如图 6-2-30 所示。

注：该栏目内置了"计量单位代码表"。

44. 成交总价

根据报关单草单"总价"栏，录入"87000.00"，如图 6-2-31 所示。

45. 成交单价

录入成交总价后，回车，系统自动换算，并将相应的单价显示在该栏目。

46. 币制

根据报关单草单"币制"栏，录入代码"502"或"美元"，回车，系统显示为"美元"，如图 6-2-32 所示。

注：该栏目内置了"币制代码表"。

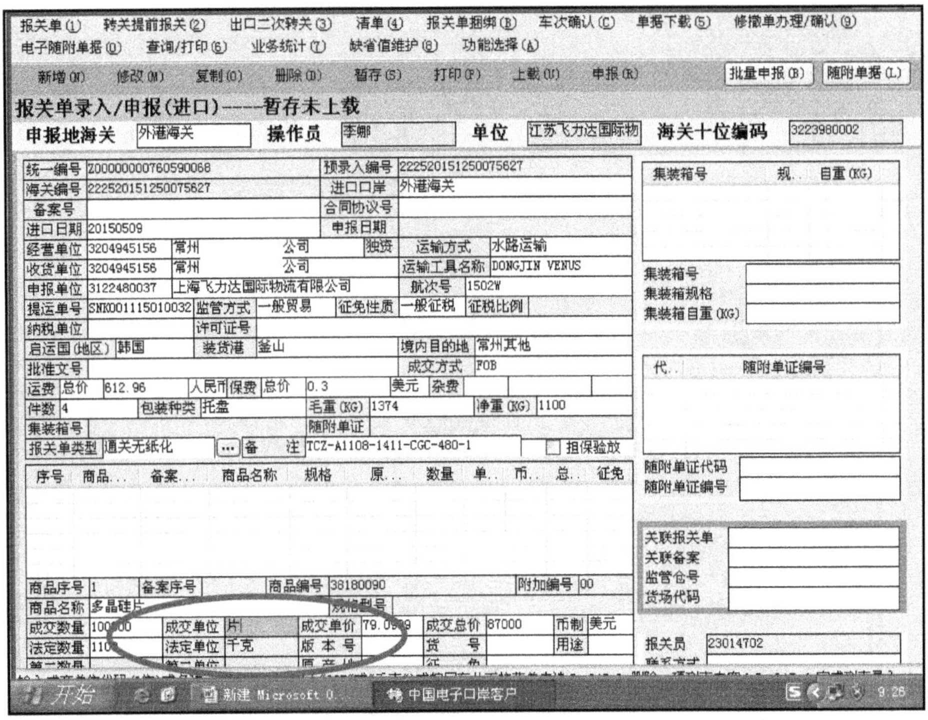

图 6-2-30　"成交单位"栏录入界面

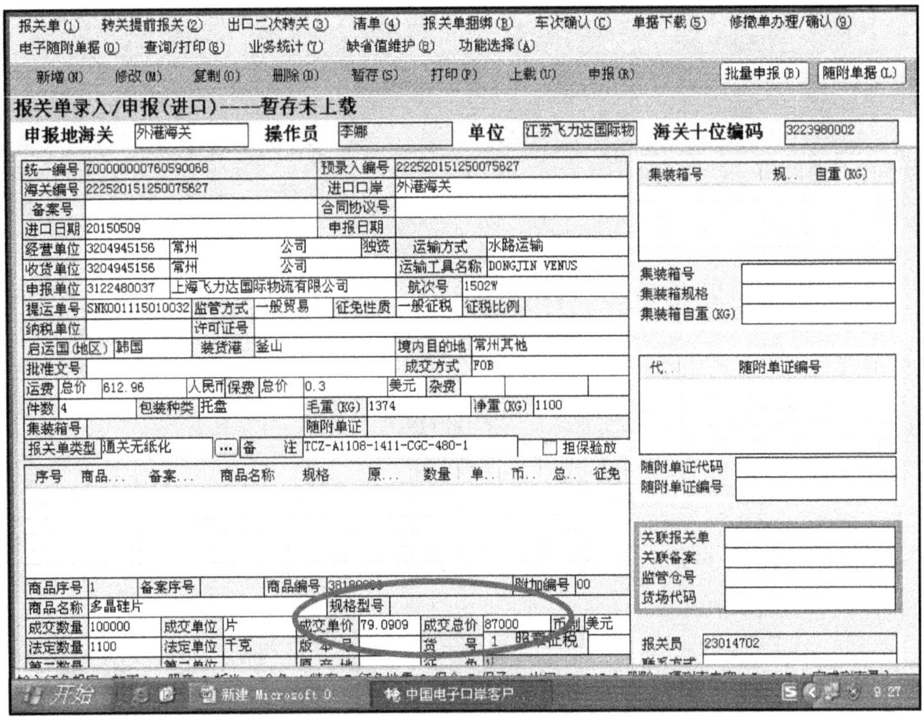

图 6-2-31　"成交总价"栏录入界面

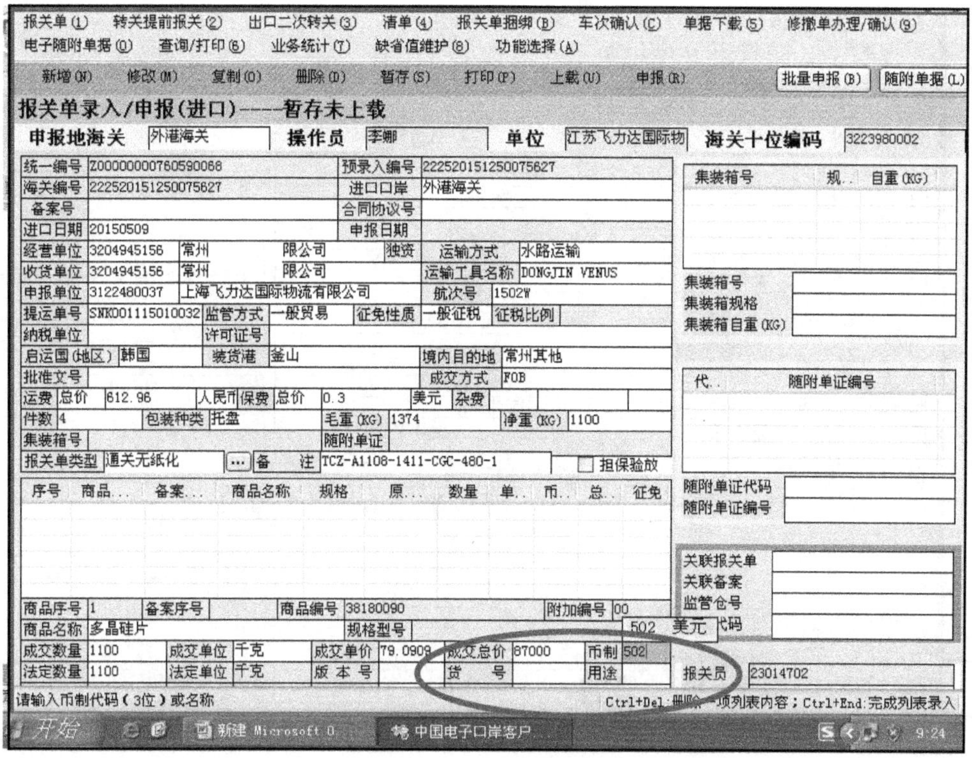

图 6-2-32 "币值"栏录入界面

47. 法定数量

根据报关单草单"数量及单位"栏，录入数量"1100.00000"，如图 6-2-33 所示。

48. 法定单位

系统根据商品编号自动生成相应的法定计量单位，故无须录入。

49. 版本号、货号

无须录入。

50. 生产厂家

报关单草单"生产厂家"栏为空，故无须录入。

51. 第二数量

根据报关单草单"数量及单位"栏，录入第二行的数量。
注：没有第二法定计量单位的商品，此栏无须录入。

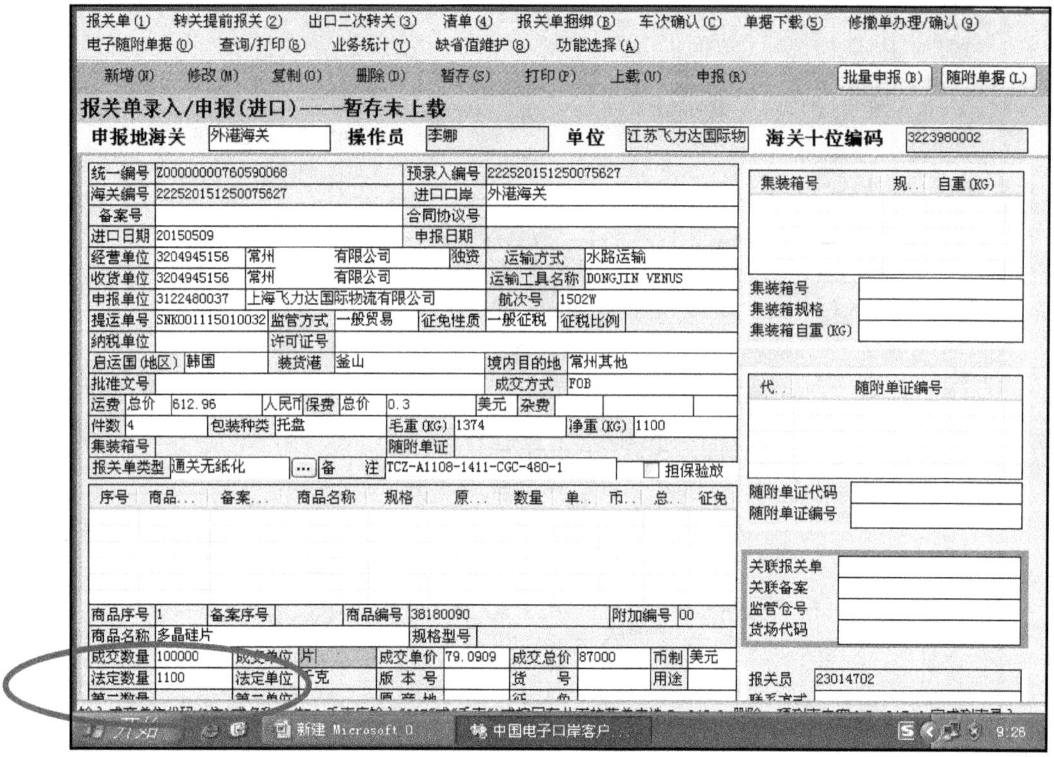

图 6-2-33　"法定数量"栏录入界面

52. 第二单位

根据报关单草单"数量及单位"栏,录入第二行的单位。

注:没有第二法定计量单位的商品,此栏为空,无须录入。

53. 征免

根据报关单草单"征免"栏,录入代码"1"或"照章征税",回车,系统显示为"照章征税",如图 6-2-34 所示。

注:该栏目内置了"征减免税方式代码表"。

54. 工缴费

无须录入。

55. 关联报关单、关联备案、监管仓号、货场代码

至此,报关单录入全部完成,单击界面上方"暂存(S)"按钮,保存录入数据,如图 6-2-35 所示,并打印电子报关单核对单。

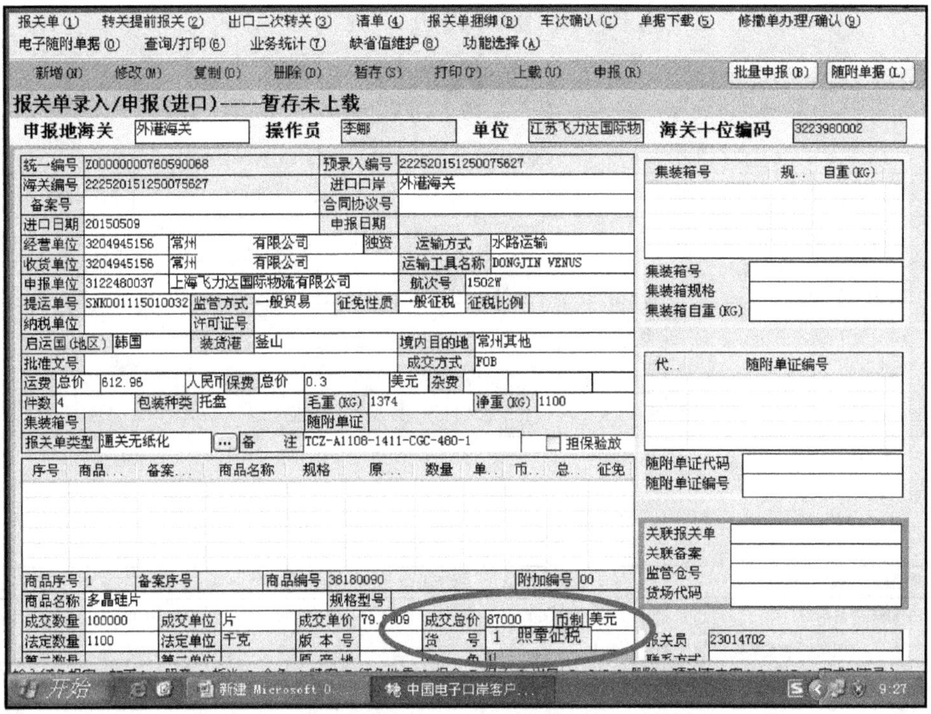

图 6-2-34 "征免"栏录入界面

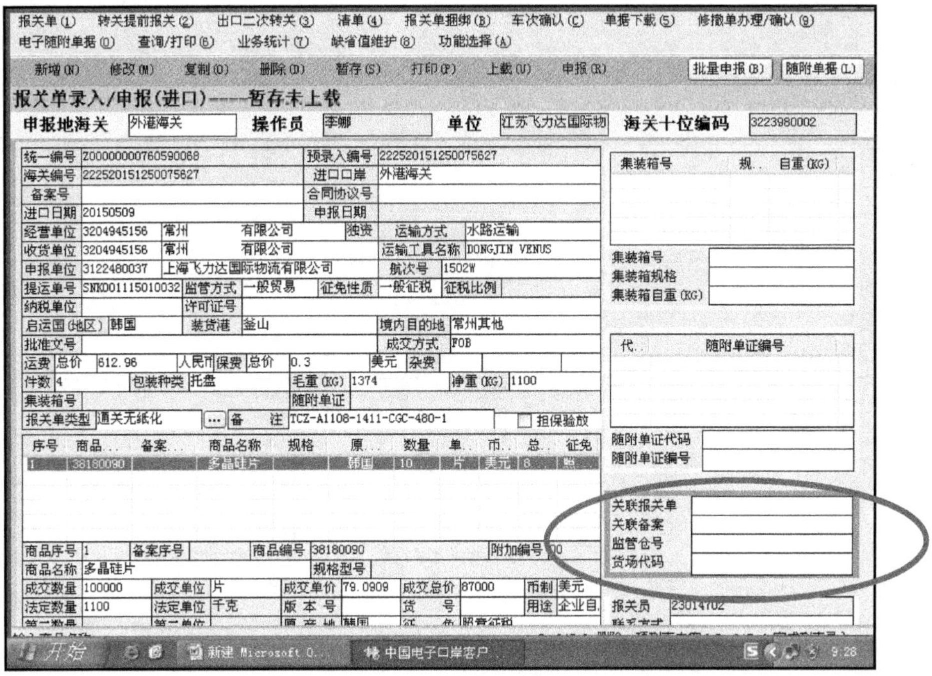

图 6-2-35 报关单所有栏目录入完成界面

主页 中华人民共和国海关进口货物报关单

‖‖‖‖‖‖‖‖‖‖‖‖‖‖‖‖‖‖‖
* 2 5 0 0 7 5 6 2 7 *

预编入编号：000000001001272666　　Page 1　　海关编号：222520151250075627　　Page 1

进口口岸	外港海关	2225	备案号		进口日期2015-01-13	申报日期2015-01-15
经营单位	常州天合光能有限公司 3204945156		运输方式 水路运输	运输工具名称 DONGJIN VENUS/1502W	提运单号 SNK0011150100325	
收货单位	常州天合光能有限公司 3204945156		贸易方式 一般贸易　　0110	征免性质 一般征税　　101	征税比例 0%	
许可证号			起运国（地区） 韩国　　　133	装货港 釜山　　　1480	境内目的地 常州其他　　32049	
批准文号			成交方式 FOB	运费 142/612.96/3	保费 502/0.3/1	杂费 000//
合同协议号 FCZ-A1108-1411-CGC-480-1		件数 4	包装种类　托盘	毛重（公斤） 1374	净重（公斤） 1100	
集装箱号 0(0)		随附单据			用途	
标记唛码及备注						

项号	商品编号	商品名称 规格型号	数量及单位	原产国（地区）	单价	总价	币制	征免
1	38180090	多晶硅片	1100.00000千克	韩国	0.8700	87000.00	USD	照章征税
		用于制造太阳能电池片|灰色片状|100000.00000片 硅＞99.99%|11		133			美元	企业自用

税费征收情况

录入员	录入单位 FLC1	兹声明以上申报无讹并承担法律责任	海关审单批注及旅行日期（签章）	
报关员			审单	审价
单位地址		申报单位 上海飞力达国际物流有限公司	征税	统计
邮编		填制日期 2015-01-15 14：48：00	查验	放行

电子数据报关单模拟

第三节　电子报关单复核与发送

一、报关单填制差错原因分析

（一）工作不细致、责任心不强等主观原因引起差错

1. 报关单栏目数据填制不齐全

从统计的差错来看，经常出现漏填的项目有备案号、合同号、许可证号、集装箱号、规格型号、征免性质等十多项。在填制时应该逐项填制，不能漏项。刚开始填制报关单时容易出现漏填项目，随着填制技术成熟及责任心加强，会逐步减少此类差错。

2. 报关单栏目数据填制差错

由于工作不认真、马虎造成的填写错误，在报关单的任何栏目都可能发生，表现为数据错误、数据不符、数字颠倒、字母颠倒等，其中贸易方式、征免性质、数（重）量、商品名称、规格型号、运输方式、运费、保费、单价、总价、随附单证、许可证号等栏目错填的影响较大。例如：

币值差错	例如，日元错填成美元，如果数值较大，海关将视为重大统计差错，可能移交相关部门处置，可能引起处罚及降低企业管理类别
通关单漏输号码位数或错附通关单	通关单数据已实现联网核查，数据对碰失败会造成退单，同时会计入企业差错
集装箱号错误	箱号填制错误，将造成删改单，严重时进口无法提取货物，出口无法正常出运
数量、总价等数值差错	数量、总价填制错误和币制填制错误一样，均可能引起处罚及降低企业管理类别

（二）专业技能不高、业务不熟练等客观原因引起差错

1. 报关单栏目概念不清楚造成的填制失误

在填制报关单前，报关人应熟练掌握《报关单填制规范》的内容，对每个栏目的含义界定要相当清楚，否则概念不清，内涵及外延不能区分，往往造成错填。常见情况有以下几种？

贸易方式错填	例如，外方赠送货物，应按"其他进出口免费"，代码为"3339"，但填制为"一般贸易"
征免性质错填	征免性质和贸易方式、经营单位、备案号等有很严格的对应关系，填制的征免性质需和所填制的贸易方式匹配，如果概念不清，很容易填错。例如，鼓励类外商投资企业等利用投资总额外的自有资金，按照有关减免税政策进口的设备，填制进口货物报关单"征免性质"栏时，应按"自有资金"填报,不能填报为"鼓励项目"
许可证号错填	例如，错将自动进口许可证号填在许可证号栏
随附单证错填	例如，将实行联网管理的和不实行联网管理的原产地证书号码均填报在本栏目
杂费错填	对杂费的概念不清，分不清哪些费用属于杂费，哪些费用应在运费栏目填报
进口口岸、出口口岸错填	这种情况多发生在转关货物，或者不同海关特殊监管区域或保税监管场所之间调拨、转让的货物报关单的填制过程中
装货港错填	在进口货物有转船的情况发生时，将装货港错填为境外起始发出的港口，按照规定，本栏目应按进口货物在运抵我国关境前的最后一个境外装运港填制
原产国（地区）错填	如果进口货物有两个以上国家参与生产，经常造成原产国（地区）错填
运输方式错填	填制错误多发生在无实际进出境货物于境内流转时，混淆海关规定的特殊运输方式的代码。海关现行的特殊监管区域形式很多，如保税区、保税物流园区、保税物流中心、保税港区等，在填报时注意区分区域不同，运输方式也不同

2. 报关单栏目逻辑关系不对应造成的差错

例如，进（出）口货物报关单分单填报时，各分项数值与发票总数值不符、报关单上的数值和许可证数值不符。

（三）其他原因引起报关单填制差错

例如，预录入单位差错。录完单据申报前，已复核出差错并进行标记，但预录入单位人员未更改即发送申报数据。例如，企业的加工贸易手册超期未核、手册超量等。进出口企业手册管理不完善，造成手册超期未核，或者某项商品进口量，造成自动退单。另外，国家政策临时调整及电子口岸系统故障，也是报关单填制出现差错的原因。

报关单填制出现错误，会引起海关计税错误，影响海关贸易管制与准确统计；会因报关单的修改或撤销而增加工作量，延缓海关正常放行速度；会使委托人无法提取货物，舱单无法核销，不能签发收汇联和核销、退税联，无法办理付汇或退税手续；会记入报关企业差错，降低企业管理类别等。

复核报关单需要掌握国际货运及国际贸易相关知识、海关关于货物监管的相关管理规定、商品归类相关知识、报关单的填制规范及报关单各栏目的逻辑对应关系等。

二、报关单常用复核方法

（一）相关栏目的逐项审核

根据货主提供的原始单据，针对报关单各栏目逐一与原始单据进行核对。这是报关单复核的最基本的方法，通过上述步骤，力争做到单单相符、单证相符。

（二）根据贸易方式进行的逻辑审核

利用该种方法复核，必须首先保证贸易方式填制正确。在此前提下，根据贸易方式与报关单其他栏目的相互对应关系，快速验证相关栏目的填制是否正确。

例如，贸易方式为"外资设备物品"的进口货物，其"备案号"栏应填制为 Z 字母开头的征免性质税证明编号，其"征免性质"栏目应正确填写"鼓励项目"等内容，其"征免性质"应填制为"特案"。

（三）根据货物经营单位进行的逻辑审核

在货物进出口的国际贸易中，经常会发生委托代理进出口业务，通过检查经营单位和收发货单位填制的逻辑关系（表6-3-1），可快速查出差错。

表6-3-1　经营单位与收发货单位的逻辑关系表

进出口状况	经营单位	收、发货单位	备注
外贸代理进出口	外贸流通企业	国内委托进出口的单位	不包括外商投资企业在投资总额内委托进出口
外贸自营进出口	外贸流通企业	外贸流通企业	
外商投资企业自营进出口	外商投资企业	外商投资企业	
外商投资企业在投资总额内委托进出口	外商投资企业	外商投资企业	实际经营单位应在备注栏说明
签约与执行合同分离	执行合同的外贸流通企业	执行合同的外贸流通企业或委托进出口的单位	
直接接受进出口	直接接受货物的国内单位	直接接受货物的国内单位	该批货物进出口应经过批准

（四）通过监管证件与报关单相应栏目一致性进行的审核

根据货主提供的监管证件，对照报关单相关栏目进行一致性审核，一般包括：进/出口口岸、经营单位、收/发货单位、商品名称、商品编码、规格型号、数量、单位、单价、币值、总价等。如为"一批一证"的监管证件，要做到报关单项目与相应证件数据相符。

（五）通过成交方式与运、保费逻辑关系进行的审核

进出口单据与相应的成交方式逻辑对应关系如表6-3-2所示。复核人员可根据表6-3-2快速核实草单填制是否有误。

表 6-3-2　成交方式与运保费的逻辑关系表

进口/出口	成交方式	运费	保费
进口	CIF	不填	不填
	CFR	不填	填写
	FOB	填写	填写
出口	FOB	不填	不填
	CFR	填写	不填
	CIF	填写	填写

（六）通过货物件数进行的逻辑审核

例如，报关单分单填报时，核实提货单、装箱单上所示件数与各报关单件数之和是否相等；报关单品名在两项以上的，核实货物总件数和分项件数之和是否相符。

（七）通过货物毛净重进行的逻辑审核

例如，报关单分单填报时，提货单、装箱单上所示毛重与各报关单毛重之和是否相等；提货单、装箱单所示净重与各报关单净重之和是否相等；报关单品名在两项以上的，货物总净重与分项净重之和是否相符。

此外，还可通过对货物总价进行逻辑审核等方式进行复核。例如，报关单分单填报时，发票所示总价与各报关单总价之和是否相等；报关单品名在两项以上的，货物总价与报关单各分项总价之和是否相符等。

报关人员按照《报关单填制规范》填制报关单草单及复核草单后，自行或交由报关现场的预录入公司进行终端录入，将报关单纸质数据输入系统，形成电子数据报关单待向海关申报。复核人员此时应认真核对复核后草单与待申报电子数据的一致性，确保录入内容无误。再次核对需提交的随附单证是否完备、齐全、有效后，正式向海关提交电子数据进行申报。

三、报关单复核及错误排查

结合随附资料，比较并核对任务一填制完成的进口货物报关单草单与任务二打印的电子数据报关单，复核电子数据报关单，排查并修正错误。

（一）进口口岸

进口口岸填制正确。根据所提供的海运提单"目的港"栏显示，目的港为"SHANGHAI"，再结合企业进口实际口岸，按照本栏目填制规范，应填制为"外港海关"，其代码为"2225"。

（二）备案号

备案号填制正确。进口商品贸易方式为一般贸易，因此无备案号。本栏复核时，需注意检查涉及备案号的所有对应关系是否成立、合理。

（三）进口日期

进口日期填制正确。根据提供的海运进口货物到货通知信息显示，抵港日期栏为"2015.1.13"，草单填制时需按照规定格式填写为"20150113"。

（四）申报日期

本栏目草单填制为"20150115"。申报日期一般指海关计算机系统通过电子数据审核的日期。草单填制时，本栏目无须填写。

（五）经营单位

经营单位填制正确。本栏目复核时，需注意核实填制的经营单位中文名称及10位编码与提供单证上的经营单位名称及编码是否完全相符，并与海关备案信息一致。

（六）收货单位

收货单位正确。如果不存在委托代理关系，经营单位和收、发货单位栏填制内容应为一致。如果存在委托代理关系，应根据相应的单证确定委托单位及被委托单位，并正确填制相应的经营单位及收、发货单位。本任务中，根据企业提供采购合同、进口货物到货通知等资料，经营单位与收货单位一致。

（七）运输方式

运输方式填制正确。根据提供的海运提单等单证，提单目的港栏为上海，且由韩国釜山港运出，运输方式应为"水陆运输"，其代码为"2"。

（八）运输工具名称

运输工具名称填制正确。水陆运输工具名称应填名称/航次号，根据提供的海运提单，运输工具名称为 DONGJIN VENUS/1502W。

（九）提运单号

根据海运提单提供的信息，本栏目填制正确。复核本栏目时，应注意字母的大小写，以及字母"O"和数字"0"等易混淆内容的区别。另外，系统录入时需注意，按照目前系统设置，"提运单号"栏只能录入 14 位字符，对于某些超长提运单号，录入时应从后向前截取 14 位。

（十）贸易方式

贸易方式填制正确。根据货主提供的资料，贸易方式应为"一般贸易"。本栏目的内容与"备案号""征免性质""征免性质""用途"等栏目均有对应关系。可通过各种逻辑关系的对应，综合判断本栏目及相关栏目的填制正确与否。

（十一）征免性质

征免性质填制正确。根据货主提供的资料，以及贸易方式、用途的对应关系来看，征免性质应为"一般征税"，代码为"101"。填制的"一般征税"无法和进料对口、加工返销、全免等信息对应匹配。

（十二）征税比例

本栏目无须填制。

（十三）许可证号

许可证号填制正确。本任务中一般贸易货物不涉及许可证管理，本栏目为空。

（十四）起运国（地区）

起运国（地区）填制正确。根据发票上交付条款及海运提单判断，货物从韩国起运直接运抵我国上海，起运国（地区）为"韩国"，其代码为"133"，填制正确。

（十五）装货港

装货港填制正确。根据提货单等单证信息所示，境外装货港口为釜山港。结合起运国（地区）等信息可判断其为货物运至上海前最后一个境外装货港口，原填制无误。填制时需注意，本栏目应根据实际情况按海关规定的"港口航线代码表"，选择填报相应的港口中文名称或代码。装货港"港口航线代码表"中无港口中文名称及代码的，可选择填报相应的国家（地区）中文名称或代码。

（十六）境内目的地

境内目的地填制正确。境内目的地是指已知的进口货物在我国关境内的消费、使用地区或最终运抵的地点。该货物属于一般贸易性质，应根据进口货物的收货单位国内地区，填报为"常州其他"，其代码为"32049"。

（十七）批准文号

本栏目无须填制。

（十八）成交方式

成交方式填制正确。根据装箱单信息显示，成交术语为"FOB BUSAN PORT"，成交方式应为 FOB。

（十九）运费

运费填制正确。根据海运信息显示，进口成交方式为 FOB，应填制对应的"运费"栏。当本栏目采用运费单价或运费总价形式填制时，填制格式为"币值代码/运费金额/运费标记"。运费标记"2"表示每吨货物的运费单价，"3"表示运费总价。当本栏目采用运费率形式填制时，填制格式为"000/运费率/1"，"1"表示运费费率。则本栏填制为142/612.96/3。

（二十）保费

保费填制正确。根据海运信息显示，进口成交方式为 FOB，应填制对应的"保费"栏。

根据规定，需按照（货价+运费）×3‰来计算保险费总价。操作中，可选择保险费总价或保险费率之一进行填报。按照保险费总价填制时，本栏目填制格式为"币值代码/保险金额/3"，"3"表示保费总价。按照保险费率填制时，本栏目填制格式为"000/保险费率/1"，"1"表示保险费率。其中，"保险费率"如为 3‰，应转换为"000/0.3/1"格式填报；如"保险费率"为 2.7‰，则转换为"000/0.27/1"。本栏填制为 502/0.3/1。

（二十一）杂费

杂费填制正确。在提供的资料和单据中，没有体现杂费内容，本栏目为空。

（二十二）合同协议号

合同协议号填制正确。发票中有注明。

（二十三）件数

件数填制正确。在海运提单件数栏显示，件数为 4。操作中，如出现分单填报情况，需要将每票报关单件数相加，核实是否等于提单上的总件数。

（二十四）包装种类

包装种类填制正确。

（二十五）毛重

毛重填制正确。从海运提单的毛重栏显示，毛重为 1374 千克。操作中如果出现分单申报情况，需核对分票的报关单上的毛重是否等于提单和箱单上的总毛重。

（二十六）净重

净重填制正确。装箱单上显示，净重为 1100 千克。操作中如果出现分单申报情况，需核对分票的报关单上的净重是否等于装箱单上的总净重。

（二十七）集装箱号

集装箱号填制正确，本任务没有集装箱。若有集装箱，纸质报关单填报格式应为"集装箱号+"/"+规格"/"+自重"。填制时若已知集装箱自重为 2300 千克，草单填制为"CRSU1475603/20/2300"。若填制时不知集装箱自重，草单可按"CRSU1475603/20"的形式填制。

（二十八）随附单证

随附单证填制正确。根据商品编码无监管证件要求。若有监管证件，复核时注意检查通关单号码位数，不能漏填、错填，否则将造成退单。

（二十九）用途

用途填制正确。相应贸易方式、征免性质等栏目填制信息，表明此货物属于一般贸易，成品用于企业自用，应填制为"企业自用"。

（三十）标记唛码及备注

标记唛码及备注填制正确。根据提供资料和货主确认的信息显示，没有相关联的信息需要在备注栏填制，因此本栏为空。

（三十一）项号

项号填制正确。本任务下的商品贸易方式为一般贸易，项号从 01 开始按顺序写。核查时应注意商品编码、商品名称是否和项号相互对应。

（三十二）商品编号

商品编码填制正确。根据商品申报要素填写。复核本栏目时，应重点对照商品名称、规格型号、商品用途等与商品归类密切相关的信息，按照归类的相关规定进行核实，以保证本栏目填制无误。如进口货物涉及监管证件管理，还要复核与相关证件所示商品编码是否一致。

（三十三）商品名称、规格型号

商品名称、规格型号填制正确。根据申报要素提供的信息，商品名称和发票、海关备案信息该项号下商品名称相符。复核本栏目时，必须要仔细核对申报要素信息能否满足《规范申报目录》中对商品名称、规格型号的要求；内容、顺序和格式是否符合本栏目的规定，保证填制正确。对包含汽车、废纸等特殊商品的应税货物申报，更要注意其规定的填制要求。

（三十四）数量及单位

数量及单位填制正确。根据装箱单的数量和净重栏所示信息，报关单草单填制数量内容正确。申报进口的商品只有第一法定计量单位，无法定第二计量单位，故填制时只需分两行填报，第一行填法定第一计量单位，第三行填成交计量单位。根据相关单证信息显示，商品的第一行计量单位为千克，第三行计量单位为片。需注意，需要核实表体中商品的净重之和是否与表头净重栏的重量相符。另外，如进出口货物涉及监管证件管理，还要核实成交数量、单位和监管证件上的数量、单位的一致性。

（三十五）原产国（地区）

原产国（地区）填制正确。根据发票显示，商品均由韩国制造，"原产国（地区）"栏应填制为"韩国"，其代码为"133"。

（三十六）单价

单价填制正确。根据报关单草单"单价"栏显示，申报的商品单价与发票对应商品单价相符。在实际录入 QP 系统时，此栏目无须填制，填制完毕数量和总价后，根据系统设置，单价可自动计算。但在复核草单时，仍需要与发票单价进行核对，以免出现差错。

（三十七）总价

总价填制正确。根据报关单草单"总价"栏显示，申报的商品总价与发票对应的商品总价相符。如报关单分单填报，需注意将各报关单上各项商品总价相加，与发票上所示各项商品总价对照是否相符，如有不符，找出分项报关单总价出现的差错进行更正。

（三十八）币制

币制填制正确。根据提供发票成交总价栏显示，成交币制为美元，"币值"栏应填制为"美元"，其代码为"502"。

（三十九）征免

征免填制正确。报关单草单申报贸易方式为一般贸易（0110）、征免性质为一般征税（101）。上述货物进口时照章征税，"征免性质"栏应该填制为"照章征税"。

（四十）申报单位

申报单位填制正确。报关草单"申报单位"栏显示的内容与提供资料所示的申报企业名称及代码一致，填制无误。

四、报关单电子数据系统发送与结果查询

（一）发送前电子代理报关委托协议的准备

（1）单击界面右上角的"随附单据"按钮，弹出"随附单据上传/查看"界面。单击"随附单据文件类别"栏录入框，系统自动弹出下拉菜单，选择"电子代理报关委托协议编号"，如图 6-3-1 所示。

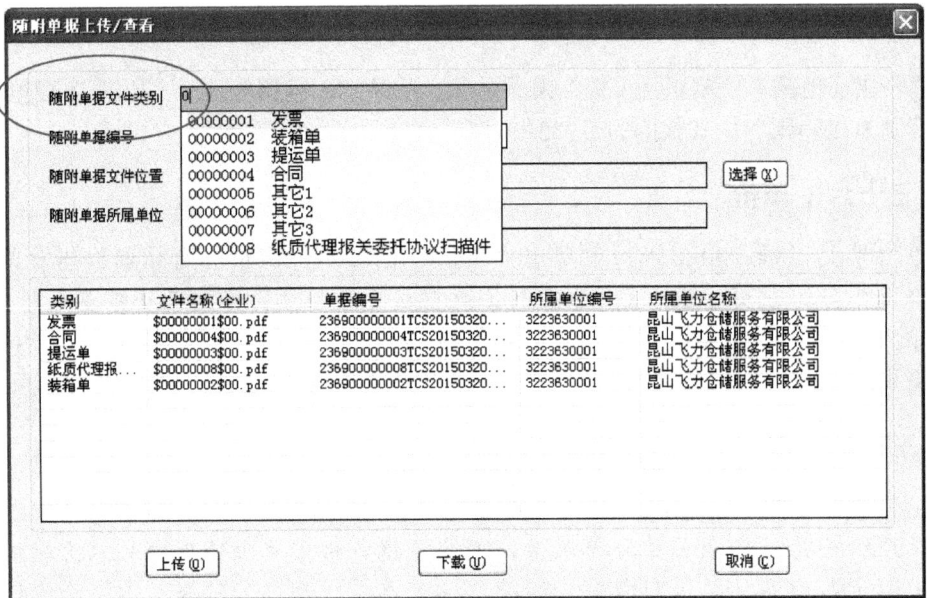

图 6-3-1　"随附单据文件类别"选择界面

（2）在"随附单据编号"栏目中，录入电子委托书编号"20150404005113718"，如图 6-3-2 所示。

（3）在"随附单据所属单位"栏目中，录入经营单位 10 位编码（3223630001），如图 6-3-3 所示。

（二）发送前其他随附单据的准备

（1）将须提交的纸质随附单证转化为 PDF 格式的电子数据文件。

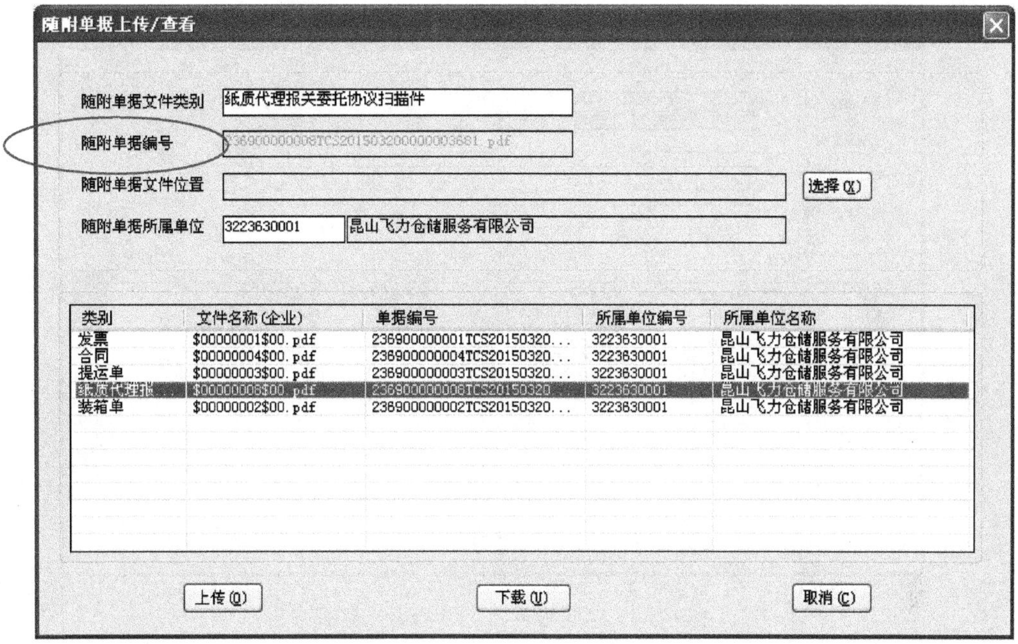

图 6-3-2 "随附单据编号"录入界面

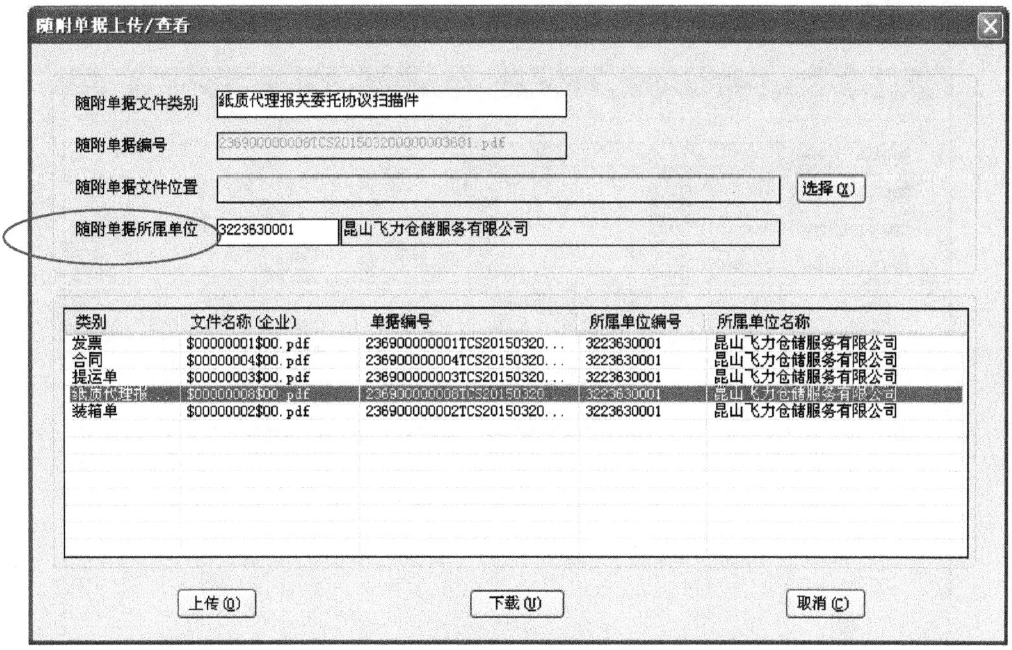

图 6-3-3 "随附单据所属单位"录入界面

（2）单击页面右上角的"随附单据"按钮，弹出"随附单据上传/查看"界面，如图 6-3-4 所示。

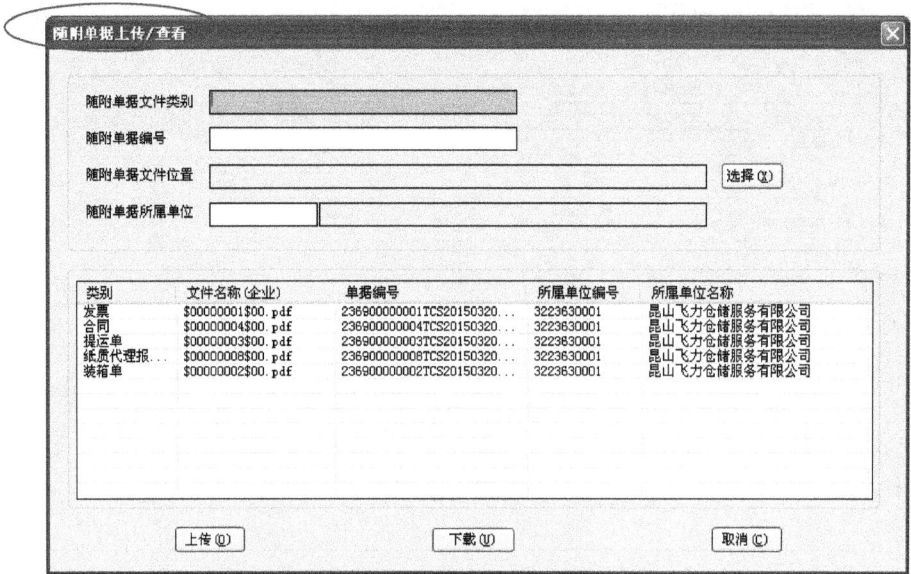

图 6-3-4　"随附单据上传/查看"界面

（3）单击"随附单据文件类别"栏录入框，系统自动弹出下拉菜单，选择"发票"，如图 6-3-5 所示。

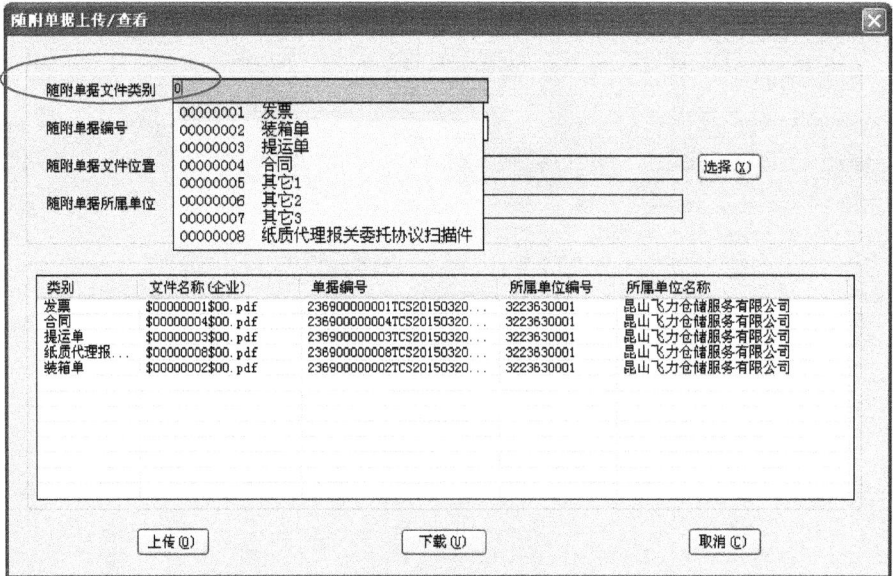

图 6-3-5　"随附单据文件类别"选择界面

（4）单击"随附单据文件位置"栏右侧的"选择"按钮，弹出对话框，选择要上传的文件后，单击"打开"按钮，如图 6-3-6 所示。

图 6-3-6　随附单据文件路径选择界面

重复上述步骤进行"装箱单"的上传。所有文件上传完成后，单击"上传"按钮，系统显示"正在对文件进行合规性检查，请稍等"，检查合格，则表明申报前的准备工作全部完成。

（三）正式申报

（1）单击界面右上角的"查询/打印（6）"按钮，选择查询功能，在"报关单号"输入预录入编号，单击"开始查询"按钮，并在下方列表的查询结果中选中拟申报的报关单，单击"查看明细"按钮，对预录入报关单数据进行复核检查，如图 6-3-7 所示。

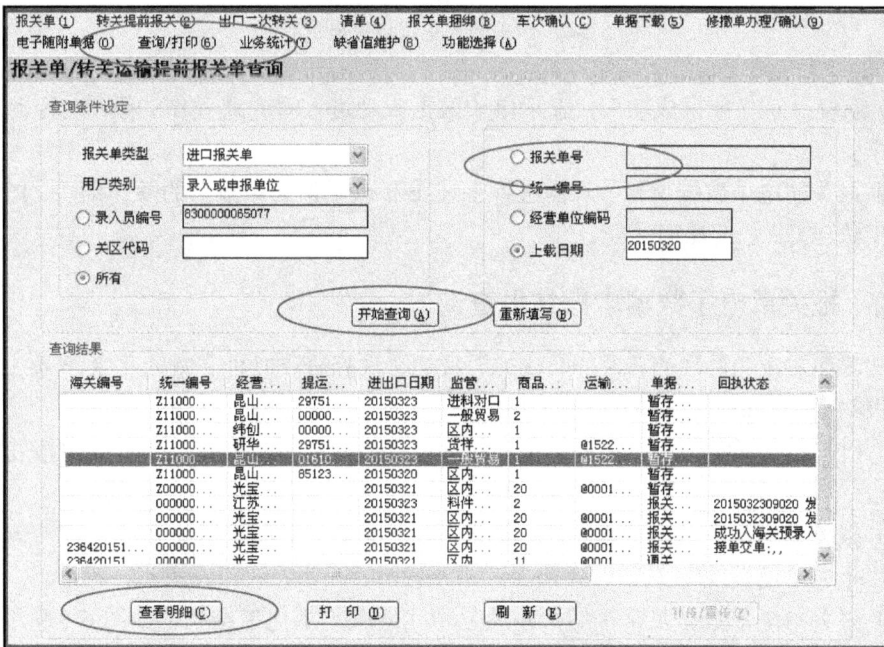

图 6-3-7　查询预录入报关单显示界面

（2）确认无误后，单击界面上方的"申报（R）"按钮正式申报，如图6-3-8所示。

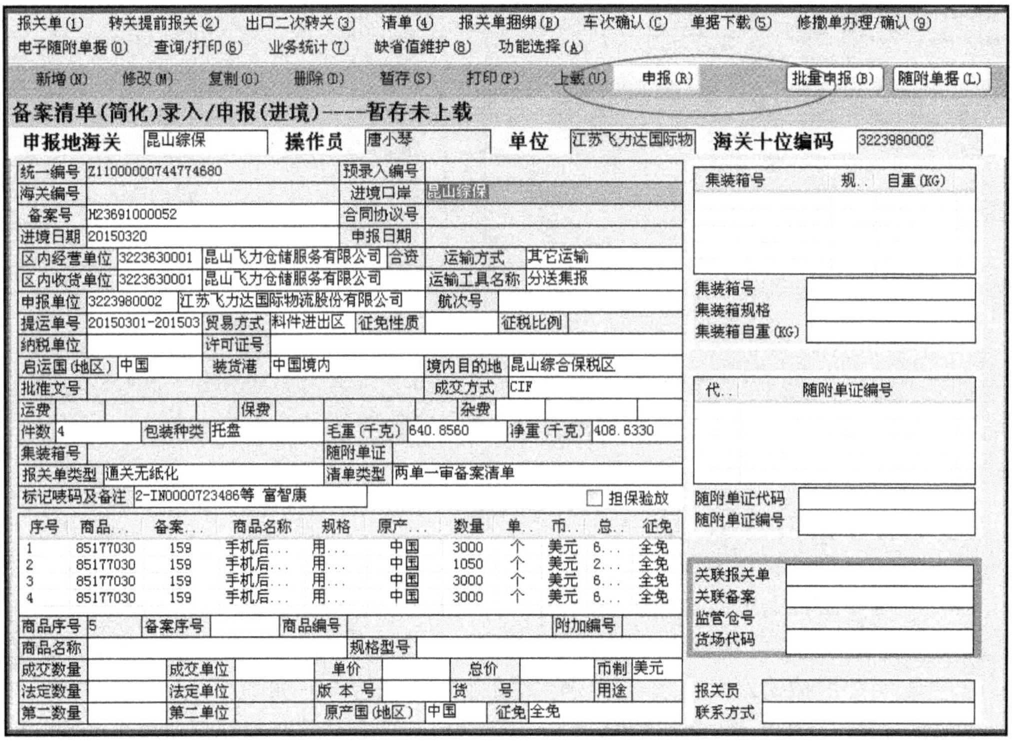

图 6-3-8　报关数据正式申报显示界面

（3）系统显示"申报成功"，表示电子数据成功进入海关通关作业系统，至此完成电子申报作业。

有纸报关的电子数据申报，只需进行上述第3点"正式申报"的操作即可。EDI系统的申报步骤与QP系统略有区别。

（四）报关单电子数据申报结果查询

单击界面右上角的"查询/打印（6）"按钮，选择查询功能，输入报关单号，可进行相关申报结果的查询。常见的查询结果有以下几种。

（1）预录入数据发送后，数据正在上载到电子口岸时，系统显示"上载申报发往数据中心"。

（2）报关单电子数据上载电子EI岸成功后，准备进入海关通关作业系统，单据状态栏显示"报关单已发往海关"。

（3）报关单电子数据正常审结，系统显示"通关无纸化审结"，如图6-3-9所示。

注：有纸报关电子数据正常审结，系统显示"报关单接单交单"。

（4）报关单电子数据放行，系统显示"通关无纸化放行"，如图6-3-10所示。

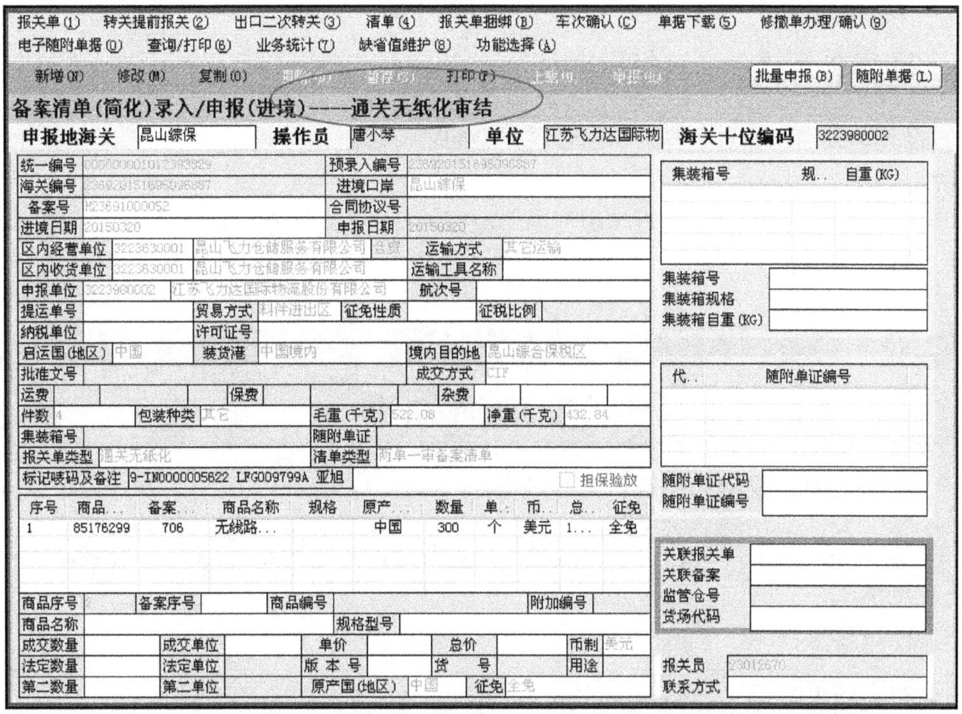

报关单(1)	转关提前报关(2)	出口二次转关(3)	清单(4)	报关单捆绑(B)	车次确认(C)	单据下载(5)	修撤单办理/确认(9)
电子随附单据(D)	查询/打印(6)	业务统计(7)	缺省值维护(8)	功能选择(A)			

新增(N)　修改(M)　复制(D)　删除(D)　暂存(D)　打印(P)　上载(U)　申报(D)　　批量申报(B)　随附单据(L)

备案清单(简化)录入/申报(进境)----通关无纸化审结

申报地海关	昆山综保	操作员	唐小琴	单位	江苏飞力达国际物	海关十位编码	3223980002

统一编号	000000001012393829	预录入编号	236920131695096887	
海关编号	2369201516950908887	进境口岸	昆山综保	
备案号	H23691000052	合同协议号		
进境日期	20150320	申报日期	20150320	
区内经营单位	3223630001 昆山飞力仓储服务有限公司 合资	运输方式	其它运输	
区内收货单位	3223630001 昆山飞力仓储服务有限公司	运输工具名称		
申报单位	3223980002 江苏飞力达国际物流股份有限公司	航次号		
提运单号		贸易方式	料件进出区	征免性质		征税比例	
纳税单位		许可证号		
启运国(地区)	中国	装货港	中国境内	境内目的地	昆山综合保税区
批准文号			成交方式	CIF	
运费		保费		杂费		
件数	1	包装种类	其它	毛重(千克)	522.08	净重(千克)	432.84
集装箱号		随附单证		
报关单类型	通关无纸化	清单类型	两单一审备案清单	
标记唛码及备注	9-IN0000005622 LFG009799A 亚旭	□担保验放	

集装箱号	规..	自重(KG)

集装箱号　[　]
集装箱规格
集装箱自重(KG)

代..	随附单证编号

序号	商品..	备案	商品名称	规格	原产	数量	单	币..	总..	征免
1	85176299	706	无线路..		中国	300	个	美元	1...	全免

随附单证代码　[　]
随附单证编号

商品序号		备案序号		商品编号		附加编号	
商品名称				规格型号			
成交单位				单价		总价		币制	美元
法定数量		法定单位		版本号		货号		用途	
第二数量		第二单位		原产国(地区)	中国	征免	全免	

关联报关单　[　]
关联备案
监管仓号
货场代码

报关员　23012670
联系方式

图 6-3-9　"通关无纸化审结"状态显示界面

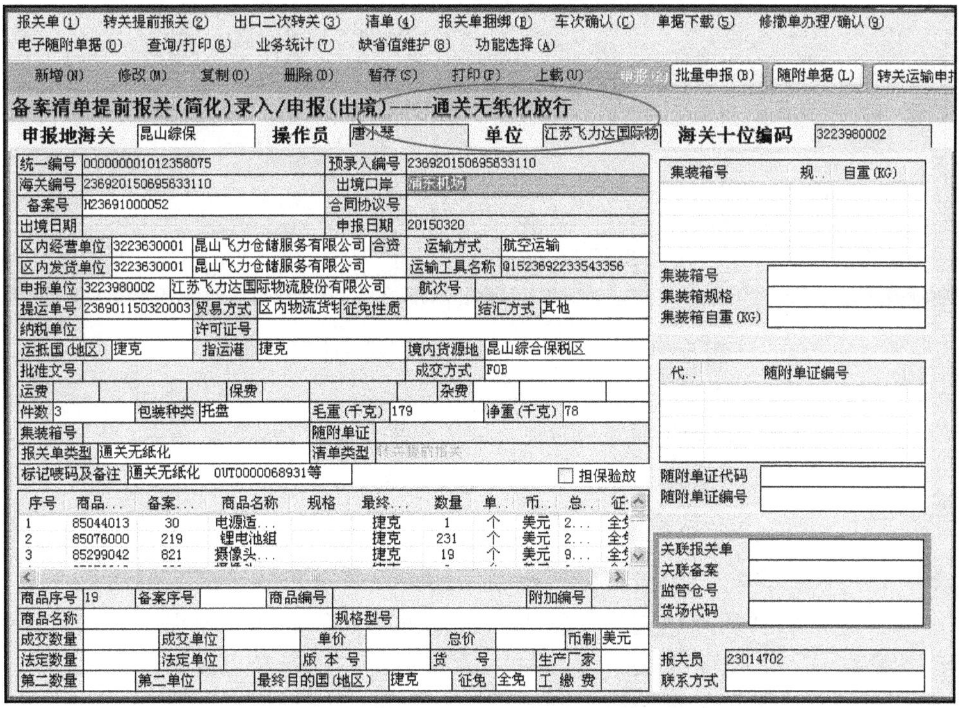

报关单(1)	转关提前报关(2)	出口二次转关(3)	清单(4)	报关单捆绑(B)	车次确认(C)	单据下载(5)	修撤单办理/确认(9)
电子随附单据(D)	查询/打印(6)	业务统计(7)	缺省值维护(8)	功能选择(A)			

新增(N)　修改(M)　复制(D)　删除(D)　暂存(D)　打印(P)　上载(U)　申报(D)　批量申报(B)　随附单据(L)　转关运输申报

备案清单提前报关(简化)录入/申报(出境)----通关无纸化放行

申报地海关	昆山综保	操作员	唐小琴	单位	江苏飞力达国际物	海关十位编码	3223980002

统一编号	000000001012358075	预录入编号	236920150695833110	
海关编号	2369201506958331110	出境口岸	温州机场	
备案号	H23691000052	合同协议号		
出境日期		申报日期	20150320	
区内经营单位	3223630001 昆山飞力仓储服务有限公司 合资	运输方式	航空运输	
区内发货单位	3223630001 昆山飞力仓储服务有限公司	运输工具名称	@1523692233543356	
申报单位	3223980002 江苏飞力达国际物流股份有限公司	航次号		
提运单号	236901150320003	贸易方式	区内物流货物	征免性质		结汇方式	其他
纳税单位		许可证号		
运抵国(地区)	捷克	指运港	捷克	境内货源地	昆山综合保税区
批准文号			成交方式	FOB	
运费		保费		杂费		
件数	3	包装种类	托盘	毛重(千克)	179	净重(千克)	78
集装箱号		随附单证		
报关单类型	通关无纸化	清单类型	转关提前报关	
标记唛码及备注	通关无纸化 0UT0000068931等	□担保验放	

集装箱号	规..	自重(KG)

集装箱号　[　]
集装箱规格
集装箱自重(KG)

代..	随附单证编号

序号	商品..	备案	商品名称	规格	最终	数量	单	币..	总..	征..
1	85044013	30	电源适..		捷克	1	个	美元	2..	全5
2	85076000	219	锂电池组		捷克	231	个	美元	2..	全5
3	85299042	821	摄像头..		捷克	19	个	美元	9..	全5

随附单证代码　[　]
随附单证编号

商品序号	19	备案序号		商品编号		附加编号	
商品名称							
成交数量		成交单位		单价		总价		币制	美元
法定数量		法定单位		版本号		货号		生产厂家	
第二数量		第二单位		最终目的国(地区)	捷克	征免	全免	工缴费	

关联报关单　[　]
关联备案
监管仓号
货场代码

报关员　23014702
联系方式

图 6-3-10　"通关无纸化放行"状态显示界面

（五）海关审核未通过结果提示

若报关单数据未通过审核，系统会根据不同情况进行退单提示。常见的退单提示有以下几种。

（1）船名航次/提运单号栏目填报与舱单数据不符，报关单电子数据被退回，如图 6-3-11 所示。

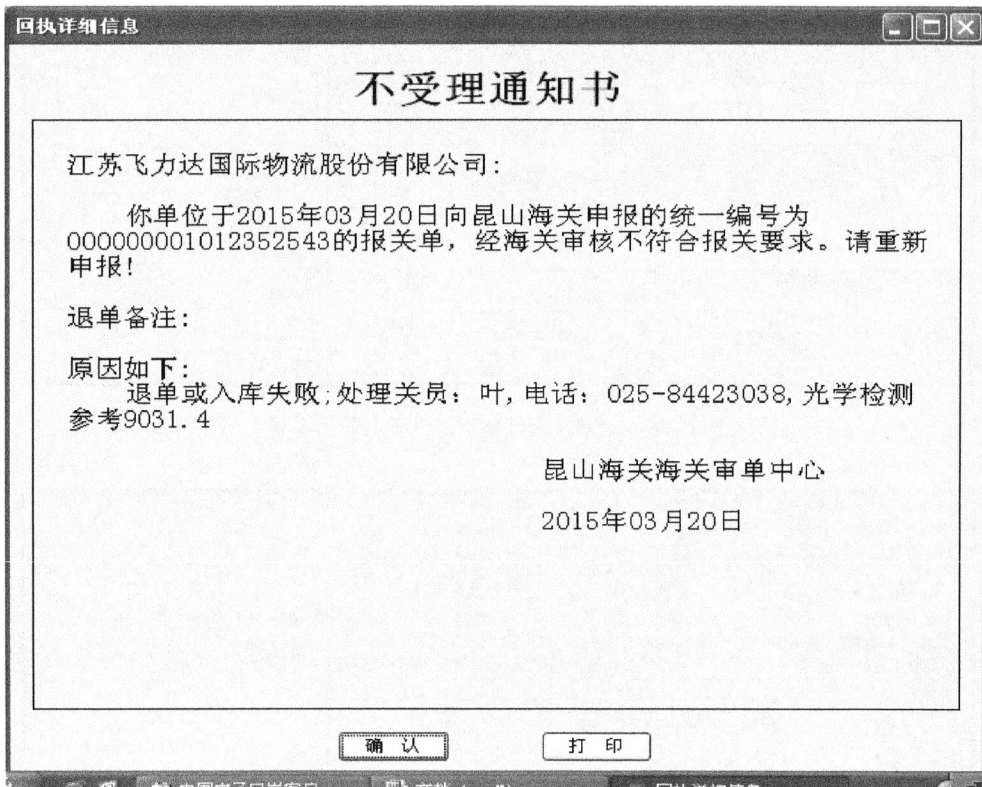

图 6-3-11　"新舱单审核不通过"退单提示界面

（2）海运出口货物报关单无运抵数据，报关单电子数据被退回。

【本章小结】

本章以进出口货物报关单填制流程为主线，以电子报关手段为辅线，在掌握进出口货物报关单填制基础理论的前提下，结合驱动任务依次开展报关单草单填制、快速通关系统录入、电子报关单复核与发送等三大实践任务。通过本项目学习，学习者熟悉进出口货物报关单填制基础知识，掌握进出口货物报关单电子申报的业务能力及技巧。

➢**教学设计**

第一节　报关单草单填制

（一）教学目标

掌握进出口货物报关单各栏目填制规范；掌握报关单填制的作业步骤及相应的要求等知识目标。

有能力按照报关单填制虚拟案例的要求，收集齐报关单证，并对其进行初核；有能力按照报关单填制虚拟案例的要求，确认商品属性、申报要素及查询其他相关信息；有能力参与常见监管方式下虚拟申报案例的报关单填制作业。

（二）参考的知识要点

（1）进出口货物报关单填制规范。

（2）报关单常见填报内容及对应关系。

（3）填制前准备。

（4）查找报关单各栏目的填写信息。

（5）根据查找信息核实申报内容。

（三）教学过程

（1）提供企业典型案例、资料和思考任务，引领学生讨论，讲授本任务对应的知识要点。

（2）带领学生讨论报关单草单填制流程及注意事项，结合企业实际资料，开展报关单草单填制作业。

（3）提交并讨论学生作品，教师对作品进行考核与评价，对相关知识点进行归纳与总结。

（四）教学方法、工具和手段

（1）运用板书、幻灯片，采用讲授法讲解进出口货物报关单填制规范；讲解报关单常见填报内容及对应关系。

（2）运用企业实际单证及相关案例资料，采用案例教学法、演示教学法讲解报关单填制前准备、查找报关单各栏目的填写信息、核实申报内容等知识点。

第二节　快速通关（QP）系统录入

（一）教学目标

熟悉 QP 报关单录入系统的基本功能；掌握 QP 系统的实操技术等知识。

有能力按照 QP 系统操作要求，实施报关单电子数据的预录入、系统发送、结果查询等操作。

掌握进出口货物报关单电子申报的业务技能。

（二）参考的知识要点

快速通关系统操作使用说明。

（三）教学过程

（1）讲解快速通关系统使用说明。

（2）提供任务一填制完成的报关单草单，带领学生讨论并操作电子报关单录入。

（3）提交各组电子报关单，教师进行点评，总结并归纳重点问题。

（四）教学方法、工具和手段

运用幻灯片，采用讲授法讲解快速通关系统使用说明。

运用快速通关系统，在计算机上采用演示教学法、小组讨论法完成电子报关单录入。

第三节　电子报关单复核与发送

（一）教学目标

了解报关单填制中的常见错误及造成错误的原因；掌握有效防范报关单填制常见错误的方法与途径等知识。

有能力按照报关单填制复核虚拟案例的要求，运用常用复核方法，按步骤逐项审核，确保所填报关单准确无差错。

掌握进出口货物报关单电子申报的业务技能；掌握进出口货物报关单审核的业务技能。

（二）参考的知识要点

报关单填制差错原因分析、报关单常用复核方法、快速通关系统操作使用说明。

（三）教学过程

（1）讲授本任务对应的知识要点。
（2）提供企业典型案例、资料，引领学生讨论报关单复核及错误排查。
（3）提交各组错误排查结果，教师进行点评。
（4）带领学生完成报关单电子数据的系统发送。

（四）教学方法、工具和手段

运用幻灯片，结合企业案例资料，采用讲授法讲解报关单填制差错原因分析；运用幻灯片，采用讲授法讲解报关单常用复核方法；结合企业单证及相关资料，采用演示教学法讲解报关单复合及错误排查；运用快速通关系统，采用演示法讲解报关单电子数据系统发送与结果查询。

教学设计如下所示：

第六章　进出口货物报关单填制				总学时：12 理论学时：8 实践学时：4	
教学任务	教学目标	参考的知识要点	教学过程	课时分配建议	教学方法、工具和手段
第一节 报关单草单填制	知识目标1、2； 能力目标1、2、3	第一节对应的理论基础一至五	（1）讲授本任务对应的知识要点； （2）开展报关单草单填制作业； （3）对学生作品考核与评价，对相关知识点归纳与总结	理论 5学时 实践 1学时	（1）讲授法、案例教学法、演示教学法； （2）板书、幻灯片、案例资料
第二节 快速通关（QP）系统录入	知识目标3、4； 能力目标4； 素质目标1	快速通关（QP）系统操作使用说明	（1）讲解QP系统使用说明； （2）带领学生讨论并操作电子报关单录入； （3）教师点评各组提交的电子报关单，总结	理论 1学时	（1）讲授法、演示教学法、小组讨论法； （2）幻灯片、快速通关（QP）系统、计算机
第三节 电子报关单复核与发送	知识目标5、6； 能力目标5； 素质目标1、2	第三节对应的理论基础一、二、快速通关（QP）系统操作使用说明	（1）讲授知识要点； （2）引领学生讨论报关单复核及错误排查； （3）带领学生完成电子数据发送； （4）教师点评、总结	理论 2学时 实践 3学时	（1）讲授法、演示教学法； （2）案例资料、幻灯片、快速通关（QP）系统、计算机

➤教学评价

<table>
<tr><td colspan="11" align="center">第六章　进出口货物报关单填制</td></tr>
<tr><td rowspan="3">评价类别</td><td rowspan="3">评价项目</td><td rowspan="3">评价依据</td><td colspan="3">评价标准</td><td colspan="3">评价方式</td><td rowspan="3">权重</td></tr>
<tr><td rowspan="2">80～100 分</td><td rowspan="2">60～79 分</td><td rowspan="2">60 分以下</td><td>学生自评</td><td>同学互评</td><td>教师评价</td></tr>
<tr><td>0.1</td><td>0.1</td><td>0.8</td></tr>
<tr><td rowspan="12">过程评价</td><td rowspan="2">学习能力</td><td>学习态度与兴趣</td><td>学习态度端正，能够按要求参加与学习有关的活动</td><td>能参与学习活动，但学习主动性、热情一般</td><td>学习态度不端正，无心向学，经常迟到、旷课</td><td></td><td></td><td></td><td>0.1</td></tr>
<tr><td>学习习惯与方法</td><td>(1)能克服学习中的困难；能按时独立完成学习任务；(2)能发现学习中的问题，并适当调整学习计划和方法</td><td>基本上能完成学习任务，但不善于改进学习方法</td><td>(1)学习自觉性差，方法不当；(2)经常完不成学习任务或经常抄袭作业</td><td></td><td></td><td></td><td>0.1</td></tr>
<tr><td rowspan="10">专业能力</td><td rowspan="4">基本理论掌握能力</td><td>掌握进出口货物报关单各栏目填制规范</td><td>熟悉进出口货物报关单各栏目填制规范</td><td>了解进出口货物报关单各栏目填制规范</td><td></td><td></td><td></td><td>0.03</td></tr>
<tr><td>掌握报关单填制的作业步骤及相应的要求</td><td>熟悉报关单填制的作业步骤及相应的要求</td><td>了解报关单填制的作业步骤及相应的要求</td><td></td><td></td><td></td><td>0.02</td></tr>
<tr><td>熟悉 QP 报关单录入系统的基本功能</td><td>较熟悉 QP 报关单录入系统的基本功能</td><td>不熟悉 QP 报关单录入系统的基本功能</td><td></td><td></td><td></td><td>0.03</td></tr>
<tr><td>掌握有效防范报关单填制常见错误的方法与途径</td><td>熟悉有效防范报关单填制常见错误的方法与途径</td><td>了解有效防范报关单填制常见错误的方法与途径</td><td></td><td></td><td></td><td>0.02</td></tr>
<tr><td rowspan="2">实践能力</td><td>能够独立参与常见监管方式下虚拟申报案例的报关单填制作业</td><td>基本能够独立参与常见监管方式下虚拟申报案例的报关单填制作业</td><td>不能独立参与常见监管方式下虚拟申报案例的报关单填制作业</td><td></td><td></td><td></td><td>0.1</td></tr>
<tr><td>按照 QP 系统操作要求，能够独立实施报关单电子数据的预录入、系统发送、结果查询等操作</td><td>按照 QP 系统操作要求，基本能够独立实施报关单电子数据的预录入、系统发送、结果查询等操作</td><td>按照 QP 系统操作要求，不能独立实施报关单电子数据的预录入、系统发送、结果查询等操作</td><td></td><td></td><td></td><td>0.1</td></tr>
<tr><td>拓展能力</td><td>电子申报业务技能</td><td>掌握进出口货物报关单电子申报的业务技能</td><td>熟悉进出口货物报关单电子申报的业务技能</td><td>了解进出口货物报关单电子申报的业务技能</td><td></td><td></td><td></td><td>0.05</td></tr>
</table>

续表

评价类别	评价项目	评价依据	评价标准			评价方式			权重
			80~100 分	60~79 分	60 分以下	学生自评 0.1	同学互评 0.1	教师评价 0.8	
过程评价	拓展能力	报关单审核业务技能	掌握进出口货物报关单审核的业务技能	熟悉进出口货物报关单审核的业务技能	了解进出口货物报关单审核的业务技能				0.05
结果评价	理论考核								0.2
	实操考核								0.2

第六章　进出口货物报关单填制

➤ 同步测试

一、单项选择题

1. 北京某单位海运进口日本设备一批，由天津新港转关运输到北京报关，期间该船舶停靠大连港口，其申报进口口岸应为（　　）。

A. 大连海关　　　B. 新港海关　　　C. 北京海关　　　D. 天津海关

2. 根据经营单位编码规则，编码第 6 位为"6"，表示该企业的经济类型为（　　）。

A. 外商独资企业　　　　　　　B. 有进出口经营权的国有企业

C. 有进出口经营权的私营企业　　　D. 有进出口经营权的个体工商户

3. 根据经营单位编码规则，编码第 6 位为"1"的，表示其经济类型属于（　　）。

A. 有进出口经营权的国有企业

B. 外商独资企业

C. 进出口经营权的私营企业

D. 有报关权而没有进出口经营权的企业

4. 海关注册编码第 6 位数为（　　）的企业，不得作为报关单"经营单位"填报。

A. 1　　　　　　B. 7　　　　　　C. 8　　　　　　D. 9

5. 某外资企业公司委托某国营外贸公司购买进口投资设备及用作生产原料的钢材一批，货物由某物流公司承接进口运输相关事宜，并委托某报关公司向海关办理进口报关手续。该批钢材报关时报关单经营单位应填报为（　　）。

A. 该外资企业　　　B. 某国营外贸公司　　　C. 某物流公司　　　D. 某报关公司

二、多项选择题

1. 同一批进口货物，涉及（　　）的，应分单填报。

A.多个商品编号　　B.多份提单　　　　C.多个合同　　　　D.多份原产地证书

2. 下述经营单位栏填报正确的是（　　　）。

A. 上海城建局委托上海土产进出口公司（3101915031）进口黄桐木材，应填报：上海土产进出口公司 3101915031

B. 上海协能针织有限公司（3101935039）委托上海机械进出口公司进口针织机 5 台，经营单位应填报：上海协通针织有限公司 3101935039，并在备注栏注明：委托上海机械进出口公司进口

C. 湖北省民政局接受香港赠的御寒物资一批，应填报：湖北省民政局 4201990000

D. 中国化工进出口总公司对外统一签约，而由辽宁省化工进出口公司负责合同的具体执行，则经营单位应为辽宁省化工进出口公司

3. 报关单"征免性质"栏应填写为"其他法定"（　　　）。

A. 因故退还的境外进口货物

B. 起卸后海关放行前，因不可抗力遭受损坏的货物

C. 非按全额货值征税的进口货物

D. 我国参加的国际条约减征，免征关税的货物、物品

4. 某货物为青岛 ** 光学有限公司从美国购买，由洛杉矶起运，途经香港转船，最终运抵青岛大港海关申报，提单显示的信息为

B/L6070035512；CARRIAGE： APL ENGLAND/00127；PORT OF LOADING：LOSANGELES；PORT OF DISCHARGE：HONG KONG；PLACE OF DELIVERY：QING DAO。下列栏目填制错误的是（　　　）。

A. 起运国栏填报：美国

B. 装货港填报：洛杉矶

C. 运输工具名称填报：APL ENGLAND/00127

D. 提运单号填报：6070035512

5. 下列适用贸易方式为一般贸易的是（　　　）。

A. 外商投资企业进口供加工内销产品的料件

B. 对台间接贸易进出口货物

C. 进出口货样广告品

D. 无进出口经营权的单位经批准临时进出口货物

三、判断题

1.《出口货物报关单》的"出口退税证明联"是海关对已办理出口申报的货物所签发的证明文件。（　　）

2. 一批精密仪表在大连机场海关申报出口并转关运输至北京出境，其出口报关单"出口口岸"栏应按实际申报海关所在地填为"大连机场"。（　　）

3. 海关规定，在进出口货物报关单填制中，经营单位编码第 6 位数为"8"的单位不得作为经营单位填报。（　　）

4. 某旅客乘坐 CA981 航班携带进口电脑板一块，申报进口，运输方式应填为航空运输。（　　）

四、报关单草单填制

仔细阅读导引案例，结合以下资料，然后根据《中华人民共和国海关报关单的填制规范》的要求，从选项中选出正确的一个答案。

上海万汇贸易公司
SHANGHAIWANHUI TRADING CORPORATION

TO: M/S ELECTRONIC CREATION CO. HONGKONG PAYMENT：L/C VESSEL: HONEYWAY12	INVOICE NO: DHF32218321 DATED：Mar12，2014 CONTRACT NO：IVAGF3245676 核销单号：2346472
	FROM SHANGHAI TO HONGKONG BY VESSEL

MARKS & NOS	QUANTITIES & DESCRIPTIONS	UNIT PRICE	AMOUNT

INVAC RECTIFIER 　　　　　　　FOB HONGKONG
MADE IN CHINA 　　　　真空整流器 KBU7K 　USD4.00/个　456，000
C/NO.1 　　　　　　　　　114，000 个
A1-A12
N1-N16
TOTAL：USD456，000
PACKED IN 28 CTNS
SAY U.S. DOLLARS FOUR HUNDRED FIFTY SIX THOUSAND ONLY

生产、发货单位与经营单位一致
2014.5.12 出口，2014.5.10 委托上海金辉物流有限公司代理向上海海关申报
企业编码：3109259436
ADDRESS：24TH FLOOR，HUHAI TRADE CENTER
SHANGHAI，P.R.CHINA
TEL：021-64328452　　FAX：021-64328510

上海万汇贸易公司
SHANGHAIWANHUI TRADING CORPORATION
PACKING LIST

DATED：JUNE 5，2014 　　　　　　　　　　　B/L No. KJDIF-356

INVOICE NO：DHF32218321

CONTRACT NO：IVAGF3245676

FROM：SHANGHAI

TO：HONGKONG

PAYMENT TERM：L/C

DESCRIPTIONS INVAC	QUANTITY	PACKAGE	G.W（KGS）	N.W（KGS）	MEASUREMENT
MADE IN CHINA C/NO.1 A1-A12 N1-N16 HS CODE 85411000	114，000 个	28 CTN	540	500	

| TOTAL：114，000
登记手册：B220146531
预录入号：528289214 | | 28 CTN | 540KG | 500KG | 3.388M |

ADDRESS：24TH FLOOR，HUHAI TRADE CENTER

TEL：021-64328452　　FAX：021-64328510

上海万汇贸易公司

SHANGHAIWANHUI TRADING CORPORATION

P.R.CHINA

1. "备案号" 栏应填 （　　　）

A. DHF32218321 　　　　　　　　B. B220146531

C. IVAGF3245676 　　　　　　　　D. KJDIF-356

2. "申报日期" 栏应填 （　　　）

A. 14.05.10 　　　　　　　　　　B. 14.05.12

C. 2014.05.10 　　　　　　　　　D. 2014.05.12

3. "运输方式" 栏应填 （　　　）

A. 航空运输 　　　　　　　　　　B. 江海联运

C. 江海运输 　　　　　　　　　　D. 管道运输

4. "运输工具名称" 栏应填 （　　　）

A. HONEYWAY 　　　　　　　　B. HONEYWAY12

C. KJDIF-356 　　　　　　　　　D. DHF32218321

5. "提运单号" 栏应填 （　　　）

A. DSDF HU/901 　　　　　　　　B. DHF32218321

C. 528489214 　　　　　　　　　D. KJDIF-356

6. "贸易方式" 栏应填 （　　　）

A. 来料加工 　　　　　　　　　　B. 进料加工

C. 进料对口 　　　　　　　　　　D. 进料非对口

7. "结汇方式" 栏应填 （　　　）

A. T/T 　　　　　　　　　　　　B. M/T

C. L/C 　　　　　　　　　　　　D. D/P

8. "征免性质" 栏应填 （　　　）

A. 来料加工 　　　　　　　　　　B. 进料加工

C. 进料对口 　　　　　　　　　　D. 进料非对口

9. "批准文号" 栏应填 （　　　）

A. 2346472 　　　　　　　　　　B. DHF32218321

C. 528244237　　　　　　　　　　D. 3109259436

10. "成交方式"栏应填（　　）

A. CIF　　　　　　　　　　　　　B. CFR

C. FOB　　　　　　　　　　　　　D. FCA

11. "合同协议号"栏应填（　　）

A. HONEYWAY12　　　　　　　　B. IVAGF3245676

C. DHF32218321　　　　　　　　D. KJDIF-356

12. "件数"栏应填（　　）

A. 12　　　　　　　　　　　　　B. 16

C. 28　　　　　　　　　　　　　D. 114000

13. "包装种类"栏应填（　　）

A. 木箱　　　　　　　　　　　　B. 纸箱

C. 托盘　　　　　　　　　　　　D. 袋

14. "集装箱号"栏应填（　　）

A. IVAGF3245676　　　　　　　B. 3109259436

C. KJDIF-356　　　　　　　　　D. 0

15. "随附单据"栏应填（　　）

A. 发票　　　　　　　　　　　　B. 装箱单

C. 发票、装箱单　　　　　　　　D. 此栏不填

16. "标记唛码及备注"栏，除了标注唛码，还应填报（　　）

A. 核销单号：2346472

B. 委托上海金辉物流有限公司报关

C. 委托上海金辉物流有限公司报关，核销单号：2346472

D. 无须再填报其他内容

17. "商品名称，规格型号"栏应填（　　）

A. 真空整流器　　　　　　　　　B. 真空整流器 INVAC RECTIFIER

C. 真空整流器 INVACRECTIFIER KBU7K　　　D. 真空整流器 KBU7K

18. "最终目的国"栏应填（　　）

A. 中国香港　　　　　　　　　　B. 日本

C. 加拿大　　　　　　　　　　　D. 此栏不填

19. "币值"栏应填（　　）

A. RMB　　　　　　　　　　　　B. USD

C. JPY　　　　　　　　　　　　D. HKD

20. "征免"栏应填（　　）

A. 照章征税　　　　　　　　　　B. 折半

C. 征免　　　　　　　　　　　　D. 全免

➤ 实践项目

【基础性实验】

报关单数据录入（QP 系统）操作

一、实验目的及要求

根据填制完成的报关单草单按要求录入模拟 QP 系统。

二、实验内容与步骤

报关业务技能测试：报关单数据录入（QP 系统）操作。

（1）系统给定的操作时间为 15 分钟，届时系统将自动提交您录入的数据。

（2）录入数据只包括表头和表体的数据项，不包括预录入号、申报现场、海关编号、录入员、申报单位等栏目。

（3）进入试题后必须根据要求答完本题，并单击题内的"申报"按钮完成报关单草单的录入方可离开本题。

报关单数据录入（QP 系统）操作题的答题界面如下所示。

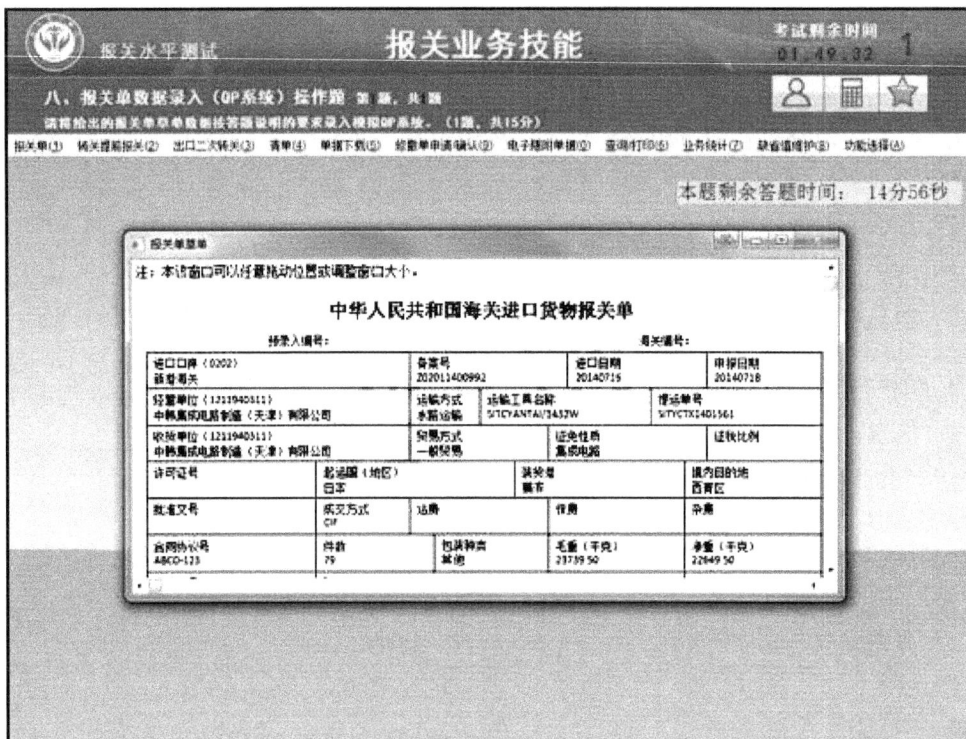

【综合性实验】

进口货物报关单电子申报

一、实训目的

（1）能完成进料加工监管方式下虚拟申报案例的报关单草单填制。

（2）能按照 QP 系统操作要求，实施报关单电子数据的预录入、系统发送、结果查询等操作。

（3）能运用常用复核方法，按步骤逐项审核，确保所填电子报关单准确无差错。

二、实训要求

（1）能至少容纳 60 个人的教室一间，配有多媒体一套。

（2）多套学习用桌椅，其中每张学习桌配六把椅子。

（3）多台计算机、一台打印机。

（4）计算机已安装快速通关（QP）系统。

三、情景描述

常州××光能有限公司（320494××××）与国外签订合同开展进料加工业务进口电极浆料（正银），装载该批货物的运输工具于 2015 年 3 月 13 日申报进境，3 月 16 日由江苏飞力达国际物流股份有限公司（210398××××）向上海卢湾监管（2211）办理进口申报手续。假设你是江苏飞力达国际物流股份有限公司的报关员，请根据已有资料（资料一至资料五）完成如下报关单填制事项：

任务一：填制完成进口货物报关单草单。

任务二：根据报关单草单，将信息录入快速通关（QP）系统，打印报关单核对单。

任务三：复核快速通关（QP）系统打印的报关单核对单，审核其是否与现有的资料和舱单系统信息一一匹配。

资料一：工作联系单

单位名称：常州××光能有限公司

海关编码：320494××××

商检编码：3216002727

我公司提单号：4711077327，该票货物，清关具体事项如下。

品名：电极浆料（正银）

成交方式：CIP

贸易方式：进料对口

手册编号：023064451227

手册项号：第 3 项

HS 编码：3824909990

包装：非木

原产国：新加坡

毛重：704 公斤   净重：600 公斤

数量：600 公斤

币种：USD

单价：696.2USD

总价：417720 USD

资料二：航空运单

Shipper's name and address Heraeus Materials 9 Tuas Ave 5 Singapore 639335 SINGAPORE	NOT NEGOTIABLE Air Waybill 112-27866436 Issued by EXPEDTTORS STNGAPORE PTE LTD.
Consignee's name and address CHANGZHOU ×××CO., LTD. NO. ×××TIAN HE ROAD，NEW DISTRICT, ELECRONICS PARK JIANGSU，CHANGZHOU，CHINA 213031	It is agreed that the goods described herein are accepted in apparent good order and condition（except as noted）for carriage SUBJECT TO THE CONDITIONS OF CONTRACT ON THE REVERSE HEREOF，ALL GOODS MAY BE CARRIED BY ANY OTHER MEANS. INCLUDING ROAD OR ANY OTHER CARRIER UNLESS SPECIFIC CONTRARY INSTRUCTIONS ARE GIVEN HEREON BY THE SHIPPER. THE SHIPPER'S ATTENTION IS DRAWN TO THE NOTICE CONCERNING CARIER'S LIMITATION OF LIABILITY. Shipper may increase such limitation of liability by declaring a higher value of carriage and paying a supplemental charge if required.

Issuing Carrier's Agent Name and City EXPEDITORS SINGAPORE PTE LTD. 61 ALPS AVENUE		Accounting Information NOTIFY：CHANGZHOU ×××CO.，LTD. NO. ×××TIAN HE ROAD，NEW DISTRICT,
Agents IATA Code SINGAPORE 32334490005	Account No.	ELECRONICS PARK JIANGSU，CHANGZHOU，CHINA 213031--FREIGHT PREPATD

Airport of Departure（Add. of First Carrier）and Requested Routing
SINGAPORE

to PVG	By first carrier CK	to	by	to	by	Curren cy SGD	Declared Value for Carriage N.V.D.	Declared Value for Customs N.V.D.

Airport of Destination PUDONG，SHANGHAI	Flight/Date	Amount of Insurance N. T. L.	INSURANCE-If carrier offers insurance and such insurance is requested in accordance with the conditions thereof indicate amount to be insured in figures in box marked ″Amount of Insurance″
	CK288/13		

Handling Information
SHPR REE: 9120-1   CNEE REF: 5200088042

No. of Pieces （RCP）	Gross Weight	Rate Class	Chargeable Weight	Rate/Charge	Total	Nature and Quantity of Goods
2	704K		704	AS ARRANGED		SOL 9621H

DESCRIPTION OF GOODS AND/OR SERVICES：
SOL 9621H   UNIT PRICE: USD 696.20/KG
QUANTITY: 600KG   AMOUNT: USD 417720.00
PRICE TERM: CIP SHANGHAI PUDONG AIRPORT CHINA

续表

Prepaid Collect AS ARRANGED	Weight charge	Other Charges
	Valuation Charge	
	Tax	
Total Other Charges Due Agent		Shipper certifies that the particulars on the face hereof are correct and that insofar as any part of the consignment contains dangerous goods，such part is properly described by name and is in proper condition for carriage by air according to the applicable Dangerous Goods Regulations.
Total Other Charges Due Carrier		
		Signature of Shipper or his agent
Total Prepaid	Total Collect	YONG TZU FATT，AGENT 12 MARCH 2015 SINGAPORE
Currency Conversion Rates	CC Charges in des. Currency	Executed on＿＿ at＿＿ Signature of issuing Carrier or as Agent
For Carrier's Use Only at Destination	Charges at Destination	Total Collect Charges

资料三：发票

Invoice
3126113158
Heraeus Materials Singapore LTD.
CHANGZHOU×××CO.，LTD.
NO. ×××TIAN HE ROAD，NEW DISTRICT，
ELECRONICS PARK
JIANGSU，CHANGZHOU，CHINA 213031

Heraeus
Heraeus Materials Singapore LTD.
Company Reg. No.：1985019142
GST Reg. No.：M2-0070992-6
Photovoltalcs Division
9 Tuas Avenue 5
Singapore
Phone：
Fax：
Our Contact：
Slu Slu Peh

Reference data：
Invoice date：2015-03-12
Customer No.：1012052
P.O. No.：6200088042
Sales Order No.：9120
S.O. Date：2015-02-11
Delivery Note No.：80032699
Delivery Date：2015-03-12

Conditions：
Payment terms：
Irrevocable confirmed letter of credit（120days）

Item	Material No. Description	Quantity	Price/Unit In USD	Total Value In USD
0010	5007351 SOL 9621 H	600.000KG	696.20 USD/KG	417，720，00
Total Items				417，720，00
Net Value Output Tax AO	Zero-Rated Supplies 0%		0.000%417，720.00	417，720，00 0.00
Total value	In USA			417，720，00
Payable up to	2015-07-10		without deduction　USD	417，720，00

Commodity	Country of origin	Net weight	Net value	Statistical
code	SG	600，000，000 G	417，720，00	value
38249099				417，720，00

The statistical value is for customs purposes only.

This is a computer generated document，no signature is required.

资料四：装箱单

PACKING LIST

Part Number：SOL 9621H

Total Quantity：600.000 KG

Ship date	Order-Qty（kg）	Batch Issue	PO#	S/O#
12-Mar-15	60.000	9000144589	6200088042	9120
12-Mar-15	342.000	9000154406	6200088042	9120
12-Mar-15	198.000	9000154409	6200088042	9120

资料五：采购订单

PURCHASE ORDER　　Contract No 合同号：
采购订单

PO No 订单号：6200088042

Buyer 买方：Chang Zhou××Energy Co.，Ltd　　　Loading Part 装运口岸：
常州××光能有限公司

Seller 卖方：Heraeus Materials Singapore Pte，Ltd　　Payment Terms 付款条
件：L/C 12D days

Address 地址：9 Tuas Avs 5 Singapore　　　　Delivery Terms 交货
条款：

Contact 联系人：　　　　　　　　　　　　Country of Origin 产地：

Currency 币别：USD

Tax Rate 税别：

No. 项目	PR No. 请购单号	Item Code 材料编码	Item Name&Specifications 材料名称及规格	Unit 单位	Quantity 数量	Unit Price 单价	Amount 金额	Delivery Time 交货期
1	8200056726	702068	原材料-浆料_正银 9621H	KG	850.00	696.2000	591，770.00	18-02-2015

Total Amount 总计金额：591，770.00	Say 大写：伍拾玖万壹仟柒佰柒拾元整
Tax Rncluded 含税总金额：591，770.00	Tax Included 大写：伍拾玖万壹仟柒佰柒拾元整

Remark 备注说明：

[1] 卖方保证所售货物是全新的，货物处于良好状态，质量符合双方约定的标准。维修件更换的零部件保证为全新的原装件。

The supplier must ensure the goods is completely new and in good condition，and meet do required standards. Repair pans replacement shall be the new original pieces.

[2] 如卖方不能按时交货又无免责事由，则每迟延交货一天，应向买方支付迟延交货货款的[5%]作为违约金，但迟延交货违约金最多不能超过迟延交货货款的[20%]；若卖方超过约定时间10天还不能交货，买方有权解除合同；买方因此遭受的损失包括但不限于价差损失由卖方承担。

If the seller cannot deliver on time with rational reason，each day of delay，the roller shall pay 5%of the purchase price as penalty，but the penalty shall not exceed a maximum of 20%of the purchase price. If the delay more than 10 days，the buyer is entitled to cancel the contract. The seller shall also responsible for but not limited to the price fluctuation.

[3] 如卖方提供的货物因质量问题造成买方生产延误、停产停工、返工或对买方的客户迟延交货或承担质量责任等，则卖方应承担买方所有厦接的或间接经济损失，包括但不限于买方客户向买方索赔的损失和买方的利润损失。

If the goods provided by the seller contains any quality problem，and causes the buyer's consequences such as production delays，production downtime，rework or delay in delivery to the custoraer or buyer to assume responsibility for the quality，etc.，the seller shall bear all the buyer's direct or indirect economic loss，including，but not limited to the buyer's clienk loss and the buyer's profit.

[4] 卖方提供给买方的产品或服务必须符合本合同的约定，如买方发现卖方存在与合同要求不符的弄虚作假行为的，买方有权立即解除合同，并要求卖方支付相应报价金额十倍的违约金。同时买方有权取消卖方的供应商资格，终止与卖方的一切合作。

The goods or services must comply with the agreement of the contract. Once discovered the existence of fraud or inconsistent contract requirements behavior，the buyer is entitled to terminate the contract immediately，and ask the roller to pay ten time of quotation price. At the same time the buyer is entitled to cancel the supplier qualification，and terminate all the cooperation with the seller.

[5] 本条中的"弄虚作假行为"，主要指卖方违背自己的承诺，以旧件（已使用过的）替代新件、国产件替代进口件、其他品牌的备品备件替代原厂备品备件等行为。

Section of "falsifications" mainly refers to the seller against their commitments，such as using old pans（already used）instead of new parts，domestic parts to replace imported parts，other brands of spare parts to replace the original spare parts，etc.

[6] 已签定合同的，以合同条款为主。

The clauses shall preferred if the contract signed.

四、实训步骤

步骤一，任务导入。教师告之学生本次实验的任务，与学生一起讨论任务内容，计划完成任务的方法，明确提交任务成果。

步骤二，进口货物报关单草单填制操作。让学生学习相关专业知识，教师进行重点辅导，具体操作步骤如下。

操作1：报关单填制前的单证收集与初核。

操作2：了解申报商品、确定商品归类及管制证件。

操作3：查找报关单各栏目的填写信息。

操作4：根据查找信息核实申报内容。

操作5：在纸质报关单上逐个栏目填写申报内容。

步骤三，报关单电子数据录入。具体操作步骤如下。

操作1：QP系统登录。

操作 2：报关单电子数据预录入。

操作 3：打印电子报关单核对单。

步骤四，报关单复核及错误排查。让学生学习相关专业知识，教师进行重点辅导，具体操作步骤如下。

操作 1：结合随附资料，比较并核对进口货物报关单草单与电子数据报关单。

操作 2：复核电子数据报关单，排查并修正错误。

步骤五，报关单电子数据系统发送。具体操作步骤如下。

操作 1：发送前电子代理报关委托协议的准备。

操作 2：发送前其他随附单据的准备。

操作 3：电子报关单正式申报。

步骤六，任务总结。要求各小组演练本次进口货物报关单填制的操作过程，展示小组填写完成的报关单草单、打印的电子报关单；各小组进行交流；教师做专业性总结。

五、实训报告

针对所学到的理论知识和获得的专业技能进行全面的总结，对获得的经验和教训进行深刻反思。报告中流程操作环节安排合理，报关单草单填写规范、正确，电子报关核对单填写正确。同时要求各小组在一定时间内在全体同学面前演示整个操作流程。

【生产实习】

实习时间	实习单位	实习内容	实习总结
第六学期一至四周	具备进出口报关业务的国际物流公司、报关公司、国际货运代理公司等	（1）一般货物进出口通关业务；（2）保税货物进出口通关业务；（3）进出口货物报关单填制与申报	完成实习报告一份

参 考 文 献

《报关职业全国统一教材》编写组. 2015 年报关职业全国统一教材[M]. 北京：中国海关出版社，2015.

"关务通·加贸系列"编委会. 海关特殊监管区域和保税监管场所实务操作与技巧[M]. 北京：中国海关出版社，2013.

"关务通·监管通关系列"编委会. 通关实务操作与技巧——进出境物品篇[M]. 北京：中国海关出版社，2012.

《海关进出口货物大通关实务指南》编写组. 海关进出口货物大通关实务指南[M]. 北京：中国海关出版社，2014.

海关总署关税征管司. 海关总署商品归类决定——中国海关 1999 年—2014 年归类决定》[M]. 北京：中国海关出版社，2014.

海关总署加工贸易及保税监管司. 海关特殊监管区域及保税监管场所服务指南[M]. 北京：中国海关出版社，2013.

海关总署监管司. 中国海关通关实务[M]. 北京：中国海关出版社，2015.

《中国海关报关实用手册》编写组. 中国海关报关实用手册（2015 年）[M]. 北京：中国海关出版社，2015.